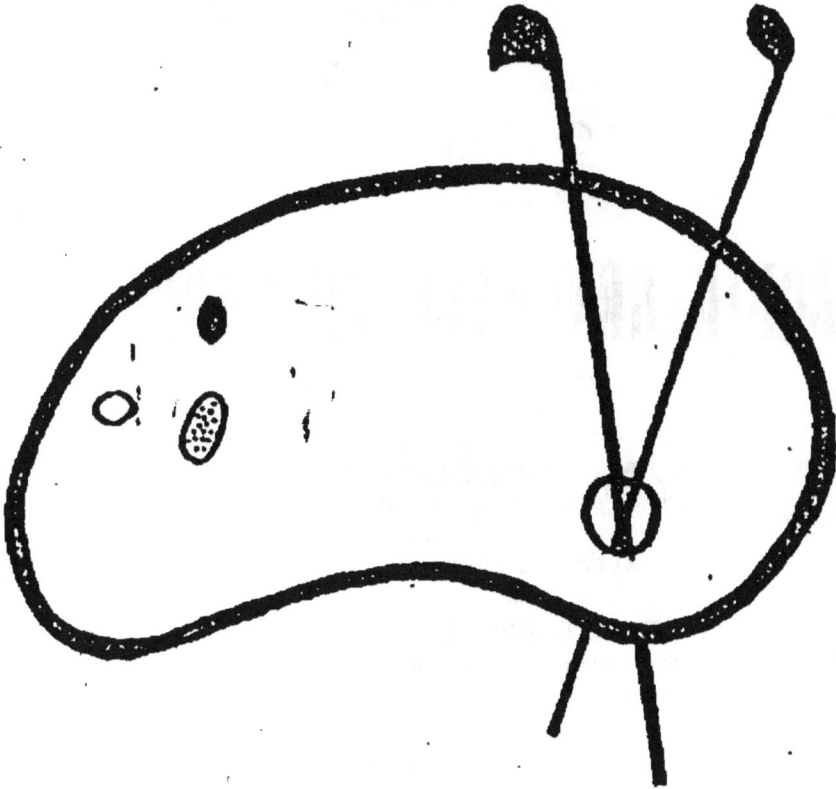

DEBUT D'UNE SERIE DE DOCUMENTS
EN COULEUR

BIBLIOTHÈQUE INTERNATIONALE DE DROIT PUBLIC

publiée sous la direction de

Max BOUCARD | Gaston JÈZE
Maître des Requêtes | Professeur agrégé à la Faculté de Droit
au Conseil d'État | de l'Université de Lille

COURS

DE

THÉORIE GÉNÉRALE DU DROIT

PAR

N. M. KORKOUNOV

PROFESSEUR A L'UNIVERSITÉ DE SAINT-PÉTERSBOURG

AVEC UNE PRÉFACE

DE

F. LARNAUDE

PROFESSEUR DE DROIT PUBLIC GÉNÉRAL A L'UNIVERSITÉ DE PARIS

TRADUIT

Par M. J. TCHERNOFF

CHARGÉ DE COURS A LA FACULTÉ DE DROIT D'AIX

PARIS

V. GIARD & E. BRIÈRE

Libraires-Éditeurs

16, RUE SOUFFLOT, 16

1903

BIBLIOTHÈQUE INTERNATIONALE DE DROIT PUBLIC
PUBLIÉE SOUS LA DIRECTION DE

Max BOUCARD	Gaston JÈZE
Maître des Requêtes au Conseil d'État	Professeur agrégé à la Faculté de Droit de l'Université de Lille

SÉRIE IN-8°

BRYCE (J.). — La République américaine, avec une préface de E. Chavegrin, professeur à la Faculté de droit de l'Université de Paris.
Tome premier. Le Gouvernement national. Traduction de D. Müller.
Tome deuxième. Les Gouvernements des États. Traduction de P. Lestang.
Tome troisième. Le Système des partis : l'Opinion publique. Trad. de P. Lestang.
Tome quatrième. Les Institutions sociales. Traduction de S. Bouyssy.
L'ouvrage complet, 1901-1902. 4 volumes in-8°. Prix broché . . . . 54 fr. »
— Le même relié (reliure de la Bibliothèque). . . . . 54 fr. »

LABAND (P.), professeur à l'Université de Strasbourg. — **Le Droit public de l'Empire Allemand**, avec une préface de F. Larnaude, professeur de droit public général à l'Université de Paris. Édition française, revue et mise au courant de la dernière législation par l'auteur.
Tome premier. Traduction de C. Gandilhon, Licencié ès lettres, 1900. 1 vol. in-8°.
Tome second. Traduction de C. Gandilhon et Th. Lacaire, professeur au lycée de Nice, 1901. 1 vol. in-8°.
Tome troisième. Tr. de C. Gandilhon et A. Vulliod, 1902. 1 vol. in-8°.
Tome quatrième. Traduction Gandilhon et Gadot, 1902. 1 vol. in-8°.
L'ouvrage formera 6 volumes in-8°.
PRIX DE SOUSCRIPTION : 10 fr. le vol. broché, payable par volume paru ou 11 fr. le vol. relié (reliure de la Bibliothèque).
Le tome VI sera remis gratuitement aux souscripteurs.
(Le prix sera porté à 60 fr. broché ou 66 fr. relié aussitôt l'ouvrage paru complètement.

DICEY (A. V.). — Introduction à l'Étude du droit constitutionnel, 1 vol. in-8°, avec une préface de A. Ribot, député. Traduction française de A. Batut et G. Jèze, 1902. 1 vol. in-8° broché . . . . 10 fr. »
Relié, reliure de la bibliothèque . . . . 11 fr. »

WILSON (W.). — L'État, avec une préface de L. Duguit, professeur à la Faculté de droit de l'Université de Bordeaux, traduction de J. Wilhelm. 1902. 2 vol. in-8° broché : 20 fr. relié . . . . 22 fr. »

HAMILTON (A.), JAY, MADISON. — Le Fédéraliste, nouvelle édition française par G. Jèze avec une préface de A. Esmein, professeur à la Faculté de droit de l'Université de Paris. 1902. 1 vol. in-8° broché : 14 fr relié . . . 15 fr. »

KORKOUNOV. — Cours de théorie générale du droit. Traduction française de J. Tchernoff. 1903. 1 vol. in-8°, broché . . . . 10 fr. »
Relié, reliure de la bibliothèque . . . . 11 fr. »

KOVALEVSKY. — Les Institutions politiques de la Russie, édition française par l'auteur. 1903. 1 vol. in-8°.

SÉRIE IN-18

TODD (A.). — Le Gouvernement parlementaire en Angleterre. Traduit sur l'édition anglaise de Spencer Walpole, avec une préface de Casimir-Périer. 1900, 2 volumes, 1 vol. in-18 broché . . . . 12 fr. »
Relié, reliure de la bibliothèque . . . . 13 fr. »

WILSON (W.). — Le Gouvernement congressionnel, avec une préface de Henri Wallon. 1900, 1 vol. in-18 broché . . . . 5 fr. »
Relié, reliure de la bibliothèque . . . . 5 fr. 50

JENKS (Edward). — Esquisse du Gouvernement local en Angleterre. Traduction de J. Wilhelm, juge au tribunal civil de Coulommiers, avec une préface de H. Berthélemy, professeur de droit administratif à l'Université de Paris. 1902. 1 vol. in-18, br . . . . 5 fr. »
Relié, reliure de la bibliothèque . . . . 5 fr. 50

SOUS PRESSE :

LABAND (P.). — Le Droit public de l'Empire allemand, tome cinquième, 1 vol. in-8°.

EN PRÉPARATION :

LABAND (P.). — Le Droit public de l'Empire allemand, tome VI.
ANSON (Sir R.). — Loi et pratique constitutionnelles de l'Angleterre, 2 vol. in-8°.
OTTO MAYER. — Le Droit administratif allemand, édition française par l'auteur.

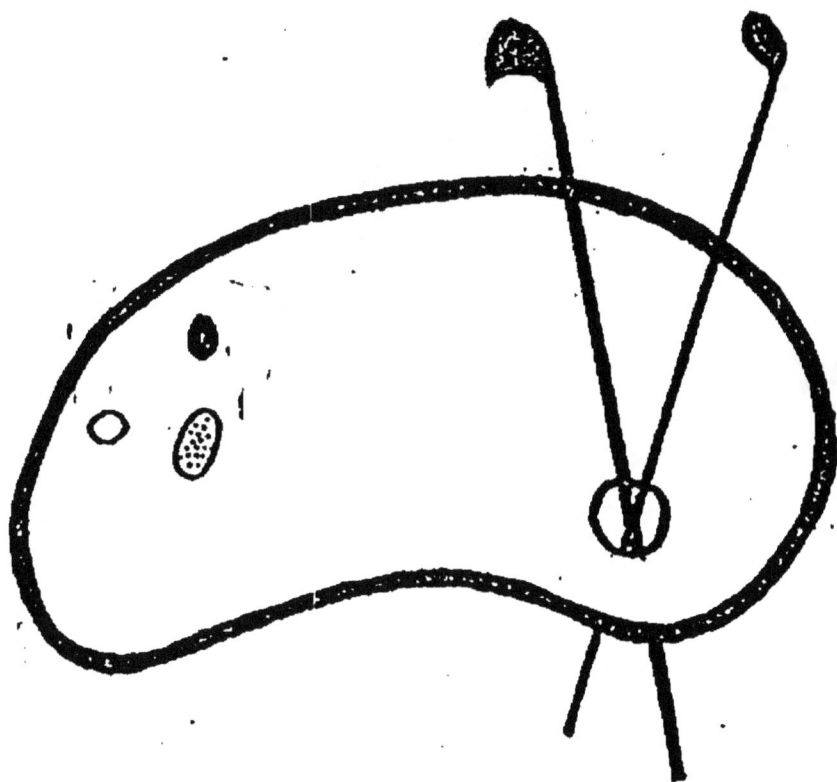

FIN D'UNE SERIE DE DOCUMENTS
EN COULEUR

COURS

DE

THÉORIE GÉNÉRALE DU DROIT

BIBLIOTHÈQUE INTERNATIONALE DE DROIT PUBLIC

publiée sous la direction de

Max BOUCARD	Gaston JÈZE
Maître des Requêtes au Conseil d'État	Professeur agrégé à la Faculté de Droit de l'Université de Lille

COURS

DE

THÉORIE GÉNÉRALE DU DROIT

PAR

N. M. KORKOUNOV

PROFESSEUR A L'UNIVERSITÉ DE SAINT-PÉTERSBOURG

AVEC UNE PRÉFACE

DE

F. LARNAUDE

PROFESSEUR DE DROIT PUBLIC GÉNÉRAL A L'UNIVERSITÉ DE PARIS

TRADUIT

Par M. J. TCHERNOFF

CHARGÉ DE COURS A LA FACULTÉ DE DROIT D'AIX

PARIS

V. GIARD & E. BRIÈRE

Libraires-Éditeurs

16, RUE SOUFFLOT, 16

1903

PRÉFACE

Le 29 juin 1840 M. Guizot, ministre de l'instruction publique, adressait aux recteurs la circulaire suivante :

« ... Tous les bons esprits se plaignent depuis long-
« temps d'une lacune grave dans l'enseignement du
« droit. Les élèves, en entrant dans nos Facultés, n'y
« trouvent point un cours préliminaire qui leur fasse
« connaître l'objet et le but de la science juridique, les
« diverses parties dont elle se compose, le lien de tou-
« tes ces parties, l'ordre dans lequel elles doivent être
« successivement traitées, et surtout la méthode qui doit
« présider à cette science. Vous n'ignorez point qu'en
« Allemagne où la jurisprudence est si florissante, il
« n'y a pas une seule Faculté qui ne possède un pareil
« cours sous le nom de *Méthodologie*. C'est un cours de
« ce genre que j'ai proposé au roi d'établir à la Faculté
« de droit de Paris sous le titre d'*Introduction générale*
« *à l'étude du droit*, ainsi que vous le verrez dans l'or-
« donnance du 25 juin que je vous communique (1).

« La création de cette chaire à la Faculté de droit de
« Paris avait de plus l'avantage de rendre enfin à l'en-

(1) Ordonnance portant création d'une chaire d'*introduction géné-rale à l'étude du droit* à la Faculté de droit de Paris (25 juin 1840). Article 1er. Il est créé à la Faculté de droit de Paris une chaire d'*Introduction générale à l'étude de droit*. Ce cours aura lieu pour les élèves de première année.

« seignement un professeur (1) resté sans emploi depuis
« dix ans, et dont le titre était inviolable comme celui
« de tout professeur légalement nommé. Ce motif
« accessoire mais puissant manquant à la Faculté de
« votre Académie, j'ai cherché le moyen de réparer la
« lacune que je vous ai signalée sans établir une chaire
« nouvelle.

« Trois années étant consacrées à l'enseignement du
« droit civil français, le professeur chargé du cours de
« première année pourrait, sans nuire à l'enseignement
« pratique des lois, employer les premiers mois à ini-
« tier les élèves aux vastes études qui les attendent et
« dont le droit civil est la partie principale. Déjà l'ins-
« truction du 19 mars 1807 prescrit au professeur de
« première année de tracer, au commencement de son
« cours, un précis des variations historiques de notre
« droit français (2).

« Il importe également de présenter l'ensemble de
« toute la science, et d'en faire bien saisir et l'esprit et
« l'unité. Cette image de la grande encyclopédie juri-
« dique, qui forme une Ecole de droit, offerte d'abord
« aux jeunes étudiants, leur communiquera dès l'entrée
« de la carrière, une impulsion généreuse, imprimera
« dans leur pensée et dans leur cœur le sentiment et le
« respect du droit, et les intéressera à toutes les par-
« ties de la science, quelle que soit celle qu'ils se pro-
« posent de suivre un jour spécialement.

« Je désire donc que le professeur de droit civil fasse

(1) La circulaire vise dans ce passage un incident relatif à M. de
Portets qu'il n'y a aucun intérêt à rapporter ici.
(2) C'est de ce premier rudiment d'enseignement historique que
sont successivement sortis les cours de *Droit coutumier*, d'*Histoire
du droit romain et du droit français*, d'*Histoire générale du
droit français*, d'*Histoire du droit public français* qui constituent à l'heure actuelle à la Faculté de droit de Paris des chaires
magistrales affectées aux études de doctorat et de licence.

« précéder son enseignement d'une pareille introduc-
« tion dès la prochaine année scolaire. On pourrait aussi
« confier ce soin à un suppléant qui en ferait la matière
« d'un cours complémentaire plus développé ; et, dans
« ce cas, M. le doyen demanderait préalablement un
« programme qui me serait transmis et, sur le vu duquel
« je donnerais, en conseil royal, l'autorisation d'ouvrir
« le cours. Une importante amélioration serait ainsi
« ménagée dans l'étude du droit, sans aucune dépense
« nouvelle pour le Trésor, et par les moyens qui sont
« entre nos mains (1). »

La lacune que signalait Cousin en 1840 a toujours
subsisté. Les Facultés de droit françaises n'ont jamais
possédé d'une manière définitive ce cours destiné à
faire connaître « *l'objet et le but de la science juridique,
les diverses parties dont elle se compose, le lien de toutes
ses parties, l'ordre dans lequel elles doivent être successivement traitées et surtout la méthode qui doit présider
à cette lacune* ». Il n'y a pas encore aujourd'hui de cours
qui leur présente « *l'ensemble de toute la science* » et
leur en fasse bien saisir « *et l'esprit et l'unité* ».

Sans doute des cours pareils ont été faits pendant quelque temps (2). A la Faculté de droit de Paris, MM de
Portets, Duverger, Beudant, le premier de 1840 à 1854,
année de sa mort, MM. Duverger et Beudant, pendant
quelques années, avant leur nomination aux chaires de
droit civil qu'ils ont occupées si brillamment, ont essayé
de réaliser la pensée du ministre de 1840. Et nous avons
quelques livres qui sont certainement sortis de cet ensei-

----

(1) A. de Beauchamp. *Recueil des lois et règlements sur l'enseignement supérieur*, Tome I, p. 857. Cpr. le rapport de M. Cousin sur
la création d'une chaire d'introduction générale à l'étude du droit à
la Faculté de droit de Paris. *Moniteur* du 30 juin 1840.
(2) Il faut remarquer que ces cours n'ont jamais été sanctionnés
par une interrogation dans un examen.

gnement ou ont été inspirés par lui. Le petit volume de
M. Eschbach (1), professeur suppléant à la Faculté de
droit de Strasbourg, que l'auteur indique comme étant
le résumé du cours que conformément à l'ordonnance
royale du 22 mars 1840 il faisait annuellement à la
Faculté de droit de Strasbourg, porte le titre même de
la chaire créée par Cousin. Et lorsque M. Beudant a
publié en 1891 son livre sur *le Droit individuel de l'Etat*,
en y mettant comme sous titre ces mots : *Introduction
à l'étude du droit*, il a probablement utilisé les notes du
cours complémentaire qu'il fit en 1863, sous ce dernier
titre, avant d'être appelé à suppléer M. Frédéric Duran-
ton et à lui succéder ensuite dans sa chaire de Code
civil (2).

Peut-être peut-on aussi rattacher à cet enseignement
certains ouvrages et articles de M. Duverger.

Les études de synthèse du droit n'avaient pas d'ailleurs
attendu l'ordonnance de 1840 pour faire leur apparition
en France dans nos Facultés.

L'*Introduction à l'étude du droit* publiée par M. Blon-
deau en 1830 en tête de sa *Chrestomathie* (3) contient une cinquantaine de pages, qui portent la marque d'un des esprits les plus originaux qui aient laissé
leur trace dans l'enseignement juridique. Et, en remon-
tant plus haut encore, au lendemain même de la réorganisation des Ecoles de droit, en 1808, G. L. Carré,

---

(1) *Cours d'introduction générale à l'étude du droit ou
manuel d'encyclopédie juridique*, 1ʳᵉ édition, 1837 ; 2ᵉ édition,
1846.

(2) Cette conjecture vient de nous être confirmée par son fils,
M. R. Beudant, professeur à la Faculté de droit de Grenoble. M. Ch.
Beudant a publié la *Leçon d'ouverture du cours d'Introduction
générale à l'étude du droit* prononcée à la Faculté de Paris le 16
novembre 1863. C'est une brochure in-8 de 24 pages.

(3) *Chrestomathie ou choix de textes pour un cours élémentaire
de droit privé des Romains*. Paris, 1830 et 1843.

professeur à la Faculté de droit de Rennes, l'auteur
du classique *Traité des lois de la Procédure civile et
administrative* publiait une *Introduction générale à
l'étude du droit* (1), où il se proposait « d'ouvrir la
« carrière et d'en montrer toute l'étendue à ceux qui
« veulent la parcourir ; de fixer leur regard sur les
« principaux objets de cet immense tableau, de guider
« et de soutenir leurs premiers pas ; de leur tracer en
« un mot le dessin des grandes masses autour desquel-
« les viennent se grouper toutes les parties de la doc-
« trine », de façon à « faciliter ainsi l'étude des détails
« qui seront saisis d'autant plus aisément qu'à l'avance
« on aura connu les principes auxquels ils se rappor-
« tent. » Et les excellentes parties que renferme ce petit
livre font vivement regretter que la mort du savant
doyen de la Faculté de droit de Rennes, survenue en 1832,
ne lui ait pas permis de publier la nouvelle édition qu'il
allait en donner après lui avoir fait subir de nouveaux
changements, et qui était même annoncée (2).

Beaucoup plus récemment, quelques œuvres nouvelles,
inspirées par la même idée, ont vu le jour dans des pays
de langue française, en Belgique et en Suisse. En Belgique, où l'enseignement de l'Encyclopédie du droit s'est
maintenu, dans les Universités, quelques professeurs ont
publié des traités sur cette branche des Sciences juridiques (3). La dernière œuvre qui ne date que de 1899

(1) *Introduction générale à l'étude du droit* et spécialement
du droit français avec des tableaux synoptiques à l'usage de MM. les
étudiants par G. L. Carré professeur de la Faculté de Rennes. A Paris,
chez Hacquart, imprimeur-libraire, rue Git-le-Cœur, n° 8. — 1808.

(2) Notice bibliographique sur M. Carré, par Chauveau Adolphe, en
tête du 1er volume des *Lois de la procédure civile et administrative*.

(3) Namur. *Cours d'Encyclopédie du droit* ou *Introduction
générale à l'étude du droit*. Bruxelles, 1875.

Orban. *Cours d'Encyclopédie du droit*. Liège, 1893.

Roussel. *Encyclopédie du droit*. 2ᵉ édition. Bruxelles, 1872.

et a pour auteur M. G. Picard, bâtonnier du Barreau de Cassation de Belgique, sénateur, et professeur à l'Université nouvelle de Bruxelles, porte un titre qui indique le changement qui se produit depuis un certain nombre d'années dans l'ordre de ces études. M. Picard intitule son livre *Le Droit pur* (1). Et quelque temps avant lui, en 1889, M. G. Roguin, professeur de législation comparée à l'Académie de Lausanne, publiait sa « *Règle de droit* », « étude de science juridique pure » limitée d'ailleurs aux rapports de droit privé (2).

C'est qu'en effet, le caractère de ces travaux de synthèse juridique s'est transformé. Et le lecteur en trouvera la démonstration dans les premiers chapitres de l'œuvre de M. Korkounov, que l'élégante et précise traduction de M. Tchernoff a permis d'ajouter à la liste déjà si riche des œuvres qui font partie de la *Bibliothèque internationale de droit public*.

On ne fait plus guère aujourd'hui d'*Encyclopédie du droit*, « la littérature encyclopédique est partout en décadence » qu'il s'agisse de l'encyclopédie considérée comme un « bref résumé des matières juridiques spéciales, sans aucune unité intrinsèque », ou qu'on songe à l'encyclopédie « science des sciences, distincte et indépendante, embrassant le contenu de toutes les sciences spéciales », comme l'entendaient Schelling et Hegel.

Et il faut en dire autant d'un autre genre de synthèse juridique, la *Philosophie du droit*, soit qu'elle prétende, dans la phase du « droit naturel », établir un droit invariable, éternel, découlant de la nature des hommes envisagés comme des êtres raisonnables et en particulier de leur besoin inné de vivre en société (appetitus societatis),

---

(1) Picard. *Le droit pur*. Bruxelles et Paris, 1899.
(2) Roguin. *La règle du droit*. Lausanne, 1889.

droit indépendant des temps et des lieux, et ne pouvant être changé par personne ; soit que, dans une phase d'un caractère plus scientifique, elle cherche à expliquer le droit positif, mais par voie « métaphysique », à l'aide de principes que connaît notre raison sans le secours de l'expérience.

Sans doute il est sorti de cette tendance des œuvres maîtresses, que je n'ai pas à rappeler ici, en Allemagne et en France (1). Il n'en est pas moins vrai que la théorie philosophique du droit a fait son temps. Elle n'a plus que de très rares représentants dans le haut enseignement de la philosophie ou du droit. On ne croit plus à elle. C'est un champ abandonné.

Des études de synthèse juridique nouvelles, ayant un tout autre objet, et surtout procédant d'une méthode tout à fait différente, ont au contraire été entreprises, un peu partout, dans ces derniers temps. Elles portent le nom de *Théorie générale du droit*, de *Dogmatique juridique*, de *Droit général* (public ou privé) La théorie générale du droit prétend « vérifier surtout le droit positif « au point de vue technique et logique, dégager les « principes généraux du droit, en montrer le lien interne « en même temps que déterminer l'essence de l'orga- « nisme social, et les ramener aux règles universelles « de l'activité humaine dans la société et dans l'Etat.

(1) Le dernier ouvrage paru en France et consacré à la philosophie du droit est celui de M. A. Boistel, *Cours de philosophie du droit*, 2 vol. in-8, 1899. A la même tendance se rattachent les ouvrages de MM. Bélime, *Philosophie du droit ou Cours d'introduction à l'étude du droit*, 2 vol. in-8, 1844 ; — F. Schützenberger, *Les lois de l'ordre social*, 2 vol. in-8, 1850 ; — Ch. Renouvier, *Science de la morale*, Tome I *in fine* et tout le tome II, in-8, 1869 ; — Ad. Franck, *Philosophie du droit pénal*, in-18, et *Philosophie du droit civil*, in-8, 1885 ; — A. Fouillée, *L'idée moderne du droit en Allemagne, en Angleterre et en France*, in-18 ; — E. Beaussire, *Les principes du droit*, in-8, 1888 ; — De Varcilles Sommières, *Les principes fondamentaux du droit*, 1er vol. seul paru, in-8, 1889.

« Elle est ainsi la pierre angulaire du système du droit.
« Elle lie en un tout les parties distinctes et leur con-
« tenu variable ».

La grande différence de cette manière de concevoir
la synthèse du droit avec celles qui l'ont précédée est
dans la méthode. On ne fait plus d'à priorisme. On compare les différents états juridiques, on fait appel à l'histoire, et c'est de cette comparaison qu'on extrait les catégories juridiques dans lesquelles viennent se ranger
l'activité de l'Etat, celle des groupements qui coexistent
avec lui ou lui sont subordonnés et l'activité des individus.

C'est à cette manière de concevoir la synthèse juridique, à cette méthode expérimentale et réaliste, que
se rattache M. Korkounov.

Mais pourquoi avoir été chercher en Russie, pour
l'offrir au public français, une *Théorie générale du droit*?
il ne manquait pas d'autres traités du même genre en
Allemagne et en Angleterre (1)!

J'avoue que j'aurais préféré, puisqu'il s'agit du grand
professeur qu'a été Korkounov, qu'on traduisit son
Traité du droit public russe, qui est son vrai titre scientifique, et qui sert actuellement de base à l'enseignement
dans les Universités de l'Empire. Les directeurs de la
Bibliothèque internationale de droit public exauceront
peut-être notre vœu un jour.

(1) Une bibliographie raisonnée des œuvres qui se rattachent à
cette tendance rendrait de grands services. Nous ne pouvons l'entreprendre ici. Nous nous bornerons à citer, pour l'Allemagne, les
livres de Bierling, *Juristische Prinzipienlehre*, 1894, et de Thon,
Rechtsnorm und subjectives recht, in-8, 1878. Toute l'œuvre de
Ihering, qui a exercé partout une si profonde influence, est à lire
aussi. Les ouvrages anglais les plus marquants sont: Austin, *Lectures on jurisprudence or the philosophy of positive Law*, 15e édition, 1885 ; Holland, *Elements of jurisprudence*, 8e éd. 1896 ;
Markby, *Elements of Law*, 5e éd. 1896 ; Pollock, *First book of jurisprudence*, 1896 ; Salmond, *Jurisprudence or the theory of the Law*, 1902-

Pour le moment ils nous donnent un livre qui n'a rien de spécialement russe, mais qui, à beaucoup de points de vue, est excellent.

La *Théorie générale du droit* de Korkounov renferme en effet des parties d'une vigueur et d'une originalité rares. Sur le droit naturel, l'origine du droit, les normes juridiques, la distinction du droit public et du droit privé, la théorie des trois pouvoirs, les personnes morales, la nature de la société et de l'Etat et d'autres questions encore, on ne trouvera pas seulement, formulées avec une grande précision et une force de raisonnement peu commune, les principales théories qui sont comme le fonds commun de la pensée juridique universelle. On y trouvera aussi des théories russes, souvent ingénieuses. La pensée russe n'est pas, même dans l'ordre juridique, bien qu'elle soit profondément influencée par elle, un simple reflet de la science allemande. Elle a son originalité propre, et surtout une expression d'une clarté de forme tout à fait surprenante.

A ces différents points de vue le livre de M. Korkounov sera lu, je crois, avec un très grand intérêt par tous ceux qui, pour la première fois, pénétreront ainsi dans la pensée juridique russe.

Ils y feront des découvertes qui ne manqueront pas d'intérêt.

Ils y verront notamment que, bien que Korkounov enseignât dans un pays d'absolutisme et de censure, il ne craignait pas d'aborder les problèmes les plus délicats du droit public. Et si le livre n'était pas signé d'un nom russe, personne certes ne se douterait qu'il a été écrit en Russie. Il a des hardiesses qui étonneront peut-être quelque peu les Russes eux-mêmes.

Qui pourrait croire qu'on enseigne en Russie des idées comme les suivantes. « Le développement régulier « de la vie sociale sera très sérieusement entravé si

« les conditions qui lui sont indispensables sont sacri-
« fiées à l'intérêt de l'heure présente, à l'intérêt qui
« s'offre à assurer l'ordre extérieur. par exemple,
« dans le cas encore où pour prévenir la propagation
« des doctrines dangereuses, on étouffe toute manifes-
« tation des idées. L'ordre extérieur sera peut-être réta-
« bli plus vite, mais dans l'avenir la société sentira long-
« temps les conséquences désastreuses occasionnées par
« la suppression de la liberté de la tribune ou de la
« presse » (1).

On ne sera pas moins étonné de ce passage. « Quoique
« le gouvernement soit le représentant de tout le peu-
« ple, le peuple peut bien aussi, directement, faire quel-
« que chose pour lui même. Il est probable que les
« règles qui se sont créées d'elles mêmes s'appliquent
« mieux aux intérêts des peuples que celles que le gou-
« vernement peut lui proposer (2) ».

C'est ainsi encore que la liberté individuelle est indiquée comme présentant un « intérêt qui joue un très
grand rôle dans le droit moderne » et que le droit
moderne est qualifié comme « donnant ses préférences
aux solutions les plus compatibles avec la liberté individuelle (3) ».

En cherchant bien on trouverait même dans le livre
de M. Korkounov la théorie de la Souveraineté du peuple (4), et ce qu'on y trouve en tout cas, tout au long,

(1) P. 357.
(2) P. 160.
(3) P. 203.
(4) P. 379 et tout le § 44. Voici à ce point de vue des citations
caractéristiques prises dans ce § 44 : « La force obligatoire des ordres
des gouvernants ne repose, en dernière analyse, que sur la reconnaissance, l'acceptation tacite de la Société » ; — « L'autorité est une
force qui dépend non pas de la volonté de celui qui domine, mais de
la conscience de celui qui se soumet » ; — « L'autorité de l'Etat n'est

c'est la réfutation de ce dogme de l'Ecole historique que
le droit a un développement purement national et que
de même « qu'un oiseau ne peut devenir un mammifère
et réciproquement, de même aucun Etat ne peut changer
ses institutions, son organisation qui est conforme à son
esprit national ».

« Cette opinion de l'Ecole historique est fausse, dit
« Korkounov, puisque nous avons déjà vu que le chan-
« gement apporté à l'idéal social peut amener un chan-
« gement dans le développement social lui-même.
« Par l'étude de l'organisation d'un autre peuple, de
« son développement politique, les membres d'une
« société peuvent se créer un idéal politique semblable
« à celui de ce peuple..... (1).

Et quand j'aurai dit que ce passage vise expressément
les tentatives faites à la fin du xviiie siècle, pour transporter en Russie les institutions politiques de l'Angleterre,
j'aurai donné la mesure du profond libéralisme, qui
anime sans doute l'enseignement des Facultés de droit
en Russie. Il faut bien qu'il en soit ainsi puisque nous
en trouvons l'expression très nette dans l'ouvrage d'un
des plus célèbres professeurs des Universités russes,
dans l'enseignement officiel, par conséquent ; mais il y
a là un contraste bien curieux avec les pratiques administratives que, tout au moins, on nous dit être celles de
la Russie !

Je ne puis terminer cette courte préface sans souhaiter que des études analogues à celles dont ce livre est le
fruit soient plus fréquentes en France.

Et par là je reviens à ce que je disais au début.

Il manque aux enseignements de nos Facultés un cours
de synthèse juridique. M. Cousin le proclamait en 1840,

pas une volonté de quelqu'un, mais une force née de ce que les
citoyens *reconnaissent* leur dépendance vis-à-vis de l'Etat ».

(1) P. 323.

et M. Chaumié pourrait le proclamer à son tour en 1903.

Or cet enseignement est indispensable. Seul il peut permettre d'établir la véritable nature des concepts juridiques les plus essentiels, de formuler les catégories juridiques dans lesquelles rentrent la plupart des développements des Codes et des lois, et par là de former de vrais jurisconsultes, capables de faire des constructions juridiques, et de ne pas prendre pour du droit des dispositions de réglementation plus ou moins développées, des énumérations de règles et d'exceptions, des controverses de textes et autres survivances de la scolastique !

Mais si le ministre de l'instruction publique de 1903 réalisait d'une manière définitive la création inaugurée, pour trop peu de temps, par son collègue de 1840, ce n'est pas au début des études qu'il devrait placer ce cours de *Théorie générale du droit,* c'est à leur terminaison (1). Toute généralisation, cela semble banal à force d'être évident, suppose connues les données qui fournissent cette généralisation, les bases qui lui ont permis de s'édifier. Toute généralisation est une abstraction, et l'abstrait ne peut venir qu'après le concret.

Et si l'expérience tentée en France n'a pas réussi c'est sans doute parce qu'on s'est trompé sur la véritable place que cet enseignement doit occuper dans les programmes.

Qu'on le mette où il doit être et le résultat ne se fera pas attendre. Les jurisconsultes français montreront qu'ils ne sont pas, comme on le croit quelquefois, rebelles à l'abstraction juridique. Et ils introduiront dans cette matière, ce qui ne s'y trouve pas toujours, la

(1) C'est la question que posait déjà M. de Salvandy ministre de l'Instruction publique en 1838 à la commission des hautes études de droit. « Faudrait-il, à l'exemple de la plupart des Universités « étrangères, placer les cours encyclopédiques au commencement des « études comme introduction, ou bien les rejeter à la fin comme « résumés, ainsi que cela se pratique en quelques lieux. »

netteté et la clarté de la forme, qui sont la caractéristique de la pensée française, et le secret de sa force d'expansion.

F. LARNAUDE,
professeur de droit public général
à l'Université de Paris.

M. KORKOUNOV

Nous devons à l'obligeance de MM. Sergejewski, Baschmakoff, Kovalewski des renseignements précieux sur l'œuvre et la carrière, malheureusement interrompues par une maladie qui ne pardonne pas, de M. Korkounov.

M. Korkounov a succédé, à l'Université de Moscou, à Gradoffsky, et tous les deux sont les deux plus grandes autorités en matière de droit public russe.

Dans le *Cours d'encyclopédie du droit* il avait remplacé un homme qui, au dire de ses anciens élèves, avait une érudition et une force de généralisation peu communes, M. Redkin. Mais, à l'inverse des tendances hégéliennes de Redkin, M. Korkounov, comme cela ressort de son livre, se rattache à la méthode expérimentale et réaliste.

L'influence qu'il a exercée par son enseignement, qu'il exerce encore par ses livres sur la jeunesse universitaire russe est considérable. Voici la liste de ses principaux ouvrages :

1º *Le Règlement et la loi* (Oukaz i Zakon), 1894, St-Pétersbourg, chez Stassjulewitsch, 408 pages.

2º *Histoire de la philosophie du droit* (Istoria philosophii prawa), 3e éd., 1903, 480 pages. Ibidem.

3º *Le Droit public russe* (Gossoudarstwennoë prawo rousskoë). Tome I. 1901 (4e éd.), 573 pages. Tome II, 1903 (4e éd.), 596 pages. Ibidem.

4º *Précis du droit public comparé des Etats étrangers* (Srawnitelnii otcherk gossoudarstwennagi prawa jnostrannih dergaw), 1890, 163 pages. Ibidem.

5º *Recueil d'articles* (Isbornik Statej), 1898, St-Pétersbourg, chez Martinoff, 567 pages.

6º *Cours de Théorie générale du droit* (Obstchoja teorija prawa), 1898 (5e éd.), 354 pages. Ibidem.

INTRODUCTION

§ 1

De la théorie générale du droit.

Schelling. Vorlesungen uber die akad. Studium 1802. — Aug. Comte, Cours de philosophie positive. T. 1 (1ᵉ leçon).

La science humaine, telle qu'elle résulte de l'étude des sciences particulières, se présente à nous morcelée et fragmentée. L'observation ne nous fournit pas à elle seule de vues générales ; nous n'y puisons immédiatement que la connaissance des faits concrets, distincts. Or pour l'explication des phénomènes de la vie — et une science vivante ne doit jamais perdre de vue ce but — une science fragmentée ne remplit pas sa tâche.

La vie, même celle d'un seul homme, soulève à chaque instant des problèmes multiples et complexes, et c'est précisément de la science que l'individu en attend la solution. Celui qui aperçoit une partie du problème que soulève devant lui tout ce qui existe, celui qui a entrevu une parcelle de la vérité scientifique, celui-là ne peut se résoudre à ignorer l'ensemble de la vie, l'ensemble des phénomènes que les ténèbres de l'ignorance continuent à lui cacher. Une fois accomplie la tâche qu'il s'était imposée, le savant

n'éprouvera de satisfaction morale qu'après avoir pu
rattacher son travail isolé aux questions générales et
fondamentales de la vie. Une œuvre bien comprise et
vraiment libre n'est possible qu'à la condition d'être
liée, comme une partie indispensable et vivante, à
l'œuvre de l'humanité tout entière. Dans l'homme,
apparaît involontairement la tendance à élargir son
savoir le plus qu'il le peut, à lui donner un caractère
général, afin que toutes les questions que la vie soulève
soient éclairées scientifiquement et reçoivent une solution aussi complète que possible.

Mais comment atteindre ce but ? Comment construire
avec des fragments des sciences une science unique et
générale ? A première vue, le moyen le plus simple
pour y arriver paraît être l'extension de la « quantité » de la science. Il suffit de connaître tout ce qui est
accessible à la connaissance des autres, de s'approprier
la science de toute l'humanité, et la question, semble-
t-il, est résolue. Si l'on trouve que la somme de toutes
ces connaissances est trop grande, dépasse les forces
d'un individu, on sera porté à remédier à cette difficulté
aux dépens de la qualité de la science, c'est-à-dire en se
contentant sans doute d'une science incomplète, superficielle peut-être, mais d'une science qui embrassera
tout : c'est là un des moyens pour atteindre le but, une
des tâches que nous assignons à la science.

Résoudre la question de cette manière, c'est en chercher la solution dans la méthode encyclopédique. Or,
quelle que soit l'importance d'une science encyclopédique, ce n'est pas elle qui nous fournira la solution de la
question. La méthode encyclopédique ne peut pas donner une science d'ensemble. Les différents éléments de
la science humaine se trouveront groupés tout comme
on peut juxtaposer les éléments de la science acquise par
un seul individu, mais la compréhension de tout cet

amas de matières par la construction d'un système d'ensemble n'est pas le résultat immédiat de la méthode encyclopédique. Il peut nous arriver de connaître dans un domaine les moindres détails, et, à côté de cela, notre ignorance peut être complète sur d'autres questions qui ont pour nous beaucoup plus d'importance. Nous avons trouvé, à l'aide de l'analyse spectrale, le moyen de déterminer le contenu chimique des étoiles les plus éloignées ; mais combien y a-t-il encore de points obscurs dans l'organisation de notre propre corps ? La linguistique comparée nous permet de connaître le degré de culture des plus anciens Aryens, tandis que la question de l'origine de la Russie reste pour nous aussi insoluble qu'à l'époque où l'on ignorait complètement ce que c'était que la méthode comparée. La science humaine est un livre dont certaines pages ont été détachées. Ici, sur une page, nous avons lu tout ce qu'il y a d'écrit ; mais, à côté d'elle, les pages qui précèdent et celles qui suivent n'existent pas, et ce que nous avons lu, sans commencent et sans fin, ne fait que nous irriter comme une énigme indéchiffrable.

D'ailleurs, la science humaine, même dans son ensemble, apparaît comme fragmentée. Quand même je serais arrivé à m'assimiler tout ce que les hommes savent, ma science ainsi acquise ne présenterait pas un système unifié. Et, dans l'antiquité, alors que l'abondance des faits scientifiques observés était moindre et que les esprits n'étaient pas rares qui embrassaient tous les éléments de la science contemporaine à cette époque, on pouvait déjà se rendre compte de l'absence d'unité dans les sciences. Même alors, on éprouvait le besoin de travailler à la généralisation de la science, à la création d'un système général. Mais on pensait résoudre la question en transformant la méthode même que l'on appliquait à l'étude. C'est ainsi que prend naissance, chez les Grecs, la philosophie, apparaissant sous la forme d'une science particulière. Ce n'est pas par le développement et le perfectionnement des connaissances empiriques que les penseurs grecs ont essayé de donner à notre science la généralisation et l'unité. Ils les ont cherchées dans l'analyse des premières conceptions, de celles que l'on trouve chez tous les hommes, les décomposant en leurs éléments intégrants, les ramenant au plus général pour créer ainsi un système d'ensemble indépendant, détaché du cadre accidentel fourni par les notions empiriques. Par là même, la base et la source de cette science étaient changées. L'observation ne donnant que des vues partielles, on la remplace par la déduction. On ne peut saisir par l'observation que ce qui est accessible à l'observation, ce qui tombe immédiatement sous les sens ; la déduction, aidée par le raisonnement, ne connaît pas de bornes extérieures ; pour elle, tout peut servir de matière à étude. Ainsi dégagée de l'observation, elle parvient à former un systhème complet et général, à constituer ce qu'on appelle un système philosophique.

Depuis Platon, les philosophes ont créé beaucoup de systèmes en appliquant la même méthode. Mais cette diversité même de systèmes et l'impossibilité de trouver une raison objective qui eût pu faire préférer l'un deux à tous les autres, ont fait naître des doutes sur l'utilité de ces procédés métaphysiques en vue de la constitution d'une science réelle et non pas seulement de simples opinions. Dans le positivisme, en effet, est apparue la négation absolue de tout système métaphysique. Mais les positivistes eux-mêmes sont obligés de constater la nécessité d'une généralisation de ces connaissances particulières qui nous sont données par la méthode empirique. Le fondateur du positivisme, Auguste Comte, a expliqué en détail comment il entend l'unification de différentes sciences.

Dans la première phase de la formation de la science humaine, dit-il, on ne peut observer aucune division déterminée du travail intellectuel; toutes les sciences sont cultivées simultanément par les mêmes hommes. Cet état de la science humaine, inévitable dans la première phase de sa formation, change peu à peu à mesure que certaines branches distinctes se développent. En vertu d'une loi dont la nécessité est évidente, chaque branche du système scientifique se sépare insensiblement du tronc aussitôt qu'elle est assez élargie pour devenir l'objet d'une étude spéciale, c'est-à-dire pour occuper à elle seule l'activité de certains esprits. C'est à cette division des recherches scientifiques en catégories distinctes réparties entre des groupes distincts de savants que nous devons le développement remarquable qui se manifeste sous nos yeux dans chacune des branches de la science. De ce nouvel état de la science résulte pour les savants modernes l'impossibilité évidente de recommencer ces études encyclopédiques qui étaient dans l'antiquité une chose facile et commune. En un mot, la division du travail intellectuel, s'accentuant de plus en plus, est un des signes caractéristiques du développement moderne de la science. Mais, tout en reconnaissant les avantages d'une pareille division, on ne peut s'empêcher, d'autre part, d'être frappé des inconvénients qui résultent actuellement de ce morcellement excessif des études dont s'occupe chaque savant. Ces inconvénients sont, jusqu'à un certain point, inévitables, mais il nous est permis de chercher un moyen destiné à supprimer ce qu'il y a de plus défectueux tout en laissant subsister la division des études elle-même. Le moyen ne consiste évidemment pas en un retour vers l'antiquité avec son absence de toute division : cela aurait pour conséquence d'entraver le progrès futur de la science. Ce moyen consiste au contraire dans le développement de cette division. Qu'un groupe de savants, dûment préparés à ce travail, au lieu de s'adonner uniquement à l'étude de quelqu'une des sciences particulières existantes, se consacre exclusivement à des recherches sur leur état actuel, à la détermination des tendances de chacune d'elles, à l'explication de leurs liens et de leurs rapports mutuels, à la réduction, quand cela sera possible, de leurs principes particuliers à un nombre moins considérable de principes généraux ; que les autres savants se guident sur les principes généraux ainsi posés, que, d'accord avec ceux qui les ont établis, ils vérifient par un effort commun leurs résultats, et alors, la division du travail dans le domaine de l'activité scientifique pourra être développé jusqu'à ses extrêmes limites, sans que la science se perde en des particularités, en des détails, sans que « les arbres nous empêchent de voir la forêt. »

Si l'on use de ce procédé scientifique, on aboutira à une science synthétique qui, par sa méthode, ne différera pas des sciences particulières. La science ainsi constituée ne rejette pas les données de l'expérience ; elle n'a pas un caractère métaphysique et ne prétend pas avoir une portée absolue. Elle ne se propose qu'une tâche : celle d'arriver au plus haut degré d'une généralisation fondée sur la connaissance des phénomènes, par conséquent sur une connaissance relative, qui est la matière des sciences spéciales.

Tout ce qui vient d'être dit de la science en général peut être appliqué en particulier et surtout à l'étude du droit. Parmi toutes les branches de la science, c'est précisément dans le domaine du droit que nous sentons le plus impérieusement le besoin d'un système général. La raison principale en est que nous ne pouvons pas embrasser le droit dans son ensemble. La voûte céleste avec ses étoiles, le corps d'un animal, nous les concevons avant tout comme une unité, et ce n'est que l'analyse scientifique qui nous apprend à voir en eux une agrégation complexe d'une multitude d'éléments particuliers. Cela n'existe pas pour le droit. Nous n'apercevons directement que des lois séparées, des transactions distinctes, et c'est seulement par une synthèse scientifique que nous combinons ces éléments particuliers dans une même conception de l'ordre juridique, dans la même idée du droit considérée comme une norme de la vie sociale. Aussi, dans l'étude du droit, l'état fragmentaire de nos premiers éléments est d'autant plus grave que nous n'apercevons pas son unité par l'observation, par la perception immédiate. Certes, les rapports juridiques, les rapports particuliers que les hommes ont entre eux ne sont pas sans un lien. Mais ces rapports, mais le lien qui les unit, ne sont pas évidents ni palpables et, de plus, les jurisconsultes ne les étudient pas directement; ils étudient, à vrai dire, les mœurs, les lois, les sentences, les transactions entre particuliers. Or, toute cette matière est, à première vue, très variée, et, en outre, plus le développement de la vie sociale est considérable, plus est grande cette variété. Le développement de la vie sociale donne naissance à un nombre de plus en plus grand d'intérêts très divers qui se heurtent, et dont la délimitation et la détermination constitue la tâche du droit. Dans la vie sociale, si complexe, si enchevêtrée, les mêmes intérêts peuvent donner lieu à des rapports multiples, et chaque modalité que ces rapports affectent demande pour sa réglementation une norme juridique particulière. C'est ainsi que les droits patrimoniaux des particuliers, dans les législations modernes, ne sont pas réglementés par une loi générale unique, mais par une multitude de lois diverses qui sont réparties dans les diverses branches de la législation. Aussi, une vue d'ensemble sur la réglementation juridique des droits patrimoniaux n'est-elle possible à dégager qu'à l'aide d'une synthèse scientifique embrassant la multitude des divers règlements que comporte la législation.

En même temps, il n'existe pas de science qui touche de plus près aux questions immédiates de la vie que le droit. On découvrira peut-être dans notre état social un homme qui ne s'est jamais occupé de sciences naturelles ou d'histoire ; mais, il nous semble qu'il est très difficile de trouver un homme qui soit absolument étranger aux problèmes du droit. Quelque misanthrope que vous soyez, quelques soins que vous preniez à fuir les hommes, vous ne pourrez pas éviter les questions de droit. En tout cas, il y a au moins un domaine de droit, celui de la liberté individuelle, qui s'impose impérieusement à notre attention. En fuyant les hommes, vous êtes obligé de leur dire : C'est ici que commencent les limites du domaine où je suis libre, vous n'avez pas le « droit » d'empiéter sur lui. Pour toutes ces raisons, c'est dans la science du droit que la tendance à la généralisation doit se manifester plus impérieusement que partout ailleurs. Et, en effet, on a eu depuis longtemps l'idée de créer, à côté des sciences juridiques spéciales, une science qui donnât une connaissance complète du droit. Telle était, avant tout, l'encyclopédie du droit. Elle a choisi le premier des moyens que nous avons indiqués pour arriver à la généralisation de la science. Sa tâche consiste à multiplier, à répandre les différents éléments de la science, à réunir en une branche les faits concrets, à juxtaposer ces branches. La philosophie du droit, de son côté, tend à fonder une science du droit par la méthode déductive. Cette science, par le but qu'elle cherche à atteindre, aboutit à un système d'ensemble. Enfin, la théorie générale du droit, qui prend naissance de nos jours, a pour but de créer une théorie d'ensemble avec les éléments concrets, empiriques qui lui sont fournis par les branches particulières du droit.

L'encyclopédie et la philosophie du droit font ordinairement partie des matières enseignées dans les facultés de droit. En Allemagne, on les enseigne toutes les deux ; En Angleterre et en France, la philosophie seule est enseignée. Chez nous, actuellement, on ne s'occupe que de l'encyclopédie ; mais, auparavant, jusqu'à l'arrêté universitaire de 1835, c'était la philosophie du droit qui était obligatoire et maintenant, comme nous l'avons dit, c'est l'encyclopédie qui l'a remplacée. Ces trois sciences ayant au fond le même but, nous sommes forcés de donner des développements sur chacune d'elles pour les examiner attentivement. Nous les apprécierons ensuite.

§ 2

Encyclopédie du droit

Friedländer, Juristische Encyclopädie oder System der Rechtswissenschaft. Heidelberg. 1847. Ortloff, die Encyclopädie der Rechtswissenschaft in ihrer gegenwärtigen Bedeutung. Jena 1857. Ornatsky. Examen comparé des notions de l'encyclopédie chez les modernes et chez les Grecs et les Romains. Dans le recueil édité à l'occasion du 12 janvier 1855. Article 7. *Redkine.* Revue de la littérature de l'encyclopédie juridique. Dans les mémoires juridiques publiés par Redkine et Janovitch-Janovsky. Vol. V. Pétersbourg 1860. — *Karassievitch.* Encyclopédie du droit. Cours à Jaroslavl, 1872. 1re édition, dans le journal du Lycée juridique de Dimidoff. — *Zveriow.* Place de l'Encyclopédie du droit parmi les autres sciences juridiques. « Méssager juridique » 1880. N. I.

L'encyclopédie, dans le sens usuel du mot, ne désigne pas une science particulière. On n'entend pas par encyclopédie une seule science, mais un « cercle » de sciences. On parle, par exemple, de l'encyclopédie des sciences de Bacon, de Wolf, de Comte, et on fait allusion par là aux modes de classification des sciences que ces auteurs ont adoptés. Si l'on applique le terme encyclopédie à un ouvrage, on veut dire par là un livre qui contient dans un ordre ou dans un autre, alphabétique même, une revue des matières d'un groupe plus ou moins étendu de sciences et, quelquefois, de toutes les sciences en général. Cette manière de comprendre ce terme est fondé sur son éthymologie : il vient d'une expression grecque ενκυκλιος παιδεια qui voulait dire un « cercle » de sciences répondant au programme de l'enseignement secondaire de l'époque ; les Romains lui conservèrent la même signification. En réalité, les mots encyclopédie, cyclopédie (c'est ce terme qui est employé dans la langue anglaise), ou tout simplement pédie, n'ont pas été usités avant le xvi° siècle. Le premier livre qui porte ce titre est l'œuvre de Ringelberg : *Ringelbergius, Lucubrationes vel potius absolutissima Kyklopaideia*, 1541. L'auteur y a réuni des études sur la grammaire, la rhétorique, la dialectique et, dans une partie distincte, « Chaos », il a placé tout ce qu'il n'avait pu faire rentrer sous les rubriques précédentes.

Lorsqu'on applique cette signification du mot encyclopédie à l'encyclopédie du droit en particulier, on n'entend par là qu'un résumé général et succinct des matières de toutes les sciences juridiques. Le premier livre qui porta le nom d'encyclopédie du droit fut celui de Hunnius, 1638. Mais Hunnius n'a fait que se servir le premier du terme Encyclopédie du droit ; un livre, dont le sujet était le même, fut publié avant le sien, sous un autre titre. On prétend en effet que la première œuvre d'encyclopédie du droit fut le *Speculum judiciale* de Durantis, 1275. Cela est douteux. On fonde cette assertion sur ce fait que la nature du sujet comprend aussi bien le droit romain que le droit canonique. Mais cela n'est pas une raison suffisante pour appeler encyclopédie le *Speculum Judiciale* de Durantis. 1° Il n'embrasse pas tout le droit : le droit féodal n'y est pas traité. Le droit romain est, d'autre part, si étroitement lié au droit canonique que l'étude commune de ces deux parties était nécessaire indépendamment de tout but encyclopédique. 2° Le *Speculum* de Durantis était destiné à servir de manuel, non pour l'étude du droit, mais pour les jurisconsultes dans l'exercice de leurs fonctions judiciaires.

L'auteur a exposé ses vues générales sur le droit dans un petit *Proœmium*, où il distingue, entre autres six lois d'après le nombre des ailes des Chérubins : *Per sex alas, sex leges intellige : prima est lex naturalis, secunda mosaïca, tertia prophetica, quarta evangelica, quinta apostolica, sexta canonica.*

Il est plus correct de placer l'origine de la littérature encyclopédique au xvie siècle, époque à laquelle on peut constater l'éclosion d'une multitude d'œuvres ayant un caractère systématique et méthodologique et embrassant toutes les branches du droit. Parmi ces ouvrages, celui d'un juriste allemand, Lagus, « *Lagus methodica juris utriusque traditio* » 1543, mérite une attention particulière. Il eut, jusqu'à la fin du siècle, sept éditions nouvelles, et, de plus, il eut deux autres éditions complètes et remaniées par Freigius. Tout cela prouve que le livre eut un succès incontestable. Ce livre doit être considéré comme la première encyclopédie systématique du droit. Il embrasse non seulement le droit privé et le droit public mais encore le droit positif et la philosophie du droit ; il se divise en deux parties : 1° *Pars philosophica.* 2° *Pars historica.* La première partie de l'ouvrage comprend l'origine du droit (législation, mœurs),

le commentaire et l'application des lois, la théorie des
analogies et celle des fictions, et, en outre, le droit naturel. Dans la seconde partie, l'auteur s'occupe du droit
positif. Il décrit en outre les diverses modalités des rapports juridiques (*forma juris*) et, pour chacune d'elles,
il pose quatre questions : 1° Qui est le titulaire du droit?
Comment acquiert-on un droit 3e. Comment le perd-on?
Comment le conserve-t-on?

L'expression d'encyclopédie du droit, comme nous
l'avons déjà dit, n'apparaît pas avant le xviie siècle. La
première œuvre portant ce nom fut celle de Hunnius :
Hunnius, Encyclopædia juris universi. Colon, in-folio,
1638. Elle fut rééditée en 1642, 1658 et 1675. Le livre se
divise en cinq parties et contient une revue du droit
faite d'après un système artificiel. 1° τα πρωτα (*jus, per-
sonæ*). 2° *De judiciis et processu judicario.* 3° *De contrac-
tibus.* 4° *De materia ultimarum voluntatum* (où il est
question des successions).

Tous les historiens de la littérature de l'encyclopédie
juridique considèrent Hunnius non seulement comme le
premier qui s'en soit servi au xviie siècle, mais comme le
seul. Cela est inexact. Deux ans après l'apparition du
livre de Hunnius, en 1640, fut publié, à Francfort, un
ouvrage intitulé : *Encyclopædia juris publici privatique,
civilis, criminalis, feudalis, autore Joanne Philippo a
Vorburg.* En tête du livre, se trouve un discours de Hal-
lutius sur l'importance de l'encyclopédie en général ;
puis vient une préface de Vorburg lui-même sur l'encyclopédie juridique. Le livre se compose de deux parties
très inégales. (1° Recueil des règles juridiques, « *hux
regularis juridica sive accurata et articulosa Enucleatio
atque expositio omnium juris civilis regularum* », fait
par Wolfgang Sigismond à Vorburg, doyen d'Asbafen-
burg, et 2° Dictionnaire juridique).

Outre cette encyclopédie de Vorburg, un ouvrage qui

n'est mentionné par aucun encyclopédiste parut en 1675, celui de Unverfärth ¹: *Pædiæ jurisprudentiæ.* L'auteur définit ainsi la « Pédie » : *Pædiæ vocabulum proprie significat institutionem puerilem, qua, si bona sit τῶν παιδίον animi ad virtutes et bonas artes capessendas subiguntur* (page 2). Il assigne à la pédie sept buts, entre autres : détermination des limites des diverses sciences (I), détermination des sources et des criterium des vérités scientifiques (III) et de la méthode scientifique (IV), une table des livres et des documents pouvant servir à l'usage des savants. Le livre est divisé conformément à ce programme. Il se divise en vingt-trois chapitres qui renferment exclusivement l'exposé des questions générales auxquelles nous venons de faire allusion, sans que l'auteur y entre dans des développements détaillés concernant telle ou telle branche de la science juridique. C'est pourquoi le livre de Unverfärth doit être considéré comme ayant une valeur beaucoup plus grande que celui de Hunnius.

Au xviii° siècle, deux tendances diamétralement opposées se manifestent dans la littérature juridico-encyclopédique. Ce siècle fut l'époque où la rupture fut la plus complète entre les sciences philosophiques et les sciences positives; nous retrouvons ce phénomène dans les encyclopédies. Les unes furent écrites sous l'influence de la tendance dogmatique ou positive, comme on l'appelait alors. Telle est par exemple, l'encyclopédie de Stéphane Pütter, *Entwurf einer juristishen Encyclopodie,* Götting, 1757, qui a introduit réellement le nom d'encyclopédie dans l'usage courant et qui, en même temps, a séparé la méthodologie de l'encyclopédie, ce qu'on ne peut pas compter, à vrai dire, comme un mérite. Les autres appartiennent à la tendance philosophique. Tel est le caractère des œuvres de Nettelbladt, le célèbre élève de Wolf, qui a écrit plusieurs manuels d'encyclo-

pédie très connus à cette époque. Les encyclopédies
faites sous l'influence de ces systèmes philosophiques
restaient comme auparavant des descriptions succinctes
du contenu des sciences spéciales — et rien de plus.
Le système philosophique donnait à des exposés som-
maires de ce genre une forme commode, des schéma
tout faits, des rubriques, des catégories, mais ne déga-
geait pas l'unité intrinsèque, l'idée générale qui dominait l'ensemble.

Ce n'est qu'à partir du commencement de ce siècle
que le caractère des encyclopédies juridiques change.
Des exigences nouvelles et plus élevées s'imposent à
l'encyclopédie. Les encyclopédistes ne se contentent
plus d'une exposition succincte des matières des sciences juridiques spéciales. Ils aspirent à faire de l'encyclopédie une science indépendante, ayant sa tâche propre.
Cette nouvelle tendance qui voit dans l'encyclopédie non
seulement une manière particulière d'exposer une
science, mais encore une science distincte et indépendante, s'est formée sous l'influence immédiate des doctrines de Schelling et de Hegel qui, les premiers, ont
parlé de l'encyclopédie comme d'une science.

On s'est rendu compte de la nécessité d'élever l'encyclopédie au niveau d'une science indépendante lorsqu'on s'est aperçu de l'insuffisance de la notion qu'on
s'en faisait jusqu'alors. L'encyclopédie a certainement
été destinée dans la pensée de ses auteurs à obvier à
l'inconvénient qui consistait à commencer l'étude du
droit par les sciences spéciales, par le droit civil ou le
droit politique, par exemple, l'étude des parties spéciales supposant déjà la connaissance d'une série de
notions juridiques générales, comme le droit dans le
sens subjectif et objectif, l'état, de la capacité des personnes. Même l'histoire du droit suppose cette connaissance puisque toute l'histoire est essentiellement la

traduction des phénomènes historiques en la langue des notions modernes ; et l'histoire du droit — en la langue des notions juridiques modernes. Ainsi, en effet, éprouve-t-on le besoin d'un cours d'introduction à l'étude du droit qui ne mettrait pas le professeur dans l'obligation de commencer à étudier certaines parties d'une science dont l'ensemble reste inconnu. Mais il est douteux que le moyen que l'on propose dans la circonstance soit conforme à ce but. Il est douteux qu'une brève esquisse de toutes les parties de la science juridique puisse constituer une introduction sérieuse à l'étude du droit. S'il est difficile de commencer par une étude détaillée des parties, il est aussi difficile de commencer par une étude superficielle, car la difficulté ne tient pas à l'abondance des détails mais à un caractère trop fragmentaire de l'étude même. Une étude rationnelle du droit ne consiste pas uniquement à connaître la signification des principaux termes, la division de la science en branches distinctes et les matières que contient chacune de ces branches. Acquérir une notion succincte des détails, ce n'est pas acquérir une notion du tout. Réunir des parties en un tout n'est pas une chose simple et facile même pour ceux qui connaissent les parties. Les controverses dont le système général du droit est l'objet, comme nous le verrons plus tard, en est la preuve. Une revue rapide de toutes les parties du droit constitue une préparation bien plus défectueuse à l'étude du droit qu'une étude spéciale et détaillée d'une branche déterminée. Une étude spéciale, suffisamment approfondie, permet d'étudier une partie quelconque dans ses rapports avec le tout. En exposant à fond toutes les matières d'une branche de droit, on introduit l'étudiant tout d'un coup *in medias res*. La richesse du contenu l'intéresse, l'attire, et une étude rigoureusement scientifique l'habitue à une méthode scientifique d'observation et d'analyse. Une étude rapide, résumée comme un manuel, est incapable de l'intéresser par suite de la pauvreté de son contenu ; superficielle, elle ne pénètre pas au fond du sujet et, au lieu du fruit, elle donne l'écorce.

A ces considérations qui nous sont suggérées par les conditions de l'enseignement, beaucoup d'autres s'ajoutent. Il n'y a pas que les débutants qui sentent la nécessité de concevoir la science comme un tout. Un spécialiste, celui qui étudie seul quelque question scientifique particulière, éprouve la même nécessité. Le développement de la science entraîne avec lui une spécialisation de plus en plus grande. Dans la législation, comme dans les autres sciences, la spécialisation augmente sans cesse. On rencontre assez fréquemment parmi les anciens jurisconsultes des auteurs qui se sont livrés à des études portant sur toutes les branches de la science juridique. C'est ainsi que, dans la première moitié de ce siècle, il y eut plusieurs savants qui se sont faits connaître également dans deux ou trois branches du droit. Par exemple, K.-S. Zachariæ, qui traita le droit public et le droit privé, Helffter qui s'occupa du droit criminel et du droit international, Bluntchli qui enseigna le droit international, le droit public, le droit privé, etc. Actuellement, par la force des choses, dans le domaine du droit, les savants sont portés à restreindre le champ de leurs recherches. Mais cette concentration des efforts scientifiques sur un domaine plus limité, cette concentration exigée par le développement et la spécialisation de la science ne doit pas avoir pour conséquence, cela va de soi, de restreindre l'horizon du jurisconsulte. Comme nous l'avons dit, des recherches spéciales et particulières à une matière déterminée peuvent produire, si elles sont bien menées, des résultats considérables qui jettent un jour nouveau sur la conception que l'homme se fait de l'univers. Le meilleur exemple est celui que

nous offre Darwin. Tout en étant et tout en restant zoologue, il est cependant arrivé, dans son étude sur « l'Origine des espèces » à établir un système vaste et profond
qui donna naissance à une nouvelle conception de l'univers appelée à bon droit « Darwinisme ». Mais pour
qu'une étude spéciale ait cette fécondité, il faut lui donner la direction voulue ; il faut, en travaillant les questions particulières, ne pas perdre de vue les principes
généraux, il faut enfin considérer le développement des
parties non comme le but mais comme le moyen. En
un mot, tout spécialiste, si particulier que soit le sujet
de ses recherches, doit avoir comme but la science
considérée comme un tout. Pour atteindre ce but, le
savant doit s'inspirer d'une certaine conception résu-
mant tous les progrès réalisés par la science à un
moment donné. Mais, à cette conception, par quels
moyens le savant y arrivera-t-il ? Il ne peut pas la créer
de lui-même ; il lui faudrait pour cela un travail préalable qui l'empêcherait de se livrer à des études spéciales, puisqu'une revue rapide des matières des diverses
sciences est absolument incapable de dégager la notion
d'ensemble d'une science. Une revue rapide de ce genre
ne peut pas non plus déterminer le rapport qui existe
entre la question particulière qui est le sujet de l'étude
du savant avec d'autres questions scientifiques.

Ainsi, nous croyons l'avoir établi, l'encyclopédie,
dans son sens ordinaire, ne peut pas satisfaire aux exigences de l'enseignement et de la science. Elle ne donne
pas de notion générale de la science conçue comme
un tout.

Ce sont justement ces défauts de l'encyclopédie
envisagée comme une revue rapide et superficielle des
matières, comme un manuel des autres sciences, qui ont
donné naissance à l'idée qu'il est nécessaire de donner
à l'encyclopédie le caractère d'une science indépen-

dante, destinée à montrer le lien général qui existe
entre les diverses questions que les sciences spéciales
étudient séparément. Cette idée, Schelling l'a développée dans son « Cours sur les études académiques ».
Conformément à sa conception de l'univers, d'après
laquelle tout est organiquement lié dans l'univers, il
considérait la science comme un organisme vivant. Ses
branches distinctes ne sont pas des parties mortes,
mécaniques, mais les parties vivantes d'un tout vivant.
De même qu'un organe d'un organisme quelconque ne
peut être compris qu'à la condition d'être étudié dans
ses rapports avec l'organisme tout entier, de même on
ne peut comprendre et étudier convenablement chaque
branche d'une science que dans ses rapports avec la
science tout entière. C'est à ce but que doit servir l'encyclopédie ; ayant comme objet l'étude générale de
toute la science humaine, elle apparaît alors non comme
l'une des sciences spéciales, mais comme la science des
sciences, celle qui commande les autres, comme une
science « potentielle » contenant en soi tout ce que les
sciences spéciales développent en détail.

La doctrine de Hegel offre une synthèse encore plus
harmonieuse et plus audacieuse. Pour Hegel, l'univers
entier n'est qu'un développement ininterrompu, dialectique, de la pensée absolue. Il a étendu cette vue synthétique à la science qui, étant elle-même une des
phases du développement dialectique présente aussi
dans ses branches des phases de ce mouvement. C'est
pourquoi il demandait que les sciences particulières
fussent étudiées dans leur rapport avec le tout puisqu'elles n'étaient pour lui que les phases du développement méthodique d'une science unique et « une ».

Les idées exposées par Schelling et Hegel ont provoqué un mouvement considérable dans la littérature
encyclopédique. Les meilleures des encyclopédies juridi-

ques les plus récentes ont toutes été faites plus ou moins sous l'influence de ces idées. Parmi celles qui furent écrites dans le sens des idées de Hegel, il faut citer les encyclopédies de Karl Putter (Putter Karl. *Der Inbegriff der Rechtwissenshaft, oder juristische Encyclopädie und Methodologie*, 1846) qui a introduit le premier dans l'encyclopédie l'étude de l'histoire générale du droit, — et de Friedlaender (Friedlaender, *Juristische Encyclopädie oder System der Rechtwissenschaft*, 1847) qui donne, dans un petit livre le meilleur essai qu'on ait fait pour présenter l'encyclopédie comme une science particulière. Les encyclopédies qui subirent l'influence immédiate du système de Schelling, comme l'encyclopédie de Rudhart (Rudhart, *Encyclopädie und Methodologie der Rechtwissenschaft*, 1823), ne brillent pas par des qualités particulières. Mais la conception organique de l'univers qui est le point capital de la doctrine de Schelling, a donné naissance aux trois meilleures encyclopédies allemandes nouvelles : celle d'Ahrens, de Warenkönig et de Walter. Dans celle d'Ahrens (Ahrens, *Juristische Encyclopädie*, 1857), la conception organique de l'univers apparaît avec les modifications que lui avaient apportées Krauze, un des successeurs de Schelling ; Warenkönig (Warenkönig, *Juristische Encyclopädie*, 1853) se montre partisan du même système organique que Fichte cadet ; enfin, dans l'encyclopédie de Walter (Walter, *Juristische Encyclopädie*, 1856) la tendance organique se joint à la tendance théologique de Stahl. Toutes les encyclopédies du xixᵉ siècle que nous avons citées suivent donc la tendance philosophique. Mais cette tendance n'a pas été la seule. De même qu'au xviiiᵉ siècle, on remarque à côté d'elle une tendance contraire qui a maintenant surtout un caractère historique. On peut y rattacher les encyclopédies de Falk (Falk, *Juristische Encyclopädie*, 1821-5. *Ausgab. v. Jhering*,

1851) et de Bluhme (Bluhme, *Encyclopädie der in Deutschland geltenden Rechte*, I Ausg. 1847-54. II Ausg. 1855-1869).

Au XIXᵉ siècle, la période de 1840 à 1850 et celle de 1850 à 1860 marquent l'époque du plus grand développement de la littérature encyclopédique. La période suivante marque le déclin de cette science. Si on fait abstraction du livre de Goldschmidt (Goldschmidt. *Encyclopädie der Rechtswissenschaft*, 1862) qui n'expose pas l'encyclopédie mais qui donne seulement un résumé des matières enseignées à l'Université avec l'indication des auteurs à consulter, on ne fit pas en Allemagne, depuis la publication des œuvres que nous avons citées jusqu'à la période de 1870 à 1880, une seule tentative pour exposer l'encyclopédie du droit dans son ensemble. L'encyclopédie du droit de Holtzendorff (*Encyclopädie der Rechswissenschaft hssgbn* V. F. Holtzendorff, 5 Ausg. 1889) n'est qu'un recueil d'articles de différents auteurs. Ces articles sont réunis en deux volumes distincts : dans le premier, l'auteur a placé un bref exposé des sciences juridiques particulières précédé d'une courte étude de l'histoire générale du droit par Merkel. Le second volume est un dictionnaire juridique. Ainsi, on ne peut pas voir dans cet ouvrage une encyclopédie telle que la concevaient Schelling et Hegel.

Ce n'est qu'en 1885 qu'on essaya de faire une nouvelle étude systématique de l'encyclopédie. Merkel, dans son *Encyclopédie juridique* (Merkel, *Juristische Encyclopädie*, 1885) ne suit pas à vrai dire la tendance des encyclopédistes de la période 1850-60 ; il ne fait pas de l'encyclopédie une science indépendante. Cette encyclopédie consiste en une revue des sciences juridiques spéciales et n'a pas, par suite, le caractère d'une science indépendante. Cela ne diminue pas, du reste, sa valeur. La première partie, surtout, où l'au-

teur fait une brève esquisse de la théorie générale du
droit, est une contribution très précieuse et très intéressante pour la littérature juridique. Il en est de même
pour l'encyclopédie de Gareis (Gareis, *Encyclopädie und
Methodologie der Rechtswissenschaft*, 1887). Elle ressemble encore davantage à une simple revue des matières des sciences juridiques spéciales, car sa partie générale est bien moins développée. Gareis lui-même définit
l'encyclopédie comme une revue systématique du droit.

Le petit livre de Ratkovsky (Ratkovsky, *Encyclopädie
der Rechts und Staatswissenschaften, als Einleitung in
deren Studium*. Wien, 1890) se divise en trois parties.
Dans la première — sont expliquées les principales
notions juridiques ; dans la deuxième — se trouve une
revue des sciences rigoureusement juridiques ; dans la
troisième — une revue des sciences politiques; tout cela
comprend une centaine de pages.

Ainsi, les auteurs des travaux les plus récents sur l'encyclopédie juridique ne se sont pas efforcés d'en faire
une science indépendante. Comment expliquer ce fait ?
Pourquoi, après une série de tentatives pour élever l'encyclopédie au niveau d'une science, retourne-t-on à l'ancienne conception depuis longtemps condamnée ? Pourquoi considère-t-on de nouveau l'encyclopédie comme
un bref résumé des matières des sciences spéciales, sans
aucune unité intrinsèque, faite même, parfois, selon un
plan tout à fait arbitraire, alphabétique au besoin ! Il
n'y a qu'une explication de ce phénomène. Les jurisconsultes ne croient plus qu'il soit possible de réaliser les
idées de Schelling et de Hegel. Ils n'admettent plus
qu'on puisse faire de l'encyclopédie une science des
sciences, distincte et indépendante, et embrassant le
contenu de toutes les sciences spéciales. Les philosophes
allemands croyaient s'inspirer de cette idée que chaque
question particulière devrait être étudiée dans ses rap-

ports avec le tout ; autrement l'étude n'aurait plus aucune valeur vivante, serait stérile. Et cependant cette condition est générale, nécessaire à toute science qui veut conserver son caractère réellement scientifique. C'est une condition que doit remplir toute science et non seulement la prétendue science encyclopédique. Seulement cette dernière, disait-on, pour constituer une science doit porter sur une matière particulière et indépendante. Quelle est cette matière ? On nous répond que l'encyclopédie embrasse les matières de toutes les sciences. A quoi on peut objecter avec Konopake : Ou l'encyclopédie n'est pas une science, ou elle est incapable d'embrasser les matières de toutes les sciences, car la somme ne peut pas être égale à chacune des parties prises séparément. En dehors de cet argument tout à fait formel, on est obligé de remarquer que l'existence de l'encyclopédie comme science des sciences rendrait celle des autres sciences absurde et sans but ; l'encyclopédie, en effet, engloberait par là même toutes les matières qu'elles traitent. Au contraire, c'est justement le morcellement de nos études scientifiques qui rend indispensable l'existence de la plupart des sciences particulières et impossible celle d'une science distincte et indépendante capable d'embrasser toute la science humaine. Aussi ne faut-il pas voir dans la décadence actuelle de la littérature encyclopédique un phénomène passager. Elle est plutôt une preuve de la stérilité de l'idée elle-même de l'encyclopédie.

En exposant l'histoire de la littérature encyclopédique, nous n'avons parlé que de l'Allemagne, car la littérature allemande présente seule à ce sujet un développement régulier et préparé par un courant d'idées antérieur. Si des encyclopédies du droit ont été publiées dans d'autres pays, elles n'ont fait qu'imiter les encyclopédies allemandes et on doit les considérer comme des

faits accidentels et sans importance. En Russie, l'encyclopédie a été enseignée pour la première fois à la fin
du xviiiᵉ siècle par les savants allemands, de l'Université
de Moscou. Le premier professeur d'encyclopédie juridique fut le célèbre Baüse, qui s'était inspiré des principes de la philosophie de Wolf; après lui vient Purgold. Mais l'enseignement de l'encyclopédie à cette
époque était facultatif. Ce n'est qu'à partir du règlement
de 1835 que l'encyclopédie a été introduite dans le programme de l'enseignement universitaire comme une
matière obligatoire. C'est de cette époque que datent
également les premières encyclopédies du droit russe.
Jusqu'au règlement de 1825, il n'avait été publié
qu'une encyclopédie de Degaï, intitulée : *Conseils et
règles pour l'emploi des lois russes, ou matières de l'encyclopédie, de la méthodologie et de l'histoire du droit
russe*, 1831. Ce livre n'est qu'une compilation de documents et ne présente de nos jours qu'un seul intérêt,
celui de nous faire connaître notre jurisprudence avant
la promulgation du code. Le livre qui suivit fut celui
de Nivoline : *Encyclopédie de la jurisprudence* (1839-
40. La seconde édition posthume, est de 1857), bien
supérieure par ses qualités scientifiques. En tête se
trouve une courte introduction philosophique, où l'auteur explique la notion du droit. Il s'efforce de fondre,
dans cette partie les doctrines philosophiques de Hegel
et de Stahl, en défendant avec Stahl l'existence d'une
Divinité personnifiée qui régit librement le sort de l'univers. Puis viennent l'histoire de la philosophie de la
législation et celle de la législation positive. Dans l'histoire de la philosophie, l'auteur donne une analyse
détaillée des doctrines philosophiques particulières, analyse fondée sur une étude immédiate des sources. L'histoire de la législation positive est traitée d'une façon
moins personnelle.

L'*Encyclopédie du droit* de Rojdiestvensky (1863)
est conçue dans un ordre d'idées bien différent. L'auteur exclut absolument de son livre l'histoire des doctrines philosophiques du droit et l'histoire du droit positif. Le livre, uniquement dogmatique, contient un aperçu
des matières des sciences juridiques et se trouve précédé d'une introduction philosophique générale inspirée par la doctrine philosophique de Fichte cadet
(Im. Fichte).

Le livre de Rojdiestvensky est d'ailleurs la seule
encyclopédie russe donnant un aperçu des matières
des sciences juridiques. Editées en 1868, les œuvres
de Kapoustine (*La dogmatique juridique*) et de Rennenkampf (*Aperçu de l'encyclopédie juridique*, 2ᵉ édition.
1880), ne sont que des études générales du droit.
Ces deux ouvrages ne présentent pas l'application
d'une doctrine philosophique déterminée : ils ont un
caractère éclectique. Toutefois, ce sont, dans la littérature russe, les deux meilleurs manuels d'encyclopédie du droit ; malheureusement, ils ne sont plus au
courant. Dans cette dernière vingtaine d'années, beaucoup d'œuvres nouvelles ont paru dans la littérature
juridique et dans la législation, et la *Dogmatique
juridique* du professeur Kapoustine en est encore à
la première édition. Le livre du professeur Rennenkampf, réédité en 1880, a paru de nouveau en 1889, sous
une forme plus succincte, avec le titre : *Encyclopédie
juridique*. Mais même les publications ultérieures de
cet ouvrage ne sont pas mises au courant de la législation. Ainsi, dans l'édition de 1889, l'auteur affirme
que notre code ne contient pas de règlements concernant les églises catholiques et protestantes, quoique
ces réglements soient incorporés dans l'édition du code
de 1857. L'auteur, et cela est plus étrange, renvoie à
cette édition du code de 1857, même pour les questions

qui sont prévues dans les éditions nouvelles de 1876 et 1886 (pages 66-171-127). Les anciennes théories, par exemple la distinction de Hegel entre le faux en matière criminelle et civile, sont considérées par l'auteur comme des vérités irréfutables.

Dans la période de 1870 à 1880, ont paru deux nouveaux ouvrages sur l'encyclopédie : l'*Encyclopédie du droit* de Karasievitch, 1872, et *Aperçu de l'encyclopédie du droit* de Delarov, 1878. Mais ces deux publications sont restées inachevées. Karasievitch a fait imprimer un premier fascicule, qui ne contient presque que la préface. L'œuvre de Delarov, d'après le plan de l'auteur, devait avoir trois volumes. Dans le premier, le droit est considéré comme un des facteurs de la vie sociale ; à proprement parler, l'auteur s'y occupe peu du droit positif. Le premier volume, seul, a été publié. Les deux autres volumes, qui ne l'ont pas été jusqu'à présent, devraient contenir l'exposé de la théorie générale du droit (1er vol.) et l'application de cette théorie par le droit civil (2e vol.).

Dans la littérature juridique des autres pays, on ne trouve presque pas, à ma connaissance, d'œuvres sur l'encyclopédie juridique. Il faut pourtant faire exception pour la Hollande *Anne den Tex Encyclopaedie jurisprudentiae*, 1835, et pour la Belgique Roussel, *Encyclopaedie du droit*. 1813. 2e édition en 1871 et Namur, *Encyclopaedie du droit*. 1874). On peut encore citer deux œuvres françaises : Eshbach, *Cours d'introduction générale à l'étude du droit*, ou *Manuel d'encyclopédie juridique* (3e édition en 1856) et Courcelle-Seneuil, *Préparation à l'étude du droit*. 1897.

§ 3

Philosophie du droit

« Masaryk », Versush einer Konkreten Logik, 1887, § 249. « Wundt », Logik, II, § 619. « Harms », Begriff. Formen und Grundleg ung der Rechtsphilosophie, 1889 — « Bergbohn », Jurisprudentz und Rechtsphilosophie, I, 1892.

Les Anciens identifiaient la philosophie avec la science en général; elle était pour eux une science qui généralisait les autres sciences, en relevant les traits qui leur étaient communs. Ainsi la philosophie d'Aristote embrasse les mathématiques, la physique, l'éthique et la poétique. Ce que l'auteur appelait (πρωτη φιλοσοφια) première philosophie et que ses anciens commentateurs appelaient « métaphysique » (parce qu'elle suivait la physique), avait comme objet l'étude des principes et des fondements de l'univers. Le terme de « métaphysique » qui ne désignait que l'ordre dans lequel se succédaient les études d'Aristote, a pris dans la suite une autre signification. Il désigne les études *à priori*. En Angleterre, jusqu'à présent, on entend par la philosophie la science en général, comme chez Aristote. Mais, sur le continent, et surtout en Allemagne, on entend par philosophie une science particulière, transcendante, soit au point de vue de l'objet qu'on étudie, soit au point de vue de la source même de la science. Dans le premier cas, la philosophie consiste en la connaissance des phénomènes supranaturels, par exemple de ceux de l'âme, de la cause suprême des phénomènes de l'univers, de l'absolu, en opposition avec la connaissance relative des phénomènes de la nature matérielle. Dans le second cas, la philosophie peut avoir le même objet et le même contenu que les sciences empiriques, à cette condition que la méthode appliquée à l'étude de ces phénomènes ne soit pas empirique. D'après cette théorie qui s'est surtout répandue depuis Wolf Chr., chaque objet peut être l'objet d'une double étude ; l'une empirique, qui puise son contenu dans l'expérience sensible ; l'autre, philosophique qui le puise dans la connaissance du « suprasensible ». Ainsi, par exemple, à côté de la science empirique de la nature, s'est fondée la philosophie de la nature, à côté de la psychologie empirique — la psychologie philosophique et rationnelle, etc.

Comme le droit n'est pas un phénomène de la nature matérielle, extérieure, mais une conséquence de l'activité rationnelle de l'homme, il se rattache depuis longtemps aux objets des recherches philosophiques. L'explication de l'idée de droit, la détermination de son origine, et encore d'autres questions semblables sont étudiées dans la philosophie appelée pratique ou éthique. L'antiquité ignorait la philosophie du droit comme branche distincte de la philosophie, de même qu'elle méconnaissait la division de la science en plusieurs branches ; quant au moyen âge, la philosophie du droit comme l'éthique y furent absorbées par la théologie. La philosophie du droit comme science indépendante n'apparaît pas avant le XVIIe siècle.

A partir du XVIIe siècle elle a parcouru dans son développement deux phases profondément distinctes. D'abord, la science philosophique du droit différa de la science du droit positif non seulement par sa méthode, mais par son objet même qui fut non pas le droit positif variable, changeable, mais le droit invariable, éternel, naturel, sur lequel devait reposer le droit positif. Ce n'est qu'à la fin du XVIIIe siècle, quand la jeune école historique avait démontré l'insuffisance de la conception du droit naturel que la philosophie s'attacha à l'explication du droit positif. En résumé, l'étude philosophique du droit était connue, aux xvII° et xvIII° siècles, sous le nom de droit naturel *jus naturale*, et au xIX° siècle sous le nom de philosophie du droit.

La science du droit naturel a son origine dans le célèbre traité du savant Hollandais Hugo Grotius (1583-1645) : *de jure belli ac pacis libri tres*, 1625. L'idée fondamentale de la doctrine de Grotius est qu'on doit reconnaître, à côté du droit positif variable, créé par la volonté de Dieu ou des hommes *jus voluntarium*, l'existence d'un droit naturel invariable qui découle de la nature des hommes envisagés comme des êtres raisonnables et, en particulier, de leur besoin inné de vivre en société (*Appetitus societatis*). Est juste, proclame Grotius, ce qui est conforme à la nature de la société des êtres raisonnables. Ce droit naturel est absolument indépendant des temps et des lieux. Il ne peut être changé par personne. Il existerait et resterait identique même si Dieu n'existait pas.

La doctrine exposée par Hugo Grotius fut bientôt considérablement développée. Déjà au xvII° siècle apparurent quelques théories nouvelles du droit naturel. Telle est d'abord la théorie de Thomas Hobbes (1588-1679. Th. Hobbes, *Elementa philosophica de cive*. 1642) qui écarta le principe de sociabilité de Grotius et reconnut comme trait principal de la nature humaine, la crainte sur laquelle il établit la loi naturelle, la loi fondamentale : *Pax est quærenda*. Samuel Puffendorf (1632-1694) appliqua à la théorie du droit naturel la doctrine des Cartésiens. Chez lui, comme chez Grotius, le principe de sociabilité est la première base naturelle. Sa doctrine fut très populaire dans les écoles de droit de l'époque, parce qu'il était le premier à exposer le droit naturel d'après un système bien ordonné et aussi parce qu'il avait relié sa théorie à la doctrine plus philosophique de

Descartes. Son livre, *De officiis hominis et civis* (1673), traduit en plusieurs langues était devenu un manuel courant de droit naturel.

Les théories du xvii° siècle ne distinguent pas encore la morale du droit, au moins du droit naturel. Aussi, dans ces théories, l'opposition entre le droit naturel et le droit positif n'est-elle pas encore très nette; elle se confond avec la différence à peine entrevue entre le droit et la morale. Mais, au commencement du xviii° siècle, Chr. Thomasius, le premier distingue d'une manière définitive le droit de la morale; il va même jusqu'à les opposer l'un à l'autre, donnant ainsi à la théorie du droit naturel un caractère plus précis et plus rigoureux.

A partir de cette époque, le droit naturel, opposé à la morale, n'est plus que le droit. Au milieu du xviii° siècle, Chr. Wolf (1679-1754) et ses adeptes ont donné à la théorie du droit naturel, comme l'avait fait Puffendorf au siècle précédent, une forme systématique, mais dans l'esprit de la doctrine de Leibnitz (1646-1716).

Les théoriciens du xvii° et du xviii° siècle se sont tous également servi, pour développer les thèses du droit naturel, de la méthode déductive. Mais il faut remarquer que les éléments sur lesquels elles reposent n'étaient pas créés *à priori*, n'étaient pas des notions innées. Leur base était empirique. Kant (1714-1804), dans ses *Metaphysische Anfangsgründe der Rechtslehre*, s'est proposé de donner à la théorie du droit naturel ce caractère absolu d'*à priori* qui lui manquait. Il déduit tous les principes du droit naturel d'une catégorie absolue, *à priori*, de notre raison, qui peut être formulée dans les termes suivants : Agis de telle manière que ta liberté s'accorde avec celle de tous et de chacun.

Les doctrines du droit naturel pénètrent en Russie au commencement du xviii° siècle. Celle de Puffendorf fut particulièrement appréciée. En 1726, on imprima une

traduction de son livre, faite par ordre de Pierre le
Grand (1). Ch. F. Gross (1725-31), professeur de philosophie morale à l'Académie des sciences, et le premier
professeur de la Faculté de droit de Móscou, Diltée, se
servirent de ce livre pour faire leur cours. Dans la
période de 1790 à 1800, le professeur Skiadan s'en ins-
pira aussi. On peut citer aussi une tentative personnelle
faite pour exposer la théorie du droit naturel, celle de
V. Zolotnisky, dans son *Abrégé du droit naturel*,
extrait de différents auteurs à l'usage de la société russe,
1764. L'auteur assigne comme fondement à la science
du droit naturel la règle « Connais-toi » qui nous amène
à comprendre notre dépendance vis-à-vis de Dieu et
de notre prochain, et la nécessité de veiller à notre conservation.

D'ailleurs, l'engoûment pour les doctrines du droit
naturel n'était pas alors général. Au contraire, dans la
période de 1760 à 1770, on remarque chez les savants
russes une tendance à l'étude historique du droit. On
peut nommer, parmi ceux qui suivirent cette tendance :
Polenoff (1738-1816) et surtout Diesnitzky, le premier
professeur de droit en Russie, qui a jugé très sévèrement
la théorie du droit naturel dans son *Opinion sur le
moyen le plus direct et le plus court pour étudier la
jurisprudence* : « Le travail de Puffendorf était vraiment inutile, déclare-t-il dans son ouvrage, car écrire
sur des états imaginaires du genre humain, sans montrer comment la propriété, la possession, l'héritage prennent naissance et se trouvent réglementés n'est pas conforme à notre dessein et à notre but. »

Ce sont les savants et les professeurs étrangers qui

---

(1) « Des devoirs de l'homme et du citoyem d'après la loi naturelle, » 2 vol., par S. Puffendorf, traduit du latin en russe, Pétersbourg, 1726.

contribuèrent à répandre la doctrine de Wolf en Russie (1).

La doctrine de Kant représente le point culminant du développement de la théorie du droit naturel dans sa première phase. Elle pousse jusqu'à ses extrêmes limites l'opposition entre le droit naturel et le droit positif. Mais, en même temps que se répandait la doctrine de Kant, une école historique de législation se constitua en Allemagne ayant comme principaux représentants : Gustave Hugo (1768-1844), Fri. K. Savigny (1779-1860) et George Fr. Puchta (1798-1846). Cette école se déclara énergiquement contre l'existence du droit naturel, en tant que norme particulière ayant sa place à côté du droit positif. Elle prétendait démontrer que tout le droit n'est qu'un produit historique de la vie des peuples, qu'il n'est pas créé par l'arbitraire du législateur et que, par là même, il ne constitue pas un code de principes éternels, absolus et invariables. D'après cette école, le droit est un élément historique de la vie des peuples, capable comme tel de suivre une évolution régulière.

Le coup porté à la théorie du droit naturel par la doctrine de l'école historique était très grave. Et, dans la littérature philosophique, une réaction se manifeste également contre l'extrême abstraction des doctrines rationalistes. Avec Schelling (1775-1854), les philosophes abandonnent l'étude des abstractions vides pour se tourner vers celle de la réalité concrète et vivante. En opposition aux systèmes abstraits du rationalisme

---

(1) Ainsi, à la Faculté de droit de l'Université de Moscou, les partisans de la philosophie de Wolf étaient : Sehadin, Baüse, Schneider. La doctrine de Kant trouva un adepte en la personne du professeur de Petesbourg Koünitsine (1788-1840), auteur du livre célèbre : « le droit naturel », qui s'attira les persécutions de la censure de son époque.

qui ne se préoccupent pas de la réalité concrète, y compris le droit positif qu'ils considèrent comme une muti-
lation des principes éternels du droit naturel, Schelling
élabore son système de philosophie positive qui devait
expliquer le sens et la raison intime de tout ce qui
existe. Les représentants les plus modernes de la philosophie allemande suivirent l'idée de Schelling. Parmi
eux, nous citerons les trois auteurs qui ont eu le plus
d'influence sur le développement moderne de la philosophie du droit: Hegel (1770-1830. Hegel, *Grundlignen
der Philosophie des Rechts*. 1821), Krause (1781-1835)
Krause, *System der Rechts Philosophie*. 1874) et Herbhart (1776-1841. Herbhart. *Analystische beleuchtung
des Naturrechts und der moral*. 1836). Aucun d'eux
ne soutient plus l'existence du droit naturel à côté du
droit positif. Ils poursuivent un but différent : celui de
comprendre le droit positif dans ses formes historiques
et d'expliquer ses fondements. Si la philosophie du droit
se sert encore parfois du terme « droit naturel », on
n'entend plus par là le fameux code de droits naturels
et éternels, mais les bases philosophiques du droit
positif. Les adeptes de Hegel (Michelet, Gans, L. Stein,
Lasson, Lassal, Max Stirner) prenant pour point de
départ l'identification des lois de l'être avec celles de
la pensée, s'efforcent de présenter le développement
historique des différents systèmes du droit positif
comme un développement dialectique d'une idée générale, celle de la liberté. Les disciples de Krause qui
forment une école appelée l'école organique (on peut y
ranger : Röder, Ahrens, et beaucoup d'écrivains italiens
comme Pepere, Lioy et d'autres) croient trouver dans
le développement harmonique de l'individu l'idéal défi-
nitif vers lequel tend l'évolution historique du droit
positif. Enfin, les adeptes de Herbhart (Thilo, Geyer,
Ziller) veulent ramener les grandes variétés des formes

historiques du droit à deux idées : celle du droit (solution des conflits) et celle de la justice, qui sont, selon
eux, la base absolue de tout ce que nous jugeons juste
et équitable.

Parmi toutes ces écoles, celle qui eut le plus d'influence sur les savants russes est celle de Hegel. Tchit-
chérine la suivit, tout en en faisant des applications personnelles (*Histoire des doctrines politiques* Tome IV,
1878. *La propriété et l'Etat*, 1882-1883. *Les principes
de la logique et de la métaphysique.* 1894).

Quoique la philosophie du droit, dans sa forme
nouvelle, se soit tournée vers l'explication du droit
positif, elle ne se confond pas néanmoins avec la science
du droit positif. Elle conserve sa méthode particulière.
Elle n'emploie dans ses recherches ni l'observation ni
la méthode inductive. Elle continue à supposer que l'explication des principes éternels du droit positif peut
être donnée non par la méthode empirique, mais par
voie « métaphysique » à l'aide des principes que conçoit immédiatement notre raison sans le secours de
l'expérience. On croit que cette particularité de sa
méthode permet à la philosophie d'arriver non seulement à une connaissance absolue du droit, d'expliquer
non seulement les rapports juridiques mais aussi les
raisons profondes du droit.

La conception de la philosophie du droit envisagée
comme une science particulière suppose : 1° La possibilité d'une connaissance qui ne soit pas fondée sur un
système expérimental ; 2° La nécessité, ou tout au moins
le désir, de séparer complètement les éléments aprio-
riques de la science et la science empirique. Je ne veux
pas apprécier la première supposition. Cette question
appartient à la théorie de la connaissance, théorie sans
aucun rapport direct avec le droit et qui offre encore
un trop vaste champ de controverses. Nous dirons seule-

ment que, dans ces derniers temps, la théorie de la connaissance *a priorique* est de plus en plus combattue.
Quelle que soit l'opinion qu'on adopte sur la théorie
de la connaissance, je ne crois pas qu'il soit possible de
défendre la nécessité d'une philosophie du droit conçue
comme science métaphysique du droit.

Si la connaissance métaphysique de la vérité absolue
est possible, pourquoi la séparer de l'étude empirique
du variable et du relatif ? Dans ce cas, le relatif doit
être étudié comme une manifestation particulière de
l'absolu. La connaissance métaphysique de l'absolu
et la connaissance empirique gagneraient beaucoup à un
pareil rapprochement. La notion de l'absolu, expliquée
par la connaissance des formes particulières et relatives
de sa manifestation, deviendra plus concrète, plus
vivante. La connaissance du relatif, éclairée par la compréhension de ses principes absolus et fondamentaux
deviendra plus profonde et plus rationnelle. C'est pourquoi, s'il existe plusieurs méthodes de la connaissance,
il n'y a aucune raison de les séparer : elles doivent toutes être réunies dans l'étude scientifique de l'objet.

D'ailleurs, il faut le constater, on est de plus en plus
porté de nos jours à ne plus admettre l'existence de la
philosophie en tant que science particulière, métaphysique, portant sur les éléments qui constituent le domaine
des sciences empiriques. Si la philosophie a encore la
prétention d'être une science particulière et indépendante, ce n'est pas en tant que connaissance *a priorique*
de l'être, mais, en tant que théorie de la connaissance ou en tant que théorie générale qui a néanmoins les
mêmes sources que les diverses sciences spéciales.

§ 4

La théorie générale du droit.

« Merkel ». Ueber das Verhältniss der Rechtsphilosophie zur positiven Rechtswissenschaft (Grünhut's, Zeitschrift, § I, 1874). « Schut-
ze » Die Stellung der Rechtsphilosophie zur positiven Rechtswissenschaft (*Ibidem*, § VI, 1879). « Bergbohm » Jurisprudenz und
Rechtsphilosophie, I, 1892, p. 90-100. « Müller » P. Die Elemente
des Rechts und der Rechtsbildung, 1877. « Post » Bausteine für eine
allgemeine Rechtswissenchaft, 1880. « Merkel » Elemente der
allgemeinen Rechtslehre, 1889 (Holtzendorff's Encyclopädie der
Rechtswissenschaft, 5 Auflage).

Nous constatons ainsi que ni la méthode encyclopédique qui a cherché un remède à l'excessif morcellement
de notre science dans une revue, superficielle il est vrai,
de toutes les sciences, ni les systèmes philosophiques
qui ont cru découvrir la source profonde de la science
dans des principes *à priori* ne sont arrivés à leur but et, de
nos jours, on ne croit plus en leur efficacité. La littérature encyclopédique et la littérature philosophique tra-
versent maintenant une phase de décadence. La philosophie, qui était considérée comme une science ayant
sa source particulière, une méthode distincte, est conçue
de nos jours comme une science plus générale, mais
s'appuyant sur des données expérimentales comme toutes les autres sciences. Sa tâche actuelle se ramène à
la généralisation des matières fournies par les diverses
sciences spéciales.

En conséquence, la philosophie du droit, la science
métaphysique des principes absolus du droit sont peu
à peu remplacées par la théorie générale du droit qui a
comme base l'étude des données positives et historiques.
Cette tendance est très accentuée en Angleterre où elle
est connue sous le nom d'école analytique de droit. On

considère comme fondateur de cette école, Austin
(John Austin, *the Province of jurisprudence determined*,
1832 et *Lectures on Jurisprudence or the philosophy of
positive law*, 3° éd. 1869) ; elle a actuellement beaucoup de partisans (1). En Allemagne, également, on se
rend compte de la nécessité de remplacer la construction métaphysique par une théorie générale du droit
plus positive. Déjà, dans la période de 1820-30, Falk
avait démontré qu'il fallait remplacer la philosophie du
droit par une théorie générale du droit. Dans la littérature allemande contemporaine, cette opinion est soutenue par Merkel. Merkel croit qu'il faut absolument
éliminer de toute étude sérieuse du droit la philosophie du droit, au moins ne plus la considérer comme
une science puisant ses données à quelque source particulière. Pour lui, elle ne peut être considérée que comme
la théorie générale du droit avec le rang qu'occupe dans
toute science sa partie générale. Cette opinion n'a pas
été cependant approuvée par tout le monde. Elle rencontre au contraire des adversaires nombreux qui présentent des objections d'ordre différent. Schütze, par
exemple, défend l'ancienne division entre la philosophie du droit et le droit positif. D'après lui, la théorie générale qu'inspire Merkel c'est celle de l'encyclopédie du droit. « La philosophie du droit est une partie de la philosophie pratique, c'est-à-dire de cette
philosophie qui applique déductivement les lois formelles de la pensée aux fondements de l'absolu et de
son contenu idéal. Et c'est précisément cette partie qui
doit s'occuper de l'idée de droit en la faisant découler
d'une notion supérieure et en l'étudiant dans ses développements logiques ». Cette distinction assez obscure,

(1) « Markby » Elements of law 1871, « Holland » The Elements
of Jurisprudence. 1880, 4° édit. 1888. « Pollock » Essays in Jurisprudence and Ethics, 1882.

Schützc l'explique par des exemples qui montrent en quoi consiste pour lui la différence entre une étude philosophique et une étude positive des institutions juridiques. Dans ce but, il passe en revue les institutions les plus importantes : la convention, la propriété, l'Etat et les peines. Pour le jurisconsulte ou l'historien, dit-il, la force obligatoire de la convention est un fait certain, un principe, une donnée incontestable. Le philosophe, au contraire, ne peut pas passer sous silence la question préalable : les conventions sont-elles obligatoires, et, si elles le sont, quel est le fondement de leur force obligagatoire. De même, pour la propriété privée : le philosophe se demande jusqu'à quel point elle s'accorde avec l'idée de droit et surtout avec la prétention égale de tous les hommes de posséder afin de satisfaire leurs besoins. Le jurisconsulte, l'historien ne rencontre que « par hasard » de pareilles questions sur leur chemin. De même pour l'Etat, la philosophie du droit se pose ces questions : l'existence de l'Etat est-ce un besoin rationnel ou seulement un produit historique ? Quel est le gouvernement le plus conforme à la raison ? Le gouvernement dans son « essence » repose-t-il sur un contrat, etc ?

Mais, même ces exemples ne sont pas probants. Sans pouvoir prétendre donner une solution précise à ces questions, le droit positif, dans la mesure où il les aborde est obligé de les résoudre. Le jurisconsulte doit se demander quelles sont les conditions de la validité des contrats ; or il est impossible d'indiquer ces conditions sans expliquer en même temps le fondement de leur force obligatoire. D'autre part, il est superflu et inutile de se poser des questions comme celle de savoir quel est le gouvernement le plus conforme à la raison, car on ne peut apprécier en connaissance de cause les formes de gouvernement sans prendre en considération les conditions historiques de l'époque. En

réalité, nous constatons que la littérature juridico-philo-
sophique ainsi comprise tombe de plus en plus en décadence ; elle se trouve remplacée par des recherches
sur les questions générales du droit. Ces recherches
portent sur l'étude des éléments historiques et positifs
et ne prétendent nullement trouver la solution de graves problèmes juridiques dans une science métaphysique.
Ainsi, croyons-nous, nous sommes autorisés à considérer comme surannée et presque abandonnée l'idée qu'on
se faisait du but à assigner aux recherches juridico-phi-
losophiques. L'avenir appartient à notre avis à la philosophie du droit entendue uniquement comme théorie
générale du droit.

Mais si nous identifions la philosophie du droit et la
théorie générale du droit, en quoi cette première diffère-
t-elle alors de l'encyclopédie du droit ? Ne doivent-elles
pas se confondre entre elles ? Quelques savants vont
jusque là. Tel Friedländer qui en montrant l'importance
scientifique de l'encyclopédie du droit affirmait que
la philosophie du droit ne pouvait exister à côté d'elle
en tant que science distincte. En Russie, c'est le professeur Karasievitch qui affirma le premier la nécessité de confondre, d'identifier la philosophie et l'encyclopédie du droit.

En Allemagne cette opinion n'est pas généralement
admise. Les juristes allemands ont tellement l'habitude
de séparer la philosophie de l'encyclopédie du droit
que Merkel lui-même qui demandait si résolument que
la philosophie du droit fût remplacée par la théorie
générale du droit, croit possible l'existence indépendante de l'encyclopédie du droit comprenant un abrégé
de toutes les branches du droit y compris la théorie
générale du droit. Mais l'encyclopédie du droit ainsi
comprise n'a plus le caractère d'une science indépendante.

Dans la littérature russe il y a aussi quelques juristes qui se prononcent pour le maintien de la distinction entre la philosophie et l'encyclopédie du droit. Le professeur Zvériov, notamment, est de cette opinion. Selon lui l'encyclopédie du droit n'a pas un objet d'étude propre, elle emprunte presque toutes ses matières à la philosophie du droit. L'encyclopédie est pour lui une répétition de la philosopphie, mais une répétition incomplète ; elle ne reproduit pas toute la philosophie ; elle n'en prend que ce qui est strictement nécessaire pour constituer une introduction à l'enseignement du droit. La philosophie du droit constitue une science indépendente tandis que l'encyclopédie n'est qu'un objet d'enseignemedt ; l'encyclopédie c'est la copie incomplète de l'original qni est la philpsophie. Conçue comme introduction aux sciences juridiques, composée des matières que lui fournit la philosophie du droit, l'encyclopédie nous présente surtout des résultats définitifs de la science dans la mesure où cela est possible dans l'état actuel de la science du droit. La philosophie, au contraire, fait de ces mêmes matières l'objet de ses recherches et étudie les normes juridiques dans leur formation : l'encyclopédie affirme et expose, la philosophie discute et étudie ; la première a un caractère éminemment dogmatique ; l'autre un caractère surtout critique. Si l'encyclopédie se propose de préparer le débutant à l'étude des sciences juridiques spéciales, la philosophie du droit veut être la conclusion de cette étude ; si la première sert à tracer un plan d'études, à montrer le chemin qu'il faudra parcourir, la seconde est destinée donner à une vue d'ensemble de ce qui a été fait, à mettre en ordre les connaissances acquises, à rendre compte du travail achevé.

L'opinion de Zvériov ne manque pas de soulever quelques difficultés. Tout d'abord peut-on se contenter de définir l'encyclopédie comme un objet d'enseignement et d'opposer cet objet d'enseignement à la science de la philosophie. La science n'est-elle donc pas un objet d'enseignement? Zvériov voulait dire probablement que l'encyclopédie n'est qu'une manière particulière d'enseigner la philosophie du droit. Mais, même avec cette correction l'opinion de Zvériov fait naître encore quelques doutes. Zvériov prétend que l'encyclopédie donne un exposé dogmatique des questions dont la philosophie nous présente une étude critique. Il ajoute même que l'encyclopédie expose les résultats sans montrer les moyens par lesquels ils sont obtenus. Nous ne croyons pas qu'il veuille dire par là que l'encyclopédie doit procéder par de simples affirmations. Une telle méthode, mauvaise pour n'importe quel enseignement, l'est surtout pour l'enseignement universitaire. Nous croyons qu'il a voulu dire que l'encyclopédie, sans insister sur les controverses qui divisent les diverses écoles, s'applique surtout à exposer comme des doctrines certaines les systèmes d'ensemble. Dans ce sens on peut dire qu'elle préfère la méthode dogmatique à la méthode critique. Mais l'observation, même ainsi présentée, n'est pas sans soulever des objections. Le choix de l'une ou de l'autre de ces méthodes ne prête pas à l'arbitraire. Si pour une question donnée il n'existe pas encore de théorie scientifique acceptée par tout le monde, on est obligé de se contenter d'exposer les controverses.

Ainsi on ne peut pas considérer la philosophie du droit comme une science distincte de l'encyclopédie; la philosophie et l'encyclopédie du droit ne font qu'un. Elles ne sont que des phases de transition, elles ne forment que des éléments préalables d'une discipline plus générale — la théorie générale du droit. On avait reconnu depuis longtemps l'utilité d'une théorie générale du droit, mais on s'imaginait qu'elle pourrait exister à côté de l'encyclopédie sans être absorbée par cette dernière. Telle est notamment l'opinion de Falk. Falk propose de remplacer le droit naturel par une théorie générale du droit, c'est-à-dire par un exposé des principes généraux résultant de l'analyse du droit positif. Mais au moment où cette conception fut produite elle n'était guère répandue. Ce n'est que de nos jours qu'on commence à l'admettre. P. Muller la développe avec beaucoup de détails. Il présente la théorie générale du droit comme un système des principes du droit *System der Rechtsgründe*. Sans parler de l'utilité pratique et immédiate pour la science juridique, elle a une double tâche à remplir. 1° Elle étudie les espèces, les faits en les systamétisant et en leur appliquant des méthodes différentes : spéculativo-idéaliste, historique et empirico-réaliste ; 2° De la matière du droit ainsi constituée, elle tire les principes généraux du droit, les enchaîne d'après leur nature intrinsèque, en forme un système qui est la théorie générale du droit. Une fois les principes dominants de ce système dégagés, on les applique pour apprécier le droit existant et la jurisprudence, pour montrer et frayer en même temps le chemin de l'évolution. La théorie générale du droit ne peut pas avoir évidemment une application immédiate à la vie, car elle ne donne que les principes généraux du droit et non les normes juridiques distinctes qui régissent les rapports de la vie quotidienne. Bien plus, il est impossible de faire découler une science de droit pratique des principes de la théorie générale. Le mouvement et l'évolution du droit ont pour point de départ les éléments naturels, les relations de la vie. Le théoricien tire ses notions générales de l'étude de ces relations et du droit pratique auquel ils ont donné naissance. Il doit chercher à concevoir comme un tout le droit pratique et les rapports juridiques de la vie quotidienne, puis à décomposer cet organisme géné-

ral en ses organes et éléments distincts, à déterminer
leurs relations et leur influence réciproque, les normes
et les buts de leurs actions ainsi que le rôle du tout et de
chacune de ses parties. La théorie générale du droit
vérifie surtout le droit positif au point de vue technique
et logique (begriffliche), dégage les principes généraux
du droit, en montre le lien interne (Zusammenhang),
l'essence de l'organisme social, et les ramène aux principes généraux de l'activité humaine dans la société et
dans l'Etat. Elle est ainsi la pierre angulaire du système
de la jurisprudence; elle lie en un tout les parties distinctes et leur contenu variable. Pour atteindre ce but
elle doit toujours observer rigoureusement la méthode
objective et éviter toute construction subjective. Si de
nos jours des considérations générales précèdent l'étude
des différentes catégories de disciplines juridiques, c'est
parce que nous n'avons pas encore une théorie du droit
convenable et que chaque juriste éprouve la nécessité
d'exposer quelques unes de ses opinions sur le droit.

De même Albert Post croit que le développement
du droit, conçu comme une des branches de la science
sociale positive, aura pour conséquence de fondre l'histoire et de la philosophie. Seule l'étude générale du
droit *eine allgemeine Rechtwissenschaft* peut subsister à côté de l'histoire du droit ; elle aura un caractère empirique lorsqu'elle déterminera les phénomènes
de la vie juridique et un caractère philosophique lorsqu'elle étudiera les causes de ces phénomènes. Mais
ces deux parties de la jurisprudence, histoire du droit
et théorie générale du droit doivent être toutes deux
étroitement liées. P. Müller et Post, en envisageant
le rôle de la théorie générale du droit, n'examinent
pas ses rapports avec l'encyclopédie. Le premier juriste
allemand qui s'est prononcé en faveur de l'identification de l'encyclopédie et de la théorie générale du

droit est Schütze. Dans son cours de l'encyclopédie du droit il s'est conformé à cette idée, comme on peut le remarquer en consultant le plan de ses cours qui fut imprimé. Les cours eux-mêmes ne furent malheureusement pas publiés.

De nos jours les encyclopédistes russes reconnaissent presque tous la nécessité d'identifier l'encyclopédie du droit et la théorie générale du droit. Du moins tous les cours de l'encyclopédie imprimés, sauf ceux de Niévoline et de Rojdiestviensky ne présentent que l'étude générale du droit. Kapoustine remplace même le nom d'encyclopédie par celui de *dogmatique générale*. Mais comme le dit avec raison Karasievitch, cette dernière terminologie n'est pas heureusement choisie, car le dogme est opposé à l'histoire, tout le monde est d'accord sur ce point et signifie une science appliquée du droit.

Cette différence entre les encyclopédies russes et les encyclopédies allemandes dont les meilleures les plus systématiques comme par exemple celle de Falk, de Walter, d'Ahrens, de Warenkönig, de Merkel, ne sont que des exposés très brefs des sciences juridiques distinctes précédées d'une petite introduction générale ; cette différence s'explique par les conditions de notre enseignement juridique. En Allemagne, l'enseignement du droit consiste uniquement, selon l'expression de L. Stein en des études du droit civil dans ses différentes manifestations. Les autres branches du droit, on peut le dire, ne sont que tolérées. Il ne faut donc pas s'étonner si ce n'est pas la théorie générale du droit qui sert d'introduction à l'étude de la science du droit, mais simplement un exposé bref des droits civil, romain ou allemand et parfois comme chez Putter, Ahrens, Warinkonig, l'histoire générale du droit. Les choses ne se passent pas de même dans nos universités. Le droit civil n'a jamais prédominé. Depuis Pierre le Grand l'enseignement juridique se confond avec l'enseignement politique. C'est pour cette raison que l'encyclopédiste russe ne peut pas mettre dans son cours un exposé rapide de tout ce qu'on enseigne dans les facultés de droit Les matières enseignées étant très variées, leur résumé même très bref formera quelque chose de trop complexe. Les conditions de notre enseignement universitaire exigent d'un encyclopédiste, non un résumé des sciences spéciales, mais une théorie générale du droit.

LIVRE I

La notion du droit

CHAPITRE PREMIER

DÉFINITION DU DROIT

§ 5

Les normes techniques et les normes éthiques.

Doués d'une faculté de généralisation qui nous est propre en notre qualité d'êtres raisonnables, nous nous guidons dans notre activité consciente non seulement sur les notions concrètes, mais aussi sur des règles qui nous montrent la ligne de conduite qu'il faut adopter pour atteindre tel ou tel but déterminé. Ces règles qui dépendent de la nature des buts portent le nom générique de *normes*. Elles varient avec les buts. Mais elles se ramènent toutes à deux groupes principaux : les normes *techniques* et les normes *éthiques*.

Les normes techniques sont des règles qui indiquent la manière d'agir pour atteindre un tel but déterminé. Telles sont les règles d'hygiène, de pédagogie, de grammaire, d'architecture qui nous apprennent à conserver notre santé, à développer les facultés d'un enfant, à exprimer nos idées d'une manière intelligible, à bâtir un édifice. Il y a autant de normes téchniques, qu'il y a de buts différents chez les hommes. L'observation de chacune d'elles n'entraîne que la réalisation d'un seul but donné, distinct, sans toucher aux ĥutres buts de l'activité humaine et parfois même en en empêchant la réalisation. Si le but que l'on poursuit est très vaste, très complexe, sa réalisation est naturellement déterminée par un système compliqué de règles liées entre elles par l'unité du but. Les systèmes de ce genre forment autant d'arts distincts. C'est de là que provient le nom lui-même de normes *techniques* (texny-l'art).

Aux différents buts de l'activité humaine correspondent des normes techniques distinctes ; c'est pourquoi les hommes agissent toujours selon des règles conformes à leurs buts. Chaque norme technique distincte poursuit un seul but déterminé, conduit à la réalisation d'un seul but sans toucher à ses rapports avec les autres. Mais, en même temps, les différents buts de l'activité humaine se heurtent inévitablement. La réalisation de l'un empêche souvent la réalisation d'un autre. L'homme limité dans ses forces, dans ses moyens extérieurs et dans le temps, doit renoncer à la réalisation complète de tous ses buts. Il faut qu'il sacrifie les buts secondaires pour réaliser les principaux. Obligé ainsi d'opter entre des buts différents, l'homme ne peut pas se passer d'un principe directeur qui montre la ligne de conduite à suivre, les buts à sacrifier, les buts à la réalisation desquels il doit donner la préférence. Les normes techniques sont incapables de répondre à ce besoin. Montrant la voie à suivre pour réaliser un but déterminé, elles ne donnent pas les règles destinées à introduire l'harmonie dans la réalisation de plusieurs buts. Aussi existe-t-il à côté des normes techniques, d'autres normes, les normes « éthiques ». L'homme dans sa vie ne peut pas se guider uniquement sur les normes techni-

ques qui ne sont appropriées qu'à des buts séparés ;
il se guide nécessairement sur autre chose, sur un
principe qui détermine le choix des buts eux mêmes, qui
le force à préférer l'un à l'autre. Selon que les hommes
sont plus ou moins capables de réaliser tel ou tel but
distinct, nous jugeons leur art, leurs capacités. D'après
leur manière de comprendre les rapports mutuels de
ces buts, de les choisir nous jugeons leurs mœurs, nous
jugeons ce que les grecs traduisaient par le mot ηθος.
Aussi, les règles qui déterminent la corrélation mutuelle
des différents buts de l'activité humaine s'appellent
elles « éthiques ».

D'après ce qui a été dit la distinction entre les normes
techniques et les normes éthiques peut être formulée
ainsi. Les normes techniques sont les règles à appliquer
pour la réalisation des buts distincts de l'activité
humaine ; les normes éthiques, pour la réalisation
simultanée de tous les buts humains.

Certes, il ne faut pas conclure de là que les règles
éthiques puissent remplacer les normes techniques.
Elles n'ont pas la valeur d'une règle technique générale
et ne peuvent être appliquées à la réalisation d'un but
différent et séparé. L'observation des règles éthiques
ne conduit pas directement à la réalisation d'un but
déterminé. Cette réalisation s'effectue toujours conformément aux règles techniques. Les normes éthiques ne
font pour ainsi dire que délimiter la réalisation des
différents buts, ne font que déterminer leur corrélation
mutuelle. Elles rendent « possible » la réalisation simultanée de plusieurs buts en définissant la « forme », le
côté formel de leurs rapports réciproques, mais ces buts
eux-mêmes ne se réalisent que d'après des règles qui
sont conformes à leur nature intrinsèque. Dans ce sens
les normes éthiques se distinguent des normes techniques comme les normes « formelles » des normes

« matérielles ». Les normes éthiques ne déterminent pas
que la « forme » de la réalisation simultanée de tous
les buts différents de l'homme. Leur observation ajoute
seulement à la corrélation mutuelle des buts une
« forme » harmonieuse, mais n'entraîne pas la réalisation
de leur « contenu ».

Les règles techniques sont nombreuses de même que
les buts qui nous sont assignés par la vie. Les hommes
qui poursuivent des buts distincts se guident sur des
normes techniques différentes. Au contraire, les normes
éthiques qui président non à la réalisation des buts
distincts, mais à la détermination des rapports entre
l'ensemble des buts ne varient pas avec la nature du
but que l'on poursuit à un moment donné. La même
personne ne peut pas avoir des règles éthiques différentes pour les diverses circonstances de sa vie. Les
règles éthiques déterminent le rapport des différents
buts, elles sont nécessairement les mêmes pour toutes
les manifestations de l'activité humaine, pour toutes les
circonstances de la vie. Ainsi les normes éthiques se
caractérisent par leur « unité », les normes psychiques,
par leur « variété », leur « pluralité ». Le même homme,
à une même époque peut s'inspirer des règles techniques les plus différentes.

Si les normes techniques sont des règles indiquant
le moyen à employer pour atteindre un but déterminé,
leur observation doit être facultative. Ici tout dépend
de la valeur que la personne accorde au but qu'elle poursuit et dont la réalisation est subordonnée à l'accomplissement d'une certaine règle. Seul celui qui se rend
compte de l'importance de sa santé, s'impose l'observation de certaines règles d'hygiène. On ne saurait
imposer ces règles à un homme qui veut mettre fin à sa
vie ou détruire sciemment sa santé. Au contraire, l'homme
se trouve obligé de se soumettre à une règle qui établit

l'harmonie, l'unité désirée entre les différents buts qui sollicitent son activité. Si j'ai plusieurs buts à réaliser il m'est impossible de ne pas souhaiter qu'ils soient en harmonie entre eux. Seul l'homme atteint d'une manie est porté à concentrer ses efforts sur la réalisation d'un but unique. L'homme jouissant d'une santé normale assigne toujours plusieurs buts à son activité. Que la réalisation simultanée et harmonieuse des différents buts soit désirée par la majorité des hommes, cela ne fait pas de doute, de même qu'on ne peut pas révoquer en doute l'obligation d'observer les normes éthiques. C'est pour cette raison que les normes techniques sont facultatives, tandis que les normes éthiques sont obligatoires.

Ce n'est pas seulement leur caractère obligatoire qui distingue les normes éthiques des normes techniques. Si l'on n'observe pas une norme technique, il en résulte seulement qu'un but donné n'est pas atteint, c'est tout. Cette négligence n'a aucune influence sur les autres actions de l'homme. J'ai mal labouré mon champ, mais il se peut que je sois capable de construire une maison ; mauvais patron, je peux être un très bon pédagogue. L'inobservation des normes éthiques trouble, au contraire, toute notre activité en détruisant l'harmonie des buts qui la guident. Les conséquences de la violation des normes éthiques se font toujours sentir ; elles ont leur contre-coup sur toutes nos affaires, nous empêchent souvent d'atteindre plusieurs buts plus importants. Lorsque nous avons conscience que la violation des normes éthiques consommée nous met dans l'impossibilité de réaliser à l'avenir d'autres buts humains plus élevés, nous éprouvons des remords et nous reconnaissons par là le caractère impératif de ces règles. A cette sanction intérieure s'en ajoute une autre, extérieure. La violation des règles techniques n'entraîne que l'échec d'une entreprise déterminée et, par suite, ne touche que les per-

sonnes intéressées à cette affaire. Celui qui n'observe
pas ces règles, nous l'appellerons maladroit, imprudent,
mais l'affaire ne nous touche pas immédiatement ; il nous
sera indifférent que la norme technique soit observée ou
non. Au contraire, la violation des normes éthiques met en
jeu l'intérêt général. Tous les intérêts de la vie humaine
gravitent vers deux centres principaux : la personne et
la société. Chaque système des normes éthiques, quelque soit le principe qui le caractérise, détermine nécessairement les rapports de ces deux catégories d'intérêts
humains. La société ne peut pas rester indifférente si les
normes éthiques sont violées, si l'harmonie des buts
humains n'existe pas, si les intérêts personnels et les
intérêts sociaux se heurtent. Celui qui viole les normes
éthiques provoque infailliblement la désapprobation de
la société qui est intéressée à l'existence d'un certain
rapport, d'un certain équilibre entre les buts individuels
de l'homme et les buts collectifs de la société. La société
veut que chacun de ses membres observe les normes
éthiques, elle condamne ceux qui les violent, et même,
dans les cas graves, va jusqu'à les punir. L'observation
des normes éthiques n'est donc pas laissée au jugement
subjectif de l'individu ; elle a le caractère d'une règle
objectivement obligatoire, d'un ordre impératif.

Mais si nous considérons le contenu des normes
techniques et éthiques, les rapports entre ces deux normes vont nous apparaître sous un aspect différent.
D'après leur contenu, les normes techniques sont objectives. En effet, agir conformément à un but déterminé,
c'est se servir des forces de la nature pour la réalisation
de ce but. Or, l'action des forces de la nature est toujours
rigoureusement constante. C'est pourquoi si la loi d'un
groupe donné de phénomènes est connue, les règles
techniques correspondantes seront les conséquences
logiquement inévitables de cette loi. Par exemple, les

règles d'architecture sont des conséquences logiquement inévitables des lois de la mécanique. Pour ce qui concerne les normes techniques, le choix seul du but est déterminé, les règles de sa réalisation s'indiquent d'elles-mêmes comme conséquences inévitables de la loi des phénomènes correspondants. Il en résulte que le contenu des règles techniques se détermine par des données objectives, abstraction faite des rapports qui existent entre l'homme et ces règles. Si parfois les normes techniques sont insuffisamment déterminées objectivement (par exemple les règles de la pédagogie), c'est uniquement parceque les lois des phénomènes correspondants ne sont pas dégagées avec la précision scientifique voulue (dans l'exemple donné : les lois de la vie psychique). La loi des phénomènes connue, il ne peut plus y avoir de doute sur le contenu de la norme technique correspondante.

Il en est tout autrement pour les normes éthiques. Elles ne se présentent jamais comme les conséquences inévitables d'une loi. La règle à adopter pour régir les rapports entre les différents buts de l'activité humaine est conditionnée par une série de circonstances absolument subjectives et extrêmement variables. Chaque homme a ses buts, les apprécie subjectivement et détermine à son gré leurs rapports réciproques. Ce qui est secondaire pour l'un peut constituer le but principal de la vie de l'autre. Les tendances personnelles, les notions théoriques, les croyances religieuses, les mœurs sociales, tous ces facteurs changent à l'infini les intérêts humains et leurs rapports entre eux. Ce ne sont pas les conséquences logiques d'une conception déterminée, mais bien plutôt les sentiments qui déterminent les rapports que nous établissons entre les différents buts que nous assignons à notre activité. Le contenu des normes éthiques a nécessairement un caractère subjectif. Il est caractérisé par l'existence de multiples nuances. Il est toujours un objet de controverses. On ne peut pas le fonder sur des arguments rigoureusement logiques qui s'imposent à tous avec l'évidence d'une vérité incontestable.

§ 6

Les normes juridiques et les normes morales

Nous venons de montrer la différence qui existe entre deux catégories principales de normes, éthiques et techniques. A laquelle des deux doivent être rattachées les normes juridiques ? La réponse n'est pas douteuse. Les normes juridiques présentent tous les signes caractéristiques des normes éthiques. L'observation des règles de droit ne conduit pas à la réalisation immédiate de quelque but matériel. Le droit ne trace que le cadre dans lequel peuvent se réaliser les différents buts qui constituent le contenu de la vie sociale. En même temps, l'observation des normes juridiques s'impose à tout le monde, abstraction faite du désir que l'on peut avoir de réaliser tel ou tel but déterminé. Et, enfin, le contenu du droit n'est pas uniquement la conséquence logiquement inévitable des lois naturelles. Cela est évident. La variété et même la contradiction des normes juridiques à différentes époques et en différents pays en témoignent. Mais les normes juridiques ne sont pas les seules normes éthiques. A côté d'elles, les normes morales se rattachent également aux normes éthiques. Pour déterminer avec une précision rigoureuse les normes juridiques, il faut les séparer des normes morales. Dans ce but, nous tacherons de montrer comment on peut réaliser, en général, la conciliation et l'harmonie des différents inté-

rêts de la vie humaine. De cet examen se dégagera le
fondement d'un classement naturel des normes éthiques,
leur division en normes morales et éthiques.

L'homme est incapable de réaliser complètement tous
ses buts, étant donné l'insuffisance des moyens qu'il possède. Il est obligé de limiter son effort à la réalisation de
certains buts, même de renoncer à quelques-uns (1). Il
est indispensable de faire un choix entre les buts distincts, de les comparer l'un à l'autre, d'avouer ses préférences pour ceux que l'on considère comme les plus
importants. En un mot, l'individu doit apprécier les différents intérêts en présence en les comparant. Autrement
il lui serait impossible de s'orienter dans la multiplicité
de ces buts si variés et si opposés. C'est cette appréciation
qui détermine sa préférence. Or cette appréciation des
buts et intérêts appartient à la morale. Quelque différents que soient les principes moraux proposés par les
diverses théories, toutes sont d'accord pour proposer un
critérium à l'aide duquel il devient possible de juger les
différents intérêts en présence. Dégager ce critérium,
c'est en effet à cette tâche que s'appliquent toutes les théories morales. Que nous déduisions les règles morales des
principes d'utilité, de vérité, d'harmonie, de beauté, de
pitié, d'amour ou d'un sentiment inné, indépendant de la
moralité, peu importe ; quelque soit leur fondement, ces
principes, dans leur application pratique, nous serviront de règles pour apprécier nos intérêts, pour distinguer le bien du mal. La différence des fondements sur
lesquels reposent les théories morales entraîne des divergences dans le critérium qu'ils proposent ; mais toutes
les théories morales aboutissent toujours à l'élaboration
d'un critérium, qui est le trait indispensable et distinctif
de toute théorie morale. Les règles morales déterminent

(1) Il va de soi qu'il s'agit ici non seulement des intérêts matériels,
mais aussi des intérêts moraux, les plus élevés de l'homme.

rigoureusement la distinction entre le bien et le mal,
entre ce qu'il faut faire ou ne pas faire, entre les buts
moraux et immoraux. Elles servent de principes supérieurs qui dirigent toute notre activité, de critérium pour
toutes nos actions.

L'homme isolé, placé en dehors de la vie sociale, peut
subordonner sa conduite à des règles morales. Rien ne
l'empêche en effet d'établir une harmonie entre les
divers buts dont il poursuit la réalisation après les
avoir appréciés d'après leur mérite respectif. Le bien et
le mal présentent une certaine graduation. Les buts bons
et mauvais sont rangés d'après un ordre défini et c'est
ainsi que peut être établi un rapport déterminé entre
tous les buts humains. Lorsque plusieurs buts se heurtent dans leur réalisation, on peut toujours, d'après une
mesure morale, déterminer quels sont ceux qui doivent
être placés plus haut, dans l'échelle de la moralité, et
par conséquent, quels sont ceux qui doivent être préférés.

Mais la réalité ne nous montre pas les hommes isolés,
indépendants les uns des autres. A chaque instant nous
nous rendons compte de notre dépendance vis-à-vis de
nos semblables. Toute notre activité dépend de nos rapports avec les autres hommes ; sans eux la réalisation
de nos intérêts est impossible. Ces intérêts eux-mêmes
qui sont l'objet de l'activité humaine ne subissent pas
seulement l'influence de quelques existences individuelles ; ils sont surtout subordonnés aux conditions de
la vie sociale ; et c'est pour cette raison que de nombreux intérêts ont plutôt un caractère non individuel,
mais social. Aussi, l'homme est-il obligé d'agir conformément non seulement à ses intérêts personnels, mais à
ceux des autres hommes sans la société desquels il ne
peut exister.

Quand l'homme entre en rapports avec ses sembla-

bles, quand ce ne sont pas seulement ses propres
intérêts qui se heurtent entre eux, mais quand ses intérêts entrent en conflit avec ceux des autres membres de la
société, l'adoption d'un critérium commun, l'établissement de l'harmonie voulue, d'un ordre déterminé entre
les différents intérêts en présence devient plus difficile.
L'intérêt d'autrui contre lequel se heurtent les miens
propres, peut leur être absolument équivalent ou
même identique. Le critérium moral en ce cas ne peut
pas donner une indication permettant de résoudre le
conflit des intérêts. Ce n'est pas seulement dans le cas
où des intérêts identiques entrent en conflit que l'application d'un critérium moral est insuffisante pour résoudre les difficultés. L'application d'un critérium moral à
de multiples intérêts se trouvant en présence ne peut se
concevoir que s'il est accepté par les intéressés. Autrement on se trouverait en présence des actes qui seront
conformes à une morale déterminée, mais qui ne sera
pas la même pour tous les intéressés. La divergence
apparaîtra non seulement entre les intérêts, mais aussi
entre les principes qui les ont inspirés. Très rarement,
les hommes appliquent les mêmes règles morales jusqu'aux moindres détails de leurs actes. Dans la société, on
reconnaît comme seules obligatoires les normes morales les plus importantes ; les autres règles régissant les
détails de nos actes sont soumises à notre appréciation
subjective. Les opinions personnelles d'un homme ne
peuvent pas être obligatoires pour un autre. Il peut arriver qu'on manque de critérium commun pour juger et
comparer les intérêts divergents de deux hommes. Enfin,
même lorsque les normes morales appliquées par les
individus sont identiques, l'appréciation et la comparaison des intérêts des différentes personnes peuvent être
souvent impossibles. Les buts de l'activité humaine ne
se présentent pas séparément, d'une manière distincte ;

ils sont mêlés, enchevêtrés entre eux, dépendant les uns des autres et subordonnés les uns aux autres. Quand il s'agit de l'appréciation des buts d'un seul homme, il n'y a aucune difficulté. Les buts individuels d'une personne et leurs rapports réciproques, l'homme peut arriver à les démêler. Mais les buts des autres ne nous sont connus qu'autant qu'ils se manifestent dans les actions extérieures. Les projets d'un autre nous ne les connaissons pas, d'après des données objectives, dans tous leurs détails. Or, sans ces données, une appréciation rigoureuse des divers buts est impossible. Ainsi l'acquisition d'un bien est une chose immorale ou morale, selon l'usage que l'homme veut faire de ce bien. C'est pourquoi lorsque me proposant d'acquérir quelque chose je constate que mes actes blessent les intérêts d'un autre individu, je ne peux pas faire de ces données une appréciation morale précise, je ne peux pas savoir lequel des deux intérêts en présence, le mien ou celui d'autrui, je dois considérer comme le plus important.

Ainsi lorsque les intérêts de quelques personnes se heurtent, on ne peut pas établir entre eux un rapport déterminé en les comparant et en leur appliquant le même critérium. Les intérêts sont souvent identiques, mais les multiples détails desquels dépend le jugement que nous portons sur les intérêts, restent ordinairement inconnus. Enfin, la complexité de nos idées morales complique encore la question. Ce n'est que dans leurs rapports les plus intimes que les hommes peuvent s'entendre ou être portés à appliquer la même règle morale en vue de concilier les différents intérêts en présence. Pour que cet état de choses se réalise, de nombreuses conditions sont requises : l'identité absolue des idées morales, une entière franchise, une confiance réciproque et parfaite et un amour qui fait que l'intérêt d'autrui se confond avec l'intérêt personnel. De pareils rapports ne sont pas la règle de la vie sociale. Ordinairement, les rapports des hommes ne sont pas caractérisés par l'identité d'opinions, par la franchise, par la confiance et l'affection. Il en résulte qu'il est difficile de trouver une règle aisément acceptée par tout le monde. Il devient nécessaire de tenir compte de la variété infinie des situations, des préférences personnelles ; d'établir un rapport déterminé entre les intérêts d'autrui et nos intérêts personnels.

Les rapports entre les hommes dont les intérêts sont en conflit peuvent présenter deux types essentiellement différents. 1° Les intérêts de l'un peuvent être absolument subordonnés à ceux de l'autre de telle sorte que l'un deux ne sera que le moyen pour la réalisation des buts de l'autre. Dans le cas de la subordination absolue de ce genre, les rapports de celui qui domine, qui gouverne envers celui qui lui est soumis se déterminent par les principes qui nous guident dans nos rapports vis-à-vis les animaux et les choses que l'homme considère seulement comme des moyens pour réaliser ses buts. La valeur de ses buts se détermine par des normes techniques ; le choix que l'on en fait, par des normes morales. Il ne peut exister ici aucune norme particulière et nouvelle pour déterminer les rapports à établir dans l'hypothèse entre les intérêts du maître, du gouvernement et ceux qui leur sont soumis.

Mais, 2°, il est possible que les personnes dont les intérêts se trouvent en conflit se présentent à nous comme revêtus de la même qualité juridique sans aucun lien de subordination entre elles. Dans ce cas, le conflit des intérêts ne peut pas se résoudre par une subordination absolue des intérêts de l'un à ceux de l'autre. On devra dans l'hypothèse fixer une certaine sphère dans laquelle chacun des intérêts divergents pourra se réaliser librement ou, en d'autres termes, la réalisation simultanée de ces intérêts pour être libre ne peut se pro-

duire que si leur domaine respectif est préalablement
délimité. Aussi la conscience humaine fut-elle obligée
d'élaborer des normes destinées les unes à dégager un
critérium moral pour apprécier nos actes, les autres à
fixer et délimiter le domaine respectif où nos intérêts
puissent se réaliser. Ces différentes normes ont la même
fonction, la réalisation simultanée des différents buts des
hommes. Par suite, les normes qui délimitent le champ
d'action de nos intérêts sont des normes éthiques. Mais
elles ne donnent pas, à la différence de normes morales,
un critérium pour l'appréciation de nos intérêts, pour
la distinction du mal et du bien. Elles nous apprennent
seulement à fixer les limites, le droit que nous avons à
la réalisation de nos intérêts lorsqu'ils entrent en effet
avec ceux des autres. Par conséquent, « les normes de
la délimitation des intérêts » déterminent la limite entre
le droit et le non-droit et constituent « des normes juridiques ».

Ainsi, la distinction entre la morale et le droit peut
être formulée très simplement : la morale fournit le
critérium pour l'appréciation de nos intérêts, le droit
marque les limites dans lesquelles doivent se renfermer
nos intérêts. Dégager un critérium pour l'appréciation
de nos intérêts c'est la fonction de la morale ; déterminer
les principes de leur délimitation réciproque c'est la
fonction du droit. Il n'est pas difficile de montrer que
de cette distinction fondamentale du droit et de la
morale découlent les autres différences entre les normes
juridiques et morales. Elles s'expliquent toutes par la
distinction capitale qui vient d'être mise en avant.

Puisque le droit est la délimitation des intérêts de différentes personnes, les normes juridiques ne régissent
que nos rapports avec les autres et non ceux que l'on a
avec soi-même. Les règles morales, au contraire, déterminent nos devoirs envers nous-même, car nos actes peu-

vent être appréciés au point de vue moral, même quand ils n'intéressent que nous mêmes.

L'application des normes juridiques est conditionnée par l'opposition entre les intérêts d'autrui et les miens propres, et, par conséquent, leur observation n'est obligatoire que dans le cas où cet intérêt d'autrui existe. C'est cet intérêt qui me force à observer dans mes actes les normes juridiques. Si la personne dont les intérêts limitent les miens me dispense elle-même de l'observation des règles juridiques, elles ne sont plus obligatoires : *Volenti non fit injuria*. Au contraire, l'obligation des règles morales ne dépend point de l'intérêt que d'autres personnes ont à leur accomplissement. Même si personne ne me l'impose, le devoir moral conserve pour moi toute sa rigueur, car l'appréciation des intérêts au point de vue moral ne varie pas quand même les intérêts en présence ne sont plus en conflit entre eux.

Il en résulte également que les normes morales nous imposent un devoir rigoureusement moral ; des normes juridiques il découle pour nous un droit et un devoir corrélatif. Le droit est précisément la faculté à laquelle correspond l'obligation dont est tenue une autre personne, la faculté de réaliser un intérêt donné dans des limites déterminées par des normes juridiques. L'obligation juridique est l'obligation de satisfaire aux exigences qui découlent du droit dont est armée vis à vis de nous une autre personne, l'obligation d'observer les limites assignées aux différents intérêts en présence et déterminées par les normes juridiques. C'est ainsi qu'à la différence du devoir moral, l'obligation juridique persiste tant qu'existent les intérêts d'un autre pour lesquels elle était établie. Telle est, par exemple, la notion de la prescription qui éteint les obligations. Cette notion qui produit des effets juridiques, la morale ne la connaît pas.

L'appréciation morale de nos intérêts relève de notre conscience ; leur délimitation dépend des rapports extérieurs qui se trouvent établis entre les différents sujets de droit, en présence. La morale ne relevant que du domaine de notre conscience n'admet point de contrainte. Les convictions ne se créent pas sous l'action d'une force extérieure. Le droit, au contraire, admet quelquefois la contrainte, précisément dans le cas où il y a empiétement sur le domaine dans les limites duquel la loi nous reconnaît le droit d'agir librement. La contrainte ne peut pas nous dicter nos convictions, mais elle peut arrêter et empêcher l'accomplissement d'un acte illégal.

L'appréciation morale des intérêts peut trouver son application lorsqu'elle est adoptée par un seul homme qui s'en inspire pour ses actes. Au contraire, pour qu'il y ait lieu à la délimitation juridique de nos intérêts, il faut que toutes les personnes dont les intérêts se trouvent en présence reconnaissent la force obligatoire de cette norme. La morale est plutôt une règle individuelle, le droit, une règle sociale. Toutes ces différences secondaires entre la loi et la morale sont les conséquences de la distinction fondamentale que nous avons signalée. D'autre part, il n'est pas difficile de prouver que toute norme juridique est nécessairement une norme servant à délimiter les intérêts des hommes. Cela apparaît nettement si l'on constate d'une part que les normes juridiques ne trouvent pas leur application dans nos rapports avec les animaux et les esclaves qui sont considérés comme des êtres dont les intérêts ne sont pas séparés de ceux de leur maître, mais complètement absorbés par eux, et que d'autre part, toute norme juridique suppose nécessairement un rapport existant entre plu-

sieurs intérêts. La norme juridique sert à fixer leurs
limites respectives. Le droit civil délimite les intérêts
privés des particuliers qui entrent en rapports entre eux,
ceux, par exemple, du mari et de la femme, des parents
et des enfants, de l'acheteur et du vendeur, du loueur
et du locataire, du débiteur et du créancier. Dans les
procès criminels, on distingue d'une part les intérêts
de l'accusé et d'autre part ceux de la société représentée par le ministère public ; dans un procès civil,
les intérêts du demandeur et ceux du défendeur ; dans
le droit constitutionel les intérêts de tous les membres
composant de l'Etat, depuis ceux du monarque jusqu'à
ceux du dernier sujet ; dans le droit international, les
intérêts des Etats en tant que membres de la société
internationale et les intérêts des hommes en tant que
citoyens des différents Etats.

§ 7

Rapports entre le droit et la morale.

« Rennenkampf ». Le droit et la morale dans leurs rapports réciproques (Archives des renseignements pratiques et historiques, 1860).
   « Stcheglow » Le droit et la morale. 1888 « Stahl ». Die Philosophie des Rechts. 1878 v. II p. 191. « Ahrens » Die Rechts-Philoso-
   phie I, p. 143. « Röder ». Grundzuge des Naturrechts 1860 I, p. 110.
   « Schäffle ». Bau und Lebendes socialen Körpers 1881, I. s. 598.
   « Lasson ». System der Rechtsphilosophie 1880. « Jellinek » Die so-
   cialistiche Bedeutung von Rechts. 1878, p. 42 « Balts ». — Les
   fondements de la morale et du droit, 1890.

Ainsi le droit à la différence de la morale ne nous
fournit pas un critérium pour apprécier nos intérêts,
mais s'occupe de leur délimitation respective. Comment
définir dès lors les rapports qui existent entre le droit et
la morale ? Avant de fixer le domaine propre exclusivement attribué à tel intérêt déterminé commence-t-on

par l'apprécier au point de vue de la morale ? Ce dernier
point est-il, au contraire, complètement négligé quand
il s'agit de régler juridiquement les multiples intérêts
en présence ? Les théories individualistes extrêmes qui
étaient en faveur aux xvıı⁰ et xvııı⁰ siècle, ont abouti, dans
leur développement, à la négation de tout lien entre la
morale et le droit. Pour expliquer les phénomènes
sociaux, ces théories, on le sait, prennent pour point de
départ l'individu, absolument isolé, jouissant d'une
liberté quasi-illimitée, sans aucun rapport avec ses semblables. D'après les théoriciens de l'époque, les rapports qui s'établissaient entre les individus étaient la
conséquence de leur volonté libre, consciente et réfléchie. Le point de départ était donc la pleine liberté de
l'homme naturel, la formation de la société, la constitution d'un gouvernement, l'établissement d'un lien de
dépendance, œuvre spontanée de la volonté humaine.
En se plaçant au point de vue de cette théorie, la seule
tâche, la tâche principale du législateur, appelé à délimiter les différents intérêts en présence consistait à
empêcher toute personne d'empiéter sur la liberté naturelle de son voisin. Le législateur n'avait pas à se poser
la question de savoir en quoi consistait cette liberté et
dans quel but l'homme entendait en user.

Le premier auteur qui, au xvıııe siècle, a marqué, d'une
manière précise l'opposition évidente entre le droit et la
morale, est Christian Thomasius (*Fundamenta juris naturae et gentium ex sensu communi deducta in quibus ubi-
que secernentur principia honesti, justi ac decori*, 1713).
Il rattachait au droit les règles, d'un caractère absolument négatif, qui prescrivent de ne pas faire quelque
chose et qui déterminent en même temps nos devoirs
envers nos semblables. D'après cela, il reconnaissait
comme principe fondamental du droit la règle suivante :
Ne fais pas à autrui ce que tu ne veux pas qu'on te fasse à

toi même (*Quod tibi non vis fieri, alteri ne feceris*). La morale, au contraire, embrasse d'après lui toutes les règles qui déterminent les devoirs envers nous-mêmes. La règle fondamentale de la morale est la suivante : Fais à toi-même ce que tu veux que les hommes se fassent à eux-mêmes. Les règles du droit et de la morale, distinctes par leur contenu, s'appliquent ausssi différemment. Les devoirs moraux, en tant que positifs et ne touchant que nous-mêmes, ne peuvent être enseignés que sous la forme de conseils ; Les devoirs juridiques, en tant que négatifs et touchant les autres, sont imposés par un « ordre » qui, si on ne l'observe pas, entraîne une punition, car on ne peut pas laisser à la libre appréciation de chacun l'observation de ses devoirs envers ses semblables. Le pouvoir de l'Etat, armé de la contrainte, est appelé à veiller à l'observation des devoirs juridiques et d'eux seuls. Le pouvoir de l'Etat ne doit pas s'étendre à la sphère des devoirs moraux.

Les auteurs qui ont écrit après lui au xviii⁰ siècle, surtout Kant et Fichte, continuèrent à accentuer l'opposition du droit et de la morale qu'avait esquissé Thomasius. Kant considérait comme principe fondamental du droit, principe duquel découlent, avec une nécessité logique, toutes les normes juridiques la règle suivante : Agis de telle sorte que ta liberté s'accorde avec celle des autres et de chacun. Par suite, les normes juridiques règlent seulement le côté extérieur des actions humaines, et s'appuient, dans leur réalisation, sur la contrainte. Chez Fichte, cette idée reçoit une expression plus rigoureuse. Pour lui le droit est un résultat absolument mécanique de la coexistence commune de plusieurs personnes, l'ensemble des conditions extérieures de l'existence commune des hommes, conditions réalisées par la force de la contrainte.

L'opposition entre le droit et la morale affirmée par les théories individualistes devint une sorte de mot d'ordre dans la lutte pour la liberté de conscience et, en général, pour la liberté individuelle contre le système de la tutelle exagérée de l'Etat. Les persécutions religieuses et l'intervention du pouvoir dans les manifestations les plus intimes de la vie personnelle se produisaient parce que la morale et le droit étaient confondus à cette époque. Dans cet état des choses, la législation appelée à établir des normes juridiques étendait naturellement son autorité sur les questions de conscience et réglementait jusqu'à la dignité morale des actions humaines. Au contraire, la séparation rigoureuse du droit et de la morale entraînait l'application d'une règle opposée, d'après laquelle le droit doit rester indifférent aux questions morales. Sa tâche est de délimiter la liberté extérieure des hommes, sans se préoccuper de la question de savoir comment ils useront de la liberté qui leur aura été départie, s'ils en useront conformément aux exigences morales ou non.

En tant que réaction contre l'oppression excessive de la liberté personnelle par l'intervention de l'Etat, cette théorie a une très grande importance. Les idées morales sont toujours plus ou moins subjectives, touchent toujours les côtés les plus intimes et les plus secrets de la vie personnelle d'un homme. C'est pourquoi une législation qui établit comme fondement de la délimitation des intérêts une appréciation morale déterminée aboutit infailliblement à l'oppression de la liberté individuelle. L'indifférence de la loi envers la morale est ce qui s'accorde le mieux avec la liberté la plus étendue.

Mais, à côté de cet avantage, l'opposition entre le droit et la morale a aussi ses côtés faibles. Si le droit néglige les règles morales, il en résulte nécessairement qu'il admet les actions immorales, à condition que l'homme qui les commet ne sorte pas positivement des limites de la liberté qui lui est donnée. Les intérêts moraux les plus élevés doivent alors céder aux exigences formelles du droit et être sacrifiés. L'application stricte de la loi apparaît souvent, en ce cas, comme une injustice suprême. *Summum jus, summa injuria.* C'est pourquoi aussitôt que la séparation rigoureuse du droit et de la morale eut fait triompher la liberté individuelle et surtout la liberté de conscience, les conséquences extrêmes de cette doctrine attirèrent l'attention. Une réaction commença ; on fit des tentatives pour rapprocher à nouveau le droit de la morale. Fichte fut de cette opinion. Dans ses premières œuvres, il apparaît comme un représentant déterminé de la doctrine qui séparait le droit de la morale (*Grundlage des Naturrechts*, 1796) ; dans ses dernières, il penche vers l'idée contraire et reconnaît, dans son *System der Rechtslehre*, 1812, la nécessité de rapprocher le droit et la morale. À présent tout le monde est d'accord sur ce point grâce surtout aux efforts de la doctrine de l'école organique.

En réalité, le droit ne se sépare jamais complètement de la morale. La délimitation des intérêts ne peut pas négliger leur appréciation morale pour se fonder uniquement sur cette norme négative qui défend de porter atteinte aux intérêts, à la volonté d'autrui, car l'état naturel des hommes n'est pas du tout celui d'isolement. La constitution d'une société n'est pas le produit de la volonté consciente, libre des hommes qui la composent, mais dépend des conditions ordinaires qui établissent leur rapports mutuels, indépendamment de toute manifestation de leur volonté. Il ne suffit donc pas, pour délimiter les intérêts des hommes, d'empêcher l'un quelconque d'entre eux d'intervenir arbitrairement dans le domaine des intérêts des autres. L'humanité forme un tout agrégé ; une solidarité s'établit entre ses mem-

bres, indépendamment de la volonté des hommes ;
il en résulte que beaucoup d'intérêts par leur contenu
n'ont pas un caractère individuel mais social; leur
essence suppose les rapports avec les autres hommes,
une activité commune, solidarisée et tendant vers le
même but. Par suite, la délimitation des intérêts d'un
homme envisagé dans ses rapports avec les autres,
exige presque toujours non seulement qu'on ne touche
pas aux intérêts d'autrui, mais aussi qu'on limite la réalisation des siens propres afin de permettre aux autres
hommes de réaliser leurs intérêts les plus élevés. Dans
ces conditions on voit qu'on ne peut pas établir des normes pour la délimitation de nos intérêts sans en faire
une appréciation morale comparée. Et, en effet, dans la
législation positive, les principes moraux quels qu'ils
fussent ont toujours eu une très grande influence sur la
manière de délimiter les intérêts.

D'ailleurs, le droit ne se borne pas à réglementer les
côtés extérieurs des actions humaines ; il prend toujours
plus ou moins en considération leurs causes intérieures,
leurs mobiles. Le droit moderne, en ce sens, va plus
loin que le droit des sociétés primitives. Pour établir le
obligations relatives aux contrats, il demande qu'il
existe un consentement réel, un réel accord des volontés.
D'ailleurs, ce consentement suffit d'après la loi; elle
n'exige pas l'observation d'une forme extérieure particulière. Auparavant, au contraire, l'obligation consistait
uniquement en l'observation de cette norme, et on ne
se préoccupait pas de savoir si le consentement était
réellement volontaire. De même c'est l'intention plutôt
que le dommage réel résultant du délit qui détermine
la gravité de la peine à infliger au délinquant.

Une personne qui, ayant l'intention de tuer une
autre, ne lui fait que des lésions peu graves, sera pour-
suivie néanmoins pour tentative d'assassinat ; celle qui a

blessé mortellement, sans intention de tuer, sera pour-
suivie pour coup ou blessures, mais non pour assassinat.
Ainsi, la gravité de la peine dépendra beaucoup plus
de la nature de l'intention que du dommage matériel
qui aura été le résultat de sa réalisation.

D'autre part, la moralité nous commande non seulement d'avoir de bonnes intentions mais encore de bien
agir et principalement de bien agir envers les autres.

L'amour du prochain est la base de la doctrine morale
chrétienne, et les théories éthiques modernes, tout en ne
reposant pas sur des principes religieux, ont pour la plupart un caractère altruiste.

Etant donné que, actuellement, les théories individualistes sont remplacées par des doctrines qui, pour expliquer les relations humaines, partent non du principe de
l'indépendance individuelle, mais du fait de la dépendance sociale des hommes, on ne cherche plus à résoudre la question des rapports du droit et de la morale en
opposant nettement ces deux sciences l'une à l'autre. On
ne pense plus que le droit est absolument indépendant
de la morale; au contraire, on le place vis-à-vis d'elle
dans un rapport de surbordination. Le but du droit est
maintenant la réalisation de la morale.

Ce revirement au sujet de la corrélation du droit et de
la morale se remarque déjà chez Hegel; il considérait
le droit, la morale, la moralité comme des moments successifs du développement dialectique de la liberté. Il se
représentait le droit et la morale comme des aspects différents de la moralité. L'idée même de la moralité
est, chez lui, très originale; la moralité, *Sittlichkeit*,
d'après lui, signifie un ordre social (la famille, la
société civile, l'Etat). La corrélation du droit et de la
morale est encore représentée comme une antithèse. Le
droit, en lui-même, est privé de tout contenu déterminé
et n'est que la « possibilité » de la liberté. La morale,

au contraire, détermine non ce qui est possible, mais ce
qui doit être. Ainsi la morale et le droit s'opposent l'un
à l'autre comme le possible et l'obligatoire, et leur opposition disparaît dans l'unité la plus élevée, celle de la
moralité qui est la réalité de ce qui, dans le droit, apparaît seulement comme possible et, dans la morale, seulement comme obligatoire.

La subordination du droit à la morale est encore plus
complète dans les doctrines de l'école organique. Ainsi
Ahrens reconnaît comme motif de l'activité humaine
la tendance à la réalisation de l'idéal humain, idéal identique au suprême bien de l'humanité. Cette tendance
se manifeste dans le désir de réaliser les différents buts
particuliers qui dépendent de la nature humaine. Comme
l'homme est avant tout une créature indépendante, distincte, ses buts naissent avant tout des besoins de sa
vie personnelle. Tels sont la conservation de la vie,
de la santé, l'honneur. Mais l'homme est aussi un être
sociable ; c'est pourquoi il a également des besoins
sociaux : la langue, la religion, la science et l'art. Ainsi,
nous avons deux groupes de biens qui constituent les
buts de l'activité humaine. Ces deux groupes, Ahrens
les appelle les biens matériels. A côté d'eux, il existe
encore les biens formels qui ne représentent pas des
intérêts humains particuliers mais seulement une corrélation déterminée entre les différents éléments de la vie
humaine. Tels sont le droit et la morale. La morale
réglemente les motifs et les buts de l'activité humaine,
et le droit détermine quelles sont les conditions de la
réalisation des buts indiqués par la morale, conditions
qui dépendent de la volonté humaine.

Ces opinions sont également très répandues parmi
les représentants modernes de la tendance positive.
Le célèbre publiciste Jellineck définit ainsi la corrélation
du droit et de la morale : le droit est un minimum éthi-

que, c'est-à-dire l'ensemble de toutes les exigences morales dont l'observation, à un stade donné du développement social, est absolument indispensable. Par suite, le droit n'est qu'une partie de la morale, la partie qui détermine les conditions indispensables de l'ordre social donné. Tout ce qui, dans les exigences morales, dépasse ce minimum indispensable constitue la morale dans le sens le plus strict et se distingue du droit. L'observation de ces exigences morales n'est que désirable, non indispensable : c'est en quelque sorte, un luxe éthique. Wallaschek exprime la même opinion mais en la modifiant un peu et en la précisant. Le droit et la morale d'après lui, devraient se rapporter l'un à l'autre comme la forme et le contenu. La morale montre l'idéal à assigner à l'activité humaine, et le droit tente de le réaliser effectivement. Il faut que toute manifestation de la morale reçoive l'enveloppe, la forme d'une règle juridique et que tout droit ait son contenu moral. Mais puisque les règles morales ne s'imposent pas toutes à l'esprit avec la force d'une vérité objective, puisqu'elles peuvent être discutées, niées même, les hommes doivent se contenter de la réalisation, sous forme de droit, d'un certain nombre de vérités morales, strictement indispensables pour que la société puisse exister. Subordonner de cette manière le droit à la morale comme le moyen au but, comme la forme au contenu c'est formuler une théorie tout aussi extrême que celle qui auparavant les séparait complètement. On ne peut pas voir dans le droit uniquement la réalisation des règles de la morale car : 1° tout le contenu du droit n'est pas déterminé par des principes moraux. Il y a des normes juridiques qui négligent absolument le point de vue moral. Telles sont, par exemple, les normes de droit qui déterminent la forme des actes juridiques, qui fixent les délais, le nombre des témoins, etc.

2°. Ce qui montre bien l'inexactitude de la théorie que

nous combattons, c'est le fait suivant. Le droit comprend un certain nombre de règles qui ont justement pour but d'assurer à chacun la liberté de ses convictions morales. Puisque les convictions morales ne sont pas identiques chez les hommes, tout le droit ne peut pas être ramené à la réalisation de l'idéal moral. Le droit ne peut que fixer les limites dans lesquelles doit se renfermer l'homme tenant à réaliser un certain ordre moral, dans laquelle il peut le mouvoir librement sans entrer en conflit avec d'autres conceptions morales, peut-être absolument opposées à la sienne et aussi dignes de protection.

On ne peut donc pas ramener les rapports entre le droit et la morale à une formule commune, également applicable à toutes les phases et à tous les types du développement social. Lorsque, dans une société, toutes les opinions morales sont les mêmes, c'est elle qui détermine la délimitation des intérêts qui se heurtent. Quand il s'agit de la délimitation des intérêts auxquels on est unanime à reconnaître une valeur morale inégale, on est obligé de donner la préférence à l'intérêt qui est le plus apprécié au point de vue moral. Les intérêts moins importants qui lui sont opposés sont nécessairement restreints dans leur réalisation. C'est pourquoi la société primitive, dans laquelle il n'y avait pas d'opinions morales différentes, où tout le monde vivait conformément à des mœurs établies depuis longtemps, déterminait cette délimitation des intérêts d'après les mœurs, et il en résultait que la matière du droit se confondait avec celle de la morale. Mais lorsque, avec le développement de la vie sociale, les mœurs depuis longtemps établies perdent leur stabilité et leur uniformité antérieures sous l'influence des conditions sociales plus complexes et plus variables, quand de nouvelles opinions morales commencent à pénétrer dans la conscience de la société, le

droit qui doit être reconnu de tous se fonde encore sur
les anciens principes moraux ; mais les opinions morales ne sont plus le code moral sur lequel reposait autrefois la délimitation des intérêts établie par le droit. Les
notions morales sont plus progressives, se développent
plus vite que le droit. Celui-ci présente pour ainsi dire
un degré inférieur du développement, degré que la moralité a déjà franchi. Cette corrélation du droit et de
la morale n'est pas nécessaire. Lorsque le droit est créé
non pas uniquement par les anciennes coutumes, mais
par l'ordre d'un homme compétent, par un gouvernement qui peut s'affranchir au moins partiellement de
l'autorité de la coutume, la législation peut reposer sur
des notions morales qui dépassent de beaucoup le niveau
moyen du développement moral d'une société déterminée. Enfin, quand, avec la complexité toujours croissante de la vie sociale, plusieurs doctrines morales différentes se font jour dans la société, la délimitation des
intérêts par le droit ne peut reposer que sur un fonds de
vérités morales communes à toutes ces doctrines, sur
celles qui sont admises par tous. Par suite, il se forme une
certaine sphère d'activité morale, échappant entièrement
à l'action du droit qui ne peut qu'enregistrer certaines vérités morales communes à tous les individus, mais non les
divergences qui séparent les opinions extrêmes. Les limites de cette sphère et le degré, pour ainsi dire, de la séparation entre le droit et la morale ne sont pas constantes
et changent en proportion avec le nombre des règles
morales reconnues de tout le monde. On ne peut dire que
ces limites varient suivant une tendance déterminée avec
la marche du développement social. Certainement, ce
développement a pour conséquence une vie sociale
plus complexe et plus hétérogène et probablement
des divergences morales plus profondes. Mais dans les
phases du développement social les plus avancées il

peut se produire un entraînement général pour une doctrine déterminée, religieuse ou morale ; alors la pénétra-
tion du droit par la morale est plus étroite et plus intime.

§ 8

Le droit et la loi dans le sens scientifique.

« Mill ». Système de la logique, I, p. 345. « Eucken ». Geshichte
und Kritik der Grundbegriffe der Gegenwart, 1878, p. 113. « Ge-
sets » Mouromtzew. Précis de la théorie générale du droit civil,
1887, p. 85.

Toute norme en général, juridique ou morale, éthique ou technique, est une règle conditionnée par un but
déterminé, en d'autres termes, elle formule ce qui est
obligatoire et impératif. Par ce trait, les normes se
distinguent des lois dans le sens scientifique. La loi dans
le sens scientifique est une formule générale exprimant
l'uniformité constatée des phénomènes. Elle exprime
non ce qui « doit » être, mais ce qui « est » en réalité,
non ce qui doit arriver, mais ce qui existe. La loi n'est
que l'expression généralisée de la réalité.

Il en résulte que l'on peut distinguer les normes des
lois en disant que les premières peuvent être violées et
qu'il est impossible que les autres le soient. Les normes
montrent seulement comment il faut agir pour atteindre
tel but déterminé ; mais on peut très bien agir contrairement à son devoir et négliger l'observation d'une norme.
La loi, au contraire, ne dépend pas de la volonté des
hommes car elle n'exprime pas ce qui doit être réalisé
par une volonté, mais ce qui est indépendant de la
volonté humaine, ce qui existe nécessairement.

Il y a encore une autre différence entre les normes et

les lois. Les normes, guidant l'activité des hommes et leur indiquant les moyens d'atteindre leur but, fixent les conditions de leurs actions et, par là, servent de cause aux phénomènes qu'elles provoquent. Les lois, ne constatant que l'uniformité de phénomènes existants, ne peuvent être la cause de ces phénomènes. Elles ne nous expliquent pas « pourquoi » les phénomènes se produisent, mais comment ils se produisent. Ce ne sont pas les lois qui sont les causes des phénomènes mais d'autres phénomènes avec lesquels les premiers sont dans un rapport de cause à effet. Ainsi la loi de gravitation n'explique pas pourquoi les corps gravitent l'un vers l'autre, mais seulement de quelle manière ils gravitent. Si l'on dit parfois que tel ou tel phénomène s'est produit « parce qu' » il existe telle ou telle loi, on entend par là non un lien de cause mais un lien logique. En somme, on est convenu d'appeler loi les formules les plus générales de l'uniformité des phénomènes, formules qu'on ne peut pas ramener à d'autres encore plus générales. C'est pourquoi toutes les généralisations partielles se représentent comme les conséquences logiques des lois qui sont les généralisations les plus compréhensives. Par exemple, si nous disons que le mouvement d'un corps qui tombe est accéléré « parce que » la gravitation est inversement proportionnelle au carré de la distance, la première proposition qui est particulière est une conséquence logique de la seconde qui est générale. Il n'y a pas ici de lien de cause.

Ainsi, en opposition aux normes qui sont les règles de ce qui est impératif et obligatoire, qui peuvent être violées et qui servent de causes aux actions humaines, la loi dans le sens scientifique n'est que l'expression de l'uniformité réelle des phénomènes, n'admet pas de violation et, par cela même, ne peut être la cause de ces phénomènes,

Cette définition de la loi, généralement adoptée dans la science morale, est également reconnue par les positivistes et par les métaphysiciens. Ainsi Lewis met en garde contre l'erreur qui consiste à croire que les lois dirigent les phénomènes tandis qu'en réalité elles ne donnent que la formule de la manifestation des phénomènes. De même, Ed. Hartmann dit que « les lois ne sont pas des êtres qui demeurent dans l'air, mais seulement les abstractions des forces et des substances ». Ce n'est que parce que les forces ou les substances données sont telles ou telles qu'elles agissent de telle ou telle manière. Cette constance d'une action déterminée (*Constanz der So Werkens*) est ce que nous appelons loi (1).

Les normes juridiques n'expriment pas ce qui est, mais ce qui doit être. Elles peuvent être violées; en même temps, elles sont les causes des phénomènes, et précisément, de tous les phénomènes dont l'ensemble constitue la vie juridique de la société. Aussi elles ne peuvent pas être ramenées à la notion de la loi dans le sens scientifique du mot. Mais quel est le rapport qui existe entre la loi et les normes juridiques? La littérature juridique donne à cette question des réponses très différentes.

Quelques auteurs affirment que les normes juridiques remplacent, dans la vie sociale, l'action des lois dans le sens scientifique.

Tandis que, dans la nature, l'ordre régulier, uniforme se constitue de lui-même par suite de la régularité nécessaire des phénomènes, dans la société, il est établi artificiellement par les normes juridiques qui sont réalisées par la volonté humaine. On suppose que dans la vie sociale, qui est composée des actions humaines cons-

(1) Lewis. *Les questions de la vie et de l'esprit*, I, p. 105. Hartmann. *Philosophie des Unbewussten*

cientes, les lois dans le sens scientifique ne peuvent pas trouver leur application. Cette théorie est la conséquence de cette opinion fausse qui envisage les lois comme les causes des phénomènes, — erreur qui provient de ce que le mot loi est compris non seulement dans le sens de loi scientifique mais aussi dans celui de norme. Ainsi on parle des lois de l'art et de la morale, des lois divines et constitutionnelles. La signification primitive du mot loi était précisément celle-là (νομος-*Lex*). On n'entendait pas par loi l'expression de l'uniformité nécessaire des phénomènes mais une règle posée par la volonté cons · ciente de quelques hommes. Chez Aristote, la notion de la loi dans le sens scientifique n'existe pas. Ce ne sont que les auteurs romains qui ont commencé à employer le mot loi non seulement pour désigner les règles de l'activité humaine, mais encore pour marquer l'ordre indispensable, nécessaire des phénomènes naturels. Ainsi, Lucrèce parle des *leges naturæ*. Si l'on s'en tient à la signification primitive, si l'on comprend la loi comme la cause des phénomènes et si l'on pense que les phénomènes se produisent nécessairement parce qu'il existe dans le monde des lois agissant comme des forces particulières qui déterminent les phénomènes, il faudra certainement faire rentrer dans une sphère séparée les phénomènes provoqués par notre volonté, car leur cause n'est pas évidemment une loi, mais « la volonté ». Mais, en réalité, les lois, comme nous le savons déjà, ne doivent pas être considérées comme les causes des phénomènes. Elles sont plutôt des conséquences que des causes. En donnant ainsi aux lois leur signification exacte, il n'y a plus de raison pour ne pas étendre leur action au domaine de l'activité humaine. Nos actions sont provoquées par notre volonté consciente — cela est incontestable. Cette proposition explique « pourquoi » nous agissons, c'est parce qu'il existe en nous une volonté qui nous pousse à agir ; mais elle n'explique pas « comment » nous agissons. La nature des hommes présente certaines qualités qui sont communes à tous, et ce caractère commun donne naissance à une certaine uniformité dans l'activité humaine. Cette uniformité constatée et formulée constitue la loi de notre activité. Ainsi la loi, considérée comme l'expression de l'uniformité constatée des phénomènes, est également applicable à l'activité humaine. On ne peut pas dire que les lois n'ont aucune action sur cette activité, qu'il faut les remplacer par autre chose. En effet, la science moderne a réussi à prouver l'existence d'une certaine régularité dans les phénomènes sociaux. Les recherches de statistique ont beaucoup contribué à cette découverte en montrant qu'il existe des lois constantes pour différents phénomènes de la vie sociale. D'autre part, on essaie de déterminer les lois de la coexistence et du développement des phéhomènes sociaux par l'étude historique et comparée de la vie des sociétés humaines. Les lois des phénomènes sociaux une fois posées, on ne peut pas dire que les normes juridiques remplacent les lois pour la société humaine.

Contrairement à la théorie que nous venons d'examiner, d'autres auteurs prétendent qu'il n'y a entre la règle de ce qui doit être et les lois aucune différence essentielle : ce que nous appelons norme obligatoire, moralité, droit, ce sont des conjectures, des hypothèses que nous faisons sur les lois qui déterminent nécessairement notre activité. Etant donné l'imperfection de nos moyens d'investigation, nous ne pouvons pas atteindre la connaissance parfaite, mais nous en approchons de plus en plus en remplaçant les hypothèses que nous faisons tout d'abord par d'autres qui sont de plus en plus vraisemblables.

La notion que nous venons d'examiner a le défaut

de confondre des notions essentiellement distinctes. De même que celle qui la précède est fondée sur une confusion entre les lois des phénomènes et leurs causes, celle-ci néglige une différence capitale entre les normes et les lois. Cette différence dont résulte l'impossibilité de voir dans le droit uniquement des hypothèses conçues par l'esprit de l'homme sur les lois destinées à régir son activité, se manifeste principalement sous deux rapports : 1º Le droit n'est pas un fait existant en dehors de la volonté et de la conscience des hommes, fait qu'ils se borneraient à constater comme il le font pour les lois. Même si l'on reconnaît l'existence d'un droit éternel, absolu, ce droit ne peut se pas réaliser indépendamment de la conscience et de la volonté des hommes. Un droit même conçu comme une règle absolue, éternelle ne se conçoit qu'à condition d'être considéré comme une norme dont l'observation constitue un devoir pour les hommes. Le droit n'est pas une loi qui constate l'uniformité d'une série d'actes, d'un groupe de phénomènes. Ce n'est pas dans la répétition et dans la reproduction régulière et périodique de ces actes que consiste la réalisation du droit. Les rédacteurs de la célèbre déclaration des droits de l'homme, tout en reconnaissant la liberté, l'égalité, la fraternité comme des principes immuables du droit ont été obligés d'avouer que le fait d'avoir été oubliés par les hommes a empêché très longtemps leur réalisation. Que les hommes les connaissent ou non, les lois scientifiques n'en existent pas moins. Elles agissent avant d'avoir été découvertes. Lorsque Newton découvrit la loi de la pesanteur, l'ordre des phénomènes ne fut changé en rien, et avant comme après lui, la force de la pesanteur restait directement proportionnelle au carré de la distance. Au contraire, si on compare la société antique à laquelle l'idée de l'égalité était étrangère et la société moderne

qui se l'est appropriée, nous verrons entre elles une différence essentielle, qui apparaît par exemple lorsqu'il s'agit
de la question de l'esclavage. Ce qui distingue d'une
manière encore plus précise les lois du droit, c'est leur
action infaillible, inviolable. Le droit, au contraire, est
violé continuellement, même par ceux qui le connaissent et qui l'avouent ; par suite, on ne peut pas dire que
le droit est un ordre inéluctable ; c'est un ordre obligatoire, ce qui ne veut pas dire nécessaire. Nous sommes obligés d'obéir à notre devoir ; néanmoins nous
pouvons n'y pas obéir. Mais nous sommes impuissants
contre la nécessité ; il faut que nous y obéissions. La
nécessité même peut nous dispenser de l'accomplissement d'un devoir, *impossibilium nulla obligatio.*

Ainsi, quelle que soit l'idée que nous nous faisons
du droit, nous sommes forcés de conclure qu'il ne présente pas les propriétés principales de la loi dans le
sens scientifique. En considérant plus attentivement
les lois juridiques, il n'est pas difficile de remarquer
qu'elles ont un caractère général très relatif et qu'on ne
peut pas comparer avec celui que nous attribuons aux
lois dans le sens scientifique. La loi dans le sens scientifique exprime l'uniformité générale d'un groupe
donné de phénomènes, uniformité qui n'admet aucune
exception. Son action ne varie pas avec le temps et le
lieu. Toujours, partout et pour tous les cas homogènes
sans exception, elle a une puissance absolue. En outre,
on est convenu d'appeler loi dans la science non pas
toute proposition générale mais celles qui, dans des
conditions données, représentent la limite extrême de la
généralisation possible et qui ne peuvent plus être
ramenées à des formules plus générales et plus simples.
Les normes juridiques ont un caractère général très
conventionnel ; ce sont des règles générales, mais
s'appliquant seulement aux relations qui existent dans

une société déterminée et pour un laps de temps déterminé, la plupart du temps assez restreint. En conséquence, en différents endroits ou bien dans le même endroit mais à des époques différentes, nous constatons l'action de plusieurs lois différentes. Dans ce cas là, les normes juridiques ne représentent pas la limite extrême de la généralisation possible. La norme juridique exprimée dans telles ou telles mœurs ou dispositions législatives n'est que la réunion de plusieurs normes différentes destinées à régler des relations d'une catégorie donnée ; elle peut toujours être ramenée à un principe plus simple et plus général. Par là même, une norme juridique n'est pas l'expression de ce qu'il y a de général et d'immuable dans les relations juridiques mais représente un élément concret et variable de l'ordre juridique. Les normes paraissent, changent, disparaissent, influent d'une certaine manière sur la connexion des relations juridiques et sont cause que ces relations prennent telle ou telle autre forme. Ainsi, elles correspondent, non aux lois dans le sens scientifique, mais aux phénomènes particuliers, qui seront généralisés par la formule même de la loi. Si les normes juridiques, comme nous l'avons montré, ne peuvent être identifiés aux lois ni reconnues capables de les remplacer dans les sphères morales, que peuvent-elles être si elles ne sont pas elles-mêmes des phénomènes ? Que les lois juridiques et la loi dans le sens scientifique ou philosophique sont des notions absolument hétérogènes, Gustave Hugo, le fondateur de l'école historique du droit, le démontrait déjà au commencement de ce siècle. Malheureusement, son idée n'a pas été suffisamment aperçue par ses disciples et, même actuellement, plusieurs juristes, entraînés par la ressemblance des noms, continuent à confondre les lois juridiques avec les lois dans le sens scientifique.

§ 9

Relativité du droit.

Expliquer la relation réelle du droit avec les lois dans le sens scientifique est une condition indispensable pour déterminer le caractère du droit, pour répondre à la question de savoir s'il est absolu ou relatif. Si les normes juridiques ne représentent qu'un groupe de phénomènes de la vie sociale, le droit, comme tous les phénomènes en général, a naturellement un caractère relatif. Etant un phénomène, il est variable, dépendant des conditions de temps et de lieu. La distinction elle-même entre ce qui est juste et ce qui est injuste, de même que celle entre la qualification positive ou négative des phénomènes, celle entre le chaud et le froid, le lourd et et le léger, etc., relève de notre conviction personnelle. Une même délimitation d'intérêts, appréciée d'après nos convictions personnelles, peut être trouvée juste ou injuste. S'il en est ainsi, le cercle des phénomènes qui constitue l'objet de la science du droit, se détermine non par l'opposition du juste et de l'injuste, mais par celle entre tous les phénomènes qui admettent une qualification juridique positive ou négative, peu importe, et ceux auxquels l'opposition du juste et de l'injuste n'est pas applicable parce qu'on ne peut pas leur attribuer cette qualité.

La question se pose tout autrement si le droit est envisagé comme une loi des phénomènes sociaux, ou comme quelque chose qui, pour eux, tient lieu de loi. Dans ce cas, le droit est tout ce qui est conforme à une pareille loi exprimant comme le font toutes les autres, un ordre nécessaire, constant, toujours immuable des phénomènes. Par conséquent, le droit ne doit pas être

relatif, mais absolu, indépendant des conditions de temps
et de lieu, éternel et universel. La distinction du juste
et de l'injuste, à ce point de vue, sera une distinction
absolument objective, fondée non sur un rapport subjectif, mais sur la loi immuable qui exprime la réalité
objective. Par suite, la tâche de la science doit être
déterminée tout à fait autrement. L'explication scientifique du droit doit être commencée par la définition de
cette loi du droit.

Sans l'avoir définie, nous ne pouvons pas avancer
dans l'étude scientifique du droit pour cette simple raison que nous ne savons pas sans cela ce qui est conforme
au droit et ce qui ne l'est pas. Or, ce sont justement ces
points qui devraient constituer l'objet même de notre
recherche.

En réalité, presque toute la vieille littérature juridique qui eut à s'occuper de ces questions générales a suivi
cette tendance. Tout d'abord, pour ces auteurs il fallait
trouver à tout prix un principe de droit qui servît de
mesure, de criterium, pour la distinction entre le juste
et l'injuste. Ce principe une fois découvert devait apparaître comme une sorte de pierre philosophale destinée
à nous faire connaître le secret de la détermination de
l'ordre juridique, être applicable partout et à tous les
stades du développement historique. La sociabilité, la
crainte, la tendance au bien, la perfectibilité, l'égalité,
la liberté, le développement harmonieux et une série de
principes semblables ont été proposés successivement
dans ce but. Mais aucun n'a pu se faire admettre. La
vie réelle des peuples avec son caractère complexe ne
pouvait pas se renfermer dans le cadre que croyait
pouvoir tracer préalablement cette alchimie du droit.
Si pour l'étude scientifique du droit il n'y avait pas de
méthode plus sûre, il faudrait nous ranger à l'avis de
ceux qui, désespérant de trouver une base plus solide,

pour la science dans ses constructions éphémères restreignent la tâche de la jurisprudence et la considèrent
simplement comme l'art d'interpréter les divers systèmes
nationaux de droit, art qui sert exclusivement aux nécessités immédiates de la pratique.

Mais si l'on considère le droit comme un ensemble
de phénomènes, l'étude scientifique des matières juridiques peut être orientée dans un autre sens. Si l'on
envisage le droit comme un ensemble de phénomènes,
entre le droit et le non droit il n'y a pas d'opposition
absolue, il n'y a pas de différence radicale, elle n'est que
relative. Dans le monde des phénomènes il n'y a pas
d'opposition absolue; ainsi, par exemple, la distinction
entre le chaud et le froid est purement relative : ce qui
est froid pour Réaumur est chaud pour Fahrenheit. Tout
dépend de la mesure qu'on choisit, et il n'y a pas de
mesure absolue. Le physicien lorsqu'il fait des recherches sur les phénomènes de la chaleur et du froid, se
donne comme tâche non la détermination de la différence « absolue » entre le chaud et le froid, mais l'explication des particularités de ces phénomènes comparés avec d'autres, par exemple, avec les phénomènes de
chaleur d'électricité. Quand il s'agit de résoudre les problèmes juridiques, la question se pose dans les mêmes
termes et de la même manière, si le droit est considéré
comme l'ensemble des phénomènes « juridiques ». La
distinction entre le juste et l'injuste est, à ce point de
vue, relative et par conséquent variable. Ce qui chez un
peuple et à une époque donnée est reconnu comme juste,
est reconnu comme injuste chez un autre. Bien plus,
même si l'on se place dans une phase donnée du développement historique d'un peuple déterminé, cette distinction est relative et il ne peut pas y avoir de mesure
immuable puisqu'il faut tenir compte des conditions
concrètes dans lesquelles le fait se produit. Ainsi le juge

se plaçant au point de vue du droit actuel, proclame juste ce qui est conforme à la loi, aux mœurs. Un publiciste qui n'est pas chargé d'appliquer la loi, qui se contente de l'apprécier peut trouver injuste la loi elle-même et juste ce qui lui est opposé. Un autre publiciste, se plaçant à un autre point de vue, émettra une autre opinion sur le juste et l'injuste, un troisième encore imaginera une nouvelle doctrine morale. Etant donné cette relativité dans la distinction du juste et de l'injuste, la tâche du droit ne peut pas être limitée à l'étude de ce qui est juste. De même qu'un mécanicien étudie le mouvement rapide et le mouvement lent, un physicien les phénomènes de la chaleur et du froid, de même un juriste qui considère le droit comme un ensemble de phénomènes, fait rentrer dans le cercle de ses recherches ce qui est juste et injuste. Ce n'est pas la distinction du juste et de l'injuste qui a pour lui une valeur capitale, mais celle qui touche le droit directement, c'est-à-dire celle entre ce qui se rapporte au groupe des phénomènes juridiques et ce qui n'admet pas une définition juridique, sous la forme positive ou négative, peu importe.

Certes, en ramenant mentalement les points distinctifs d'un groupe donné de phénomènes à zéro ou à l'infini, nous pouvons nous imaginer le droit et le non droit comme une opposition absolue. Mais cette délimitation des phénomènes n'aura que la valeur d'une hypothèse imaginée par nous, elle n'aura aucune valeur pratique. Là où nous aurions constaté une absence absolue de droit, la distinction entre le juste et l'injuste n'aurait pas été applicable ; elle n'aurait pas de sens. La vie historique des peuples ne présentera certainement jamais d'exemple d'un pareil état de choses. En réalité, nous avons affaire à un ordre de phénomènes où la distinction du juste et de l'injuste n'atteint pas ni le zéro, ni l'infini.

En un mot, pour la science du droit, il n'est pas nécessaire de chercher à définir la distinction absolue entre le juste et l'injuste ; elle ne peut pas reconnaître cette distinction ; elle étend son examen également sur le juste et l'injuste, en posant à la base de la délimitation de l'objet de ses recherches, non cette distinction, mais celle entre ce qui est *droit* et ce qui ne l'est pas. Certainement, on peut trouver maintenant beaucoup de gens qui pensent qu'admettre la relativité du droit c'est commettre une hérésie impardonnable. Mais en examinant de plus près le développement successif de la science du droit à partir de la fin du xviiie siècle, nous pouvons remarquer que ce principe de la relativité a été de plus en plus reconnu. L'école de droit naturel qui fit son apparition au xviie siècle, et qui marque le commencement de l'étude philosophique du droit, représente une théorie du droit rigoureusement absolue. Mais cette théorie supposait connue l'existence de la nature humaine ; elle se brisa contre la nécessité de trouver une mesure objective pour distinguer dans l'homme ce qui est naturel de ce qui ne l'est pas. L'école historique qui, au commencement de ce siècle, a remplacé celle du droit naturel, s'appliqua à mettre en évidence la relativité du droit et le caractère national du droit pénétré du génie du peuple qui contribua à sa formation.

Si chaque peuple a son droit particulier, une législation nationale, on ne peut pas parler de principes absolus. Mais la détermination de l'esprit d'un peuple, de ses qualités, leur délimitation par rapport aux qualités d'un individu ont paru aussi impossibles que la distinction, dans un homme, entre ce qui est naturel et ce qui ne l'est pas. Il fallait, ou adopter la doctrine mystique de Puchte qui personnifie l'esprit du peuple ou, en se plaçant sur

un terrain plus réel, reconnaître que l'esprit d'un peuple
c'est tout simplement la manifestation simultanée et collective de l'esprit des individus qui constituent ce peuple. S'il en est ainsi, l'esprit du peuple ne peut pas
avoir un caractère déterminé ; par conséquent, le droit
n'est pas un produit de l'esprit du peuple, produit se
développant de lui-même, mais, au contraire, un résultat de la lutte des différents intérêts que représentent
les membres du peuple, résultat qui change avec la marche de la lutte, Ihéring accepte cette idée dans sa théorie la plus récente ; il proclame la relativité complète des
principes du droit. Il n'y a qu'un point sur lequel Ihéring
n'a pas osé, en vérité, proclamer la relativité du droit.
Tout en reconnaissant que la matière des principes du
droit ne peut être déterminée rigoureusement, qu'elle est
relative, variable, il croit néanmoins que la source de
ces principes est toujours et nécessairement la même :
l'autorité de l'Etat! Par suite, à ce point de vue, il ne
reconnaît pas la relativité du droit ; mais il n'y a qu'un
pas à faire pour que, dans ces conditions, elle soit admise
sans réserve.

Il est très important de montrer que la distinction du
juste et de l'injuste est purement relative. 1° C'est seulement à cette condition que l'on peut établir une notion
unique du droit qui puisse embrasser tous les phénomènes de la vie juridique. Dans les différentes opinions
qui se sont produites sur la nature du droit, on remarque toujours une certaine dualité. D'un côté, les diverses actions des individus sont examinées au point de vue
de leur conformité au droit existant ou de leur désaccord
avec lui. D'autre part, le droit en vigueur lui-même
est examiné au point de vue des principes plus généraux. Lorsque l'on distinguait rigoureusement le juste
de l'injuste, on ne pouvait trouver aucune explication à
ce phénomène si ce n'est en reconnaissant l'existence

d'un droit double, positif et naturel. Mais la doctrine de la relativité de la distinction du juste et de l'injuste donne une autre explication du phénomène auquel nous faisons allusion. Elle concilie la variété des jugements sur le juste et l'injuste avec l'unité du droit : elle ramène la diversité des jugements que nous portons sur les différentes manifestations du droit à celle des critériums appliqués à la définition du juste.

2° La construction de la science elle-même gagne en unité. D'après l'opinion générale, la science du droit ne doit étudier que le droit. Mais tout juriste doit s'occuper de ce qui est non droit et il existe même une science juridique distincte, le droit criminel, qui étudie spécialement les violations de la loi. Il est vrai que les criminalistes affirment ordinairement que le véritable objet de leur science est la sanction. Néanmoins, la détermination du délit seule a un caractère réellement juridique ; dans celle des punitions à infliger au délinquant prédomine au contraire un élément politique, parfois des considérations d'opportunité s'y glissent. Le centre de gravité de la construction juridique du droit pénal est la définition des éléments constitutifs du délit et non l'explication de ce qu'il y a de particulier dans les différents systèmes de répression pénale adoptés par le législateur. En reconnaissant la relativité de la distinction du juste et de l'injuste et en rapportant ces deux éléments à l'objet de la science du droit on écarte par là même la nécessité d'avoir recours à des raisonnements artificiels pour expliquer le caractère juridique du droit criminel.

3° Si l'on admet que le droit est relatif, il est impossible de restreindre l'objet de la science du droit à telle ou telle forme de délimitation des intérêts. Si le droit dans son entier est relatif il n'y a aucune raison d'exclure du cercle des phénomènes que la science du droit étudie les normes « de la délimitation des intérêts » quel-

soit leur mode de construction, normes établies, soit
par les représentants de l'autorité sociale, soit par les
mœurs ou sous l'influence des idées qu'ont les individus
de leurs droits. Certainement, la notion subjective du
droit est relative, et, dans cette relativité, on a une raison de ne pas admettre l'existence de ce droit à côté du
droit positif qui est l'objet de la science du droit. Mais
si le droit dans son entier est relatif, rien n'empêche de
ranger parmi les notions de droit même les normes de
la délimitation des intérêts élaborées par la conscience
individuelle. Cela donne à la science du droit une plus
grande ampleur, une plus grande unité, même une base
plus solide, car les idées de droit qui se manifestent dans
les mœurs et dans la législation sont élaborées avant
tout par la conscience individuelle, et la théorie juridique qui néglige cette source de droit ne peut pas expliquer la naissance et le développement du droit.

En définissant le droit comme la délimitation des intérêts, j'admets la complexe relativité du droit. Cette
définition embrasse toutes les délimitations d'intérêts,
quelles qu'elles soient au point de vue subjectif, justes
ou injustes, de quelque manière qu'elles soient établies :
par les mœurs, par la législation, par la pratique juridique ou par la notion subjective du droit.

CHAPITRE II

L'IDÉE DU DROIT ET SES DIFFÉRENTES CONCEPTIONS

§ 10

Définition du droit d'après son contenu.

Fouillé. L'Idée moderne du droit, 1878. Pachman. Les tendances modernes dans la science du droit, 1880.

Définir les normes juridiques comme « normes de la délimitation des intérêts », c'est donner une définition du droit qui n'est pas reconnue de tout le monde. Mais, dans la littérature juridique, il est impossible de trouver une définition ayant obtenu l'assentiment général. Celles qui existent actuellement sont très différentes et plusieurs d'entre elles trouvent également des partisans parmi les juristes les plus distingués. Il est donc nécessaire de faire un choix, et, pour le faire en connaissance de cause, il est indispensable d'étudier toutes ces définitions, d'en montrer la base et la valeur respective. Il ne serait pas à propos de faire ici une analyse détaillée de toutes les définitions du droit qui ont été produites jusqu'à nos jours. C'est la tâche de l'histoire de la philosophie du droit qui expose les différentes définitions du droit dans leur succession historique. Pour nous, il nous suffit de nous arrêter à l'examen des définitions les plus typiques et les plus répandues actuellement, de celles qui sont à la base des principales tendances de la science moderne du droit.

Si on compare la définition que nous avons posée avec les autres, on remarquera tout d'abord qu'elle ne contient pas certaines parties qui jouent dans les autres un rôle capital. Notre définition ne détermine pas la matière elle-même des normes juridiques, la manière dont elles délimitent les intérêts qui entrent en conflit et les principes qui sont à la base de cette délimitation. Les questions de savoir comment se forment les normes juridiques, par qui elles sont établies restent également ouvertes. Enfin nous n'avons pas parlé dans notre définition du caractère coercitif du droit qui est souvent considéré comme son attribut fondamental, distinctif. Cependant, même les termes de notre définition peuvent susciter des doutes et des controverses. Quelques auteurs, partisans de la tendance formelle, diront que le droit n'est pas seulement la délimitation des intérêts, mais celle des « volontés ». Les autres, partisans de la tendance utilitaire, trouveront, au contraire, qu'au lieu de la délimitation des intérêts il faudrait dire la « protection » des intérêts. Il est, par conséquent, nécessaire d'expliquer pourquoi nous avons choisi cette formule intermédiaire et qui passe sous silence la matière, les sources des normes juridiques et les moyens de les réaliser.

Pour déterminer le droit d'après sa matière il faudrait que la matière de toutes les normes juridiques fût identique et commune, que ces normes pussent apparaître comme les conséquences du même principe général. Mais, en réalité, les conceptions juridiques des différents pays et des différentes époques historiques, mêmes celles d'un peuple déterminé prises à une époque historique donnée, ne présentent pas un système

unique, des conséquences logiques découlant d'un principe unique et général. Le droit de chaque peuple
est le produit d'une évolution se poursuivant à travers
l'histoire. Mais toute époque historique apporte ses
notions morales, ses conditions de la vie qui déterminent la matière du droit. Aussi, le droit de chaque
peuple est-il constitué de toute une série de couches historiques. Il faut encore prendre en considération les
emprunts faits aux législations étrangères ; et ainsi
entrent dans la composition de la matière du droit des
principes anciens et des principes nouveaux, résultat
d'une évolution historique plus récente, les principes
propres au génie du pays et les principes empruntés.
La matière de tout droit est par suite très complexe.
Quand on essaye de faire une tentative pour définir le
droit, d'après la matière, il en résulte inévitablement
des formules qui déterminent non ce qu'est en réalité
le droit existant, mais quel il doit être d'après l'opinion
de l'auteur de la formule. Au lieu d'une définition
scientifique, objective, du droit, nous avons alors un
jugement subjectif. Il est impossible de ramener à une
formule générale, commune, la matière hétérogène de
toutes les normes juridiques qui existent et qui ont
existé ; et c'est pourquoi pour définir le droit d'après sa
matière il faut commencer par opter entre plusieurs
principes juridiques. Ce choix ne peut être fondé sur
aucune donnée objective ; il dépend du jugement subjectif de l'auteur. Il en résulte une grande variété dans
les formules. Le perfectionnement de la société humaine
(Leibnitz), le développement harmonieux de la personne
(Ahrens), le maintien et le développement de l'ordre
moral (Trendelenbourg), le minimum éthique (Jellineck), la réalisation du bien-être (Kapoustine), la conciliation de la liberté et de l'égalité (Soloviov) et toute
une série d'autres principes, sont présentées par les

divers auteurs comme la matière distinctive des normes juridiques. Mais, en réalité, nous trouvons un nombre considérable de normes juridiques qui n'ont pas pour but le développement harmonieux de la personne (par exemple, les lois qui organisent les classes sociales), la conciliation de la liberté et de l'égalité (par exemple les lois qui établissent l'esclavage), etc. Par suite, de pareilles définitions ne montrent pas les caractères communs à tout droit, mais déterminent seulement l'idéal à assigner au développement du droit dans l'avenir ; idéal purement subjectif. Cependant parmi les différentes définitions proposées il y en a une qui jouit d'une grande faveur auprès des savants ; on la retrouve chez les partisans des tendances les plus différentes. C'est la définition des normes juridiques comme « normes de la liberté » (1).

C'est l'ambiguïté de la formule qui explique le bon accueil qu'on lui fait. Si l'on voit dans la définition du droit comme « normes de la liberté » une définition fondée sur la matière du droit, il faut entendre par là que la base de toutes les normes juridiques est le principe de liberté. C'est ce principe qui fournirait le contenu de toutes les normes du droit : elles ne devraient

---

(1) « Hobbes ». Neque enim jus aliud significatur, quam « libertas » quam quisque habit facultatibus naturalibus secundum rectam rationem utendi. « Kant ». Das Recht ist der Inbegriff der Bedingungen, unter denen die Willkür des einen mit der Willkür des andern nach einem allgemeinem Gesetze der « Freiheit » zusammen vereinigt werden kann. « Krause » Das Recht ist ein Lebensgesetz für die « Freiheit » vernünftiger Wesen.

« Fridlander ». Das Recht ist die Gestaltung der Lebensverhältnisse zum Zwecke der « Freiheit ». « Bauman ». Das Recht ist der Inbegriff derjenigen Forderunen vom Mensch um Mensch, welche für einen auf « Freiheit Aller » gegründeten Verkehr unerloslich sind. « Pachmann ». Le droit est la mesure de la liberté dans la vie commune. « Binding ». Das Recht ist eine Ordnung menschlicher « Freiheit. »

consister alors que dans l'application du principe de la liberté à la réglementation des rapports humains.

Telle est en effet l'opinion de Kant. Pour lui tout droit n'est que l'ensemble des conséquences particulières, logiques, découlant de la règle fondamentale : agir de telle sorte que ta liberté s'accorde avec celle des autres et de chacun. Mais il est impossible de faire rentrer sous une pareille définition toutes les normes juridiques que nous envisageons. La législation des états d'Orient divisés en castes, les états antiques qui admettaient l'existence de l'esclavage, les états du moyen âge divisés en classes montrent qu'il est difficile de voir dans chaque norme juridique une conséquence logique de l'application du principe de liberté. Kant lui-même en proposant sa définition avait en vue non le droit dont lui offrait le spectacle la réalité historique, mais celui de la raison, Vernunftrecht. Quand on applique cette définition du droit au droit positif dans son développement historique, on attribue à cette définition un sens différent. On considère alors les normes juridiques comme des conséquences logiques du principe de liberté, parce qu'elles délimitent toutes, d'une façon ou de l'autre, la liberté humaine, établissent les bornes, des restrictions, une mesure et, dans ce sens, constituent des « normes de la liberté ». Sans doute, en délimitant les intérêts, le droit délimite leur réalisation et, par conséquent, restreint à ce point de vue la liberté humaine. Mais s'il en est ainsi, la matière des normes juridiques n'est point déterminée par la formule que nous examinons. Cette définition affirme seulement que les normes juridiques restreignent, réglementent la liberté, mais la formule de la définition n'explique pas de quelle manière cette réglementation est faite. Il en résulte que cette formule, de même que celle que nous proposons, laisse au fond de côté la matière du droit.

Cependant il ne faut pas conclure de là que ces deux définitions sont identiques.

Si l'on considère chaque délimitation de la liberté comme une norme de la liberté cette définition paraîtra excessivement large. Toute norme de la liberté établit nécessairement une délimitation de la liberté, qu'il s'agisse des normes du droit, ou de celles de la morale. Ainsi la définition du droit comme normes de la liberté ne suffit pas à elle seule. Elle laisse sans explication les différences entre les délimitations de la liberté par le droit et celles par la morale.

D'autre part, la définition du droit comme normes de la liberté a encore le défaut de supposer une opposition rigoureuse, une séparation complète entre les intérêts des personnes en présence et, par là même, d'attribuer uniquement au droit la fonction de séparer, de diviser et non celui d'unifier, de grouper. En effet, la liberté, en tant qu'objet de la volonté consciente, peut être la propriété exclusive de l'individu, mais elle se présente aussi comme une notion purement négative dans la mesure où elle oppose l'individu à tout le monde. Au contraire, la notion de l'intérêt, du besoin est une notion positive et les besoins, les intérêts d'un individu sont justement les liens qui le rattachent au monde qui l'environne et, en particulier, aux autres hommes. Nos intérêts ne nous sont pas exclusivement personnels, ils ne sont pas forcément individuels. La plupart d'entre eux sont communs ou à toute l'humanité ou, au moins, à un groupe d'hommes déterminé. En réalisant ces intérêts, nous pouvons rencontrer ceux des autres hommes ; ce contact possible, rend nécessaire leur délimitation. Mais en délimitant les intérêts communs, le droit ne délimite pas la liberté de chaque individu ; il réunit celle de tous par l'unité de droit en vue de faciliter leur réalisation commune. Ainsi, les normes du droit international, par

exemple, qui délimitent les intérêts communs à toute
l'humanité et ceux de chaque nation, ne peuvent être
définies comme des normes de la liberté car, à la base
de cette délimitation, ne se place pas l'opposition de la
liberté de l'un à celle de l'autre, mais celle du privé au
commun, du national à l'universel. Or, ces deux groupes d'intérêts sont propres à chaque homme, envisagé
à la fois en sa qualité d'homme et de membre d'une
nation déterminée. C'est pourquoi, en délimitant ces
intérêts, on ne délimite pas la liberté de l'un par rapport à celle de l'autre, mais simplement deux sortes d'intérêts qui font également partie de la liberté de chacun.
Prenons un autre exemple : un Etat intéressé à ce que
le bon marché excessif de la main d'œuvre n'entraîne
pas dans l'avenir de fâcheuses conséquences par suite
de la dégénérescence physique et morale de la classe
ouvrière qui pourrait en résulter, limite la durée de la
journée de travail, protège le travail des femmes, celui
des enfants, etc. Ces réglements ne délimitent pas la
liberté de l'ouvrier par rapport à celle du capitaliste.
Ils gênent également celle de l'un et celle de l'autre.
Dans le cas particulier de l'ouvrier, ils peuvent être plus
vexatoires que pour le fabricant. Mais, ils assurent dans
l'avenir la santé et la moralité de la classe ouvrière. Ici,
encore, il n'y a pas une opposition entre tel intérêt
privé et tel autre, mais une opposition entre le présent
et l'avenir, entre le passager et le perpétuel. Chacun
de nous vit autant dans l'avenir que dans le présent ;
pour se sentir absolument libre dans le présent, il faut
être sûr de l'avenir. En conséquence, dans cet exemple,
on ne doit pas voir la délimitation de la liberté de l'un
par rapport à celle de l'autre, mais celle des intérêts
qui constituent la liberté de chacun.

La définition du droit comme « normes de la liberté »
est une manifestation de la tendance individualiste dans

la science du droit. Tant que l'on voyait dans la société une réunion d'individus indépendants liés entre eux par un contrat social, et dans le droit un système de règles qui délimitent la liberté de ces individus, cette définition était absolument correcte. Mais, avec le changement des notions sur la société et sur les rapports des individus vis-à-vis d'elle elle est devenue inapplicable. A présent l'individu n'est pas considéré comme le facteur suprême qui détermine tout l'ordre social. On le considère, au contraire, comme un produit de la société et on est plutôt enclin à le faire dépendre d'elle. La législation ne restreint pas sa tâche à la délimitation des seuls intérêts individuels, mais elle s'occupe de plus en plus de la réalisation des intérêts communs de ceux qui ne peuvent être considérés comme la propriété exclusive d'une seule personne. Par suite, il est impossible de définir le droit comme « normes de la liberté ».

§ 11

Définition du droit d'après sa source.

« Mouromtzev ». Définition et division fondamentale du droit, 1879. « Thon ». Der Rechtsbegriff (Zeitschrift für Privat und öffentliches Recht. B. VII, 1888, s. 245). « Schäffle ». Bau und Leben des socialen Körpers. B. I. 1881, s. 523. « Schein ». Unsere Rechtsphilosophie und Jurisprudentz, 1889.

Les définitions des normes juridiques d'après leur source sont plus objectives que celles qui ont pour base la matière du droit. Elles ne contiennent pas de jugement sur la nature du droit, sur ce qu'il devrait être ; elles se proposent de déterminer le caractère distinctif des normes juridiques réellement existantes. C'est par

là, certainement, que s'explique leur faveur auprès des
juristes partisans d'une tendance qui est une réaction
contre les conceptions idéalistes qui la précédèrent. Très
répandue, ces derniers temps, en Allemagne, elle a pénétré en Russie. Les définitions de ce genre présentent on
peut le dire, deux variétés. Les unes définissent les
normes juridiques comme normes établies par les organes de l'autorité de l'Etat ; les autres reconnaissent
d'une manière plus générale la société tout entière
comme la source du droit.

Dans le premier cas, les normes juridiques sont des
ordres émanant des organes du pouvoir d'Etat. A ce point
de vue, le droit se présente comme l'ensemble des lois
édictées par l'Etat. Tout ce qui n'est pas fondé sur une de
ces lois n'est pas le droit. C'est pourquoi, il n'y a pas de
droit là où il n'y a pas d'Etat : le droit ne naît que dans
un Etat ; il est son produit exclusif. Le droit coutumier,
par conséquent, n'est pas un droit véritable. Il ne peut
pas exister non plus de droit agissant en dehors des limites des Etats ; en d'autres termes, un droit international ne peut pas se concevoir. D'un autre côté, puisque la
loi est ici reconnue comme l'unique source de tout droit,
on ne peut opposer à la volonté du législateur d'autres
principes juridiques, établis par exemple par les mœurs,
par la science ou par la conscience individuelle. Ainsi,
le droit et la loi sont identifiés.

La popularité dont jouit cette théorie s'explique surtout par les nécessités de la pratique judiciaire. Dans la
vie ordinaire, les questions du droit se ramènent en effet,
la plupart du temps, à la question de savoir si telle disposition précise est prévue par la loi. Le droit coutumier,
dans les Etats modernes, ne joue presque aucun rôle, étant
à peu près effacé par la législation écrite. Un très petit
nombre de personnes sont seules obligées de s'occuper
des questions théoriques du droit, de son appréciation, de

la législation. La grande majorité est habituée par la vie elle-même à confondre la notion du droit avec celle de la loi. Habitués à voir dans la loi la mesure de la délimitation des intérêts, nous oublions qu'à l'intérêt de la légalité, à l'intérêt de l'action infaillible de la loi peuvent être opposés d'autres intérêts qui forcent parfois l'autorité elle-même à renoncer au maintien absolu de la force légale, ce qui se produit, par exemple, lorsqu'elle accorde une amnistie.

Mais, à part ce fondement pratique, la notion positive du droit en trouve encore un autre dans les tendances théoriques les plus diverses. Les partisans de la vieille école, qui admettent l'existence d'une idée absolue de justice, voient dans l'identification du droit et de la loi un moyen de concilier leur doctrine avec la réalité. La diversité et la variabilité, en un mot, la relativité du droit est un fait trop évident. Par suite, pour sauver le dogme de l'existence d'une justice absolue, on trace une limite rigoureuse entre le droit et la justice et on considère le premier comme une forme accidentelle, variable de la seconde. En démontrant la relativité du droit, on croit par là même pouvoir mieux défendre le caractère absolu de la justice. Telle était la méthode de Stahl. Même dans la littérature moderne, on rencontre encore des partisans de cette théorie. Il nous suffira de citer Adolphe Lasson (*System der Recht von Adolf Lasson*, 1882). Le droit, dit-il, est un ordre extérieur ayant une forme historique plus ou moins accidentelle. C'est pourquoi, tout droit est un droit positif; il peut seulement exister dans un Etat, il est un produit de l'autorité de cet Etat. La justice est un principe absolu; elle est la source de l'égalité; elle est l'idéal que le droit doit poursuivre (*ideale Anforderung*), mais qui, néanmoins, ne se réalise jamais complètement. Cette manière d'envisager la question est sans doute compa-

Khorkounov   7

tible avec la théorie de l'existence d'un principe absolu
de justice, car, dans ce cas, sa forme la plus objective,
la plus palpable, la plus juste, le droit positif est considérée comme quelque chose d'absolument distinct de
cette justice. Par suite, pour découvrir la justice proprement dite, il faudrait avoir recours aux notions plus
subjectives, moins déterminées que nous suggère notre
conscience. Les phénomènes que nous recherchons étant
imprécis, insaisissables, il nous est naturellement très
difficile d'arriver à un résultat précis.

Mais les partisans de la tendance réaliste, qui n'ont
pas la prétention de démontrer l'existence d'un principe
absolu de justice, admettent également l'identification
du droit et de la loi. Les réalistes pensent ainsi faire
application à l'étude du droit de la méthode positive qui
fut créée pour les sciences naturelles. En comparant la
science du droit avec les sciences naturelles, on se rend
compte tout d'abord du caractère objectif et, pour ainsi
dire, palpable de l'objet même des sciences naturelles.
En appliquant à la jurisprudence cette méthode positive
qui fit faire tant de progrès aux sciences naturelles, les
réalistes croient arriver par ce procédé à des résultats
aussi précis, aussi palpables. La forme palpable du
droit étant la loi, l'identification de l'un et de l'autre est
considérée comme une exigence de la méthode positive.

Voilà les raisons pour lesquelles on admet très souvent l'identification du droit et de la loi comprise comme
un ordre émanant de l'organe suprême de l'autorité de
l'Etat. Cette opinion a reçu son expression la plus vigou-
reuse sous la plume de Schein. Le droit d'après sa définition est une norme établie par l'Etat et non par les individus. En même temps ce n'est pas un ordre obligeant l'Etat
à agir conformément à certains principes ; la norme
indique seulement comment l'Etat lui-même agit ordinairement. Le droit est pour l'Etat ce qu'est pour un

individu l'ensemble des principes qu'il suit dans ses actions, qu'il s'impose lui-même ou qu'il observe involontairement. Schein n'entend pas par Etat la société tout entière, mais seulement le gouvernement, les organes de l'autorité.

Le droit privé lui-même, il le considère comme un ensemble de règles édictées par l'Etat. Toutes les règles du droit civil n'existent que pour servir de normes aux actes du pouvoir judiciaire. Par les lois l'Etat annonce seulement qu'il entend suivre dans l'avenir certains principes.

Cette définition se ramène au fond à la négation du droit. Les actions de l'Etat sont au fond celles des hommes que l'on considère comme les organes de l'autorité d'Etat. L'homme aura beau remplir les fonctions de l'organe de l'autorité, sa nature psychique ne change pas pour cela; il se guide dans ses actions sur des règles éthiques et techniques.

Par conséquent, si nous acceptons la définition de Schein pour en tirer toutes les conséquence, il faudra aller alors jusqu'à dire que toute règle technique, une règle d'architecture, par exemple, acquiert le caractère d'une règle de droit lorsque les organes de l'autorité se trouvent amenés à l'appliquer dans leurs actes. Cependant toutes les règles qui gouvernent la ligne de conduite de l'Etat ne peuvent pas être considérées comme des normes juridiques. Ainsi, parmi les différents actes qui constituent l'activité de l'Etat, on place toujours à part les actes politiques du gouvernement. Il en est de même, quand le gouvernement, chargé de l'administration du pays, applique les règles d'hygiène ou d'autres normes techniques. Il ne peut pas s'agir ici du droit.

Généralement, on ne va pas aussi loin que Schein. On considère comme normes juridiques seules les règles dont l'Etat impose l'observation, qui sont déclarées obli-

gatoires par le gouvernement (1). Dans ce cas, c'est le
caractère impératif de ces dispositions qui constitue le
trait distinctif du droit. S'il devient ainsi possible de distinguer les normes juridiques des normes morales et
techniques, il est toujours vrai de dire qu'en revanche
cette conception restreint outre mesure le domaine du
droit. D'après ce système, en effet, seules les lois promulguées par le législateur constituent le droit ; les règles
coutumières en sont exclues. Or l'étude des phénomènes
juridiques nous oblige à constater tous les jours que la
législation positive n'est pas la seule source du droit.

Le juriste qui identifie le droit et les lois positives ne
doit pas negliger d'examiner la question de la formation des lois. Il doit rechercher et distinguer les
conditions de la première formation des lois positives et
celles de leur formation dans les temps modernes. Cette
recherche l'amènera inévitablement à des conclusions
prouvant qu'il est impossible de ramener le droit dans
son entier à la loi. L'histoire nous montre que les premières lois n'étaient que les mœurs « enregistrées »
après avoir été déterminées, conservées par le procédé
judiciaire qui existait à cette époque. Toute législation
primitive a le caractère d'une addition, d'un supplément au droit coutumier. Elle y fait des additions particulières, des changements et, par là même, présuppose
nécessairement son existence. Ainsi, nous voyons que
la loi n'est séparée de la coutume que par l'acte tout à
fait extérieur de la confirmation de cette dernière par
l'autorité de l'Etat. Par conséquent, les conditions de la
formation de la législation ne permettent pas d'identifier le droit et sa forme particulière, la loi, et obligent à
reconnaître comme lois les mœurs considérées au point
de vue juridique. Nous arrivons à la même conclusion,

---

(1) Jellinek, Die rechtliche Natur der Staatenveträge 1880, p. 31.

si nous nous tournons vers le procédé qui préside à la formation des lois dans les temps modernes. Ici, les opinions sur le juste et l'injuste qui ont pris naissance dans la société sont transformées en loi également à la suite d'un acte extérieur, formel, par exemple, le scrutin de vote dans le Parlement. Mais la matière de la loi existait déjà avant sa promulgation, ayant été fournie ou par l'opinion publique ou par la pratique judiciaire ordinaire.

Si le droit et la loi étaient des notions identiques, l'existence des théories juridiques serait difficile à concevoir. On devrait se refuser à accorder la qualification de juridique à toute théorie qui ne serait pas transformée en loi. Et pourtant, c'est un fait connu qu'il existe sur chaque question, pour peu qu'elle soit importante, de nombreuses théories qui ne sont pas admises par la loi et qui n'ont pas encore trouvé leur expression dans la législation positive. Si nous reconnaissons un caractère juridique à ces théories formulées en dehors de toute intervention de l'autorité de l'Etat, par un savant quelconque, nous nous trouverons en présence des normes juridiques qui n'auront pas leur source dans l'Etat. Si les normes ne devenaient juridiques qu'en prenant la forme d'une loi, la théorie de la formation de la loi serait la seule théorie juridique possible. Les doctrines ayant avec les lois le même contenu, développant la matière même des normes juridiques ne pourraient exister. Mais il suffit d'ouvrir n'importe quel traité de droit civil ou de droit criminel pour se convaincre de l'existence de ces doctrines sur la matière du droit; elles peuvent constituer la matière de la loi, mais elles ont un caractère juridique même avant leur transformation en loi. Il est vrai qu'il y a des auteurs qui n'admettent pas l'existence d'un droit théorique. Ils disent que l'idée d'un droit théorique, d'un droit qui n'agit pas est aussi

absurde que celle d'un vent qui ne souffle pas (1). Cependant, il faut bien admettre que l'homme conçoit l'existence des lois qui n'agissent plus, quand, par exemple
elles sont abrogées. Les normes juridiques ainsi remplacées par d'autres ne deviennent pas pour cela des
règles d'art ou des principes moraux. Elle restent malgré
tout des normes juridiques, bien qu'elles n'agissent plus.
Les lois des XII tables sont encore considérées de nos
jours par tout le monde comme faisant partie du droit
aussi bien qu'à l'époque où elles avaient encore leur
caractère obligatoire. Et, de même, les hommes conçoi-
vent toujours un droit qui n'agit pas « encore » ; mais,
comme il existe dans leur conscience, il influe nécessairement sur les rapports, sur l'établissement des usages,
sur la pratique judiciaire, sur la législation.

D'autres auteurs, tout en considérant la source du droit
comme un de ses traits distinctifs, ne l'identifient pas
pourtant avec la législation de l'Etat. Ils définissent
les normes juridiques comme « normes sociales »,
en les opposant aux normes morales qu'ils appellent
« normes individuelles » (2). Cette définition n'est pas
aussi défectueuse que celle que nous avons examinée
tout à l'heure. On peut même dire qu'en général elle se
rapproche sensiblement de la vérité ; mais, elle est extrêmement vague. Ce qu'il y a d'individuel dans la vie
humaine est si étroitement lié à ce qu'il y a de social

_____

(1) Bergbohm. *Jurisprudentz und Rechtsphilosophie*, p. 437.
(2) Brocher de la Flèchère. Les révolutions du droit, I, p. 29. Le
droit n'est pas autre chose qu'une espèce de conscience sociale. « Schaffle », Bau und Leben, 2 Ausg. II, s. 80 Das Recht eine durch den
Trieb der Selbsterhaltung geschaffene und den entwickelungsgeschi-
chtlichen Bedingungen der Gesammt erhaltung angemessene gesell-
chaftliche Ordnung der Anpassungen und Organisationen, der Verer-
bungen, Streit-führungen, Streitentschesdungen und Streiterfolge
darstell. « Kachnitsa » De l'essence du droit p. 152. Le droit est la
conformité des rapports sociaux à l'essence, à la vie, à la destination
de la société ou la conformité de la vie individuelle à la vie sociale.

qu'il est impossible de tracer entr'eux une ligne de séparation. On ne peut pas distinguer les normes établies par un individu et celles établies par la société. A la vérité, les normes comme, en général, tout dans la vie et dans la conscience de l'homme, sont un produit commun des facteurs individuels et sociaux. L'homme naît dans la société, héritant de ses parents d'un ensemble de mœurs et d'habitudes sociales ; il est élevé dans la société, il agit dans la société, il lui appartient par tous les côtés de son existence. Comment peut-on croire qu'il y ait une limite aussi précise entre la sphère individuelle et la sphère sociale, que certaines normes éthiques soient créées par l'activité individuelle, d'autres, par l'activité sociale ?

On est obligé ainsi d'avouer que toutes les définitions du droit d'après sa source ont un défaut commun. Ces définitions présupposent résolue une des questions les plus difficiles, les plus discutées de la science du droit, l'origine du droit. Le droit naît-il comme un produit de l'activité individuelle ? Est-il créé par les conditions de la vie sociale ? son existence dépend elle ou non de celle de l'Etat ? — Toutes ces questions sont encore très discutées. Avant que la question de l'origine du droit soit résolue, il sera impossible de définir le droit d'après sa source.

§ 12

La définition du droit comme « normes coercitives ».

« Jhering ». Zweck im Recht, B. I, 2 Ausg. 1884, p. 320. « Merkel ». Recht und Macht (Schmoller's Jahrbuch für Gesetzgebung, B. V.). « Bierling », zur Kritik der juristischen Grundbegriff. V. I. 1877.

Déjà, au moyen âge, on admettait presque généralement que la contrainte était le caractère essentiel, distinctif du droit. Mais cette opinion s'est surtout répandue depuis le commencement du siècle passé ; le droit, en tant qu'ensemble de normes réalisées par la contrainte, était alors opposé à la morale qui n'admet aucune contrainte, qui exige une soumission volontaire. Thomasius, Kant et surtout Fichte ont poussé cette distinction jusqu'à l'opposition absolue du droit et de la morale qu'ils considèrent comme des règles extérieures et intérieures de la vie humaine. La base de cette opposition était certainement la conception dualistique de l'univers. Si, conformément la doctrine de Descartes, l'esprit et la matière sont reconnus comme deux substances indépendantes, la vie extérieure et la vie intérieure sont deux sphères absolument séparées et distinctes. Il n'y a entre elles aucun lien mutuel, aucune influence réciproque ; chacune d'elles existe par elle-même, chacune a ses lois particulières et dans chacune agissent également des forces particulières. La vie extérieure et la vie intérieure sont deux pôles opposés. Par suite, l'ordre extérieur, le droit ne peut être maintenu par des agents intérieurs ; il s'appuie exclusivement sur la force extérieure, sur la contrainte. Entre la contrainte et les forces de la vie intérieure il n'y a rien de commun, il n'y a aucune transition qui les unisse ; par conséquent, la contrainte ne peut pas avoir quelque fondement intérieur psychique ; elle constitue la base indépendante, externe de l'action du droit (1).

Telle est la conséquence nécessaire à laquelle tendait la délimitation rigoureuse et absolue des sphères intérieure et extérieure de l'activité individuelle. Cette délimitation, on le sait, est complètement rejetée par la science moderne. Nous savons que notre vie

---

(1) « Dopel » propose cet argument des scholastique : *quidam volunt jus dictum esse per methatesin ut « sit » jus quasi « vis » conversis litteris.*

morale dépend de notre vie physique, que, de même,
les phénomènes physiologiques dégénèrent toujours
en phénomènes psychiques, les psychiques — en phys-
cologiques ; leur délimitation rigoureuse est souvent
impossible. En un mot, les côtés moral et physique
de notre existence ne sont pas deux parties soigneusement délimitées ; au contraire, elles se pénètrent
pour ainsi dire, l'une l'autre, elles se touchent à tout
moment. A ce point de vue, il semblerait que la théorie qui prétend que le droit, en tant qu'ordre extérieur,
ne doit être basé que sur la contrainte, dût tomber
d'elle-même. Si la vie morale et la vie physique dépendent l'une de l'autre, la contrainte extérieure provoque
nécessairement des mouvements intérieurs et, par suite,
la théorie qui considère le droit comme un ordre « extérieur » devrait perdre toute sa valeur. Cette opinion n'a
plus actuellement aucun sens, car nous n'opposons plus
entr'eux comme par le passé, les phénomènes extérieurs et intérieurs. En effet, l'école organique, qui part,
comme on le sait, du fait de la dépendance mutuelle de
tous les phénomènes de l'univers et de toutes les manifestations de la vie humaine, ne considère plus le droit
comme un ensemble de conditions extérieures et la
contrainte comme son attribut essentiel. Il semble que
les réalistes, qui étendent l'application du principe de
causalité à tous les phénomènes sans exception, auraient
du être les premiers à se rallier à cette conclusion ; ils
auraient du rejeter cette délimitation du droit et de la
morale qui fait du premier une loi extérieure s'appuyant
sur la contrainte, de la seconde — une loi morale
qui s'appuie sur les agents moraux internes. Mais
le phénomène qui se produit toujours dans les cas semblables s'est reproduit dans celui-là ; le réalisme, qui est
apparu comme une réaction naturelle contre l'idéalisme
tout-puissant jusque-là, dans la science du droit, est

tombé dans l'excès contraire. De même que, primitivement, le sensualisme grossier qui ramenait tout à l'expérience extérieure était opposé à la théorie des idées innées,
de même le réalisme moderne, dans le domaine du droit,
est d'avis de ne reconnaître comme droit que ce qui a
pour sanction la force de la contrainte extérieure.

Cette théorie, très répandue parmi les savants qui
s'occupent du droit positif, a trouvé un appui considérable et une base théorique générale dans le célèbre
ouvrage de Jhering : *Zweck in Recht* (1). Cette doctrine contient une très grave erreur. Comme je m'effor-
cerai de le prouver, la contrainte n'est ni l'attribut
fondamental ni même général des phénomènes juridiques.

Tout d'abord, elle n'est pas un attribut fondamental.
On appelle attribut fondamental celui qui est présupposé
par tous les autres, duquel ils découlent tous, de telle
sorte que, sans lui, on ne peut pas concevoir le phénomène. Tous les autres caractères dépendant de ce caractère fondamental ; nous pouvons par lui seul concevoir
un phénomène, puisqu'il contient en soi, pour ainsi
dire, tous les autres. Or la contrainte ne se rapporte
pas au droit de cette manière. Nous pouvons nous imaginer le droit sans cet attribut. Si la société n'était composée que d'hommes parfaits, la contrainte serait superflue.
Chacun, sans être stimulé par elle, respecterait le droit
d'autrui et accomplirait ses devoirs. Le droit n'en existerait pas moins car, afin de pouvoir accomplir mes
devoirs et rendre à chacun ce qui lui est dû, il faut que
je sache en quoi consistent mes devoirs et « ce qui est

_____

(1) Zweck im Recht. I, 318. Die gangbare Definition lautet : Recht
ist der Inbegriff der in einem Staat geltenden « Zwangsnormen », und
sie in meinen Augen vollkommen das Richtige getroffen. Die beiden
momente, welche sie in sich schliesst, sind die der « Norm » und die der
Verwirklichung durch den « Zwang ».

dû » à chacun. Même dans la société réelle qui comprend les hommes avec leurs faiblesses on est obligé de reconnaître que l'ordre juridique est d'autant plus normal, que la contrainte s'exerce plus rarement (1). Inadmissible est le droit qui s'appuie complètement et exclusivement sur la seule contrainte ; inadmissible un état de choses où personne ne remplit volontairement son devoir juridique, où il faut contraindre tout le monde à l'obéissance envers la loi : inadmissible, car, quel est celui qui pourra se charger d'exercer le droit de contrainte (2).

Tous ces faits sont si clairs, si évidents que ceux qui considèrent la contrainte comme l'attribut essentiel du droit n'osent pas affirmer qu'elle suffit pour maintenir la force du droit (3). Ordinairement, ils posent la question d'une manière un peu différente. Ils se contentent d'affirmer que, si la force du droit, sa puissance ne sont pas fondées sur la contrainte seule, la contrainte est néanmoins une supposition indispensable, précédant tous les autres fondements sur lesquels on peut être tenté de faire reposer la prédominance du droit et que, si le droit n'avait pas derrière lui la contrainte, toutes les autres bases de sa force, sentiments religieux et moraux, son utilité etc., perdraient toute leur valeur (4). En somme, disent-ils, le droit présuppose la réciprocité. Je suis obligé de res-

(1) « Ziller » Algemeine philosophische Ethik, 1880, s. 221. Man ist auch wenigstens allgemein überzeugt, das Rechtsleben um so gesünder sei, je weniger Zwang angewendet zu werden brauche.
(2) « Ahrens », Encyclopaedie, 1857, s. 43. « Trendelenburg » Naturrecht, s. 19, 89. « Jellinek » Recht, Unrecht, Strafe, p. 50, Berling. Zur Kritik der juristischen Grundbegriffe, I, 1877, p. 51. « Thilo », Die theologisirende Recht und Staatslehre, 1861, p. 338.
(3) « Jhering ». Zweck im Recht, I, p. 556. « Schaffle », Ban und Leben des socialem Körpens, I, 1881, p. 663.
(4) Consulter surtout « Fichte ». Grundlage des Naturrecht, 1796. I, s 163-179. Parmi les contemporains: « Lasson ». System der Rechtsphilosophie, 1882, s. 205-207.

pecter les droits d'un autre s'il respecte lui-même les
miens. Si l'on m'attaque injustement, je ne suis pas forcé
de respecter les droits de celui qui m'attaque, *vim vi
repellere licet*. C'est pourquoi, pour remplir consciencieu-
sement ses devoirs juridiques, il faut être sûr qu'ils seront
observés par tout le monde. De même, les normes juridiques ne sont justes ou utiles que si leur observation est
générale. Si les lois n'étaient observées que par les
hommes raisonnables et s'il était donné aux autres la
liberté de violer leurs exigences, la loi la plus juste se
transformerait en une loi absurde. Elle est très juste, par
exemple, cette loi qui ordonne de tuer tout animal atteint
d'une maladie contagieuse ou simplement suspecte.
Mais elle n'est juste que si tout le monde l'observe. Si
quelques personnes malveillantes la négligent, toutes
les vexations subies par les hommes plus raisonnables
seront inutiles, puisque les animaux malades, conservés
par des propriétaires imprudents, seront une cause
suffisante pour la propagation de la maladie.

A première vue, ces arguments peuvent paraître irréfutables. Mais, en les examinant plus attentivement, il
n'est pas difficile de démontrer qu'ils dépassent le but,
qu'ils ne prouvent rien ou qu'ils prouvent trop. En effet,
si le droit ne peut réellement être observé qu'à la condition de l'être rigoureusement et absolument par tout le
monde, alors, il ne sera « jamais » observé. Lorsque le droit
en vigueur a une sanction coercitive, il peut être violé. Il
n'existe pas au monde un pouvoir qui puisse contraindre
par la force tous et chacun à respecter ses ordres. D'un
autre côté, les hommes, en général, ne se guident pas
dans leurs actions sur la certitude, puisqu'on ne peut
presque jamais l'atteindre, mais seulement sur la probabilité, qui suffit pratiquement pour nous dicter la ligne
de conduite à suivre. Ainsi, pour ce qui est du droit, les
hommes se contentent de la probabilité de son observa-

tion dans la plupart des cas. Que le droit ait une sanction coercitive ou non, jamais on ne peut être sûr qu'il sera observé par tout le monde et en toutes circonstances. A aucune condition on ne peut être sûr que tous les animaux atteints de maladies contagieuses seront abattus dans le plus bref délai possible. Mais, pour que cette exigence soit raisonnable, il suffit qu'il soit probable que la plupart des animaux seront tués, car, ainsi, on peut espérer que la maladie ne se propagera pas avec la même facilité qu'auparavant. Or s'il est probable avant même sa promulgation, que la loi sera observée dans la plupart des cas, la contrainte n'y est pour rien. Ainsi, il est presque certain que, quand même on aura pris des mesures coercitives, en vue d'assurer à cette disposition une application plus complète, la loi sur l'abatage des animaux malades ne sera observée que si tout le monde est persuadé de son utilité.

Ainsi, la contrainte n'est pas l'attribut fondamental du droit. Mais elle n'est pas non plus un attribut commun aux phénomènes du droit.

La théorie qui considère la contrainte comme le caractère essentiel du droit a pu se former et se répandre grâce à un fait particulier. Ainsi que l'a déjà montré « Bierling » (1), les questions générales de droit ont été étudiées jusqu'à présent par les juristes qui s'occupent du droit civil. Les questions dogmatiques générales font ordinairement partie de l'enseignement du droit civil; d'ailleurs, même le système du droit naturel consiste principalement en l'analyse des institutions du droit civil. Mais il suffit de se tourner vers les institutions du droit public pour se rendre compte qu'il est impossible de considérer la contrainte comme un caractère com-

(1) « Bierling », I. C., s. 11 : Die Lehre von den allgemeinen Grund begriffen gehörte gewissermasen zur Domaine des Privatrechts.

mun de tout droit. Pour commencer par les droits politiques, ils peuvent être violés par les organes du gouvernement eux-mêmes. On peut se demander comment,
dans ce cas, la contrainte pourra-t-elle s'exercer pour
sanctionner les droits violés (1).

Mais, peut-être nous dira-t-on qu'il se pose ici une
question préalable, celle de savoir si le droit public est
réellement un droit? Rennenkampf ne prétend-il pas que
les droits publics n'ont pas toujours un caractère rigoureusement juridique ? (2) Gumplowitz n'affirme-t-il pas
de son côté que si le droit privé est un droit, le droit
public ne doit pas être appelé « droit », mais doit être
désigné par un autre terme car il en diffère « qualitati-
vement » (3). Laissons pour le moment de côté le droit
public. Même dans le domaine du droit civil, tout droit
peut-il être réalisé par la contrainte? Les parties civiles
ne sont-elles pas souvent dans l'impossibilité de réaliser
leurs prétentions juridiques parce que les juges sont
trop indulgents pour le défendeur, ou parce que le
défendeur lui-même a dissimulé à temps tout son bien
dans un endroit sûr (4).

L'opinion que nous exposons peut être présentée
autrement. En considérant la contrainte comme attribut
essentiel du droit on peut ne pas affirmer par là que
toute prétention juridique concrète est réalisée par la
contrainte, mais seulement que tout droit « en général » et dans l' « ordre normal des choses » est « capable » d'être réalisé par la contrainte. Par conséquent,
il s'agit non de la possibilité réelle, concrète de la contrainte, mais de la possibilité générale, supposée, idéale.

(1) « Thon ». Bechtsnorm und subjectives Recht 1878, s. 6.
(2) Esquisse de l'encyclopédie juridique, 1878, p. 159.
(3) « Gumplowitz » Rechtsstaat und Socialismus, p. 13.
(4) « Geyer » Phil. Eint. in Holtzendorf's Encyclopédie. 4 Aufl, 1882,
p. 5.

S'il en est ainsi, on ne peut pas dire que tout droit
« peut » être réalisé par la contrainte ; il faut dire seulement que la possibilité de cette réalisation « devrait »
exister. On est obligé de remarquer que la question
ainsi posée devient extrêmement vague ; en tout cas la
question de savoir, quels « sont » les attributs du droit se
transforme dans la formule suivante, quels « devraient »
être ces attributs. Admettons, d'ailleurs, cette manière
de poser la question. La théorie que nous combattons
n'y gagne rien. D'abord, il y a des normes qui ne supposent pas leur réalisation par la contrainte. Celles dont
la violation entraîne des mesures coercitives ne sont
qu'une partie des normes juridiques. Si on les considère
comme les seules normes juridiques, il faudrait en
exclure celles dont la violation est sanctionnée par une
punition, car punir ce n'est pas contraindre à observer
la règle pour la violation de laquelle on punit (1).

Il n'est pas difficile de démontrer qu'il est impossible
d'imposer par la contrainte l'observation d'un nombre
considérable de lois (2). Celles, auxquelles cette condition est applicable, sont, à vrai dire, les normes qui
contiennent l'obligation « de ne pas faire » quelque
chose, celles qui imposent la prestation ou l'usage de
certaines choses. Mais les lois qui mettent à la charge
d'une personne un fait, surtout un fait personnel ne
sont pas susceptibles d'être réalisées par la contrainte. On ne peut pas contraindre par la force un
homme à exécuter un travail déterminé. Il peut exister

(1) « Thon » Der Rechtsbegriff (Zeitschrift für Privat und öffentli-
che Recht der Gegenwart, herausgegeben von Grunhut, 1880, VII, 13
Neft 2, s. 245 2.
(2) « Kuhnart » Jhering's Dülinition des Rechts (Beiträge zur
Erläuterung der deutschen Rechts, herausgegeben von Ras son und
Rüntzel 1880. 2-4) s. 155. Es scheint aber auch als diedrage wohl auf,
geworfen werden darf ob überhaupt die Erfüljung irgend ei ner
Reichtpsflicht und insbeswondere die Leistungsabsicht erzwingbarist.

des cas, et il y en a en réalité où l'homme consentira plutôt à subir la peine capitale que d'accomplir un acte contraire à sa conscience ou même à son intérêt.

Dans toute cette discussion en parlant de la contrainte, nous entendions la contrainte physique : c'est à elle que se rapportent tous nos arguments. On peu certainement comprendre la contrainte d'une autre manière. Ainsi Jhering, en considérant la contrainte comme l'attribut essentiel du droit, vise non seulement la contrainte physique, mais aussi la contrainte morale. Pourquoi en effet ne pas donner à la contrainte ce sens large ? Mais s'il en est ainsi, l'idée de la contrainte elle-même s'élargit au point de rendre la discussion inutile. Si la contrainte est considérée aussi bien au point de vue physique qu'au point de vue moral, elle accompagne certainement tout phénomène juridique. Mais ainsi comprise, elle sert de sanction non seulement aux normes juridiques mais aussi aux principes moraux, aux dogmes religieux et même aux lois de la logique et de l'esthétique. La violation consciente du devoir moral est inséparable des idées de repentir, de crainte, de mépris. Le péché évoque l'idée de la colère et du châtiment de Dieu, la violation de lois de la logique entraîne l'erreur et l'incertitude dans les résultats obtenus ; la violation de la loi du beau est-elle même sanctionnée par le malaise que nous fait éprouver un spectacle laid. Toutes ces idées provoquent la même contrainte morale que la menace d'une amende ou d'une punition. Dans ce cas, bien entendu, le degré, la force de la contrainte sont très variables. Mais la contrainte appliquée aux buts juridiques est loin d'être toujours la plus rigoureuse. La crainte de la colère de Dieu ou celle de l'infamie peut être incomparablement plus grande que celle qui se réduit à un sacrifice pécuniaire ou à quelques jours de prison. Donc la contrainte morale ne peut pas être envisagée comme l'attribut essentiel du droit. Elle fait partie de tout ce qui a quelque rapport avec la conscience humaine. Par conséquent, en disant que le droit s'appuie sur la contrainte morale, nous entendons par là que les ordres contenus dans les normes juridiques s'adressent à la conscience humaine, et rien de plus.

Ainsi on ne peut pas voir dans la contrainte le caractère essentiel et distinctif du droit. Sans doute, et nous l'admettons volontiers, la contrainte, et surtout la contrainte morale, a joué dans le droit un rôle important. Sa valeur dépend de ce que le développement de l'ordre juridique a toujours pour conséquence la prohibition de toute violence, de toute voie de fait. Si peu développée que soit la société au point de vue juridique, la contrainte est toujours considérée comme une arme de l'autorité sociale. De nos jours, les organes de l'autorité ne doivent user de la contrainte que pour faire observer les exigences légales. Par suite, l'ordre normal des choses dans les sociétés modernes est tel que la contrainte est mise exclusivement au service du droit ; c'est uniquement dans ce sens qu'on ne peut dire qu'elle constitue l'attribut distinctif du droit. Cela ne veut pas certainement dire qu'elle en forme le caractère général ou la base indispensable. Nous disons seulement qu'avec le progrès de la vie sociale, le droit tend à se mettre au dessus de la force et à n'en user qu'autant qu'elle est un moyen utile pour faire observer les prescriptions légales. Il est très important que les pouvoirs publics aient pour ainsi dire monopolisé la contrainte entre leurs mains. La contrainte ne sert pas seulement à garantir la paix sociale ; elle consolide les droits qu'elle peut réaliser et qui s'y prêtent pas leur nature ; par la même, elle renforce tous les autres droits. La réalisation d'un droit par la contrainte impressionne nécessairement les esprits.

Khorkounov   8

Dans l'esprit de la majorité des hommes, qui ne savent
pas fixer les limites de l'application possible de la contrainte, la notion du droit s'associe involontairement
à l'idée de sa réalisation coercitive.

Lorsqu'on se fait du droit une idée rudimentaire,
exempte de l'analyse critique, on est toujours persuadé
qu'il est possible de faire respecter par la force toutes les
lois sans exception. Cette idée simple peut avoir sa valeur
au point de vue social, mais elle n'en a aucune dans la
science puisque, comme nous l'avons vu, elle ne peut
pas résister à une analyse rigoureuse.

§ 13

Le droit au point de vue formel et utilitaire.

Comme nous avons eu l'occasion de le dire notre conception du droit « normes délimitant des intérêts » se
heurte à deux opinions opposées. Les partisans de la tendance formelle nous objecteront que sans doute la fonction du droit consiste dans la délimitation ; mais ce qu'elle
délimite, ce ne sont pas les intérêts, mais la volonté des
individus. Les partisans de la tendance utilitaire estime-
ront au contraire que le droit n'est pas la délimitation,
mais la protection des intérêts. Voyons quel est le sens
de chacune de ces tendances et essayons de prouver que
ces différentes formules sont entachées d'exclusivisme
qui ne permet pas d'accepter les définitions qu'elles contiennent.

La théorie formelle du droit est la plus ancienne.
Elle a pris naissance à la même époque que l'école du
droit naturel, caractérisée par son individualisme et sa
théorie mécanique de la société. Elle reçut son dévelop-

pement le plus complet au xviiiᵉ siècle dans les doctrines de Thomasius, de Kant et de Fichte. Ces auteurs ont entièrement séparé le droit de la morale et lui ont donné un caractère rigoureusement formel. On voyait dans le droit l'ordre extérieur des rapports humains ; sa fonction était d'attribuer à chaque individu une sphère inviolable où il puisse affirmer librement sa volonté. Mais on ne cherchait pas à savoir en quoi consiste la volonté et les intérêts qui la font agir.

L'influence prédominante de la théorie formelle pendant le siècle précédent et au commencement de celui-ci a eu une double cause, historique et théorique. La théorie formelle, qui voulait que le droit eût pour tâche unique d'attribuer à chacun une certaine sphère pour manifester librement sa volonté et qui ne se préoccupait de l'usage que l'individu serait tenté de faire de sa liberté, était une réaction contre le développement excessif de la tutelle gouvernementale. L'administration de cette époque se croyait obligée de se mêler de tous les détails de l'activité individuelle. La législation prétendait imposer à chacun sa résidence, son costume, elle lui dictait ses actes. Ce développement excessif de la tutelle de l'Etat détruisait absolument l'initiative individuelle, cet agent du progrès social. L'Etat légiférait même sur les questions de conscience, prescrivait des croyances religieuses et persécutait ceux qui s'écartaient d'une orthodoxie rigoureuse. Dans ces conditions, il fallait commencer par apporter des limites à l'intervention de l'Etat dans les sphères individuelles, par donner à l'individu lui-même une sphère d'activité autonome. Telle était la base historique de la théorie formelle du droit. Sa base théorique reposait sur la notion historique de la société humaine, notion qui était dominante à cette époque.

Quand on considère la société comme un aggrégat

simple et mécanique, composé d'un certain nombre d'individus, quand on ne voit pas dans les individus un produit de la vie sociale, mais quand la société elle-même apparaît comme le résultat d'un contrat social, quand, en un mot, on accepte la théorie mécanique de la société, l'unique agent de la vie sociale ne peut être alors que l'individu et sa volonté consciente. L'ordre social consiste d'après cette théorie dans la délimitation de différentes sphères assignées à l'activité des individus composant la société. La sphère ainsi attribuée à chaque individu et dans laquelle sa volonté est toute puissante est considérée comme constituant son droit dans le sens subjectif. Les normes qui président à la délimitation des volontés individuelles constituent le droit objectif.

D'ailleurs, une fois formulée, la notion formelle du droit a été admise même par des auteurs qui ont abandonné la théorie mécanique de la société. Ainsi, Hegel qui pense que l'intérêt de l'individu doit être subordonné à l'ordre social dont le but est la réalisation de la morale, comprend néanmoins le droit d'une manière purement formelle. La théorie de la volonté reçoit même chez lui un développement particulier. Chez Kant la volonté individuelle est limitée par la raison ; chez Hegel, par la volonté elle-même, mais par la volonté objective, générale qui est exprimée dans l'ordre de l'Etat. Ainsi, la notion du droit pour Hegel se ramène entièrement à celle de la volonté ; le droit pour lui est une délimitation de la volonté particulière, subjective par la volonté générale, objective.

Les doctrines de Kant et celle de Hegel ont exercé une très grande influence sur la littérature juridique de la première moitié de ce siècle. Il n'est donc pas étonnant que la théorie formelle qui considère le droit comme la délimitation de la volonté ait conservé jusqu'à présent toute son importance. On la retrouve très souvent dans les définitions courantes des manuels (1). Mais, les conditions historiques ayant changé et la doctrine organique ayant pris la place de la théorie mécanique de la société, elle a été quelque peu abandonnée. L'intervention de l'Etat dans les sphères individuelles est actuellement limitée dans tous les pays, et, dans certains, elle l'est même trop ; la liberté individuelle est presque universellement reconnue. Aux anciennes préoccupations qui ont donné naissance à la théorie formelle du droit, en ont succédé de nouvelles s'inspirant d'autres tendances. L'homme, délivré de la tutelle d'Etat, n'a pas paru aussi libre qu'on l'attendait. Lorsque l'intervention de l'Etat fut supprimée, on s'aperçut alors pour la première fois dans quelle dépendance les individus se trouvent vis-à-vis de la société, dans quelle mesure les deshérités sont surbordonnés aux riches. Mais l'Etat, en tant que représentant de l'idée morale, ne peut pas admettre que les intérêts les plus élevés, par exemple, la santé, le travail, soient soumis aux intérêts moins respectables uniquement parce que ces derniers ont la force pour eux. On fait alors appel de nouveau à son intervention qui est nécessaire pour que la liberté des plus faibles soit protégée contre celle des plus forts. Il devient ainsi indispensable d'élargir la sphère de la législation ; le droit ne doit pas se contenter de délimiter des sphères pour la manifestation des volontés individuelles : il est obligé de prendre en considération les différents intérêts qui constituent « la matière » même de ces sphères. Toutes ces questions, posées par la vie elle-même, ont eu pour conséquence une nouvelle manière de comprendre le droit. La première école qui s'opposa

---

(1) Windscheid. Pandekten, I, 437, définit le droit comme « ein von Rechtsordnung verliehene Wollendurfen ». Kuntz, Wendepunkt der Jurisprudentz s. 82, comme « Organisirte Wille ».

au formalisme des anciennes théories juridiques, fut
l'école organique représentée par Krause, Ahrens et
Röder.

Ayant rejeté la théorie mécanique de la société, cette
école n'a pas pu naturellement continuer à comprendre
le droit comme un ensemble de normes délimitant les
volontés individuelles. La notion du droit qu'elle a dégagée est bien plus large. D'après elle, le droit est l'ensemble des conditions nécessaires au développement
harmonieux de l'individu. Mais elle aussi définit le droit
subjectif comme une volonté limitée par une norme
juridique (1). Le premier auteur qui a écarté complètement de la définition du droit le rôle de la volonté est
Ihering, dans le troisième volume de son *Esprit du
droit romain*. Pour lui, le droit subjectif n'est pas une
volonté qui peut être limitée. Il remplace la volonté
par les intérêts. L'œuvre sociale du droit est la « protection des intérêts » et non la délimitation des volontés (2).

La conception de Ihering de la fonction sociale du droit
offre sans doute des avantages incontestables sur les
théories qui définissent le droit comme « la délimitation
des volontés ». Dans les anciennes théories, la science
juridique gardait un caractère strictement formel ; elle
ne prenait pas en considération la « matière » de l'activité humaine, les aspirations, les besoins, les nécessités qui la guident, mais seulement ses formes extérieures. Ainsi comprise, la jurisprudence est incapable
d'expliquer la valeur sociale des institutions juridiques,

---

(1) Das Recht ist aber auch ein subjectiver Princip und drückt als
solches die Beziehung des « Willens » oder der Freiheit zu der
objectiven Rechtsnorm, aus « Ahrens », Encyclopädie, 51.
(2) Geist, III, § 60, Rechte sind rechtliche geschützte Interessen
Recht ist die rechtliche Sicherheit des Genusses.

les conditions qui les ont créées et les buts à la réalisation desquels elles conduisent.

Au contraire, un juriste qui considère le droit comme la protection juridique des intérêts est amené involontairement à une étude plus approfondie des institutions existantes. En examinant les intérêts qui dirigent l'activité humaine et qui sont protégés par le droit auquel ils donnent naissance, il lui est possible de dépasser les bornes d'une simple étude des formes de la protection juridique. Il explique la raison de cette protection, son influence sur la marche et le développement de la vie sociale, sa contribution au progrès, les entraves qu'elle y apporte. Il est mieux à même de comprendre la succession historique des formes juridiques s'il observe et note les changements de caractère et de tendance dans les intérêts qu'elles protègent. Pour ce qui est des formes en vigueur et de celles qui sont nouvellement établies, il peut en montrer d'une manière plus précise et en même temps plus satisfaisante les germes, le point de départ.

En étudiant le lien qui existe entre les intérêts qui changent et les formes qui se renouvellent, en montrant leur influence réciproque, il peut suivre une évolution qui s'accomplit dans toutes ces phases.

Ces notions si différentes du droit ont nécessairement exercé et exercent chacune à son tour leur influence sur le législateur. La première l'éloigne de la vie, l'autre l'en rapproche. La volonté envisagée indépendamment de sa manifestation matérielle paraît la même chez tous le monde, comme une des formes générales de la vie. D'où l'idée que le droit est indépendant des conditions de temps et de lieu et qu'il est possible de s'appuyer, en promulguant une loi, sur des considérations absolument abstraites. Au contraire, les intérêts varient à l'infini avec les personnes, avec le temps et

le lieu (1). Le législateur qui prend en considération la
« matière » du droit est obligé de s'appliquer à l'étude
des mœurs de la société à laquelle les lois sont destinées. Avec cette dernière conception du droit il est
impossible de dicter des lois sans avoir étudié préalablement les intérêts de la société. Les conditions de la
vie sociale auxquelles le législateur a affaire sont les
conditions concrètes, celles du milieu local et non des
conditions universelles et abstraites. Enfin, suivant l'idée
qu'on se fait du droit on assigne au législateur une fonction plus ou moins large ou complexe. Si l'on protège la
volonté sans se préoccuper de l'usage que les sujets de
droit voudront en faire, on ne peut naturellement fixer
que des conditions très générales dans lesquelles son
intervention protectrice se produira. Mais ces conditions
générales sont ordinairement négatives ; elles se bornent à protéger l'individu contre une violation directe
de son droit. Au contraire, si le législateur se propose
de protéger les intérêts, les conditions de la protection
ont en vue les particularités de chaque intérêt et peuvent avoir par suite un caractère positif.

La comparaison de ces deux théories opposées fait
pencher nos préférences du côté de la théorie de Ihering.
Mais on peut invoquer d'autres arguments pour démontrer que la théorie qui assigne au droit l'unique fonction
qui consiste à délimiter les volontés, n'est pas conforme

---

(1) « Stein » lui-même malgré le caractère essentiellement historique de ses théories est amené par sa manière de comprendre le droit
qu'il a empruntée à Hegel à affirmer que das Recht « seinem » Princip « nachauch » ganz gleichgültig gegen seinem Inhalt ist.. es ist
nicht erst da durch das werdende Leben, sondern durch den einfa-
chen Begriff desselben (Gegenwart, 94). Et bien plus, il dit : « Das
Recht an sich hat gar heine Geschichte » sondern das was wir die Geschichte desselben zu nennen pflegen ist die Geschichte des Lebens in
denjenigen Punkten, in welchen desselbe zu Rechtsbegriffen wird
(page 100).

aux phénomènes réels de la vie juridique, et que parmi ces phénomènes il y en a plusieurs qu'elle laisse sans explication.

Dans les différentes législations en vigueur on peut trouver des institutions qui ne protègent pas la volonté d'une manière absolue, qui ne la protègent que si elle est appliquée à la réalisation d'un intérêt qu'on juge digne d'une protection juridique. On peut citer comme l'exemple le plus général ce fait qui est connu de tout le monde : la justice ne protège pas tous les contrats, mais seulement ceux qui touchent à un intérêt d'une certaine importance. Aucun tribunal ne consentira à forcer à remplir sa promesse quelqu'un qui se sera engagé à danser la première valse avec un autre, car on pense que l'intérêt résultant de ce contrat n'est pas assez important pour que la protection juridique lui soit appliquée. En dehors des intérêts qui ne sont pas essentiels, ceux qui sont contraires à la morale ne sont pas non plus protégés ; la loi refuse d'accorder sa protection aux contrats qui concernent ces intérêts. Ainsi, les contrats qui ont pour objet la prostitution ne sont sanctionnés par aucun tribunal.

On peut encore prouver l'inconsistance de la vieille théorie en démontrant que des personnes qui n'ont pas de volonté se trouvent néanmoins investies de certains droits. Par exemple, la loi protège les intérêts du foetus qui est encore dans le ventre de sa mère, ceux des idiots, des fous, des enfants.

Enfin, la protection des intérêts s'exerce quelquefois à l'insu de la volonté de l'individu et même malgré elle. Nous trouvons des exemples de cette protection dans l'institution de la tutelle pour les mineurs, les prodigues, dans l'instruction obligatoire, dans la vaccination obligatoire.

Par conséquent, si l'on fait de la volonté la matière du droit, il est impossible d'expliquer toutes les institutions

puisqu'il existe des droits dont le but n'est pas précisément la protection d'une volonté déterminée. Au contraire, on ne peut pas citer un droit qui ne protège
pas quelque intérêt et qui ait néanmoins une valeur
pratique. Sans doute, nombre d'institutions juridiques
trouvent une explication rationnelle et suffisante même
avec la théorie qui ne voit dans le droit qu'une délimitation des volontés ; cela n'empêche pas de définir le droit
comme la protection des intérêts, car le fait qu'une
sphère déterminée est garantie à l'individu pour manifester librement sa volonté, constitue aussi un intérêt ;
par suite, en définissant le droit comme la protection
des intérêts on se place à un point de vue bien plus
général. Cette définition embrasse la précédente qui ne
vise qu'un cas particulier de la protection des intérêts.

Il faut ajouter aussi qu'en comprenant le droit comme
« délimitation des volontés » on se montre nécessairement partisan de la conception individualiste. La volonté
est toujours individuelle ; chacun a sa volonté, et c'est
pourquoi en admettant cette théorie on est amené à opposer l'individu et ses droits à la société. Cependant l'ordre
juridique réel présente un nombre considérable de droits
qu'il est impossible de rapporter à un individu déterminé.
La théorie basée sur la volonté ne peut expliquer ces
phénomènes de la vie juridique qu'en faisant appel au
secours de la théorie des personnes dites juridiques
auxquelles on accorde des droits analogues à ceux dont
se trouvent investis les individus. Mais la personne juridique est une fiction en vertu de laquelle tel ou tel groupe
de personnes ou même un bien déterminé est considéré
comme une personne distincte et, de même qu'un individu se trouve muni d'un certain nombre de droits et
d'obligations. On peut citer dans cet ordre d'idées l'Etat,
les sociétés en commandite, les différentes corporations,
les sociétés de bienfaisance, etc., etc. En tant que pro-

cédé de construction juridique cette fiction est absolument légitime ; elle simplifie l'explication des effets juridiques de certains actes. Mais cette fiction perd toute valeur, lorsqu'on veut s'en servir pour expliquer philosophiquement l'existence de certains droits qui ne se rapportent pas à un individu ; dans ce cas, les fictions ne doivent pas être employées. Or, en remplaçant la volonté par l'intérêt, il nous est possible d'expliquer de nombreux phénomènes juridiques sans avoir recours à des fictions. La volonté est un attribut de la personnalité humaine ; au contraire, les intérêts de l'homme sont très peu déterminés par son organisation individuelle. La plupart des intérêts sont des produits des conditions sociales et ont par là même un caractère social. Les intérêts de l'homme ne peuvent pas, comme sa volonté, être opposés à la société. La plupart des intérêts sont communs à tous les hommes, d'autres sont au moins communs à des groupes distincts de personnes, et il n'y en a qu'un très petit nombre qui aient un caractère rigoureusement individuel. Ainsi, en comprenant le droit comme la protection juridique des intérêts on est amené à remplacer la théorie individualiste par la théorie sociale. Le droit n'est pas considéré comme quelque chose que l'individu oppose à la société, mais comme quelque chose que la société crée et qu'elle donne à l'individu. Et, en effet, la théorie de Ihering et de ses partisans se présente à nous sous cet aspect comme la théorie sociale du droit.

Néanmoins, malgré la valeur de la conception de Ihering, on ne peut l'accepter qu'en lui faisant subir des modifications considérables.

On ne peut pas accepter son point de vue que le droit est « une protection des intérêts ». Si l'on s'en tient à cette définition du droit, on est forcé de reconnaître que si, dans une société, un seul intérêt était protégé à l'ex-

clusion de tous les autres, cet intérêt protégé serait néanmoins un droit et que, par suite, les rapports que
l'homme qui le possède aurait avec ses semblables
seraient des rapports juridiques ; tels seraient, par
exemple, les rapports d'un despote avec un peuple
opprimé, ceux d'un père avec les membres de la famille
qui ne jouissent pas de leurs droits, ceux des citoyens
d'un pays avec les étrangers, à l'époque où on ne reconnaissait à ce derniers aucun droit, ceux d'un maître
avec un esclave. Mais tout cela contredit cette vérité
qu'on ne peut exercer un droit que dans nos rapports
avec des personnes qui sont aussi sujets de droit, que
les rapports juridiques sont seulement possibles entre
les personnes qui jouissent de leurs droits. On peut avoir
un droit « sur » un esclave, mais non « envers » un esclave.
Car l'intérêt protégé par le droit, qui consiste à disposer à son gré de la vie d'un esclave, est restreint, limité
dans sa réalisation, non par les intérêts de l'esclave qu'on
ne prend pas en considération, qu'on ne protège pas, mais
par ceux d'autres personnes qui peuvent jouir de leurs
droits, par ceux du véritable propriétaire de l'esclave,
par exemple, qui m'a donné le droit de me servir de son
bien ; ce sont les intérêts de cet homme qui sont, comme
les miens, protégés par le droit. Au contraire, on ne
peut pas avoir de droit « sur » les personnes qui peuvent jouir de leurs droits. Ainsi, quand vous passez un
contrat de louage avec un domestique, on a un droit
« envers » la personne qu'on prend à son service et non
pas « sur » elle ; on n'a droit qu'à son travail.

Le professeur Mouromtzew a cru éviter cette difficulté
en ajoutant, dans sa définition du droit, que le droit est
une protection donnée par la société à un individu, ayant
seulement pour but de le garantir contre les obstacles
venant de la part des autres membres de la société. Il
considère le droit comme une forme particulière de l'in-

fluence de la société sur les rapports humains. Les rapports des hommes se compliquent en général sous l'influence du milieu dans lequel ils s'accomplissent, c'est-à-dire de la société où vivent les hommes. La société est naturellement disposée à venir en aide aux hommes lorsqu'ils veulent établir des rapports entre eux. Cette protection sociale s'effectue suivant deux procédés : 1° Elle peut s'exercer en vue d'écarter les obstacles apposés par des hommes qui n'appartiennent pas à la société locale. C'est ce que Mouromtzew appelle la première modalité de la protection. 2° La société protège les rapports qu'un certain nombre de ses membres ont entre eux contre des attaques tentées par des hommes qui font également partie de son organisation. C'est la seconde modalité de la protection. Elle se présente sous deux formes, elle est organisée ou non organisée. La protection organisée se distingue de l'autre en ce qu'elle se produit suivant une procédure déterminée d'avance et, habituellement, par des organes spécialement désignés pour accomplir cette tâche. Cette seconde protection déterminée d'avance est le droit d'après la définition du professeur Mouromtzew. En conséquence, le droit n'est pas pour lui tout acte de protection, mais seulement la protection organisée et dirigée contre les dangers qui viennent de la société elle-même. La rectification apportée par Mouromtzew à la formule de Ihering n'offre aucun avantage. Elle arrive nécessairement à la négation du droit international où les sujets de droit en présence sont justement des membres des sociétés différentes. En outre, Mouromtzew pour être logique avec lui-même, est forcé de nier la valeur de certaines parties du droit international dont le caractère juridique est incontestable. En effet, en s'en tenant à sa théorie on peut encore attribuer un caractère juridique à la protection des intérêts effectuée à l'aide de mesures collectives et avec le conseulement de la communauté internationale, parce que dans l'hypothèse on se trouve en présence d'une protection accordée par la communauté internationale à l'un de ses membres, mais il est impossible dans cette théorie d'affirmer le caractère juridique d'une protection dirigée contre la réimpression à l'étranger d'un livre sans l'autorisation de l'auteur de l'ouvrage. Dans ce cas et dans d'autres analogues, la protection ayant pour objet un fait se produisant sur un territoire qui ne tombe pas sous l'action du groupement local ne saurait être considérée comme une protection juridique d'après la définition de M. Mouromtzew. Trop étroite dans l'hypothèse, la définition analysée se trouve être trop large dans d'autres cas. Elle tend en effet à attribuer le caractère juridique à la protection que vise le fait d'un individu faisant partie du groupement local, mais ne jouissant d'aucun droit et dont les intérêts ne sont pas garantis par la loi. Seraient juridiques, par exemple, les rapports du maître avec l'esclave dépouillé de tout droit, et en général, nos rapports avec les individus mis hors la loi.

Toutes ces conséquences résultant de la formule que nous combattons sont écartées si l'on accepte la définition que nous proposons. La fonction du droit consiste d'après nous non dans la protection mais dans la délimitation des intérêts. Par là même, les rapports juridiques ne peuvent exister qu'entre des hommes qui peuvent jouir de leurs droits, et dont les intérêts sont placés sous la protection de la loi. Là où l'intérêt protégé existe seulement d'un côté il ne peut pas y avoir lieu à une délimitation des intérêts ; dans ce cas, l'intérêt protégé absorbe complètement celui qui ne l'est pas.

Il faut remarquer que la définition utilitariste pour laquelle la fonction du droit consiste dans la protection des intérêts conduit dans ses conséquences logiques au développement excessif de l'intervention de l'Etat. La

« protection » des intérêts suppose naturellement le choix du meilleur moyen pour sa réalisation. Il en résulte que si la tâche du droit et de protéger les intérêts, il doit obliger les citoyens à adopter dans la réalisation de leurs intérêts les moyens qui sont considérés comme les meilleurs et, par suite il peut étouffer complètement l'initiative personnelle, cet agent indispensable du développement social. La délimitation des intérêts, au contraire, écarte seulement les chocs des intérêts, sans se mêler du choix des meilleurs moyens de les réaliser. Dans la mesure où la réalisation d'un intérêt donné n'empêche pas celle des autres, elle n'est déterminée que par les exigences d'opportunité et de morale, sans être réglementée par les normes juridiques. Ainsi, le droit si l'on lui assigne comme fonction la délimitation des intérêts reste entre les deux extrêmes, entre l'indifférence que lui dicte la conception formelle du droit et la suppression absolue de toute indépendance individuelle qui paraît être la conséquence logique de la notion utilitaire du droit.

CHAPITRE III

§ 14

Caractères généraux

La matière des normes juridiques est extrêmement variable suivant les temps et les lieux. Les mêmes intérêts sont très différemment délimités par le droit des divers états et des diverses époques historiques. De cette constatation il semble résulter que la matière des normes juridiques dépend complètement du libre arbitre des hommes, que le droit est l'œuvre voulue et réfléchie de l'humanité. Mais, à côté des éléments variables et passagers du droit, on peut en relever des éléments imposés par la nécessité objective. Quoique les jugements des hommes varient au cours de l'évolution historique de la société, nous constatons néanmoins qu'il est impossible de modifier arbitrairement les conceptions de droit et de non-droit qui se sont formées en nous d'une manière ou d'une autre. De même, dans l'histoire de presque toutes les législations, on peut trouver des cas où les tentatives d'un législateur, destinées à donner aux emprunts faits à une législation étrangère ou aux principes théoriques la force du droit en vigueur, sont restées vaines. La volonté du législateur rencontrait une opposition dans

Khorkounov   9

les conditions de la vie sociale, et la loi promulguée
demeurait lettre morte et n'était pas appliquée.

On est donc forcé de constater dans le droit, à côté
de sa variété et de sa diversité, des éléments imposés par
la nécessité objective. Du reste, la présence de ces éléments a été remarquée même par les premiers savants
qui ont tenté une explication scientifique des phénomènes
juridiques. Il leur a fallu déterminer les éléments de droit
qui paraissaient échapper à l'action des hommes. Comme
on n'avait pas encore au xviiie siècle une notion bien juste
de l'évolution historique régulière, obéissant à certaines
lois, on s'est trouvé dans l'alternative de considérer le
droit ou comme une institution des hommes, absolument
arbitraire, échappant à toute nécessité ou comme quelque chose d'immédiatement fourni par la nature et, par
la même, d'immuable, d'indépendant de la volonté des
hommes. Le premier de ces points de vue est superficiel, contraire au caractère nécessaire du droit; il ne
pouvait satisfaire même des esprits qui n'étaient pas préparés à approfondir le problème de l'origine du droit.
Le second point de vue aboutit à la théorie du droit
naturel, immuable, éternel et universel, découlant nécessairement de la nature de l'homme, indépendamment
de toute manifestation de volonté de sa part.

Cette hypothèse est bien séduisante. Elle assimile les
normes juridiques aux lois de la nature ; au lieu de soumettre l'homme aux ordres arbitraires de ses semblables,
elle le soumet aux ordres immuables de la nature. Au
droit artificiel et conventionnel, elle oppose le droit naturel, le droit nécessaire. Mais cette hypothèse trouve dans
le fait de la variété et de la diversité du droit une objection irréfutable. S'il existe un droit naturel, éternel,
immuable, comment un droit positif qui est imparfait et
périssable peut-il trouver une place à côté de lui? Malgré cela, étant donné la manière dont la question était

posée, étant donné que l'on pensait qu'il était inévitable
de choisir entre la création arbitraire et la nécessité
naturelle du droit, l'hyposhèse du droit naturel devait
sembler l'unique explication possible du caractère de
nécessité et de généralité qui est propre au droit.

Malgré la manifestation certaine des éléments variables du droit, qui semble contredire son caractère
nécessaire, tout esprit réfléchi était forcé de reconnaître dans le droit une nécessité objective et non une pure
création de l'esprit humain. Seuls, les juristes praticiens
pouvaient être portés à nier l'hypothèse du droit naturel
qui paraissait s'imposer aussitôt qu'on examinait la question au point de vue philosophique. Pendant plusieurs
siècles, cette hypothèse régnait sans partage et fut presque unanimement acceptée pour l'explication scientifique du droit. Apparue pour la première fois en Grèce,
chez Socrate, elle a été fortement développée par les
juristes romains. Ils considéraient le droit naturel comme
un élément commun et indispensable de tout droit, en
opposition avec les particularités variables des diverses
législations nationales. Dans la philosophie du moyen
âge, conformément aux tendances religieuses de cette
époque, le droit naturel était identifié aux lois divines,
éternelles et immuables auxquelles on opposait les lois
humaines, variables. Aux XVII° et XVIII° siècles, sous l'influence du rationalisme qui dominait alors, la théorie
du droit naturel écarte de nouveau tout fondement religieux, et le droit naturel est considéré comme un système abstrait du droit qui découle, avec une nécessité
logique, de la nature raisonnable de l'homme et qui
existe à côté du droit positif.

Ce n'est que l'école historique, représentée par Hugo
et Savigny, qui a réfuté pour la première fois, d'une
manière philosophique, l'hypothèse du droit naturel.
Ce ne fut pas là un effet du hasard, mais le résultat

logique de la tendance de cette école qui appliqua à
l'explication du droit la conception historique. L' « étude
historique » du droit existait auparavant ; mais la « conception historique » apparut seulement avec l'école historique. Au xvi⁰ siècle, l'école des juristes français
ayant comme chef Cujas (Jacques Cujas 1552-1580)
étudiait l'histoire du droit romain ; mais ces travaux
n'étaient que des recherches historiques. On cherchait
à reconstituer l'ancienne vie juridique romaine, et rien
de plus ; il n'était pas question du processus du développement historique. Il ne pouvait en être autrement,
car l'idée de l'évolution historique n'avait pas encore
été formulée. Elle n'apparut qu'au xviii⁰ siècle, grâce aux
travaux de Vico, Montesquieu, Herder. L'école historique a une grande valeur, surtout parce qu'elle a appliqué
à l'étude du droit la nouvelle conception d'une évolution
historique régulière. Cette conception l'a entraînée à nier
l'hypothèse du droit naturel. Le caractère régulier et,
par suite, nécessaire du développement historique du
droit étant déterminé, cette hypothèse n'était plus indispensable. Sans doute, le droit est en partie nécessaire
et indépendant de la volonté de l'homme, mais on peut
trouver à ce phénomène une meilleure explication dans
la régularité du développement du droit. Cette explication a l'avantage de concorder en même temps avec
l'idée de la variété et de la variabilité des institutions
juridiques. Les doctrines de l'école historique ont eu facilement raison de la théorie du droit naturel. Ni Hugo, ni
Savigny ne croient devoir s'arrêter longtemps à la réfutation de cette doctrine. Ces auteurs ont tout simplement
opposé à cette théorie l'idée de l'évolution historique.
Cette théorie, mise en avant, enleva à l'ancienne théorie
son fondement principal, c'est-à-dire qu'on n'était plus
dans l'alternative d'opter entre elle et le caractère arbitraire du droit. L'école historique a montré qu'il était

possible de résoudre la question en écartant cette alternative. Le droit ne nous est pas fourni directement par la nature, mais il n'est pas non plus une création arbitraire des hommes. Le droit d'après la doctrine de l'école historique est un produit de la vie sociale qui suit dans son évolution une marche régulière et qui par là même est nécessaire. Il est créé non par le libre arbitre des individus, mais par la marche indispensable de l'histoire humaine. N'étant ni arbitraire, ni naturel, le droit est une nécessité historique.

D'ailleurs, l'école historique n'a pas donné à l'idée du développement historique régulier une formule aussi générale. Elle a vu dans le droit un produit, non de l'histoire humaine, mais de celle de chaque peuple séparé. Le droit, pour elle, est exclusivement national et doit être défini comme un produit de la conscience, de l'esprit du peuple, dont les qualités déterminent le contenu de chaque système juridique national. En même temps, l'esprit populaire lui-même n'est pas considéré comme se formant, se développant et se changeant graduellement. Au contraire, on croyait que chaque peuple, à son apparition sur l'arène de l'histoire, a déjà son génie populaire définitivement établi et contenant en soi toute la vie historique du peuple (Volksgeist). En d'autres termes, cette école comprenait le développement historique comme un développement organique et non comme un développement progressif, non comme une évolution. Elle ne voulait pas dire par là que le développement du droit est la création de quelque facteur nouveau, mais seulement qu'il est la reproduction de ce qui, dès l'origine, était déjà en germe dans l'esprit du peuple. Cette doctrine n'explique pas comment se forme l'esprit du peuple lui-même, qui contient en soi les particularités de chaque système juridique national, elle ne détermine pas les rapports qui existent entre ce qui est national et ce qui est universel. Or, c'est précisément dans le développement du droit qu'on remarque des caractères communs, malgré la complexité des systèmes juridiques nationaux. Le développement du droit chez les peuples les plus différents présente toujours une certaine uniformité.

Donner une formule aussi étroite à l'évolution historique du droit, c'était expliquer le droit d'une manière incomplète. La théorie du droit naturel réapparut, mais cette fois-ci, sous une forme nouvelle. Hegel et ses partisans ont commencé à opposer le droit naturel non au droit arbitraire (jus voluntarium), mais au droit historique et national. A ce point de vue, le droit naturel apparaît comme la base générale et immuable sur laquelle les systèmes historiques du droit prennent naissance et se développent régulièrement. En changeant un peu la manière de poser la question, l'école organique voit dans le droit naturel un idéal général, immuable dont la réalisation successive détermine le sens du développement historique du droit. D'autre part, il faut admettre d'après cette école que si les lois du développement du droit sont invariables et identiques pour toutes les sociétés humaines, les résultats de ce développement doivent offrir nécessairement des caractères communs. Cette ressemblance dans le résultat de l'évolution historique des systèmes nationaux doit être d'ailleurs envisagée comme la conséquence de l'analogie ou de l'uniformité des lois qui président à la formation et à l'évolution de chaque droit. Les théories du droit naturel les plus récentes vont plus loin et prétendent que ce droit se présente non seulement comme fondement général du développement historique du droit, mais aussi comme son but idéal, antérieur à toute histoire. Elles n'admettent pas que ce fondement général qui constitue la matière du

droit naturel soit créé par l'histoire comme les éléments
particuliers et concrets du droit. D'après ces théories, le
droit naturel nous est donné indépendamment de la
conscience humaine, indépendamment de notre volonté
ou de notre activité, qu'il préexiste avant tout dévoloppe-
ment historique dont la possibilité dépend de son existence. Par conséquent, ces théories n'ont pas que le
nom de théories du droit naturel ; elles affirment réellement l'existence, dans le droit naturel, d'un élément
préhistorique qui n'a pas surgi dans le cours de l'évolution historique et qui, dans ce sens, est éternel. L'apparition de ces théories après la doctrine de l'école historique s'explique, comme nous l'avons déjà dit, par ce
fait que l'école historique comprenait l'idée du développement historique d'une manière trop étroite ; elle le
définissait comme un développement organique d'un
type déterminé d'avance et non comme un développement progressif, créateur ; le rapport des différents sys-
têmes de droit avec les principes universels du droit
restait ainsi sans aucune explication. Les partisans de
Hegel et l'école organique croyaient l'expliquer en disant
que les formes historiques du droit ne sont que les
manifestations particulières d'un principe unique et
éternel du droit, et c'est ainsi qu'ils allaient revenir à
l'ancienne théorie du droit naturel. Néanmoins, il n'est
pas difficile de montrer que l'idée de l'évolution régulière, débarrassée de la formule trop étroite que lui donne
la doctrine de l'école historique, exprimée sous la forme
plus générale du développement progressif, et non seulement organique, explique avec une clarté suffisante
l'existence dans le droit des éléments nécessaires et des
éléments généraux.

La régularité nécessaire des phénomènes a pour conséquence que des conditions identiques donnent toujours naissance à des conséquences identiques. Les con-

ditions de l'existence et du développement des diverses sociétés humaines à des époques différentes, si variées qu'elles soient dans leurs éléments particuliers, sont malgré tout identiques dans leurs éléments généraux. Toujours et partout, elles sont les conditions de la vie humaine sur la terre. Les acteurs et la scène, dans le développement historique de l'humanité, sont toujours les mêmes ; entre les hommes, il y a beaucoup plus de ressemblances que de différences. La surface de la terre, bien que ses diverses parties soient très variées, reste toujours un tout. C'est pourquoi, la vie humaine, dans quelque endroit qu'elle se développe, présente partout les mêmes caractères, généraux et principaux, en dépit de la diversité de ses caractères particuliers. Le droit humain, quelle que soit la complexité de son contenu, possède inévitablement en lui-même des caractères généraux Mais cela ne prouve pas qu'il existe, en dehors du processus historique, un principe général, immuable qui détermine la marche du développement du droit. La généralité n'est que le résultat de l'action des conditions générales, — et rien de plus.

Nous ne pouvons pas nous borner à ces remarques générales. Etant donné l'importance considérable de l'hypothèse du droit naturel et son influence profonde sur la législation et sur la science du droit, il est nécessaire d'examiner plus en détail les diverses phases de son développement.

§ 15.

Le droit naturel chez les juristes romains.

« Voigt » M Die Lehre von jus naturale, acquum et bonum und jus gentium der Römer. 1856, B. I. S. 267-336. « Leist » Die realen Grundlagen und die Stoffe des Rechts 1877. « Bogoliepof » Valeur

du droit civil international, 1876 p.26. « Mouromtzew ». Esquisse
de la théorie générale du droit civil, 1877, p. 241.

Suivant la doctrine des juristes romains, le droit
naturel est une partie du droit positif. D'après eux, le
droit positif de chaque peuple se compose de deux éléments essentiellement distincts. Quelques normes sont
établies par la volonté des hommes et peuvent être changées à leur gré ; les autres sont immuables, existent nécessairement, partout et toujours, car elles dépendent
de la nature elle-même. Le droit naturel se distingue
du droit positif en ce qu'il est nécessaire, immuable, indépendant de la volonté humaine. Mais ils reconnaissaient qu'il agit en même temps que le droit positif et de
la même manière que ce dernier. Ils faisaient rentrer
le droit naturel dans la sphère des phénomènes concrets ;
ils attribuaient à son action une valeur réelle comme à
celle du droit positif.

Sous cette forme, l'hypothèse du droit naturel est
plus susceptible d'être soumise à une vérification critique ; il suffit de vérifier s'il est exact que les normes
juridiques considérées comme naturelles sont toujours
et partout des éléments nécessaires de tout droit positif.
S'il est constaté que toutes ces normes juridiques, en
apparence naturelles, dépendent des conditions de temps
et de lieu, et qu'elles ne sont pas des éléments nécessaires de tout droit positif, l'hypothèse du droit naturel,
telle que l'ont exposée les juristes romains, devra être
rejetée.

Les juristes romains donnent dans leurs œuvres beaucoup de raisons tendant à prouver que les normes juridiques ne dépendent pas de la volonté de l'homme, mais
qu'elles sont créées par la nature elle-même. Ils leur
attribuent comme fondement soit la nature de l'homme,

soit celle des choses qui sont les objets de ses droits,
soit celle des rapports juridiques eux-mêmes.

Ainsi, se basant sur la nature de l'homme, ils disent
qu'il est nécessaire d'admettre que les mineurs ne peuvent pas s'engager par des obligations valables et que
l'organisation de la tutelle est indispensable. Comme,
d'après sa nature, l'homme reste toujours le même qu'il
soit esclave ou libre, la loi de Pompéus qui punit le
meurtre des parents et des patrons et qui, dans son sens
strict, ne vise que les hommes libres, doit être appliquée
aussi dans le cas des esclaves. D'après sa nature, l'homme
ne doit pas être assimilé à un fruit ; d'où cette conséquence que l'enfant d'une esclave, né au moment où sa
mère était temporellement dans la puissance d'un homme
qui n'en avait que l'ususfructus doit, malgré la règle
générale, revenir avec sa mère chez son maître au lieu
d'accroître le patrimoine de l'usufruitier.(Ulpianus: Vetus
fuit quæstio an partus ad fructuarium pertinet, sed Bruti
sententia obtinuit, fructuarium in eo loco non habere;
ne que enim in fructu hominis homo esse potest, hoc
ratione nec usumfructum in eo fructuarius habebit). D'a-
près sa nature, l'homme peut s'instruire indéfinimemt ;
donc si, dans un testament on parle d'esclaves qui ont
appris l'art de la coiffure, il faut entendre par là même
celles qui n'apprenaient ce métier que depuis deux
mois (Martianus. Ornatricibus legatis, Celsus scripsit,
eos quæ duos tantum menses apud magistrum fuerint, le-
gato non cedere ; alii et has cedere ; ne necesse sit, nulam
cedere, quum omnes ad huc discere possint et omne
artificium incrementum recipiat. Quod magis obtinere
debet, quia humanae naturae congruum est.)

Les juristes romains déduisaient l'autre catégorie de
normes juridiques de la nature des choses. « Peut-être,
quelqu'un demandera-t-il, dit le juriste Paul, pourquoi
par argent, on entend aussi les choses qui sont faites

en argent, tandis que, si on dit marbre, on ne comprend pas autre chose que la substance brute? » Cette règle repose sur la proposition suivante : tout ce qui, d'après sa nature, peut être plusieurs fois transformé en sa masse primitive, vaincu par cette puissance de la matière, ne se soustrait jamais à son action (Illud fortasse quaeriturus sit aliquis, cur argenti appellatione etiam factum argentum comprehendatur, quum si marmor legatum esset, nihil praeter rudem materiam demonstratum videri posset. Cujus haec ratio traditur, quippe ea, quae talis naturae sint, ut saepius in sua redigi possint initia, ea materiae potentia victa, nunquam vires ejus effugiant). Tout le monde, d'après le droit naturel, peut se servir de la mer, de l'eau qui coule, de l'air (Martianus. Et quidem naturali jure omnium communia sunt illa : aer, aqua profluens et mare) Gaius pense que la raison naturelle exige qu'un mur contigu soit la propriété commune des voisins. Lorsque certaines choses, d'après leur nature, se consomment par leur usage même, on ne doit pas en faire des objets d'usage, d'usufruit (Rebus exceptis his qui ipso usu consummuntur : nam eae neque naturali ratione neque civili recipiunt usumfructum).

Enfin, la nature des rapports eux-mêmes peut être aussi considérée comme une source des institutions juridiques. L'école sabinienne, partant de cette notion que le droit de propriété est le droit le plus absolu, pouvant subir la moindre atteinte arbitraire, disait que, d'après la raison naturelle, dans le cas de la spécification, le droit de propriété sur une chose devrait rester toujours au propriétaire de la chose. Il est contraire à la nature qu'un homme puisse posséder le même objet qu'un autre. (Paul. *Contra naturam est, ut, cum ego aliquid teneam tu quoque id tenere videaris... non magis enim eadem possessio apud duos esse potest, quam ut stare videaris in loco eo, in quo ego sto, vel in quo ego*

sedeo tu sedere videaris). Au contraire, conformément
à la nature, les rapports cessent de la même manière
qu'ils se sont créés. (Ulpien. *Nihil tam naturale est,
quam eo genere quidquam dissolvere quo colligatum est*).
Si la prestation stipulée par un contrat est impossible,
la convention elle-même devient impossible. C'est une
solution imposée par le droit naturel. (*Si id quo dari
stipulemur, tale sit, ut dari non possit, palam est naturali
ratione inutilem esse stipulationem*).

Les exemples que nous venons de citer sont très différents entre eux.

1° Parmi eux, plusieurs n'ont aucun rapport avec la
« nature », et ne sont que les conséquences des données
et des notions établies historiquement. Ainsi, l'explication que donne Paul de la différence entre les expressions : « l'argent » et « le marbre », repose entièrement
sur la manière dont les Romains comprenaient ces mots ;
à présent, le sens qu'ils leur donnaient n'aurait aucune
valeur, puisque les sculpteurs appellent marbre non
seulement le bloc de marbre, mais encore les objets
sculptés en cette matière, de même qu'ils appellent bronze
une œuvre en bronze, toiles — les tableaux peints sur
ces toiles. De même, la règle, d'après laquelle les choses
qui se consomment par leur usage ne peuvent pas être
des objets d'usufruit ou de commodatum, est une conséquence logique, nécessaire de certaines notions juridiques exclusivement romaines, notions absolument con-
ventionnelles. Dans la langue russe, il n'existe même pas
d'expressions correspondantes (1).

2° Un autre groupe d'exemples est constitué par des
cas où le terme naturel est pris dans le sens de moral.

(1) Commodatum : on traduit ordinairement, le prêt ; mais, en réalité, dans la langue de notre législation, le prêt et l'emprunt ne signi-
fient pas des rapports différents, mais des côtés différents d'un même
rapport ; l'un emprunte, l'autre prête.

Tel est celui, par exemple, où on reconnaît qu'il est contraire à la nature de l'homme de l'assimiler à un fruit. Mais, s'il est contraire à la nature de l'homme de le considérer comme le fruit d'une chose, il est tout aussi contraire à sa nature de le considérer comme une chose. Et malgré cela, dans le droit romain lui-même, les esclaves étaient comptés comme des choses.

Enfin, 3°. Au nombre des exemples cités, certains, en effet, ont quelque rapport avec les conditions objectives de la nature, mais cela ne veut pas dire qu'ils contiennent des normes juridiques établies par la nature. A cet ordre d'idées se rapportent tous les cas où l'on considère comme une norme juridique une limite posée par les conditions de la possibilité physique. Ainsi, il est impossible de prendre en sa possession exclusive l'air ; cet élément n'est donc pas un objet de propriété. Cela signifie seulement que nos actions sont limitées par les lois de la nature, que nous ne pouvons pas faire ce qui est impossible physiquement. Or, cette limite imposée par la nature physique de la matière, n'est pas une norme juridique ; elle ne détermine pas une obligation juridique, mais seulement une impossibilité réelle. Au même ordre d'idées se rapportent également les nombreux exemples dans lesquels on considère comme normes juridiques naturelles celles qui sont établies par la volonté des hommes, mais seulement « à propos » ou « en vue » de telle ou telle distinction naturelle entre les hommes et les choses. Ce sont précisément ces normes juridiques dont on fait le plus souvent des normes du droit naturel. En réalité, ce qu'il y a de naturel ici, ce sont les distinctions entre les qualités des hommes et celles des choses, distinctions qui créent la variété des intérêts humains et dont découle la nécessité d'employer des moyens particuliers pour leur délimitation. Ces normes sont établies non par la nature, mais par les hommes, et, par suite, elles n'existent pas partout et toujours.

Telle est, par exemple, la distinction juridique établie entre les hommes d'après leur âge. Les distinctions dont il s'agit ici sont certainement naturelles et existent indépendamment de la volonté du législateur. Mais le fait de leur attribuer une valeur juridique n'est pas général et naturellement nécessaire ; c'est, au contraire, un fait dégagé par l'histoire, existant en un lieu, à une époque donnée et n'existant pas dans d'autres conditions. Ainsi, par exemple, en Russie et en France, les enfants au-dessous de dix ans ne peuvent pas être à la rigueur déclarés responsables pénalement faute de discernement ; mais, en Russie, il existe une loi formelle d'après laquelle aucune poursuite criminelle ne peut être intentée contre les enfants qui ne sont pas âgés de dix ans, tandis qu'en France une loi semblable n'existe pas. Aussi s'est-il présenté dans ce pays des cas où on a intenté un procès criminel à des enfants de trois ou cinq ans. Cela prouve que si la distinction d'après l'âge est réellement une distinction naturelle, elle n'a pas pourtant à elle seule une valeur juridique. Cette valeur ne peut lui être donnée que par une loi et cette loi peut très bien ne pas exister.

Il en est de même de la distinction juridique entre les meubles et les immeubles. En tant que fait naturel, cette distinction existe toujours ; mais une valeur juridique ne peut lui être attribuée que par les conditions historiques qui sont très variables. Dans le droit moderne et surtout dans celui du Moyen-Âge, elle a une très grande valeur juridique car c'est d'elle que découlent de nombreuses conséquences au point de vue des moyens d'acquisition et des moyens de protection accordés par la loi et surtout en matière successorale. Mais dans l'ancien droit romain, par exemple, elle n'avait presque aucune valeur. Lorsqu'on distinguait *res mancipi* et *nec mancipi*, la distinction entre le mobilier et l'immeuble n'était pas prise en considération.

En résumé, on ne peut pas voir dans ces exemples des normes nécessaires, naturelles. Elles sont toutes des normes variables, établies historiquement par le droit positif.

§ 16
Les nouvelles théories du droit naturel.

« Lasson ». System der Rechtsphilosophie. 1882, « Stahl », Die philosophie des Rechts, 4 Aufl. 1870. B. I.

L'école du droit naturel qui apparut au XVIIe siècle considérait le droit naturel non comme une partie intégrante du droit positif, mais comme un droit immuable, indépendant, existant à côté de lui. Nous ne pouvons pas, pour apprécier cette notion, employer le procédé qui nous a servi à réfuter la doctrine romaine sur le droit naturel. Si on oppose le droit naturel au droit positif, il n'est plus nécessaire de démontrer dans ce dernier l'existence de quelques éléments du droit naturel. Par suite, l'absence complète, dans le droit positif, de principes absolus et immuables ne peut plus nous servir d'argument contre l'exactitude de la doctrine que nous exposons. Le droit positif peut être variable et hétérogène ; au-dessus de lui s'élève toujours le droit éternel de la nature. Pour réfuter cette théorie, nous ne devons pas non plus insister sur l'excessive divergence des principes fondamentaux du droit naturel. Il est impossible d'affirmer que, si le droit naturel existait réellement, il n'y aurait aucun doute sur la nature de son principe souverain. Le mouvement des corps célestes est déterminé par une loi immuable ;

mais combien d'opinions différentes cette question n'a-t-elle pas fait naître avant que l'humanité ait réussi à comprendre cette loi ?

Dans la réfutation des doctrines du droit naturel, on doit employer d'autres moyens, il faut s'appuyer sur d'autres bases. Cette doctrine est avant tout une hypothèse, et, en même temps, une hypothèse qui est fondée sur l'existence supposée d'un facteur dont la réalité ne se prête pas à une démonstration empirique. De semblables hypothèses existent dans les sciences naturelles; telle est, par exemple, celle de l'éther. Mais ces hypothèses, quoiqu'elles ne puissent pas être vérifiées directement par la méthode expérimentale, ne doivent pas néanmoins contredire les données de l'expérience et amener à des conséquences qui ne s'accordent pas avec les résultats de l'observation immédiate. Ce n'est qu'à cette condition qu'une hypothèse peut avoir un caractère scientifique. C'est pourquoi, si la nouvelle doctrine du droit naturel conduit inévitablement à la négation du droit positif, dont l'existence est un fait indubitable, elle devra être considérée comme fausse. Il n'est pas difficile de montrer que cette doctrine, en tant que système particulier de normes absolues, conduit en effet à cette conclusion.

Les théories du xvii⁰ et du xviiⁱᵉ siècle voient dans le droit naturel un système complet de normes juridiques. Tous les rapports des hommes, sans exception, peuvent être réglementés par les principes du droit naturel. Mais comment est-il possible qu'il existe encore à côté de lui un droit positif ? Comment celui-ci a-t-il pu naître, s'il y avait depuis longtemps un système de normes juridiques naturelles qui suffit à lui seul ? Le droit naturel est un ensemble de règles, dictées par la raison et conformes à la nature ; il contient en soi les principes absolus, immuables de la justice. Par suite, toute institution du

droit positif, qui contredit le droit naturel, viole nécessairement les principes éternels et absolus du droit et
de la justice. Pourquoi alors appelons-nous, malgré cela,
droit ces lois qui contredisent le droit et la justice ? Si,
dans le droit naturel, nous avons une mesure absolue de
ce qui est droit et de ce qui ne l'est pas, comment peut-
on faire rentrer sous la notion du droit toutes les institutions du droit positif ?

Les premiers auteurs de l'école du droit naturel
s'efforcent, à vrai dire, de concilier le fait de l'existence
du droit positif avec la supposition de celle du droit naturel, mais ils n'atteignent cette conciliation qu'en se
contredisant eux-mêmes. D'après les doctrines de Hugo,
Grotius et des représentants de la tendance rationaliste
dans l'école du droit naturel (Puffendorf, Thomasius,
Leibnitz, Wolf), le droit naturel est inné chez l'homme
et c'est sur lui que se fonde le droit positif lui-même.
Ainsi pour eux l'observation obligatoire des contrats est
une des règles prescrites par le droit naturel. Par suite,
si les hommes conviennent de constituer un pouvoir
politique en vue de consolider l'ordre dans la société et
si à cet effet il lui confie le droit de faire les lois, ces lois
sont obligatoires pour tout le monde. Mais ces contrats,
ces lois peuvent ils contredire les prescriptions du droit
naturel ou, au contraire, n'ont-ils de force qu'autant
qu'ils sont conformes aux principes de ce droit ? Si l'on
admet que le droit positif, pour être obligatoire, ne doit
pas contredire le droit naturel, le fait de l'extrême diversité qu'il crée est inexplicable. Si nous examinons
simultanément plusieurs institutions contradictoires du
droit positif, une seule d'entre elles peut être conforme
au droit naturel ; toutes les autres le contredisent nécessairement. Mais, si l'on admet que les institutions du
droit positif, basées sur un contrat, sont obligatoires,
même si elles contredisent les principes du droit natu-

rel, cela ne s'accorde pas avec le caractère rigoureusement obligatoire de ce dernier droit. Le droit naturel est
éternel et immuable ; non seulement les hommes, mais
Dieu lui-même, comme l'affirme Hugo Grotius, sont incapables de le modifier. Comment les hommes peuvent-
ils alors remplacer ses lois par d'autres qui sont en contradiction avec lui. Rousseau, infiniment plus logique,
fait découler l'inaliénabilité des droits naturels, de la
liberté du caractère inné et absolu du droit naturel. Mais
Rousseau en revanche arrive ainsi à nier le caractère
obligatoire du droit positif, c'est-à-dire à contester un
fait indubitable pour justifier l'hypothèse qu'il admet.

Les représentants de la tendance empirique (Hobbes,
Locke, Hume) ont tenté une autre explication. Ils n'admettent pas que le droit naturel soit inné ; il existe un
droit naturel, mais il n'y a pas de droit inné. Nous
devons apprendre le droit naturel par l'expérience. La
variété et la diversité des systèmes du droit positif tiennent à l'imperfection de la science humaine. Si le droit
naturel était parfaitement connu, il aurait déterminé à lui
seul les rapports mutuels des hommes. Mais encore une
fois, si le droit naturel est le seul droit conforme à la
nature, alors le droit positif lui est contraire. Comment
peut-il exister ? Est-ce que ce qui est contraire à la nature
est possible ? Les représentants de la tendance empirique
ne peuvent pas affirmer une telle proposition, d'autant
plus qu'ils n'admettent pas le dualisme, qu'ils n'opposent
pas l'esprit à la matière, qu'ils soumettent les phénomènes psychiques à la loi de causalité. Si notre vie psychique est soumise à la loi de causalité, il ne peut avoir rien
en elle de contraire à la nature, il ne peut pas exister
des normes qui ne soient pas conformes à la nature.
Par conséquent, les normes variables du droit positif
sont aussi conformes à la nature, et, dans ce sens, elles
sont naturelles ; on ne peut pas leur opposer le fameux

droit « naturel » comme le seul droit qui s'accorde avec la nature.

Au xix° siècle, à la place de la doctrine de l'école du droit naturel, apparaît une théorie qui comprend le droit naturel comme une idée éternelle se manifestant dans le développement historique du droit positif. Telle est l'opinion de Hegel et de son école. Mais cette nouvelle manière de comprendre le droit naturel amène en réalité à la négation du droit naturel lui-même. En effet, l'idée qui sert de base au développement historique ne peut être un droit pratiquement applicable et capable de réglementer les rapports des hommes. Cette idée détermine le « développement du droit » mais non « les droits des hommes ». En comprenant ainsi le droit naturel, on n'admet pas la coexistence de deux droits, positif et naturel. Hegel reconnaît seulement le droit positif, mais il voit en lui une manifestation de l'idée absolue du droit. La préexistance de l'idée absolue de droit avant le développement historique du droit lui-même ne s'accorde pas avec les faits historiques. Si le développement historique du droit avait eu lieu de cette façon, on devrait remarquer dans le droit, dans toutes les phases de ce développement, des caractères communs, identiques ; or, on ne peut constater ces caractères qu'en comparant les stades correspondants du développement. C'est ce qui prouve que les caractères communs, dans le droit ne précèdent pas son développement historique, mais sont, au contraire, les produits de l'histoire.

§ 17

Critique générale de l'idée du droit naturel.

Nous avons examiné les principales formes qu'a revêtues l'hypothèse du droit naturel dans son développe-

ment successif et nous avons fait la critique de chacune
d'elles. Mais le droit naturel ne donne pas seulement
naissance à des hypothèses scientifiques. Ce n'est pas
une théorie scientifique sans rapport avec la vie réelle
et pratique. Au contraire, l'idée du droit naturel a joué,
dans la vie pratique, un rôle peut-être plus considérable que dans la théorie scientifique du droit. Pour beaucoup de personnes, le droit naturel n'est pas seulement
une supposition, mais une croyance ferme. L'existence
de ce droit leur paraît un axiome évident et nécessaire.
Comment alors expliquer l'origine de cette idée du droit
naturel et l'influence qu'elle a acquise ?

L'apparition de l'idée du droit naturel s'explique par
le fait suivant. Nos conceptions ne sont pas créées seulement par la généralisation des notions que nous donne
l'expérience, mais encore par une opposition avec les
données fournies par l'expérience. Nous ne pouvons
observer immédiatement que ce qui est conditionnel,
limité, temporel et, en tout cas, seulement ce qui existe ;
mais, à l'aide d'une simple opposition à ces données
immédiates, il se forme en nous des notions d'absolu,
d'illimité, d'éternel et même nous concevons par ce procédé l'idée de la non-existence. Ainsi, en observant dans
la réalité le droit variable, complexe et conditionnel,
nous nous formons en nous-même, par une antithèse de
ce genre, la notion du droit immuable, unique et absolu,
c'est-à-dire la notion du droit absolu.

Ainsi s'explique l'apparition de la conception du droit
naturel. Mais comment naît la conviction que le droit
qui correspond à cette conception existe réellement ?

Si nous rencontrons souvent cette certitude, la cause
en est dans les erreurs d'*à priori* auxquelles est sujet
l'esprit humain (1). « L'humanité, dit Mill, a toujours été

(1) « Mill. » Système de logique II, p. 283-313. Livre V. Chap.
III. Les erreurs du premier point de vue ou les erreurs d'à priori.

encline à conclure que, là où il y a un terme, un nom, il doit y avoir aussi une existence qui lui correspond, séparée et distincte. L'esprit humain, construisant, avec les éléments qui lui sont fournis par les notions des choses uniques, des conceptions complexes, est porté à croire qu'une réalité extérieure, illusoire, correspond à ces conceptions. » Cette tendance à attribuer une réalité à toutes les conceptions que nous possédons, nous ne la constatons pas seulement dans les jugements ordinaires des hommes. Elle a servi de base aux systèmes philosophiques. Cette erreur était à la base de la doctrine *platonique* sur les idées, à la base du réalisme du moyen-âge, doctrine qui commence avec Scott. C'est sur cette erreur que reposait encore le rationalisme *antikantien* ou le rationalisme dogmatique. L'époque où le rationalisme dogmatique avait une influence prépondérante était précisément celle du plus grand développement de l'hypothèse du droit naturel.

Ainsi, la notion du droit naturel naît d'une simple opposition au droit variable que nous observons dans la réalité, et la tendance de notre esprit à attribuer à toutes nos notions une réalité extérieure nous amène à la croyance erronée de l'existence réelle du droit naturel. Il reste à expliquer comment certains principes du droit positif qui sont en réalité variables ont pu être considérés comme des principes immuables du droit naturel. Ici encore le jugement fut faussé par une erreur *a priori*, mais d'un genre un peu différent.

En général, les hommes sont enclins à considérer l'habituel et le simple comme le nécessaire et le naturel.

La plupart du temps, le tout à fait simple nous semble nécessaire. Ainsi, Lactance croyait trouver un argument contre la doctrine du globe terrestre dans l'impossibilité où il était d'imaginer des antipodes, où on doit avoir, selon son expression « les pieds plus haut que la tête ».

A présent, personne ne se trouve embarassé pour imaginer les antipodes. Lactance en était embarassé parce que son esprit n'était pas habitué à cette conception. Aristote considère le mouvement descendant (1) comme le mouvement le plus habituel et le plus naturel, et le mouvement ascendant comme un mouvement artificiel, s'opérant par force, et, par suite, il croyait que le premier se fait avec une vitesse croissante et le second avec une vitesse décroissante. La mécanique moderne n'attribue pas, cependant, à chacun de ces mouvements des caractères différents et ne dit pas quel'un est plus naturel que l'autre. Nous sommes tous aussi étonnés en remarquant que les juristes romains affirment dans les Pandectes que l'adultère n'est blâmable qu'au point de vue des règles de la nature, mais que la violation du caractère obligatoire de la tutelle est condamnable en vertu de la coutume (Ulpien), que les poisons qui ne peuvent pas être employés comme remèdes ne peuvent pas être par leur nature des objets de commerce (Gaius).

L'influence de l'habitude est insuffisante pour expliquer à elle seule tous les cas où les règles juridiques nous paraissent naturelles, car on considère aussi comme naturels des principes qui ne sont pas les plus fréquemment appliqués dans le droit et qui n'ont pas une valeur juridique générale. Ainsi, pour les juristes romains il était naturel qu'un rapport juridique prît fin par le procédé par lequel il était établi. Cette corrélation entre la naissance et l'extinction d'une norme juridique n'eut pas, dans le droit romain, la valeur d'une règle générale. De nos jours, l'égalité est proclamée comme une règle de la justice naturelle. Pourtant, ce n'est que dans la vie moderne qu'elle fait disparaître

_____

(1) Pour les liquides et les solides, mais pour le feu et pour l'air on considérait comme naturel le mouvement ascendant.

l'inégalité qui régnait avant elle. De même, plusieurs représentants de l'école du droit naturel ont fait de la liberté illimitée la base de ce droit ; or, cette liberté ne trouve nulle part une réalisation effective. Pour expliquer l'origine de ce genre de doctrines, il faut encore prendre en considération notre tendance à préférer en tout le simple au complexe. Ce que notre esprit saisit le plus facilement grâce à sa simplicité, nous sommes enclins à le considérer comme ce qu'il y a de plus régulier, de plus vrai, ou même comme quelquechose dont la valeur est indiscutable. Ainsi, pendant très longtemps on a cru que les orbites des corps célestes devaient être des cercles, parce que le cercle représente la ligne la plus parfaite. De même, on reconnaissait comme un axiome le fait que la nature agit toujours par les moyens les plus simples. Les mêmes raisons expliquent l'opinion si répandue qui prête un caractère naturel aux formes et aux principes juridiques les plus simples.

Toutes les explications que nous avons présentées sur l'origine de la croyance au caractère naturel de tel ou tel principe juridique, malgré leur différence apparente, ont une base commune et se ramènent à une seule, les erreurs dites d'*à priori*. En d'autres termes, la croyance au droit naturel doit son origine à l'erreur logique qui consiste à reconnaître à tort comme évidente et nécessaire une institution qui n'est pas telle en réalité.

Mais comment se fait-il que cette erreur ait joué un rôle aussi considérable dans l'histoire de l'humanité, qu'elle ait été dans le passé un facteur du progrès ? Pour comprendre ce phénomène il faut se rappeler que l'idée de progrès est une idée récente, qu'elle ne date que du siècle précédent. Jusqu'alors, on plaçait l'âge d'or non dans l'avenir, mais dans le passé. On croyait que tout changement contribuait à éloigner de plus en plus les hommes du passé heureux, que tout changement entraîne avec

lui un accroissement du mal. Un homme d'Etat prudent
ne pouvait avoir qu'une seule ambition, c'était de maintenir la société dans l'état du statu quo. Il ne pouvait être
question d'aucune amélioration. L'âge d'or était passé
sans retour ; il s'agissait de ne pas s'en éloigner trop. A
l'époque où cette conception générale triomphait, les
idées nouvelles, les principes nouveaux ne pouvaient
avoir aucun succès. Le nouveau, grâce à sa nouveauté
même, paraissait dangereux ; pour être admis, il devait
avoir l'apparence de l'ancien. Mais qu'est-ce qui pouvait
se présenter avec le cachet vénérable de l'antiquité, du
passé très lointain, si ce n'est la seule nature qui existait
déjà lorsque les plus anciennes de nos coutumes étaient
en train de se constituer ?

Le droit naturel est le plus ancien, appartient au passé
le plus lointain. Il est apparu avec le premier homme,
il a précédé tout autre droit. Il suffisait donc de présenter une idée nouvelle comme principe du droit naturel,
et elle acquérait par là même toute l'autorité de l'ancienneté qu'elle gardait même auprès des monuments du
droit le plus archaïque. C'est ainsi que les juristes
romains préconisaient la doctrine morale des stoïciens,
la proposant comme la manifestation du droit naturel,
enseigné aux hommes par la nature. De même au xviii° siècle les nouveaux principes de liberté sont opposés au
droit du moyen-âge, dont la force était épuisée, comme
des principes du droit naturel, éternel et immuable.

CHAPITRE IV

§ 18

Les théories de la formation arbitraire du droit.

« Mouromtzev ». La formation du droit d'après la science juridique
allemande 1886.

Si l'hypothèse du droit naturel doit être rejetée, si le
droit dans son entier doit être considéré comme un produit du développement historique, la question de l'origine du droit acquiert une valeur particulière. En
admettant l'existence du droit naturel, on croit par là
même que l'idée de droit est innée en l'homme. Par
suite, les hommes, en créant les institutions variables
du droit positif, partent d'une notion de droit toute faite
en même temps qu'ils la trouvent toute prête dans l'esprit de leurs semblables. Mais, si nous n'admettons pas
l'existence du droit naturel, nous devons reconnaître
qu'il a existé une époque où, dans la conscience
humaine, il n'y avait pas de notion de droit. Comment
alors a-t-elle pu apparaître ? Comment s'est formée cette
idée de droit, comment a-t-elle pu prendre naissance ?
Il paraît assez difficile de résoudre cette question.
Dans la littérature juridique, il n'y pas eu jusqu'à pré-.

sent une seule explication admissible de la genèse du droit.

Avant l'école historique, le droit était présenté comme une institution créée de toutes pièces par les hommes. On le considérait comme quelquechose que les hommes avaient créé pour leur commodité. A première vue, cette explication peut paraître des plus simples. Mais si on examine la question plus attentivement, il n'est pas difficile de remarquer qu'elle n'a aucune valeur.

Cette explication peut avoir, et elle a eu en effet deux formes différentes. On peut rattacher l'origine du droit ou à l'ordre de l'Etat ou au contrat.

La doctrine qui voit l'origine du droit dans l'ordre du gouvernement est basée sur ce fait que les lois édictées par les pouvoirs de l'Etat constituent la principale forme du droit dans la vie moderne. On conclut de là qu'il en a toujours été ainsi, que le droit doit son origine à l'autorité gouvernementale. On ajoute à cela des considérations psychologiques. On prétend que la force, le pouvoir inspirent aux hommes une crainte instinctive et que ces derniers sont toujours enclins à attribuer un caractère éminemment obligatoire à ce qu'ordonne l'Etat. Il y a certainement une part de vérité dans cette affirmation. La crainte de l'autorité, son prestige jouent incontestablement un grand rôle dans la formation du droit. Mais le commandement de l'autorité ne suffit pas pour expliquer l'origine du droit. Les égards qu'on a pour l'autorité engagent les hommes à l'obéissance, mais l'obéissance n'est pas le droit. L'obéissance peut prendre des formes différentes, et celle qui dépend du sentiment de droit présuppose qu'on reconnaît au gouvernant le droit d'établir des normes juridiques. Autrement, cette obéissance n'aurait pas un caractère juridique. On obéirait par crainte, aveuglement, instinctivement, inconsciemment. En outre, le droit était primitivement considéré comme quelque chose de nécessaire, d'indépendant de la volonté humaine. On attribuait à l'autorité une investiture divine, et, en général, on donnait au droit une origine céleste. Aussi, le contenu des normes juridiques ne dépendait-il pas du libre-arbitre des hommes. Les hommes devaient trouver la matière de ces normes toute prête, fixée en dehors de tout acte de leur volonté et de leur conscience. Mais par qui était fournie cette matière ? Évidemment, la théorie qui explique l'origine du droit par l'ordre de l'État ne peut pas donner une réponse satisfaisante à cette question. L'autorité dans l'hypothèse que nous discutons, ayant existé seulement dans l'imagination des hommes, ne peut pas être la source réelle des normes juridiques. Mais, même dans les cas où la volonté gouvernante serait la volonté réelle des hommes, il se pose une nouvelle question. Comment se fait-il que les autres hommes reconnaissent-ils à ces personnes le droit d'instituer des normes obligatoires pour toute la société ? L'établissement des premières normes obligatoires doit être précédé de la reconnaissance d'un certain droit au profit du gouvernement. De plus, jamais, même dans un état despotique, nous ne voyons que l'arbitraire soit élevé à la hauteur d'un principe. Le despote même est réputé agir conformément aux exigences de la justice ; ses actions peuvent être considérées comme injustes. S'il en est ainsi, il ne faut pas chercher la base de la distinction du juste et de l'injuste dans l'unique volonté du despote. Une autre opinion, inspiré elle aussi de la théorie d'aprèslaquelle le droit doit son origine à la volonté consciente et créatrice des hommes, se rattache à la théorie du contrat. On affirme que le droit a été primitivement établi par une convention intervenue entre tous les membres de la société. Ici nous remarquons encore que de l'état des

choses actuel on conclut aux conditions de la formation
primitive du droit. Dans notre société actuelle, les normes qui règlementent les rapports mutuels des hommes
sont créées souvent par des contrats. Mais pour qu'une
semblable création des normes juridiques soit possible,
il faut supposer que l'on admet le caractère obligatoire
du contrat. Or ce n'est pas là un axiome dont l'évidence s'impose. La force obligatoire des contrats est,
au contraire, un principe juridique élaboré historiquement et qui fut assez rarement considéré comme une
régle générale. Dans le droit moderne, le caractère
obligatoire des contrats est reconnu d'une manière générale, mais non sans exception. Les conventions qui touchent les intérêts minimes ou les conventions immorales n'ont pas de valeur obligatoire. Dans l'ancien droit
romain, la convention par elle-même *nudum pactum*
était dénuée de toute portée juridique. Ce n'était pas alors,
le contrat qui obligeait, mais la forme particulière qu'il
revêtait. Sans elle le contrat n'avait aucune force. Ainsi,
le caractère obligatoire des contrats est un principe élaboré historiquement. C'est pourquoi si on essaye d'expliquer l'origine du droit par le contrat, on tombe dans
un cercle vicieux. Les normes juridiques sont créées par
un contrat et le caractère obligatoire des contrats est aussi
une norme juridique établie seulement dans le cours
de l'histoire. Mais cette norme est-elle fondée aussi sur
le contrat? Une réponse affirmative nous amènerait à une
absurdité et la réponse négative montre qu'il est impossible d'expliquer l'origine du droit par un contrat car
nous constatons l'existence d'une norme juridique qui,
tout en ayant une valeur capitale, ne repose pas sur une
base conventionnelle.

Il est tout aussi impossible d'expliquer par un contrat
l'origine du droit que celle de notre langage. Quand la
langue existe, on peut, par convention, introduire des

mots nouveaux dans l'usage ; on a créé ainsi, par exemple, des termes techniques nouveaux. Mais il n'est pas possible d'expliquer de cette manière l'origine même de la langue, car si la langue n'existait pas, on ne pourrait pas arriver à s'entendre. Donc, l'institution des normes juridiques par contrat présuppose l'existence du droit, comme une base nécessaire sur laquelle seule pouvait reposer la force du contrat.

§ 19

La doctrine de l'école historique.

« Laboulaye ». Essai sur la vie et les doctrines de F. C. de Savigny, 1842. — « Lentz ». — Ueber geschichtliche Entstehung des Rechts, 1854.

La question de l'origine du droit fut traitée d'une manière plus détaillée et plus scientifique par l'école historique. Avant cette école, c'est sur la recherche des principes rationnels du droit que portait tout l'effort des savants. L'école historique plaça la question de l'origine du droit sur un terrain différent. Elle plaçait au premier plan le droit positif; elle pensait qu'il est impossible de faire découler la théorie du droit de l'effort spéculatif de la raison humaine et proposait de tourner l'effort scientifique vers l'étude de la réalité historique. Par suite, elle devait avant tout poser la question de savoir non « ce que » doit être le droit, mais « comment » il prend naissance.

En effet, le fondateur de l'école historique Gustave Hugo (1768-1844) formule déjà la question dans ces termes. Sa *Philosophie du droit politique* (Hugo. *Lehrbuch des Naturrechts als einer Philosophie des positiven Rechts z. Ausg.* 1809) se divise en deux parties : dans la première il étudie l'homme en l'envisageant à la fois comme animal, comme un être raisonnable et comme un membre de l'Etat; dans la seconde, il expose les principes du droit civil et du droit public. Dans cette seconde partie il commence par examiner la question de savoir comment se forme le droit. Il conteste l'opinion, générale à cette époque, d'après laquelle la loi doit être considérée comme l'unique source du droit. Ce paragraphe 130, bien que très court, contient les germes de la doctrine de l'école historique. Hugo constate que le droit se forme aussi en dehors de l'autorité législative, que dans tous les Etats, surtout à Rome et en Angleterre, nous trouvons des parties du droit se développant indépendamment de cette autorité. Tels sont, par exemple, le droit coutumier et le droit prétorien. Hugo est revenu avec plus de détails sur cette théorie dans sa critique du livre de Schlosser publiée dans *Göttinger gelehrte Anzeigen* de 1789 et dans un article intitulé : « Les lois sont-elles les sources uniques des règles juridiques » qu'il publia dans *Civilstiches Magasin* de 1814. Le droit positif d'un peuple, dit-il, est une partie de sa langue. On peut dire de même de toute science : une science n'est qu'un langage bien fait. Les mathématiques même ne font pas exception à la règle ; en effet, nous n'appelons pas *à priori* angle tout ce qui rentre sous ce terme, la numération n'est pas fondée *à priori* sur le système décimal, le cercle n'est pas divisé *à priori* en 360°, etc. C'est encore plus vrai dans les sciences où la signification des mots varie, et, par suite, dans tout ce qui se rapporte aux mœurs, dans tout ce qui est positif, par conséquent, dans le droit. Le contrat romain, par exemple, n'avait pas du tout le sens qu'il a à présent.

Comment se forme notre langage ? Auparavant, on croyait que Dieu lui-même l'avait inventé, puis enseigné aux hommes. Ainsi, la langue aurait été instituée par une loi. D'autres auteurs, au contraire, pensaient que la langue avait été créée par les hommes qui, par une entente mutuelle, fixèrent la dénomination de chaque chose. A présent, de semblables explications ne rencontrent plus aucun crédit. Chacun sait que notre langage se forme de lui-même et que l'exemple de ceux qui parlent bien ou qui sont considérés comme tels a une grande influence sur notre développement. Il en est de même pour les mœurs. Aucun administrateur, aucune réunion d'hommes n'ont jamais décidé que l'on témoignerait son respect pour quelqu'un en se découvrant devant lui, comme en Europe, ou en se couvrant la tête, comme en Asie.

Enfin, il en est de même pour le droit. Le droit, comme la langue et les mœurs, se développe de lui-même, sans l'aide de conventions ou de prescriptions, selon que les circonstances se présentent d'une manière particulière, selon que nos semblables agissent de telle ou telle façon, selon que les règles ainsi établies sont celles qui s'appliquent le mieux aux cas donnés.

Ainsi, le droit positif peut se former indépendamment de l'intervention du législateur. Mais, quand le gouvernement croit utile d'établir pour l'avenir une nouvelle règle, cette règle appartient naturellement au droit positif ; elle est prise en considération comme tous les ordres du gouvernement. Cela ne veut pas dire d'ailleurs que tout ce qui est prescrit soit toujours réellement observé. A Göttingen, les rues auxquelles l'autorité voulait donner de nouveaux noms, au temps de Hugo, continuèrent en dépit de toutes les ordonnances. à s'appeler de leurs anciens noms. Beaucoup de lois, de nombreuses conventions ne sont jamais observés. Personne ne pense que toute loi est rigoureusement observée. Les législateurs eux-mêmes ne croient pas à l'exécution rigoureuse de leurs prescriptions. Les lois ne sont pas violées que par des personnes malhonnêtes, mais aussi par des personnes parfaitement honnêtes. Personne ne niera ce fait. On peut trouver si l'on veut cet état de choses défectueux. Néanmoins il ne faut pas oublier qu'il en a été ainsi toujours et partout, et cette observation a sa valeur. Il ne faut pas oublier en même temps que le but poursuivi par la loi positive et écrite est celui de déterminer, de préciser l'ordre légal, de rendre son observation plus sûre par la fixité des dispositions légales. Or quel est le facteur qui coopère le mieux, le plus efficacement à la notoriété et à la détermination d'une règle ? est-ce une loi écrite que la plupart n'ont jamais vue ou un ordre permanent sur lequel sont d'accord toutes les personnes compétentes ? Admettons qu'un groupe de personnes connaissent des cas où des testaments, faits avec le concours de six témoins, ont été reconnus valables. Se basant sur ce fait, quelqu'un ne fait son testament qu'avec le concours de six témoins. Supposons ensuite, qu'on découvre une loi qui exige absolument sept témoins. A laquelle de ces règles faut-il donner la préférence, à la loi qui n'est connue de personne ou à l'usage que personne n'ignore ? D'autre part, quoique le gouvernement soit le représentant de tout le peuple, le peuple peut bien aussi, directement, faire quelque chose pour lui même. Il est probable que les règles qui se sont créés d'elles-mêmes s'appliquent mieux aux intérêts des peuples que celles que le gouvernement peut lui proposer.

La meilleure explication consiste à comparer la formation du droit avec celle des jeux. Tout jeu (billard, cartes, etc.) est une lutte selon des règles déterminées, selon des « lois ». Lorsqu'on joue on convient d'avance des détails, de l'enjeu, etc. C'est une catégorie des règles que régissent le jeu. Mais chaque jeu a ses règles propres, indépendantes de toute convention. Comment se forment-elles ? Il y a quelques jeux, par exemple le Boston, qui ont été inventés dans leur ensemble par un seul homme. Mais ces jeux ne ressemblent pas à la plupart des autres (par exemple le whist) dont les règles ont été établies peu à peu, par la résolution successive des questions douteuses, dans tous les cas particuliers. D'un nombre considérable de résolutions de ce genre ont résulté les règles fixes du jeu qui se sont ainsi formées d'elles-mêmes, sans avoir comme origine un ordre ou une convention. (*Civilistisches Magazin von Proffesor Ritter Hugo in Gottingen* B. IV. Berlin, 1811, § § 117-134).

Chez Hugo, nous trouvons déjà indiqués les traits caractéristiques de la doctrine de l'école historique. Il faut noter surtout la comparaison qu'il propose entre le droit et la langue que les représentants de l'école historique emploient à chaque instant. C'est dans les œuvres de Savigny que cette doctrine est complètement exposée (1779-1861). Savigny est considéré même hors de l'Allemagne comme le plus grand juriste du XIX° siècle. Il n'était pas un disciple de Hugo. Mais, comme il le reconnaît lui-même, les œuvres de Hugo ont eu sur lui une grande influence. (*Der Zehente* mai 1788. Berlin, 1838, § 15).

Le premier ouvrage de Savigny qui attira l'attention sur son auteur fut une étude sur la « Possession ». Elle le plaça aussitôt au premier rang parmi les juristes contemporains. Déjà, dans cette étude, on peut remarquer très distinctement les caractères particuliers de la nouvelle tendance. Mais l'idée générale du droit et de son développement, Savigny l'a surtout exposée dans deux de ses œuvres : « *Vom Beruf unserer Zeit für Ges-*

etzgebung und Rechtswissenschaft. (*Heidelberg*, 1814)
et dans le premier volume de son *System des heutigen
Romischen Rechts.* (I, Berlin. 1840).

Les événements politiques, qui marquèrent alors l'histoire de l'Allemagne, le poussèrent à écrire la première
de ses œuvres, une petite brochure. L'Allemagne venait
d'être délivrée de la domination française, pendant
laquelle, en quelques endroits, avait été appliqué le
code français qui est de beaucoup préférable à l'ancien
droit allemand. Cette introduction des lois françaises
offensa le sentiment national des Allemands, mais elle
leur fit comprendre l'insuffisance de leur propre
droit. Lorsque la domination française fut repoussée, on
commença à se demander ce qu'il fallait faire au point
de vue de la législation. Les uns (Rehberg) se pronon-
cèrent en faveur d'un retour à l'ancien état de choses ;
les autres, au contraire, demandèrent qu'il fût établi un
code unique pour toute l'Allemagne. Le principal représentant de cette tendance était Thibaut (1771-1840 *Ueber
die Nothwendigkeit eines allgemeinen bürgerlichen rechts
für Deutschland.* 1814, qui fut publié la même année, en
une deuxième édition dans *Civilishische Abhandlungen*
Heidelberg. 1814. §§ 401-466). Il proposait de réunir
un congrès des juristes théoriciens et praticiens pour
élaborer un code général commun à toute l'Allemagne.
D'après lui, les efforts des législations locales visant
chaque état particulier ne sauraient atteindre le but désirable 1° parce qu'il pouvait arriver qu'il n'y eût pas
dans certains pays de savants capables d'accomplir
cette tâche, 2° parce que le développement des législations locales, étant donné la division politique, aurait
amené un morcellement complet de l'Allemagne, un
défaut absolu d'unité nationale. Quant au but proprement dit de ce code commun et à la réforme, Thibaut
les justifiait en démontrant les imperfections de la légis-

lation allemande de cette époque. D'après lui, les dispositions des codes étaient surannées, leur forme défectueuse. Toute la législation consistait en une série de dispositions distinctes qui, établies par les empereurs et les princes allemands, étaient restées séparées et paraissaient si vieilles que les juristes même les plus conservateurs ne plaidaient plus la cause de leur maintien. Le droit romain était également appliqué ; mais ce droit étant étranger ; on ne devait pas, d'après Thibaut désirer son maintien parce que ses idées dominantes ne répondaient pas aux notions juridiques du peuple allemand, d'autant plus qu'on l'avait introduit en Allemagne tel qu'il avait été constitué à l'époque de la décadence complète de l'empire romain. En outre, disait Thibaut, le contenu de la plupart de ces lois ne répond plus aux exigences des nécessités modernes ; et il citait comme exemples, les lois sur le droit du paterfamilias, sur la tutelle et la curatelle, les lois sur le système hypothécaire. A tous ces inconvénients qui résultent de l'application du droit romain, faisait remarquer Thibaut, il faut encore ajouter que nous ne connaissons pas le droit romain, car le texte authentique des lois romaines ne nous est pas parvenu ; nous en avons plusieurs éditions différentes, de telle sorte que, dans l'édition de Gebauer, par exemple, les variantes, dans leur ensemble, constituent le quart du texte De plus, comme on découvre de nouvelles variantes, leurs nombre change sans cesse. Admettons même qu'elles soient toutes réunies, cela n'empêchera pas les juristes d'avoir des opinions différentes sur les diverses questions, car un juriste consciencieux ne s'approprie jamais l'opinion d'un autre sans l'avoir examinée préalablement. S'il en est ainsi, les juristes praticiens seront très embarassés puisqu'ils seront obligés de faire un choix entre des opinions différentes qui sont toutes également facultatives et qui

s'appuient également sur l'autorité des savants qui se
sont livrés à l'examen des institutions romaines. Étant
donné cette insuffisance du droit, Thibaut demandait
l'établissement d'un code nouveau qui pût satisfaire
aux conditions de la vie moderne en général et de la
vie allemande en particulier.

Mais en développant la thèse de l'établissement nécessaire d'un nouveau code, Thibaut n'avait pas prévu les
objections que Savigny allait lui adresser. Savigny ne
se demandait pas si le droit de son époque était bon ou
mauvais, parfait ou imparfait ; il plaçait la question sur
un autre terrain. Dans l'introduction de son *Vom
Beruf*, il essaya de démontrer que l'œuvre de Thibaut
ne pouvait pas être examinée isolément, mais qu'il fallait
la rattacher aux conditions historiques de l'époque où
elle paraissait. Dans le projet de réforme de Thibaut,
dit Savigny, on ne manquera pas de trouver un vestige
de ce mépris affecté du passé qui régnait au xviii\e siècle
et une exagération de la portée du présent dont on
attendait pas moins que la réalisation de la perfection
absolue. Cette tendance a eu son influence sur le droit ;
on demandait de nouveaux codes qui pussent, par leur
portée considérable, donner à la justice une précision
mécanique. En même temps ces codes ne devaient pas
être soumis aux conditions historiques, exposant le droit
comme une abstraction pure, applicable à tous les peuples et en tous temps. D'autre part, continue Savigny,
cette idée de refaire le code est inspirée par les vues
qu'on a sur la formation du droit. On pense que le
droit est créé par le seul acte du législateur et que la
matière des lois est un phénomène absolument accidentel pouvant être changé au gré du législateur. Savigny
s'applique à démontrer que ces deux idées sur lesquelles reposait la proposition de Thibaut, — les espérances
exagérées que l'on fondait sur l'époque actuelle et la

dépendance du droit vis-à-vis du législateur — sont également fausses, que le droit ne se forme pas au gré du législateur et que, en particulier, on ne pouvait pas admettre qu'on pût procéder, au commencement de ce siècle, à une codification, étant donné que la jurisprudence allemande était alors très en retard.

En négligeant cette dernière thèse, nous nous bornerons à reprendre ici les idées de Savigny sur l'origine du droit.

On ne peut pas admettre d'après Savigny que le droit dans sa formation dépende du hasard ou de la volonté libre des hommes. Un fait le contredit. Chaque fois qu'un problème de droit est soulevé, on se trouve déjà en présence des règles juridiques entièrement formées. Ainsi, il est impossible d'affirmer que le droit soit créé par la volonté des individus distincts qui composent un peuple. Au contraire, on doit le considérer comme un produit de l'esprit du peuple (*Volksgeist*) qui se manifeste chez tous les membres de ce peuple et les amène ainsi à la même notion du droit. Nous ne pouvons pas prouver le bien fondé de cette opinion par des preuves historiques directes. L'histoire trouve chez tous les peuples le droit déjà établi, ayant un caractère positif et présentant une empreinte nationale et originale, de même que leur langue, leurs mœurs et leur organisation politique. Mais nous pouvons donner des preuves indirectes à l'appui de cette hypothèse. Le fait que, dans notre conscience, la notion du droit positif est toujours rattachée à celle de la nécessité, ce qui serait impossible si le droit était une création de notre volonté libre, témoigne en faveur d'une formation du droit où la volonté ne joue aucun rôle. On peut en donner un autre argument, fourni par l'analogie avec certaines autres manifestations de la vie du peuple, surtout avec la langue qui n'est pas non plus le produit du libre

arbitre des hommes. Le droit existe dans la conscience
générale du peuple, non, évidemment, sous la forme
d'une idée abstraite, mais sous celle d'une compréhension vivante des institutions juridiques dans leur enchaînement organique. En général, les peuples, au début
de leur formation, ne sont pas riches en idées. Mais ils
ont alors conscience de leur état, de leurs conditions
vitales, et le droit, dont la matière n'est pas complexe,
apparaît comme un objet de leur croyance immédiate.
Une forme matérielle est nécessaire pour que chaque
fonction de l'esprit puisse se manifester. Dans le cas de
la langue, cette forme matérielle est son usage constant,
continuel ; dans celui de l'organisation politique, c'est
sa représentation matérielle, ce sont les institutions juridiques existantes. De nos jours, quand les esprits sont
faits à l'abstraction, les grands principes généraux, contenus dans les formules courantes, jouent le même rôle.
Mais cela suppose déjà la présence d'un nombre assez
considérable d'idées abstraites qu'il est impossible de
trouver dans le droit primitif. Nous trouvons dans cette
phase du développement du droit une série d'actions
symboliques qui accompagnent la création et la cessation des rapports juridiques et qui, grâce à leur manifestation extérieure, tendent à conserver le droit dans
une forme déterminée. Ces actions symboliques étaient
à cette époque une sorte de grammaire du droit qui
répondait aux nécessités de l'époque. Cette solidarité
organique du droit avec le caractère de la vie populaire
persiste aussi dans les époques postérieures et, dans ce
sens, le droit peut être comparé à la langue. De même que
notre langage et toutes les autres manifestations de la vie
du peuple, le droit se développe continuellement sans
interruption, et son évolution de même que sa première
apparition est soumise à la loi de la nécessité intérieure.
Mais dans une société civilisée, ce développement inté-

rieur se complique, et l'étude du droit devient ainsi très
difficile. Le droit a sa source, sans doute, dans la conscience générale du peuple. Si nous prenons, par exemple,
le droit romain, nous pouvons bien admettre que les principes fondamentaux du droit familial, de la propriété, etc.,
existaient dans la conscience générale du peuple, mais la
même supposition ne serait guère exacte pour toute la
matière complexe que nous offrent les Pandectes. Cette
observation nous amène à examiner la question sous un
autre aspect. Avec le progrès de la vie sociale, les différents
côtés de l'activité nationale s'individualisent, se séparent
l'un de l'autre et ce qui auparavant était fait par tout le
monde, devient la fonction d'une classe déterminée.
Les juristes forment ainsi une classe déterminée et leurs
études juridiques remplacent à ce point de vue l'activité
intérieure, immédiate du peuple entier. Dès lors, le droit
devient plus complexe, plus technique ; il a, pour ainsi
dire, une existence double. Il existe en tant que partie
de la vie nationale générale et en tant que science distincte dont s'occupent les juristes. Le rapport du droit
avec la vie générale du peuple peut être appelé son
« élément politique », son rapport avec la science des
juristes, « son élément technique ». La corrélation de
ces deux éléments varie avec les éléments de la vie du
peuple. Mais tous deux, ils participent plus ou moins au
développement du droit.

Si le droit est ainsi considéré comme un produit de
la vie du peuple, comme une manifestation de son
esprit, il est naturellement très important de définir ce
que Savigny entend précisément par peuple. Dans son
Vom Beruf il laisse de côté cette question ; ce n'est
que dans le *System* qui parut lorsque les principes
de l'école historique ont reçu tout leur développement,
que nous trouvons un paragraphe consacré à l'explication de la notion du « peuple ». Si nous faisons abstrac-

tion, dit Savigny, de la matière, du contenu du droit pour n'examiner que l'essence générale de tout droit, elle nous apparaît comme une norme qui détermine d'une certaine manière la vie commune d'une collectivité. Un agrégat accidentel d'une collectivité indéterminée d'hommes est une notion arbitraire, privée de toute réalité. Si un tel agrégat existait réellement, il serait incapable certainement de créer un droit. Mais, partout où les hommes vivent en commun, nous voyons qu'ils forment une unité spirituelle ; cette unité se manifeste et s'affirme dans l'usage d'une même langue. Le droit fait partie de cette unité spirituelle puisque dans l'esprit populaire, dont tout le monde est pénétré, se manifeste une force capable de satisfaire aux nécessités de la réglementation de la vie commune des hommes. En concevant le peuple comme une unité, nous ne devons pas seulement penser aux membres vivants, à la génération existante ; l'unité spirituelle embrasse aussi les générations qui se succèdent, le présent et le passé. Le droit se conserve dans le peuple par la force de la tradition qui s'établit et se maintient parce que la succession des générations ne s'opère pas rapidement et d'un seul jet, mais régulièrement et insensiblement.

On peut paraître se placer à un point de vue trop étroit en considérant le droit comme un produit de la vie du peuple ; peut-être, dira-t-on qu'il faudrait chercher la source du droit, non dans l'esprit du peuple, mais dans celui de l'humanité en général.

La formation du droit est marquée par un caractère de solidarité ; elle n'est possible que de la part des hommes entre lesquels la solidarité de la pensée et de l'action existe réellement. Or, ces conditions ne sont remplies que dans les limites des nations distinctes. Naturellement, dans la vie de chaque peuple, il se manifeste aussi des tendances et des qualités universelles.

Savigny est le représentant le plus typique de l'école historique. Puchta, le premier de ses disciples, (1798-1846, Puchta *Encyclopédie als Einleitung zu Institutione*, 1825, et dans le premier tome de ses *Institutiones*, 1844, ouvrage qui fut traduit en Russe) a subi l'influence des doctrines philosophiques de Schelling qui était son contemporain. Puchta objective, personnifie la notion de l'esprit populaire ; il le considère comme une force agissant dans l'organisme de la vie populaire et existant indépendamment de la conscience des individus qui composent les peuples. L'esprit populaire, de même que l'âme dans l'organisme, produit tout, y compris le droit. Les individus ne prennent aucune part active à sa formation ; c'est de la nature du génie du peuple que dépend le développement du droit, et non de sa conscience. C'est pourquoi, si Savigny parle encore de la formation du droit comme d'un résultat de la vie en commun (*Eine gemeinschaftliche That*) Puchta, au contraire, considère le développement du droit comme naturel et indépendant (*Natur-wuchsigkeit*). D'après cette doctrine, le droit procède de l'esprit populaire comme la plante du germe ; sa forme ainsi que son évolution sont fixées d'avance ; les individus ne sont que les porteurs passifs du droit qu'ils n'ont pas créé.

Puchta a développé avec beaucoup de détails son idée sur l'origine du droit dans sa célèbre monographie. « Du droit coutumier; (Gewohnheitsrecht, 1828) ». Voici sa démonstration. L'Ecriture Sainte, dit-il, explique ainsi l'origine du genre humain : il existe tout d'abord un individu, puis deux, un homme et une femme, vient après leur progéniture. Les premiers individus formaient donc dès le commencement un groupement déterminé, le groupement familial. La première *famille*, en se multipliant, se divisa en plusieurs autres et devint une tribu, un peuple qui, continuant à se multiplier, se divisa en

nouvelles tribus qui devinrent à leur tour des peuples.
Cette explication est si naturelle que nous la retrouvons dans les légendes païennes. Ce qu'il y a d'important ici, c'est que nous pouvons constater, qu'à aucun
moment les hommes ne vécurent sans former quelque
unité organique. L'unité du peuple est fondée sur l'unité
d'origine de laquelle dépend non seulement la parenté
de corps, mais encore celle d'esprit. La parenté ne
suffit pas à elle seule pour former un peuple : il n'y
aurait alors qu'un seul peuple. La séparation entre un
peuple et un autre se marque par la délimitation de
leurs territoires, et ainsi, à l'unité naturelle s'en ajoute
une autre qui est exprimée dans l'organisation politique
(*Verfassung*) grâce à laquelle le peuple forme un Etat.
L'Etat n'est pas un groupement naturel, il est créé par
la volonté. L'organisation politique est l'expression de
la volonté générale sur ce qui constitue l'essence de
l'Etat. Cette volonté générale n'a pu avoir primitivement
et immédiatement aucune autre source que le consentement naturel, l'unanimité (*Naturliche Uebereinstim-
mung*). Ainsi, l'Etat est donc créé par l'action immédiate
de la volonté, mais cette volonté, et par suite l'Etat lui-
même, a sa racine dans une société naturelle. Le peuple
doit être conçu comme un groupement naturel. Par conséquent, la possibilité de son action (*Wirksamkeit*) doit
être écartée, car l'individu peut seul agir et non une unité,
en tant qu'idée simple, en tant qu'*incertum corpus*. L'action du peuple, dans le sens naturel, ne peut consister
qu'en une influence invisible sur les membres qui le constituent, influence qui dépend de la nature du peuple lui-
même, c'est-à-dire de sa parenté. Le droit se rattache
aussi à ces manifestations de la vie populaire (*Thätig-
keiten der Volk*). Le climat, etc. n'influe pas immédiatement sur les hommes, il détermine les qualités de la
nation qui influe ensuite sur ses propres membres. L'in-

dividu est capable de réfléchir dans sa conscience le droit, non en tant qu'individu, non en tant que membre d'une famille, mais seulement en tant que membre d'un peuple. C'est par ce trait que le droit se distingue de la conscience individuelle. L'existence de la liberté juridique suppose qu'à la volonté de l'homme est opposée une autre volonté qu'il considère en partie comme une volonté étrangère, extérieure, en partie comme une volonté qui lui est propre, basée sur ses convictions personnelles. L'homme ne devient une personne et n'est soumis au droit que parce que sa volonté est en même temps particulière et générale, qu'elle est à la fois absolument indépendante et que pourtant ce n'est que fondée sur une conviction générale qu'elle agit avec les autres.

Le droit n'a pu sortir que de la vie du peuple. Puchta le prouve de la manière suivante. Lorsqu'il n'existait qu'un seul homme, à sa volonté ne pouvait être opposée que celle de Dieu qui détruisait complètement la sienne. Lorsqu'il n'y avait qu'une famille et non un peuple, le mari était le maître de la femme qui n'avait pas de volonté distincte. Ainsi, ce n'est que dans un peuple qu'a pu apparaître l'opposition des volontés, nécessaire à la formation du droit. Mais, par ce procédé, on ne fait que prouver que le peuple est *causa instrumentalis* du droit. Il faut aussi prouver qu'il est *causa principalis*. On peut distinguer, dans le droit, deux côtés : 1° la conviction de ce qu'est le droit ; 2° la réalisation, l'application de cette conviction. Le droit qu'il est impossible de réaliser n'est pas un droit. Bien plus, une réalisation accidentelle, la guerre, par exemple, ne suffit pas, car une force, « purement naturelle », ne sert au droit qu'accidentellement, comme elle peut servir aussi au non-droit. La protection du droit, qui correspond au droit, ne peut être appliquée que par un organe particulier de la volonté générale,

c'est-à-dire par l'organisation politique. La source du
droit n'est autre chose que cette volonté qui conduit à
la formation de l'Etat, c'est la volonté du peuple. On ne
peut pas considérer l'Etat comme le créateur du droit.
L'Etat n'est qu'un organe de l'expression de la volonté
générale qui existe avant lui et qui crée le droit. Mais,
avant la formation de l'Etat, il n'y a pas de droit puisqu'il n'y a pas d'organe qui exprime la volonté générale.
En considérant le peuple comme le créateur du droit,
il ne faut pas l'opposer au gouvernement.

Il ne faut pas croire non plus que l'activité du peuple
soit composée de celle des individus, qu'elle soit formée
par cette dernière. Ici, Puchta entre en discussion avec
Schlegel. Il appelle son opinion sur ce point « superficielle et triviale ». La conviction d'un individu, affirme-
t-il, ne se transforme pas en celle du peuple.

Ainsi, d'après Puchta, l'esprit populaire est une force
distincte, indépendante. Il n'est pas le produit de la vie
historique du peuple, il existe dès l'origine de l'évolution historique, et c'est lui qui détermine les mœurs du
peuple et son histoire. Il contient en soi sa notion du
droit qui se manifeste dans la conscience de chaque membre du peuple. L'idée du peuple sur le droit est la source
primitive du droit. Mais Puchta s'arrête ici ; il n'explique pas comment se forme cette idée générale du peuple
sur le droit. Il la suppose simplement donnée, existante.
Par suite, l'explication qu'il nous propose de l'origine
du droit, s'arrête à mi-chemin et n'est pas complète.

§ 20

L'origine du droit.

Pour expliquer l'origine du droit, on ne peut pas se
borner à expliquer l'évolution du droit. La question

principale et la plus difficile consiste à expliquer l'origine primordiale du droit, à expliquer la manière dont
apparaît pour la première fois la conception même
du droit. Dans la vie moderne 'c'est l'activité consciente qui crée et développe le droit. On part de l'idée
que le droit existant est incomplet. Mais, d'où est venue
la première conception du droit ? La résolution de cette
question est d'autant plus difficile que l'idée suppose
toujours un objet, une matière existants déjà. Ordinairement, l'objet d'un acte conscient est donné par un autre
acte conscient qui le précède. Mais, quand il s'agit de
l'origine primordiale de la conception de quelque chose,
cette explication n'est pas applicable. Il ne nous reste à
supposer ou que la conception du droit est « innée » ou
que l'objet de cette conception est primitivement donné
par un acte inconscient.

L'idée du droit peut être innée. On peut comprendre
cette proposition de deux manières. 1° On peut considérer comme innée la matière du droit. Mais cela revient
à admettre l'hypothèse du droit naturel dont nous
avons déjà démontré l'inexactitude. 2° On peut ne considérer comme innée que la conscience de la nécessité
des normes juridiques, indépendamment de leur matière
possible. S'il en était ainsi, la notion du droit devrait
apparaître dès le commencement dans la conscience
humaine sous sa forme générale, séparée d'une manière déterminée des autres notions, de la morale, de la
religion par exemple. Mais, en réalité, nous constatons
le contraire. L'idée du droit apparaît primitivement
sous une forme concrète ; la notion générale du droit
qui embrasse toutes ses formes concrètes ne se forme que
relativement tard. Un homme inculte ne connaît que
des droits distincts ; une notion générale du droit lui est
inaccessible. De même, la séparation entre le droit,
d'une part, la morale et la religion de l'autre, est un

phénomène qui apparut également relativement tard.
À l'origine, le droit, la morale, la religion, la coutume
forment un tout. Ainsi, à ce point de vue, on ne peut
pas admettre que la conception du droit soit innée.

Il reste à supposer que, primitivement, la matière de
la conception du droit se forme inconsciemment. Mais,
comment expliquer ce fait ? Comment les normes juridiques peuvent-elles être établies inconsciemment ?

Pour en donner l'explication, il faut considérer la
manière dont on comprend ordinairement l'origine primordiale de l'activité consciente. La psychologie
moderne n'admet pas que la volonté consciente soit
innée en nous. Ainsi Bain (*Will and Emotion*) explique
le phénomène de la volonté par la loi générale psychologique de l'association. D'après lui, la volonté n'est pas
innée en nous, elle n'est pas une faculté primitive de
notre esprit ; elle est un produit de notre développement
psychique. Primitivement, nous agissons inconsciemment ; c'est l'activité spontanée de notre organisme qui
nous pousse à l'action. Cette activité dépend de l'énergie qui s'accumule en lui grâce aux phénomènes vitaux
qui s'y produisent. C'est ainsi que s'expliquent les
mouvements du fœtus ; c'est ainsi que les enfants agissent, courent et crient ; c'est ainsi que nous agissons
nous-mêmes, sans aucune raison après une longue et
fatigante inaction. Mais toute action que nous accom-
plissons inconsciemment laisse après elle, dans notre
conscience, deux idées celle de l'action elle-même et
celle de ses conséquences, agréables ou désagréables.
Plus cette expérience se répète, plus ces deux idées s'as-
socient étroitement dans notre esprit et, dans la suite,
lorsque nous nous souvenons de l'action donnée,
cette idée provoque en nous celle qui lui est associée,
c'est-à-dire celle des conséquences agréables ou désagréables et c'est ainsi que l'action donnée nous semble

bonne ou mauvaise, désirable ou non. Plus l'association
de ces idées est précise, plus nos résolutions sont déterminées ; plus elle est faible, plus nos désirs sont vagues.
Mais, même lorsque les désirs conscients prennent naissance par la reproduction de l'idée d'une action donnée
et de celle de ses conséquences, cela ne suffit pas pour
que l'action se produise. Il y a bien des choses qui nous
paraissent désirables et que nous ne réalisons pas *Video
meliora, proboque deteriora sequor*. Cela explique que
l'idée à elle seule ne peut pas provoquer l'activité. Il
faut qu'à l'apparition du désir réponde une certaine
tension d'énergie du système nerveux. Les mêmes
désirs, selon l'état dans lequel se trouve notre système
nerveux, selon qu'il est abattu ou excité, peuvent se
transformer ou ne pas se transformer en actions.

Steintahl (*Abriss der Sprachwissenshaft*) explique de
la même manière l'origine de la langue. L'homme,
sous l'influence de l'émotion, émet involontairement
certains sons ; ces sons produisent sur lui même et sur
ses semblables une impression déterminée. Avec le
retour des mêmes circonstances, il se crée peu à peu
une association de plus en plus étroite entre l'idée du
son donné et celle de l'impression qu'il produit. L'idée
de cette impression provoque dans l'esprit de l'homme,
grâce à l'association qui s'est créée, une idée du son qui
la produit, et, si l'impression lui est agréable, il pro-
nonce le son consciemment. C'est cette association qui
explique la transformation des sons émis involontairement en paroles prononcées consciemment. L'idée de
l'impression faite par le son constitue la signification du
mot.

Il me semble qu'on peut expliquer aussi par la même
méthode l'origine du droit.

Etant donné l'identité des conditions et la simplicité
des rapports dans la société primitive, les individus qui

la composent vivent naturellement d'une façon identique. Le faible développement de l'idée consciente,
l'exiguité et l'étroitesse des impressions éprouvées, une
tendance très forte à l'imitation, font que l'homme
primitif agit, dans la plupart des cas, comme ses semblables, comme ses pères, comme ses aïeux. En conséquence, chaque homme est persuadé que, dans les
mêmes conditions, tout le monde agira de la même
manière. Il attend cette conduite identique, habituelle ;
il compte sur elle et, sur cette prévision, il arrange, il
organise ses propres affaires. Si, ensuite, en quelque
occasion particulière, il s'est trompé dans ses prévisions,
si quelqu'un n'agit pas envers lui comme il l'attendait,
comme les autres agissent dans les circonstances semblables, il éprouve le sentiment du mécontentement,
de la colère ; il fait des reproches à celui qui a trompé
ses espérances, il cherche à se venger. Plus des choes de
ce genre se répètent, plus l'idée de la violation de la
conduite que la coutume a établie s'associe à celle des
reproches, de la colère, de la vengeance de la part de
ceux qui souffrent de cette violation. Et ainsi, l'observation des habitudes, d'abord instinctive, inconsciente,
établie d'elle-même, se transforme en une idée consciente. A présent, la coutume est observée, non seulement grâce à l'habitude, à la propension inconsciente,
mais grâce à l'idée du désagrément qu'entraîne avec
elle la violation de cette coutume. Par conséquent, la
conscience du caractère obligatoire de la coutume apparaît déjà. La coutume est observée, même quand il y a
quelque intérêt, quelque tendance à la violer, pour
éviter les désagréments, les préjudices qu'entraîne avec
elle la violation. L'apparition de cette idée de nécessité
opinio necessitatis transforme une simple habitude
observée inconsciemment, instinctivement, en une coutume juridique observée consciemment et reconnue obli-

gatoire ; cette coutume est la forme primitive des normes juridiques. Ainsi, l'origine du droit dépend de
l'observation consciente de certaines règles, reconnues
obligatoires, mais la matière de ces normes juridiques primitives n'est pas créée consciemment ; elle est donnée
inconsciemment par des coutumes établies.

Cette explication de l'origine du droit rend aussi compréhensible la raison pour laquelle on considère primitivement le droit comme un ordre indépendant de la
volonté, nécessaire, pourquoi on lui attribue une origine
divine. La conscience humaine trouve le droit déjà prêt,
institué, comme un résultat des coutumes établies
inconsciemment. Comme on ne peut pas expliquer d'une
manière naturelle l'origine de ces coutumes, on considère le droit comme une institution divine. Le droit a
ainsi, aux yeux des hommes, la portée d'un ordre
objectif, indépendant de la volonté humaine et du libre-
arbitre humain.

En considérant comme obligatoire les coutumes depuis
longtemps établies, l'homme ne fait aucune distinction
entre la forme primitive et la matière de ces coutumes.
On reconnaît que l'observation de la coutume est absolument obligatoire, la forme aussi bien que la matière
qu'elle enveloppe. C'est pour cette raison que les premières phases du développement du droit sont carac-
térisées par un formalisme extrême.

On considérait comme obligatoire toute coutume
ancienne, indépendamment de sa matière. C'est ainsi
que s'explique pourquoi le droit était confondu tout
d'abord avec la morale, la religion, les règles de la con-
venance.

§ 21

Développement du droit

« Ihering », Kampf um's Recht, 7. Aufl. 1884.

Dans le paragraphe précédent, nous nous sommes efforcé d'expliquer l'origine du droit. Il nous reste maintenant à montrer comment il se développe après avoir pris naissance.

Dans la littérature juridique, nous trouvons sur cette question des opinions très différentes. On peut les ramener toutes à trois catégories. D'après les uns, le droit ne se développe pas régulièrement, et les changements qui se produisent avec le temps sont accidentels ou arbitraires. C'est le point de vue auquel se placent les anciennes théories qui précédèrent l'apparition de l'école historique. Ces théories sont maintenant abandonnées définitivement. L'idée de l'évolution historique régulière est si universellement admise que la doctrine du caractère arbitraire ou accidentel des changements historiques dans le droit ne trouve même pas d'adversaires dans la littérature moderne.

Une autre théorie sur le caractère du développement du droit, qui a conservé jusqu'à présent toute sa valeur, est celle de l'école historique. On peut la caractériser en disant que c'est la doctrine de la formation naturelle du droit, *Naturwüchsigkeit*. L'évolution historique du droit apparaît comme le développement successif des principes du droit conçus par l'esprit populaire ; c'est un développement qui s'opère sans aucune lutte, un développement aussi pacifique que celui de la plante qui sort du germe. De même que, dans le germe, les qualités de la plante qui en sort et se développe naturel-

lement et nécessairement sont déjà fixées, de même,
dans l'esprit populaire, dès l'apparition du peuple sur
l'arène historique, sont posés d'avance les principes qui
déterminent la matière de tel ou tel système national
du droit. Sous ce rapport, le droit est complètement
analogue à la langue. Les normes juridiques, comme
les règles grammaticales, se développent d'elles-mêmes,
sans aucune intervention de la volonté individuelle.

Cette doctrine de l'école historique exagère évidemment l'idée de la régularité du développement historique du droit. En combattant la théorie qui considère le
droit comme un produit du libre-arbitre individuel,
l'école historique en est venue naturellement à refuser à
la volonté individuelle toute portée dans le développement du droit. En outre, la tendance conservatrice de
l'école contribuait à rendre encore plus négative la
participation de la volonté humaine au développement
du droit. L'école historique apparut, en effet, au commencement de ce siècle, comme une réaction formelle contre les doctrines révolutionnaires qui s'ap-
puyaient sur le système rationaliste du xviiie siècle. Or la
doctrine du développement du droit, indépendant de la
volonté humaine, enlevait toute portée aux tentatives
révolutionnaires faites pour changer les organisations
depuis longtemps établies.

Cette idée sur le développement du droit n'apparaît
pas comme une conséquence nécessaire de la tendance
historique ; poussée trop loin, elle contredit la notion
de l'évolution historique du droit. L'histoire n'est pas
un processus qui se crée de lui-même, et où les hommes
ne seraient que des témoins indifférents. Elle se compose précisément des actions humaines ; elle est créée
par les hommes. Si l'histoire en général a ce caractère,
l'histoire du droit en particulier ne peut en avoir un
autre. Ainsi, les actions humaines constituent le facteur

principal qui agit immédiatement. Les normes juridiques ne leur sont pas indifférentes comme une règle
grammaticale, comme, par exemple, la règle de l'emploi des prépositions suivant tel ou tel cas ou des con-
jonctions suivant tel ou tel mode. Elles touchent directement aux intérêts les plus essentiels des hommes.
Aussi telle ou telle norme, pour être établie, provoque-
t-elle nécessairement une lutte.

Ainsi, le développement naturel du droit ne peut pas
se poursuivre sans provoquer des luttes. En réalité, le
droit naît comme un fruit de la lutte, parfois durable et
opiniâtre. Mais cela n'enlève pas sa régularité à son
développement. La question consiste seulement à savoir
quelles sont les forces qui agissent sur ce développement,
qui le provoquent : est-ce la lutte des intérêts humains
ou quelque esprit populaire, mystérieux, paru sans
qu'on sache d'où il provient? La régularité de l'action de
la force qui forme le droit reste en dehors de la question.

Cette nouvelle théorie qui considère le développement du droit comme un produit de la lutte des divers
intérêts sociaux fut opposée par Rodolphe Ihering à la
doctrine de l'école historique ou doctrine du croissement
naturel du droit. Ihering fit de cette théorie le sujet d'une
petite, mais très substantielle brochure : « La lutte pour
le droit ».

L'idée de « la lutte pour le droit » explique beaucoup
plus simplement que celle du « croissement naturel » le
développement historique du droit et la manière dont
il se produit. La théorie du développement naturel
considère comme une absurdité les changements révolutionnaires que nous rencontrons assez souvent dans
l'histoire. Elle est incapable d'expliquer d'une manière
satisfaisante le caractère hétérogène de tout système
national du droit dont certaines parties ne peuvent pas
être, étant donné leur dissemblance, le résultat du déve-

loppement naturel des principes éternels et immuables
de l'esprit populaire.

L'idée de la « lutte pour le droit » a encore un autre
avantage sur celle du croissement naturel du droit. Cette
dernière considère le droit exclusivement comme un produit de la vie « populaire ». Aussi, l'école historique
était-elle obligée de nier, par exemple, l'existence du
droit international dans lequel on ne peut pas voir un
produit de la vie de tel ou tel peuple. Les représentants
de l'école historique faisaient complètement disparaître
le caractère universel du droit, attachant une importance exclusive à ses particularités nationales. Au contraire, d'après la théorie de « la lutte pour le droit », le
développement du droit ne se rattache pas à une forme
spéciale de la vie sociale. Par suite, il est possible d'expliquer pourquoi le droit peut être élaboré, non seulement dans les limites de la vie d'un peuple, mais dans
celles de toute autre collectivité sociale.

Malgré tout, il est impossible d'adopter la doctrine de
Ihering sans faire quelques réserves. On ne peut pas
admettre que, dans sa totalité, le droit soit un produit
de l'activité consciente, de la lutte consciente. Au contraire, il est nécessaire d'admettre que, primitivement,
des coutumes se sont établies inconsciemment et
qu'avec le temps elles sont devenues des institutions
juridiques. Ces anciennes coutumes ont l'avantage
d'être très précises. Étant anciennes, usuelles et connues
de tout le monde, elles sont plus stables, plus déterminées que toute norme juridique de création plus récente.
Aussi, dans l'intérêt de l'ordre public, est-il désirable
qu'elles soient conservées. Mais, en même temps, elles
sont extrêmement formalistes ; étant anciennes, elles ne
correspondent jamais aux conditions et aux nécessités
nouvelles de la vie sociale. Lorsque les conditions des
rapports sociaux changent, elles deviennent très incom-

modes, très embarrassantes ; il devient alors de plus en
plus nécessaire de les remplacer par des normes juridiques nouvelles, établies consciemment et correspondant
aux conditions actuelles de la vie. En contraste avec le
droit ancien, rigoureux et gênant, ces normes juridiques nouvelles nous paraissent plus justes. D'où il suit
que le développement du droit, dans sa totalité, est une
lutte de l'ancien droit, établi inconsciemment, contre le
nouveau, établi consciemment. Les juristes romains
avaient déjà remarqué cette dualité dans le droit : la
différence qu'ils font entre *jus strictum* et *æquitas* a
précisément ce sens.

LIVRE II

Le point objectif et le point subjectif du droit.

CHAPITRE PREMIER

LE DROIT DANS LE SENS OBJECTIF

« Thon » Rechtsnorm und subjectives Recht. « Bierling ». Zur Kritik der Juristichen Grundbegriffen. B. II, 1883. « Thöl ». Einleitung in das deutsche Privatrecht. « Binding ». Die Normen und ihre Uebertretungen. B II, 1872.

§ 22

Le point objectif et le point subjectif dans le droit.

En déterminant l'activité humaine, les normes juridiques donnent aux rapports que les hommes ont entre eux un caractère particulier : de rapports de fait elle les transforment en rapports de droit. L'homme, dans son activité, règle sa conduite par les normes juridiques ; les rapports qu'il a avec ses semblables ne sont pas déterminés par les solutions qui lui semblent préférables dans chaque hypothèse déterminé, mais par le droit ayant pour tâche de délimiter les intérêts en présence. Les relations mutuelles des hommes, délimitées par les normes

juridiques, se composent de « droits » et des « obligations » qui se correspondent et dépendent les uns des
autres. En délimitant les intérêts qui se heurtent, la norme
juridique pose 1°) les limites dans lesquelles un intérêt
donné peut être réalisé. C'est le droit. 2°) Elle pose
aussi les limites correspondantes quant à l'autre intérêt
qui naît en même temps. C'est l'obligation. Le rapport
créé entre le droit et l'obligation est un rapport juridique.

Ainsi le droit comprend à la fois des normes et des
rapports. Les normes juridiques et les rappports juridiques sont deux côtés distincts du droit : objectif et
subjectif.

Les rapports juridiques s'appellent droit dans le sens
subjectif parce que le droit et l'obligation sont l'attribut
du sujet. Sans sujet, ils ne peuvent pas exister ; droits
et obligations doivent nécessairement s'exercer sur
quelques-uns. Au contraire, les normes juridiques n'exigent pas la présence du sujet ; elles ont un caractère
général et abstrait, et ne s'adaptent pas à un sujet déterminé. C'est le droit dans le sens objectif.

Nous allons examiner maintenant les caractères distinctifs des normes et des rapports juridiques. Nous
commencerons par l'étude du droit objectif qui, d'un
caractère plus abstrait, se prête plus facilement à
l'analyse.

Il nous faut remarquer cependant que ce ne fut pas le
droit objectif qui précéda le droit subjectif. Ce fut le
contraire qui se passa. Le développement historique
procède toujours en effet du particulier au général ;
aussi, à l'origine, le droit subjectif naît tout d'abord,
puis viennent les normes générales qui le règlementent.

Avant l'apparition de la *Themis* unique, on croyait à
l'existence d'une pluralité de droits. Les anciens n'ap-
pliquaient pas aux cas particuliers la norme générale

que nous connaissons, mais pour chacun de ces cas ils créaient un nouveau droit et c'est seulement par une généralisation successive et lente de ces résolutions particulières que naquirent, avec le temps, des règles générales. Elles représentent, ces règles, un degré de généralisation encore bien imparfait ; ce sont des règles qui apparaissent comme séparées, comme règles casuistiques.

Quoiqu'il en soit, des normes juridiques générales une fois acceptées, dépendent nécessairement les droits subjectifs. La définition de chaque droit subjectif distinct constitue un véritable syllogisme. La norme juridique y joue le rôle de la majeure, les intérêts divers réglés par la norme celui de la mineure et la définition des droits et des obligations qui en résultent forme la conclusion.

§ 23

Les normes juridiques. Les ordres.

Savigny. System § 81. § 25. Thöl. Einleitung § 34-39. Thon. Rechtsnorm und subjectives Recht. § 345. Bierling. Zur Kritik der Grundbegriffe II. 307. Zitelmann. Irrtum und Rechtsgeschäft. 1879 p. 200-229.

Les normes juridiques, comme en général toutes les normes, sont des règles de ce qu'on doit accomplir et sont, par conséquent, dans ce sens des ordres. Etant des ordres, elles ne constituent pas des permissions, des énonciations ou indications. Elles ordonnent toujours. Elles indiquent ce qu'on doit faire et de quelle façon il faut procéder à l'accomplissement d'un acte pour éviter le choc des intérêts.

Il ne faudrait pas toutefois en conclure, comme on le fait parfois, que toutes les normes juridiques sont l'œuvre d'une volonté consciente ou de l'autorité de quelques hommes. La règle de ce qu'on doit faire contient bien un ordre, mais ce n'est pas un ordre émanant d'une volonté individuelle. Ainsi nous savons que les normes techniques ne sont point l'œuvre d'un homme, mais les conséquences naturelles de l'existence de certaines lois naturelles, de même les lois morales dans la mesure où elles ne sont point une part de la révélation divine, ne s'établissent pas par une volonté, mais découlent d'un sentiment moral. C'est ce qui se passe également pour les lois juridiques ; dans la mesure où elles se présentent d'abord à nous sous forme de coutumes, elles ne sont pas des actes d'une volonté ordonnatrice.

Zittelmann qui conteste aux normes juridiques le caractère impératif d'une disposition imposée par une volonté a donc pleinement raison sur ce point.

Mais il va trop loin, lorsqu'il affirme que ces normes juridiques même par leur contenu ne sont pas des ordres, mais seulement des jugements sur les relations de cause à effet des faits juridiques. Il avoue pourtant lui-même, qu'une norme juridique est un jugement hypothétique sur ce qu'on doit faire ; mais tout jugement de cette sorte constitue par sa nature un ordre. D'autre part, le rapport des faits juridiques qui est déterminé par des normes juridiques n'existe pas réellement et nécessairement ; ce rapport sera seulement appliqué par les hommes qui le considéreront comme obligatoire.

Les normes juridiques ne portent pas permission, définition ou énumération ; parfois cependant les articles d'une loi prennent une telle forme qu'on a cru qu'il y avait d'autres normes que des normes ordonnatrices et qu'on a songé à l'existence de normes qui autorisent ou qui définissent. Cette opinion a eu des adeptes, même parmi les juristes romains, tels que

Modestin qui distinguait quatre catégories de lois
Legis virtus, dit-il, *est imperare, vetare, permittere,
punire*. Mais, même alors, cette définition était discutée,
et Cicéron par exemple admettait l'existence seulement
de lois ordonnatrices et de lois prohibitives. *Legem esse
æternam* (*De legibus*, II, c. 4).

La classification que donne Modestin est évidemment
erronée. On ne peut pas, en effet, mettre sur le même
rang *imperare, vetare, permittere* et *punire*. Les lois
pénales qui indiquent la punition ne contiennent-elles
pas en effet l'ordre pour le tribunal de punir les criminels. Longtemps cependant la définition de Modestin
prévalut. Savigny lui porta un coup décisif et démontra
l'impossibilité de constituer en un groupe distinct les
normes qui punissent.

Par contre de nombreux juristes ont toujours admis
l'existence de normes qui autorisent et même de celles
qui, comme c'était le cas de M. Tell, définissent.

Il est cependant difficile de reconnaître dans la forme
de ces différentes normes quelque chose qui en modifie
l'essence même. Si, dans une disposition législative, on
trouve un article revêtant la forme d'une définition, en
réalité, dans son application pratique, cet acte n'est pas
autre chose qu'un ordre. Ainsi, si la loi donne la définition d'un contrat ou d'un crime, il n'y a là qu'un
ordre de faire produire aux actions humaines qui constituent un contrat ou un crime les conséquences juridiques liées à ce contrat ou à ce crime.

Il est important de remarquer ici que la norme juridique n'est pas exprimée en un seul article, mais en plusieurs : le premier définit, les autres indiquent les conséquences juridiques liées aux actes précédemment
définis.

Parfois il arrive que le législateur emploie la forme
descriptive au lieu de la forme impérative : au lieu par

exemple de dire que telle personne doit faire ceci, il dit
qu'elle le fait.

C'est ainsi par exemple que l'article 47 des Lois fondamentales porte que « le gouvernement de l'empire
russe repose sur la base solide des lois ». Cela signifie,
à n'en pas douter, qu'il doit en être ainsi ; autrement le
législateur paraîtrait aller jusqu'à nier la possibilité
même de dérogations de fait à cette règle. De même
quand la loi décrit le personnel et l'organisation des
institutions et des services de l'Etat, elle dit que ces
services ont à leur tête telles personnes, qu'ils possèdent
telle organisation. Cela signifie en effet qu'il doit y avoir
telles personnes, telle organisation déterminées par la
loi. Le remplacement de la forme impérative par la
forme descriptive s'explique ou simplement par une
commodité plus grande dans l'expression ou par un tour
plus bref donné à la phrase ; quelquefois aussi par le
désir d'imprimer à la disposition de la loi un caractère
plus absolu. La forme impérative en effet paraît supposer
la possibilité d'une réalité qui ne correspondrait pas à
ce qui doit être ; la forme descriptive au contraire qui
expose ce qui doit être comme existant déjà, exclue
jusqu'à l'idée d'une réalité différente de ce qui est formulé dans la loi.

L'existence de normes portant permission est vivement
débattue. Les partisans de cette catégorie de normes se
réclament de l'existence d'articles de cette nature dans
toute législation. Ils y ajoutent des considérations d'un
caractère théorique plus général.

Dans toute législation on rencontre en effet assez souvent des articles ayant le caractère de permission qu'on
peut diviser en quatre groupes distincts.

Le premier groupe des articles de ce genre s'explique
historiquement ; ce sont ceux qui indiquent la suppression d'une norme prohibitive qui existait auparavant.

Une suppression de prohibition est naturellement une permission, mais remarquons qu'elle n'institue pas une nouvelle norme, elle en supprime simplement une plus ancienne.

Puis, il y a des articles dans lesquels l'autorisation est la conséquence de la rédaction qu'on donne à la formule ; ces articles servent en général d'introduction à des prohibitions distinctes, limitant la portée de la permission.

Après un article comme celui-ci « Tout le monde est autorisé à ou peut » suit une série d'articles énumérant les exceptions à cette règle générale. Evidemment, la norme juridique est contenue dans les prohibitions particulières et non pas dans l'autorisation générale. Supposons l'autorisation supprimée, il n'y aurait rien de changé dans la norme juridique ; seule la forme subirait quelque modification. Dire qu'un acte est permis sauf dans tels ou tels cas, ou dire que dans tels ou tels cas il est interdit, c'est absolument la même chose.

Le caractère des articles qui composent le troisième groupe est plus discutable.

Dans les lois, qui organisent les services publics d'un Etat, on rencontre fréquemment des articles statuant « qu'il pourra être pris telle ou telle autre mesure (1). » Mais en réalité ces articles ne sont pas des normes portant permission. La législation en organisant un service, celui de la justice par exemple, lui impose le plus souvent le devoir absolu de faire tel ou tel acte si certaines circonstances de fait se présentent. Le tribunal ne peut se dérober à cet ordre, il ne lui est pas permis d'examiner si l'application de cet ordre à telle circonstance déterminée est indispensable ou même utile. Parfois, au

(1) Le caractère de ces dispositions soulève d'autant plus de doutes qu'elles sont généralement intercalées entre d'autres qui contiennent des ordres incontestables.

contraire, la loi laisse au tribunal lui-même le soin de reconnaître, selon les circonstances, l'utilité de la mesure à appliquer. Cela signifie-t-il que le tribunal peut à son gré l'appliquer ou non ? Évidemment non, car si la nécessité ou l'utilité de la mesure est reconnue, le tribunal est obligé de l'appliquer.

Une telle loi n'est donc pas une autorisation pour le Tribunal ; un double devoir lui est au contraire imposé : apprécier la nécessité de la mesure et l'appliquer si cette mesure est reconnue.

De même si la loi dit que dans certains cas la police « peut » requérir la force armée, cela signifie que si l'utilité en est reconnue par elle, elle « doit » le faire.

Le quatrième groupe est constitué par les normes par lesquelles sont créées les obligations alternatives, quand on ne donne pas un ordre direct, mais qu'on laisse le choix d'accomplir l'un quelconque de plusieurs actes déterminés.

Ici encore il va de soi que l'ordre alternatif conserve son caractère d'ordre et les normes alternatives sont avant tout des normes impératives. La permission consiste tout simplement en ce que le choix est autorisé entre l'accomplissement de plusieurs obligations. La valeur juridique de ces normes ne consiste pas dans la permission de choisir mais dans la défense de faire un choix en dehors de l'alternative imposée.

Ainsi tous les exemples cités de normes qui constituent de prétendues permissions sont sans valeur.

Il nous reste encore à examiner une preuve fournie à l'appui de l'existence de ces normes de permission. Elle est d'un caractère plus général que celles énoncées précédemment. On a été jusqu'à nier cette règle générale que tout ce qui n'est pas défendu est permis. On a expliqué que ne pas défendre n'est pas la même chose que permettre. L'absence de la défense ne crée pas encore un droit à accomplir l'action qui n'est pas défendue ; la permission accordée par une loi d'accomplir un acte constitue au contraire un droit.

Pour répondre à cela, il faut d'abord nettement déterminer le sens de l'adage : Tout ce qui n'est pas défendu est permis. Si l'on considère la permission comme équivalente à la création d'un droit, l'homme à un droit d'accomplir tout acte permis et incontestablement ce qui n'est pas défendu ne peut pas être considéré comme permis. Mais en ne défendant pas, on ne crée pas un droit, parce qu'un droit, comme nous le verrons par la suite, suppose toujours une obligation correspondante et de ce que la loi ne défend pas de faire tel acte, on n'en doit pas encore conclure qu'elle impose par cela même une obligation. La loi ne défend à personne de contempler le coucher du soleil, cela ne signifie pas cependant que je sois obligé à ne pas cacher par un édifice la vue de l'occident. Permettre à l'un ne signifie pas obliger un autre. Une action permise ne peut devenir un droit que lorsque sera défendu tout ce qui peut empêcher cette action permise, parce que c'est seulement à cette condition qu'une obligation correspondante sera créée. Ainsi un droit ne peut naître que d'une défense et non d'une permission.

Nous concluons donc que toutes les normes juridiques sont des ordres; mais des ordres peuvent revêtir différentes formes. Toute limitation à la réalisation d'intérêts qui se heurtent peuvent être de deux sortes. On peut tous les ramener ou bien à la « défense » des actes qui empêchent la réalisation d'un acte quelconque, ou bien à l'incapacité d'accomplir les actes nécessaires à cette réalisation. Aussi dit-on que l'ordre d'une norme juridique peut être ou positif ou négatif; c'est un ordre proprement dit ou une défense.

Il est vrai que chaque ordre peut-être exprimé sous

la forme d'une défense et chaque défense sous la forme
d'un ordre. Ordonner l'accomplissement d'une action
c'est la même chose que défendre son non accomplissement. Cela ne détruit pas pourtant la valeur de la
distinction entre les normes positives et les normes
négatives, entre les ordres et les défenses.

Cette différence se manifeste surtout dans les obligations qu'elles créent.

Les ordres engendrent des obligations de faire, obligations positives. Les défenses engendrent des obligations d'abstention ou négatives.

De cette distinction des obligations dépend, comme
nous l'avons déjà vu, la réalisation coercitive des ordres,
et toutes les normes prohibitives admettent toutes une
réalisation coercitive. Les normes qui contiennent l'in-
jonction d'accomplir un acte positif ne sont susceptibles
d'une réalisation coercitive que si elles ne créent pas
d'obligation personnelle.

§ 21

Les éléments de la norme juridique.

Tsitovitch, Cours de droit civil, I. p. 45. Binding, Normen, I, p. 74.

Les normes juridiques ne sont pas seulement des
ordres ; ce sont en même temps des ordres condition-
nels. Les limites assignées à la réalisation d'un acte
sont variables et la norme, naissant de la réalisation de
cet acte, varie suivant que c'est tel ou tel intérêt plus ou
moins important qui s'oppose à cette réalisation.

Aussi l'explication d'une norme juridique dépend-elle
de la présence de certains faits. Il n'existe pas de normes juridiques absolues. Même la norme absolue au

point de vue moral, comme la défense d'attenter à la vie humaine, n'est pas absolue comme norme juridique. Le plus grand nombre des intérêts de l'homme doit, il est vrai, céder à l'intérêt de la conservation de la vie, mais non pas tous les intérêts. Dans les cas de légitime défense, de guerre, de l'application des lois pénales, la mort est admise par le droit.

Les normes juridiques sont donc des règles conditionnelles. Aussi toute norme juridique consiste-t-elle naturellement dans la définition des conditions d'application de la règle et dans l'exposition de la règle elle-même.

Le premier de ces deux éléments s'appelle hypothèse ou supposition et le second disposition ou ordre.

Cette norme juridique peut être exprimée de la façon suivante : Si... alors... Exemple : Si le défunt a plusieurs fils, alors les biens seront divisés en parts égales. Si quelqu'un commet un vol, alors il est passible de l'emprisonnement.

Toutefois, chaque article d'une loi ne contient pas nécessairement ces deux éléments. La norme en effet peut être exposée dans plusieurs articles; alors l'un de ces articles contiendra l'hypothèse et l'autre la disposition. Il arrive aussi que la norme ne contient pas la mention expresse de sa conditionalité. Au lieu de : Si... alors... on peut employer d'autres formules : Celui qui fait ceci ou cela... est passible de... ou bien : Les biens qui... reviennent à... etc...

Mais toutes ces formules se ramènent en dernier lieu à la formule : Si... alors... C'est là une des formules fondamentales à laquelle toutes les autres peuvent être ramenées, tandis que les autres formules ne peuvent pas s'appliquer dans tous les cas. Ainsi les lois qui règlent le partage des successions ne peuvent pas s'exprimer dans la formule : « celui qui accomplira tel acte, aura

Khorkounov   13

droit à ». L'ordre étant la forme commune à toutes les normes juridiques, l'hypothèse et la disposition sont leurs éléments communs.

Ces deux éléments peuvent prendre des formes différentes. L'hypothèse peut en effet être exprimée sous une forme générale et abstraite ou sous une forme concrète, casuistique.

Les circonstances dont dépend l'application de la norme peuvent être le résultat d'indices généraux et ce sera une hypothèse à forme abstraite ou, au contraire, avoir leur origine dans des indices particuliers et ce sera une hypothèse à forme casuistique.

La pensée, chez les peuples primitifs, prend en général une forme concrète. De même les normes juridiques ont revêtu d'abord des formes concrètes s'appliquant à chaque cas particulier et ce n'est que peu à peu, en se généralisant, que ces formes concrètes sont devenues des définitions à forme abstraite, générale.

La forme casuistique est défectueuse, car elle est la cause de la multiplicité des normes et qu'elle ne se prête pas à la généralité d'une définition juridique.

Avec les normes casuistiques, chaque cas demande pour lui seul une norme juridique distincte, et cependant, comme la diversité de cas possibles est infinie, les normes casuistiques, quelque grand que soit leur nombre, ne peuvent jamais embrasser tous les cas qui se présentent dans la vie.

La forme abstraite présente au contraire de plus grands avantages. En une seule définition, tous les cas homogènes sont indiqués et réunis ; elle exige donc un nombre de normes beaucoup moindre en même temps qu'elle définit d'une façon beaucoup plus large.

Elle présente cependant quelques inconvénients. D'abord la forme abstraite, parfois d'un caractère trop général, conduit à un certain vague dans l'application ;

on n'est pas embarrassé avec la forme casuistique, pour savoir si la norme juridique doit être appliquée à un cas déterminé ; avec la forme abstraite il n'en va pas toujours de même et un large champ est parfois ouvert aux interprétations contradictoires.

Outre les différences que nous venons d'indiquer parmi les hypothèses selon qu'elles sont à forme casuistique ou abstraite, il y en a d'autres qui proviennent du degré de la détermination de l'hypothèse.

Les hypothèses peuvent en effet être absolument déterminées ou indéterminées ou relativement déterminées.

Une hypothèse est dite absolument déterminée quand dans la forme même sont directement indiqués les faits dont elle dépend, quand on indique par exemple que dans tout contrat, si la somme dépasse cinq roubles, il faut faire l'acte sur papier timbré.

Il y a une hypothèse absolument indéterminée quand la norme ne contient pas elle-même la mention des faits dont dépend son application, mais laisse à quelque agent de l'autorité le soin de faire cette mention. Par exemple si la loi permet « en cas de nécessité » de prendre telle ou telle mesure. C'est là une hypothèse absolument indéterminée.

Quand la condition apparaîtra-t-elle ? A quelles conditions ? La loi ne le dit pas ; en ce dernier cas l'agent chargé de l'accomplissement de la norme a un pouvoir qu'on appelle discrétionnaire. Il peut agir en prenant pour guides telles ou telles considérations, mais il n'est nullement lié par des définitions formelles de la loi.

Enfin nous dirons d'une hypothèse qu'elle est relativement déterminée quand l'application de la loi est soumise à certaines conditions ; par exemple si l'on prescrit de prendre certaines mesures en cas seulement d'épidémie, et cela non pas d'une façon absolue mais sous la condition que ces mesures seront reconnues nécessaires par l'autorité compétente. La norme peut donc, dans cette hypothèse, n'être pas appliquée du tout et si l'épidémie survient, elle ne sera appliquée que si cela est reconnu nécessaire.

Les normes à hypothèse absolument ou relativement indéterminée se rencontrent souvent dans le droit administratif et aussi dans la procédure. Les tribunaux ont en effet un pouvoir discrétionnaire assez étendu.

La nécessité de l'application de ces normes dépend de circonstances tellement variées qu'il est impossible de ne pas donner aux administrations et aux juges un pouvoir discrétionnaire.

On est obligé de remplacer les définitions concrètes, immuables de la loi, par des définitions élastiques pourrait-on dire, s'adaptant facilement à la multiplicité, à la variabilité des faits ; ces définitions, ce sont les administrateurs et les juges qui les donnent.

La distinction des formes casuistiques et abstraites ne s'applique pas à la disposition ; la disposition en effet contient une règle, un ordre et ne contient que cela.

On distingue cependant plusieurs sortes de dispositions, selon leur degré de détermination des ordres qu'elles contiennent.

De même que l'hypothèse, la disposition peut être absolument déterminée, absolument indéterminée ou relativement déterminée.

Dans la disposition absolument déterminée, l'ordre est réglé de façon catégorique, il n'y a aucune place, aucune latitude d'accordée à celui qui l'exécute. Ainsi par exemple sont des dispositions de ce genre, celles qui indiquent la date où une lettre de change est périmée, celles qui désignent le fils aîné pour succéder au trône. Ici les ordres sont catégoriques et ne laissent aucune place à celui qui est chargé de veiller sur son exécution.

Les dispositions à forme indéterminée sont au contraire celles qui laissent à celui qui doit appliquer l'ordre le soin d'en modérer l'application ou même de ne pas l'appliquer du tout. Comme exemples nous citerons les textes qui autorisent la police à prendre telle mesure jugée nécessaire en cas d'émeute pour le rétablissement de l'ordre ou encore, en cas d'épidémie, toutes les mesures utiles pour arrêter la propagation du fléau. Sont aussi des dispositions à forme indéterminée toutes celles du Code pénal : les lois criminelles en effet sont appliquées par un tribunal qui a le droit de choisir entre ces lois.

Nous remarquons que, dans tous ces exemples, l'application précise et immédiate de la règle est confiée à quelque organe soit du gouvernement, soit de la police, soit du tribunal. Les agents sont obligés d'accomplir cette fonction ; au besoin ils pourront y être contraints. Il existe aussi des règles suivant lesquelles c'est un particulier à qui incombe le soin de les appliquer. Ainsi doit être rangé dans cette classe, la norme qui indique que les biens du défunt appartiendront à l'héritier désigné dans le testament défunt, ou celle qui dans un contrat laisse aux parties le soin d'en régler les détails. Sans doute, il y a bien certaines limites aux droits du défunt ou des parties au contrat ; il n'en reste pas moins vrai cependant que dans une très large part le soin d'appliquer la norme leur est confié.

L'expérience a montré que les contractants n'usaient pas très volontiers de l'autorisation que leur accordait la loi de fixer eux-mêmes les conventions ; aussi la loi a-t-elle pris le soin de fixer des règles générales à côté de celles que les contractants pourront eux-mêmes employer ; si donc ces derniers n'indiquent pas dans le contrat tous les détails d'application, c'est à ceux qu'aura fixé la loi qu'il faudra se référer. Ces normes qui s'appliquent seulement dans le cas où les personnes intéressées

n'en ont pas fixé elles-mêmes peuvent être appelées des
« normes dispositives » et les autres, celles qui s'appliquent en tout état de cause s'appelleront des « normes
prescriptives. » M. Rennenkampf a proposé récemment
d'autres dénominations : « normes ordonatives » au
lieu de « normes dispositives » et « normes impératives » au lieu de « normes prescriptives », mais ces derniers noms n'ont pas prévalu.

La disposition relativement déterminée peut avoir
deux formes Elle peut fixer seulement des limites extrêmes entre lesquelles l'autorité compétente ou les personnes intéressées peuvent choisir. Par exemple lorsqu'on
détermine le maximum ou le minimum d'une amende,
ou lorsque on fixe le maximum d'un délai pour le contrat de louage, en laissant aux parties la faculté d'opter,
pour un délai moins long. Elle peut aussi prendre la
forme alternative, en se bornant à indiquer plusieurs
mesures entre lesquelles il faudra choisir pour l'application de la norme. C'est ainsi par exemple que le tribunal a souvent le choix entre une amende ou l'emprisonnement, c'est ainsi aussi que le juge d'instruction
peut à son gré prononcer l'emprisonnement ou se contenter du versement d'une caution.

Les particuliers ont eux-mêmes assez souvent à appliquer des dispositions de ce genre. La victime d'un crime
peut par exemple intenter un procès en dommages et
intérêts ou devant la juridition civile ou devant la juridiction criminelle; — de même aussi celui qui a à se
plaindre du règlement d'un contrat passé avec le fisc a
le choix pour porter sa demande devant les tribunaux
administratifs ou devant les tribunaux judiciaires.

Tout ce qui vient d'être dit sur les normes juridiques,
sur les éléments qui les composent a un caractère absolument général. L'hypothèse, la disposition, ce sont là des
éléments tout à fait indispensables à chaque norme juri-

dique. On les retrouve donc naturellement dans toute
loi pénale, mais elles prennent alors des noms particuliers, par suite de la situation spéciale que les lois
pénales occupent dans le système général du droit,
Chaque loi pénale se compose de deux parties : dans
la première sont indiquées les actes, les faits qui constituent crime ou délit et dans la seconde sont fixées les
punitions de ces crimes ou délits. Toutes les formules
des lois pénales peuvent se ramener à cette formule
unique : « Si quelqu'un commet telle ou telle action, il
est passible de telle ou telle peine ».

Dans nos législations modernes, on n'indique point
généralement que toute action défendue doit être punie :
cela va de soi, c'est une conclusion toute naturelle et
résulte de la peine encourue par l'auteur de l'acte.

Aussi, dans une loi pénale, la première partie contient
en dehors de l'indication des faits constitutifs du délit,
la disposition d'une autre norme, de celle qui fixe la
défense de l'action criminelle, et c'est pourquoi les
criminalistes réservent ce mot de « disposition » seulement pour cette première partie, tandis qu'ils qualifient
de « sanction » la seconde partie de la norme pénale.
La peine constitue la sanction de l'inobservation d'une
certaine norme juridique, puisqu'elle ne peut être
encourue que si un certain droit est violé.

§ 25.

La matière des normes juridiques

En raison de la grande diversité des intérêts en jeu et
aussi de nombreux principes juridiques sur lesquels on
se guide, la matière des normes juridiques est extrêmement variée. Sa connaissance détaillée n'est autre

chose que celle de toutes les branches du droit positif, du droit étudié dans son évolution historique et dans la législation comparée. Nous nous bornerons ici à des règles générales et à l'indication sommaire des catégories fondamentales auxquelles peut être ramenée toute la matière des normes juridiques.

Une pareille généralisation est possible puisque tous les intérêts humains, malgré leur grande diversité, sont en somme soumis à des conditions identiques.

Pour arriver au but qu'il se propose, l'homme se sert de forces ; c'est grâce à elles qu'il produit des changements dans les conditions de son existence, de son bien-être.

Les forces dont l'homme peut se servir, pour la satisfaction de ses besoins ou de ses jouissances, sont limitées. Et cependant l'homme ne peut atteindre ses buts, sans faire une certaine dépense de ces forces. La lutte entre les individus nous apparaît dès lors comme une lutte pour la possession de ces forces qui seules peuvent leur assurer la réalisation de leurs projets. Les normes juridiques ont justement pour but de réglementer la lutte des hommes pour la disposition de ces forces.

, Elles ordonnent en effet à l'homme : 1° de ne pas employer, à la réalisation de ses intérêts, d'autres forces que celles que le droit reconnaît bonnes ; 2° de n'accomplir que des actes rendant possible aux autres hommes l'utilisation des forces correspondantes dans les limites qui leur sont attribuées par le droit.

Les normes juridiques ont donc pour but d'éviter le choc, le heurt des intérêts individuels ; elles sont établies en vue de l'ordre.

Comme les rapports entre les différents intérêts en présence ne sont pas les mêmes, le contenu des normes juridiques, tout en conservant certains traits généraux varie aussi.

On peut ramener à trois groupes ces différents conflits d'intérêts : 1° le conflit des intérêts absolument égaux de différentes personnes ; 2° le conflit d'intérêts inégaux, mais équivalents, et enfin 3° le conflit d'intérêts qui ne sont pas équivalents.

Le premier groupe présente des intérêts offrant cette particularité qu'il est bien difficile de leur assigner à chacun une limite exacte. Puisque les deux intérêts en présence sont absolument égaux, il n'y a aucune raison pour préférer l'un à l'autre ; aussi la réalisation de chacun de ces intérêts doit être admise dans une mesure parfaitement égale. Si, au contraire, seule la réalisation d'un de ces intérêts est possible, alors le choix entre les deux est confié absolument au hasard. Nous trouvons fréquemment l'application de cette règle. Ainsi, on accorde l'usage d'une chose à celui qui le premier en a pris possession, d'après la règle : *Qui prior tempore, potior est jure.* De même encore en cas de danger encouru par deux personnes, si le salut de l'une ne peut être obtenu que par la mort de l'autre, l'issue de la lutte est laissée à la force brutale de chacune des deux. Quelquefois, c'est le sort que décide entre les intérêts en conflit.

Les intérêts inégaux mais équivalents, peuvent être compatibles ou non. Les intérêts compatibles sont délimités, comme dans les cas que nous venons d'examiner, en appliquant la règle de l'égalité parfaite.

Observons toutefois une différence. Si dans le cas d'intérêts absolument égaux nous appliquions l'égalité parfaite, c'était l'égalité simple, l'égalité arithmétique. Dans le cas qui nous occupe au contraire, c'est d'égalité proportionnelle, d'égalité géométrique qu'il s'agit. Les forces sont distribuées entre les intérêts qui doivent être délimités de façon proportionnelle à la quantité qui leur est nécessaire pour la réalisation de chacun d'entre eux.

Dans le cas d'incompatibilité d'intérêts équivalents, le choix entre ces intérêts n'est pas remis forcément au hasard. Ces intérêts étant des intérêts différents, il est aisé en effet de trouver des raisons pour le choix de l'un ou de l'autre. Ce sera par exemple l'intérêt de la majorité ou celui de la minorité, l'un sera plus ancien que l'autre déjà reconnu par l'usage et, partant, sera préféré pour cette raison.

Cette différence entre les intérêts peut provenir ou du sujet ou de la matière (qui est le titulaire), quels sont les intérêts ? L'organisation de la société en classes est une application de cette différence d'intérêts quant au sujet. Il arrive aussi que les intérêts généraux sont naturellement préférés aux intérêts particuliers ; les intérêts de l'État, par exemple, sont plus appréciés que ceux d'une province ou d'une commune, et ceux-là sont pris en considération avant ceux d'un individu. Même dans ce dernier cas il peut arriver que les intérêts de l'un soient préférés à ceux de l'autre. Ainsi dans le cas de violation d'un droit, les intérêts du lésé sont plus appréciés que ceux de celui qui lèse ; ainsi encore quand il faut choisir entre l'intérêt de la mère et celui de l'enfant qui va naître ; la vie de la mère est toujours préférée, car elle existe déjà, l'enfant au contraire n'a qu'une existence problématique. Il est évident que l'importance qu'on attache à un certain intérêt dépend des idées morales qui dominent dans la société.

Remarquons, en outre, que dans l'application des normes juridiques, les intérêts généraux, même pour un cas particulier où il ne s'agit que d'un conflit entre particuliers sont prises en considération par cette seule raison que, nous l'avons déjà vu, les lois sont établies en vue de l'ordre. La paix étant d'un intérêt général très grand, c'est dans l'*intérêt de la paix* que seront réglés la plupart des intérêts en jeu. Ce n'est pas à

tort que Hobbes considérait comme loi fondamentale
du droit la règle romaine : *Pax quærenda est*, et Herbart donnait comme origine à tout le droit la nécessité de résoudre le conflit. Quelle que soit la façon
dont on l'obtient, la paix est toujours un avantage. Elle
procure une économie de forces, qui en son absence,
auraient été absorbées par la lutte ; elle permet d'envisager l'avenir avec assurance, tandis qu'au contraire
l'issue d'une lutte est toujours incertaine.

Aussi, vu les avantages si grands qu'offre la paix,
quand on limite des intérêts en présence, quels qu'ils
soient, on donne la préférence à la délimitation qui
contribue le plus à l'établissement de la paix. C'est
pour cette raison que le droit, en général, est disposé à
sauvegarder les intérêts déjà existants et l'on applique
la règle *Beati possidentes* C'est pour cette raison
encore que la possession effective, si elle dure suffisamment longtemps, assure au possesseur la propriété
de l'objet, et se transforme pour lui en un droit ; la
propriété peut donc s'acquérir par la possession même
illégitime, pourvu qu'elle soit ancienne.

Outre cet intérêt très général et qui prime tous les
autres qu'offre la paix dans le règlement des intérêts en
jeu, il en est d'autres, qui, sans avoir une valeur aussi
générale, sont cependant appliqués eux aussi : ainsi
l'intérêt de la liberté individuelle, qui joue un très grand
rôle dans le droit moderne. C'est ainsi que le droit
moderne donne ces préférences aux solutions les plus
compatibles avec la liberté individuelle. Inutile de dire
que d'autres intérêts collectifs sont mis en jeu par les
conflits entre les particuliers. Leur importance plus ou
moins grande influe sur la solution adoptée par le
législateur.

§ 26

La sanction des normes juridiques.

Les normes juridiques, en tant qu'ordres adressés à la volonté consciente des hommes, peuvent ne pas être observées par lui : aussi ont-elles besoin de garanties spéciales pour leur application.

Il est nécessaire de contraindre l'homme à appliquer les normes juridiques ; sans cette contrainte elles resteraient lettre morte. Les moyens de contrainte sont des sanctions. En quoi consistent ces sanctions ? Chaque violation d'une norme juridique donne naissance à un nouveau choc d'intérêts contradictoires. D'un côté, nous trouvons l'intérêt de celui qui est lésé par la violation du droit, il veut recevoir une compensation pour les préju-dices causés et de l'autre côté se trouve celui qui a lésé, c'est l'auteur du délit. Souvent cependant il peut aussi invoquer pour sa défense quelques droits.

On peut dire que la conséquence générale de la violation d'une norme juridique quelconque, c'est la naissance d'une nouvelle norme faite pour régler les intérêts mis en présence à la suite de la violation du droit.

Examinons comment sont réglés ces intérêts.

On viole la loi en général parce qu'elle nous gêne dans l'accomplissement de certains actes, parce qu'elle entrave la réalisation de certains de nos intérêts.

Aussi le premier moyen pour faire observer les normes juridiques, c'est de faire en sorte que les actions qui violent ces règles juridiques n'atteignent pas leur but. Ces actions doivent être reconnues comme nulles ; c'est ainsi par exemple que la vente de biens immobiliers faite par un acte privé est considéré comme non avenue, sans valeur aucune. La propriété vendue de cette façon est considérée comme non vendue, et l'acquéreur n'a sur ces biens aucun droit de propriété. La loi veut que toute vente de cette nature se fasse par devant notaire ; le but est ainsi atteint, et si par acte verbal ou d'une manière plus générale, par acte privé la vente ne peut se faire, il n'y a aucun motif pour que les particuliers procèdent de cette façon.

Les lois qui ont comme sanction l'inefficacité des actes qui les violent s'appellent « parfaites » parce que ce sont celles qui s'approchent le plus de la loi de nature.

Cette inefficacité peut avoir deux formes. Ces actes en effet peuvent être nuls de plein droit, c'est la *nullitas*, ou bien ils peuvent seulement être annulables, c'est la *rescissibilitas*.

Ils sont nuls de plein droit quand la nullité est encourue comme conséquence de l'inobservation de la loi. Ainsi est nulle la vente de biens immobiliers par acte sous seing privé et cela, quoique les parties en présence soient d'accord sur l'intention de transférer la propriété.

Est au contraire seulement annulable l'acte dont la rescision doit être demandée par une des parties intéressées au contrat. Ainsi le contrat conclu sous l'empire de la violence ne peut être annulé qu'après la demande en annulation faite par la personne qui a subie la violence.

Il faut distinguer encore des nullités absolues et des nullités relatives. Est frappé de nullité absolue l'acte qui, violant un droit, est considéré comme totalement inexistant, comme par exemple la vente de biens immobiliers par acte sous seing privé. Lorsque l'acte est frappé seulement d'une nullité relative c'est que quelques-unes tout au moins des clauses du contrat sont susceptibles d'application. Une lettre de change par exemple donnée par une femme mariée sans le consentement de son mari est nulle comme lettre de change. Elle a cependant une certaine valeur : celle d'une obligation ordinaire.

Parfois l'acte nul a déjà produit son effet. Il ne suffira pas alors de constater ou de demander la nullité de l'acte. L'annulation de l'acte illégal doit être suivie d'un acte qui rétablit le droit violé. Un pareil rétablissement du droit violé peut être accompli par les agents de l'autorité et peut consister ou bien 1º dans la cessation (si cela est nécessaire, par la force) d'un état illégitime, l'expulsion par exemple d'un locataire d'une maison qui ne lui appartient pas, ou bien 2º dans l'accomplissement de l'obligation violée, et cela aux dépens de celui qui l'a violée (par exemple la réparation du pavage dans une rue défoncée).

Il y a des cas toutefois où l'acte qui viole un droit contient en lui-même la réalisation du but dans lequel il était commis (le viol par exemple), des cas où le droit violé ne peut pas être rétabli, le meurtre par exemple. Avouer le crime n'est pas suffisant, en pareil cas pour réparer le préjudice causé. Aussi la loi a-t-elle établie d'autres sanctions ; ces actes qui violent la loi entraînent avec eux des conséquences indiquées dans la loi, dans les lois que les Romains appelaient *leges plus quam perfectæ*. Ces conséquences peuvent être de deux sortes : des peines civiles au profit du lésé (*pœna privata*) et des punitions édictées par l'autorité dans un intérêt général.

On peut dire dans une certaine mesure que toute violation du droit a comme conséquence un préjudice irréparable.

Ce préjudice c'est d'une part cette offense qu'éprouve toute personne lésée et d'autre part c'est l'atteinte portée à la loi elle-même dont toutes les prescriptions doivent être scrupuleusement suivies. Ces préjudices sont d'une si grande variété qu'il est impossible de les classer, ils dépendent le plus souvent des conditions dans lesquels ils sont accomplis.

Nous savons seulement que les peines privées sont les plus anciennes. Quant aux peines édictées dans un intérêt général, nous constatons qu'elles s'écartent de plus en plus des peines privées, à mesure que s'accroît l'autorité gouvernementale, et dans notre droit moderne la sphère d'application de ces punitions n'est pas déterminée par quelque principe général mais par des considérations diverses qu'énumère le Code pénal.

Ces conséquences rattachées par la loi à l'acte délictuel qu'elle punit ne rendent pas inutile, dans la mesure du possible, le rétablissement du droit violé. Ainsi en cas de faux, outre la peine que subit le coupable, l'acte est considéré comme non écrit ; de même aussi en cas de vol, outre la punition infligée au voleur, celui-ci doit restituer les objets volés. Il peut arriver cependant que le rétablissement d'un droit violé entraînerait des conséquences néfastes pour des tiers absolument étrangers aux actes commis. L'annulation par exemple d'un mariage entraîne pour les enfants des conséquences fort graves, puisqu'ils deviennent enfants illégitimes. Aussi la nullité du mariage n'est-elle reconnue qu'après une violation très grave de la loi ; tout acte moins important entraîne seulement une punition pour les conjoints, mais le mariage reste valable.

De même encore lorsqu'un contrat n'a pas été fait sur papier timbré, les coupables paient une amende, la validité du contrat reste cependant complète.

De pareilles lois, dont la violation entraîne des peines pour celui qui les violent, tout en conservant cependant une force juridique s'appellent des *leges minus quam perfectæ*.

Outre ces lois, classées ainsi par la sanction qu'elles entraînent, il faut reconnaître l'existence de toute une catégorie de lois qui n'offrent aucune sanction ; les conséquences pour celui qui les viole n'ont pas été fixées, ce sont des *leges imperfectæ*.

Ces lois méritent quelque attention ; elles sont pour la plupart des lois fixant les droits des organes de l'autorité.

L'organisation d'un service chargé de l'exécution de la loi est considérée par elle-même comme une mesure préventive contre les actes contraires à la loi, et pour cette raison, c'est dans le droit public que les *leges imperfectæ* sont les plus nombreuses.

Mais l'organisation d'un service est toujours entachée de quelque imperfection puisque les agents qui les mettent en mouvement sont des hommes. Si on ne leur assure pas cependant une certaine liberté dans l'exercice de leur mandat, une pareille organisation deviendrait bientôt immobile et morte ; elle ne satisferait guère aux nombreuses exigences qu'impose le développement de la vie, le mouvement de la société. Faites une organisation plus vitale, plus mobile, plus applicable aux conditions concrètes, aux nécessités du temps et par là même vous donnerez nécessairement aux tendances individuelles la possibilité de se manifester. Aussi les organisations faites surtout en vue du développement de l'Etat expliquent- elles, mais sans les justifier, les *leges imperfectæ*. Le vice de ce système commence à se faire sentir.

Nous devons considérer comme inapplicables les théories de l'école constitutionnelle qui vantaient surtout l'organisation de la machine gouvernementale.

On s'accorde aujourd'hui à reconnaître la nécessité d'attribuer une sanction aux lois du droit public ; les poursuites qu'on peut intenter de nos jours contre des actes de l'administration ont transformé la plupart des lois imparfaites en *leges perfectæ*,

Il y a cependant des lois qui forcément demeureront

toujours privées de sanction. Ce sont celles qui établissent le pouvoir suprême ; ce pouvoir suprême qui n'est soumis ici-bas à nulle autorité, qui ne relève que de sa dignité morale, ne peut en effet posséder qu'en lui-même la garantie de l'accomplissement de tous les devoirs qui lui incombent.

CHAPITRE II

LE DROIT DANS LE SENS SUBJECTIF

Savigny, System d. deut. rom. Rechts B. I. Ihering. Geist. d. rom.
Rechts. B. III. Ihering. Zweck im Recht B. I. S. 72. Müller. Die
Elemente des Rechts und der Rechtsbildung. 1878. Bierling. Zur
Kritik der juristischen Gundbegriffe. Th. II. 53. 49-148. Regelsber-
ger. Pandekten I. 1893, §§ 57-82 ; 195-233.

§ 27

Les rapports juridiques.

Neuner. Wesen und Arten der Privatschtsverhältnisse, 1886. Plosz.
Beiträge zur Theorie des Klagerechts. 1880. § 65-76. Puntschart. Die
moderne Theorie des Privatrechts und ihre grundbegrifflischen Män-
gel, 1893. Mouromtzew. Définitions et divisions fondamentales du
droit, 1879, p. 53-122.

Puisque les rapports juridiques sont aussi des rapports sociaux, mais réglés par une norme juridique, il
est nécessaire, pour les expliquer convenablement, de
traiter d'abord des rapports en général.

Tout rapport suppose un lien, une dépendance et un
pouvoir d'influence de la part de ce lien.

Là où il n'y a pas de dépendance, il n'y a pas de
rapport. Ainsi, si entre plusieurs quantités trigonométri-
ques par exemple, on dit qu'il existe un rapport déter-

miné, cela signifie qu'elles dépendent les unes des autres,
et que les changements de l'une d'elles provoquent un
changement correspondant dans toutes les autres Ainsi
encore, si entre des phénomènes déterminés, il existe
un rapport de causalité, cela veut dire que la conséquence dépend de la cause, que la présence de la cause
entraîne celle de la conséquence. Au contraire si entre
plusieurs choses il n'y a aucune dépendance, on dit
qu'il n'existe pas de rapports entre elles.

De même tous les rapports des hommes entre eux
consistent dans une dépendance quelconque, dans le
pouvoir que certains d'entre eux ont sur les autres.

La dépendance mutuelle des hommes a pour cause
plusieurs conditions qu'on peut réunir en trois groupes :
les conditions physiologiques, économiques et morales.

Déjà les distinctions physiologiques du sexe, de l'âge
amènent une dépendance mutuelle entre les hommes.
Pour satisfaire leurs inclinations sexuelles, les individus
éprouvent le besoin de se rapprocher ; l'enfant qui vient
de naître exige des soins de ses parents, et ces derniers
devenus infirmes, demandent à leur tour des secours à
leurs enfants. Ajoutons à cela l'influence des lois de
l'hérédité qui sont aussi des lois physiologiques. En
vertu de ces lois, les hommes d'origine commune
offrent de grandes ressemblances physiques et morales
et ainsi se forment des groupements naturels d'après
les races, indépendamment de leurs volontés. Enfin, il
faut compter aussi avec la propagation des maladies
entre les hommes, soit par contagion, soit par hérédité.
Ainsi donc, au point de vue de la santé, les hommes
dépendent les uns des autres.

De même, la nécessité pour l'homme de se servir
des forces extérieures de la nature qui est la base de
l'activité économique entraîne aussi des dépendances
mutuelles. Les forces d'un homme isolé étant trop

faibles dans sa lutte avec les éléments qui l'environnent, les hommes se trouvent contraints à s'entr'aider et cela de deux façons : il y a la collaboration simple quand il s'agit de l'exécution d'un travail par des forces unies et la collaboration complexe qu'on appelle la division du travail. Ainsi chaque homme fait quelque chose de particulier, mais chacun pour tous et tous pour chacun.

La vie morale d'un homme augmente encore les dépendances existant entre les hommes, puisque la nécessité d'échanger des pensées est une des plus fortes chez l'homme qui supporte en général très difficilement l'isolement. Les dépendances mutuelles des hommes au point de vue moral sont d'autant plus fortes que dans le développement psychique de l'homme le facteur social joue, peut-on dire, le principal rôle. Notre tournure d'esprit n'est pas, pour la plupart d'entre nous, notre propre ouvrage, mais le produit de la vie et de la société à laquelle nous appartenons. Il faut seulement se rappeler le rôle important joué dans le développement de l'esprit par la langue qui est, par essence, nécessairement un produit de la vie sociale commun à tous et qui ne peut être un attribut de tel ou tel individu. Les dépendances qu'ont les hommes entre eux et qui naissent de la société augmentent en proportion directe avec le développement de la vie sociale et même les conditions physiologiques de ces dépendances agissent avec une force de plus en plus grande. Grâce au développement de la culture sociale, le temps pendant lequel l'homme vit sous la dépendance de ses parents est de plus en plus long. Les liens qui unissent les époux deviennent plus forts puisque les rapports qu'ils ont entre eux ne se bornent pas seulement à des rapports sexuels et aux rapports d'éducation mais qu'ils sont établis en vue de leur descendance. A l'influence de l'héridité s'ajoute celle de l'éducation qui donne à l'enfant des traits de caractère que ne possédaient pas ses aïeux.

La densité croissante de la population et la petitesse des logements entraînent chez les hommes une dépendance pour ainsi dire hygiénique de plus en plus grande. La force, l'action et les conditions économiques de ces dépendances vont s'augmentant sans cesse. Ainsi, d'un côté, s'accroissent les nécessités économiques, et de l'autre grandit la division du travail. Le développement social est indissolublement lié au développement des facultés morales de l'homme ; il les accroît, il agrandit leurs intérêts moraux en étendant la solidarité morale à des groupes toujours plus grands.

En vertu de toutes ces conditions, la vie humaine se compose de rapports très différents entre les hommes. Ces rapports eux-mêmes n'ont sans doute qu'un caractère de fait ; mais quoiqu'il en soit les hommes se trouvent liés les uns aux autres et ont un pouvoir d'influence les uns sur les autres.

Les hommes, en tant qu'ils se guident sur les normes juridiques, transforment leurs rapports sociaux en rapports juridiques, la dépendance sociale en une obligation juridique et le pouvoir d'influence qu'ils ont les uns sur les autres en des droits.

Les normes juridiques, fixant les intérêts humains, délimitent forcément la réalisation de ces intérêts et imposent à chaque homme des obligations pour garantir la réalisation des intérêts d'autrui. Aussi le droit ajoute-t-il aux bases réelles de la dépendance mutuelle une nouvelle base, une base juridique. Si mes rapports avec les autres hommes sont fixés par le droit, la réalisation de mes intérêts dépend non seulement des conditions sociales, mais aussi de mes droits et de mes devoirs. En même temps, conformément à ces obligations, pour les

autres se crée une possibilité d'influer sur moi sous
une forme particulière, sous la forme de prétentions
juridiques.

Les rapports juridiques supposent donc une dépendance sous forme de droits et devoirs et ils supposent aussi une prétention juridique c'est-à-dire un droit
qui est la conséquence de cette dépendance.

Chez les juristes romains, ces rapports réglés par le
droit étaient désignés par l'expression *juris vinculum*.

La particularité caractéristique de ces rapports juridiques consistait pour eux précisément dans leur
dépendance du droit objectif. Le côté actif du rapport
juridique, c'est-à-dire la prétention juridique occupait
si peu leur attention que la conception d'un droit subjectif, dans le sens d'un « droit pouvoir » (1), n'avait
même pas pris naissance.

Les juristes de l'Europe occidentale, au contraire, et
tout à l'origine, les glossateurs attribuent une valeur
particulière au côté actif du rapport, à la prétention
juridique. Ils ne font pas naître la prétention juridique
du rapport juridique, mais bien au contraire, ils considèrent le rapport comme une conséquence de la prétention juridique.

L'explication de cette différence entre les écoles s'explique aisément par le subjectivisme propre aux peuples
germaniques, en opposition avec l'objectivisme de
l'antiquité et aussi par cette seconde raison que le
christianisme développa le rôle de la volonté avec une
force particulière.

Le droit, tel qu'il est conçu dans l'Europe occidentale, ne considère pas le côté subjectif comme une
dépendance des normes juridiques, mais comme une
volonté libre, individuelle, reconnue et protégée par le
droit.

(1) Bekker. Pandekten. I. 1886, p. 46.

Puisque, en droit, on reconnaît cette volonté individuelle, on aboutit à cette conséquence toute naturelle que le devoir des autres hommes est de ne pas empiéter sur le domaine de cette volonté. On arrive ainsi à établir des rapports entre deux volontés.

Le développement logique de cette conception conduit naturellement à la négation complète du rapport juridique et à son remplacement par la simple conception du droit subjectif dans le sens d'une prétention juridique, ainsi que le fait Brinz (1).

Mais l'importance exclusive accordée à la prétention juridique n'est cependant pas compatible avec le caractère réel des phénomènes juridiques. Dans le droit public surtout il est impossible de considérer la prétention juridique comme la forme principale, comme la base fondamentale de la manifestation du droit.

Les obligations, en droit public, sont indiquées d'une façon très nette, les sujets sont toujours exactement déterminés, tandis qu'au contraire les droits ne sont guère que la conséquence de ces obligations et c'est un nombre indéterminé de personnes qui les exercent.

Presque tout le droit constitutionnel se ramène à l'étude des devoirs des organes de l'autorité, et les droits qui leur sont accordés sont autant de conditions des garanties pour leur assurer la possibilité d'accomplir leurs fonctions. Les juges, par exemple, sont obligés de rendre la justice et c'est dans ce but seulement, afin d'accomplir cette fonction, qu'ils sont pourvus de certains droits.

De même, tous les rapports du droit privé ne peuvent pas s'expliquer comme des conséquences de la prétention juridique du titulaire du droit. Ainsi ne peuvent s'expliquer les « rapports de l'action passive du droit » comme les définit Ihering ; cette action nous la trou

---

(1) Brinz. Archiv. f. civil. Praxis. Bd. LXX. s. 379.

vons là où il y a une obligation sans une prétention juridique correspondante. Telles sont les obligations qu'impose la loi pour garantir les intérêts de l'enfant qui doit
naître, tels sont les devoirs du débiteur vis-à-vis d'un
titre au porteur, d'un titre, remarquons-le, dont le propriétaire est anonyme, inconnu, ou encore les devoirs
du propriétaire du fonds servant vis-à-vis d'un fonds
dominant qui est *res nullius*.

Ces différents exemples montrent bien que l'obligation peut exister sans qu'il y ait pour cela un droit correspondant et qu'il est par conséquent impossible de
faire naître tous les rapports juridiques de la prétention
juridique.

Une prétention juridique au contraire ne peut exister
sans un devoir correspondant. Si personne n'est obligé
de se conformer à ma prétention juridique, si elle
n'est obligatoire pour personne, elle n'a aucune valeur.
C'est pourquoi dans les rapports juridiques comme
du reste dans tous les rapports, c'est le côté passif, l'obligation, la dépendance qui a la plus grande valeur.

Cette valeur est reconnue aujourd'hui même par les
civilistes. C'est ainsi que Punchart croit nécessaire de
remplacer la conception du rapport juridique par la
conception de la dépendance juridique (Rechtsverband),
traduisant par ce terme l'expression romaine *juris vinculum*.

Cette nouvelle conception n'est guère pratique. Le
rapport juridique est un terme reconnu par tous et qui
offre cet avantage qu'il contient l'idée de rapport à la
fois pour le rôle actif et aussi pour le rôle passif de ce
rapport, pour l'action et aussi pour la dépendance.

Tout rapport est défini par des circonstances de fait
et par de normes juridiques. Il n'existe pas de rapports
qui soient complètement et exclusivement déterminés
seulement par le droit, les droits et les obligations exclu-

sivement fixés par la loi n'existent pas. Les rapports, par exemple, du mari et de la femme, du propriétaire et du locataire, du maître et du domestique sont réglés par le droit mais aussi par les situations sociales, par leur solvabilité, leur caractère, les dispositions mutuelles, les convictions morales et religieuses, etc... C'est par la diversité des conditions sociales que se crée la physionomie individuelle et particulière de chaque rapport concret et particulier ; mais la forme juridique de tous les rapports identiques, de tous les mariages par exemple ou de tous les contrats de louage reste absolument la même, parce qu'à tous c'est la même règle juridique qui est appliquée. Puisque c'est précisément la forme juridique des rapports qui intéresse immédiatement un juriste, on comprend aisément combien il est important pour la critique juridique de distinguer cette forme juridique de la variété des faits.

Aussi les juristes ont-ils imaginé la conception de rapports juridiques qui seraient complètement et exclusivement déterminés par les normes juridiques. Dans ces rapports, il n'existe plus qu'une seule forme juridique commune à tous les rapports identiques. Ces rapports s'appellent les « institutions juridiques ». Ils sont une abstraction juridique de la matière concrète, réelle, et comme cette forme juridique est commune à tous les rapports d'une espèce déterminée, elle sert de type commun à tous les rapports du même genre.

Les divers intérêts qui composent notre vie sociale sont si étroitement liés que les rapports juridiques qui ont la lutte entre ces intérêts pour base, ne sont pas isolés, mais au contraire forment un tout indissoluble. Cet ensemble de rapports juridiques forme ce qu'on appelle « l'état juridique ». Il en est de même des institutions juridiques considérées comme type commun des rapports juridiques, elles forment un tout que nous appellerons « l'ordre juridique ».

Tout rapport juridique, nous l'avons vu, se compose d'un droit et d'un devoir ; chacun des deux ne peut exister séparément ; ils sont nécessairement les attributs de quelque sujet ; aussi l'élément indispensable dans tout rapport juridique est-il le sujet ; cet élément n'est pas toutefois le seul. Le droit est la possibilité de réaliser un intérêt et la réalisation de mes intérêts suppose nécessairement l'usage de tels ou tels moyens. Tout droit doit donc nécessairement s'exercer sur un objet dont l'usage conduit à la réalisation de l'intérêt cherché. Ainsi tout rapport juridique suppose un sujet du droit, un sujet d'obligation et un objet. C'est par l'examen de ces éléments qu'on aboutit à la détermination des rapports juridiques.

Cet examen cependant n'est pas tout ; les rapports juridiques ne restent pas immuables, il changent, ils évoluent sans cesse ; il est donc nécessaire en outre d'étudier la forme et les conditions de ces changements.

§ 28

Le sujet des rapports juridiques.

Kierulf. Théorie des Civilrechts B. I. s. 82. Röder, Naturrecht B. I. § 52 und ff. Trendelenburg. Naturrecht § 85-88. Lasson. Naturrecht § 46. Bekker. Iherings Iahrbücher für dogmatik B. XII. Rechtssubjekten. Wallaschek. Studien zur Rechtsphilosophie. 1889. ss. 141-181.

Les règles juridiques, en tant que règles de la délimitation des intérêts humains, ne sont applicables qu'aux rapports entre les hommes ; les règles morales sont des devoirs absolus ; elles ne dépendent pas de l'intérêt que d'autres personnes peuvent avoir à les accomplir. Il peut donc être question des devoirs moraux envers soi-même, et ces devoirs ont pour chaque homme une valeur obligatoire. Le droit au contraire ayant pour but de délimiter les intérêts en conflit présuppose un rapport entre les intérêts, donc entre des hommes.

Nous ne pouvons en cette matière être de l'avis de Dernburg (1), Regelsberger, Mouromtzew et quelques autres qui admettent l'existence de rapports juridiques vis-à-vis des choses. Le rapport du propriétaire d'une chose avec cette chose ne se distingue pas du rapport de cette chose vis-à-vis de quelqu'un qui n'a sur elle aucun droit ; le propriétaire, de même que celui, qui ne l'est pas, se servent de l'objet selon des normes techniques déterminées et selon leurs goûts personnels.

Il n'y a de différences entre l'un et l'autre que dans leurs rapports avec d'autres personnes, quand le rapport s'établit à propos de la chose, là seulement apparaît une prétention juridique. Les rapports juridiques n'existent donc pas entre un individu et une chose, mais seulement entre plusieurs individus, en raison de l'usage d'une chose.

Les rapports juridiques, on les distingue facilement, sont donc possibles seulement entre des individus ; ce sont des individus qui seuls peuvent êtres sujets à des rapports juridiques ; seuls ils sont capables ; cette faculté d'être des sujets de rapports juridiques, nous l'appellerons « la capacité ».

Le droit, dans sa conception moderne, reconnaît en effet l'existence d'une capacité juridique chez l'homme seulement. Il n'en a pas toujours été ainsi ; l'homme primitif, assimilant les phénomènes naturels aux actions humaines, les considérait comme la manifestation de

(1) Dernburg, Pandekten, I. § 22.

quelque volonté consciente. Les règles juridiques ne bornaient pas leurs actions aux rapports humains et et l'on reconnaissait aux choses et aux animaux des droits et des devoirs. Même au Moyen-âge il arriva qu'on traduisit en jugement et punit des animaux. Aujourd'hui les hommes seuls sont reconnus conscients de leurs actes.

Les punitions infligées à ceux qui maltraitent les animaux ne contredisent pas ce principe, car ce n'est pas dans l'intérêt de l'animal que la punition a été établie, mais dans le but de protéger le sentiment d'humanité de ceux que peut offenser la torture sans but d'un animal. La preuve en est que si le mal fait à un animal a quelque but raisonnable, soit dans l'intérêt de la science, soit pour garnir la table, la punition n'existe pas.

Une opinion allemande toute récente, Bekker en tête, soutient cependant que les animaux peuvent eux aussi être les sujets des rapports juridiques. Si par exemple quelqu'un laisse par testament certains biens sous cette condition qu'ils devront servir après sa mort à l'entretien de son chien ou de son cheval, ces animaux deviennent propriétaires de ces biens, ils sont les sujets de certains droits.

Quelques années plus tard, toutefois, dans les Pandectes, Bekker a reconnu qu'il est préférable de restreindre la conception du sujet du droit aux personnes seulement. Une pareille limitation est nécessaire, non seulement dans l'intérêt de la commodité, mais aussi dans celui de la vérité.

On peut, en effet, attribuer aux biens telle destination qu'on voudra. Mais, en réalité, ces biens ne sont assurés de leur destination qu'autant qu'il existe un homme intéressé à cette réalisation d'une façon quelconque, soit par estime pour la mémoire du défunt, soit pour toute autre considération. Aussitôt après la disparition de la personne intéressée, les intérêts du chien ou du cheval ne sont plus garantis. Donc, même dans ce cas, les intérêts des animaux ne constituent pas par eux-mêmes directement la matière du rapport juridique, mais seulement d'une façon conditionnelle, indirecte et dans la mesure où ils s'accordent avec quelque cause ou quelque intérêt humain. Le sujet réel du rapport juridique est, même ici, une ou plusieurs personnes intéressées dans l'accomplissement du testament fait au profit d'un animal.

Il faut en dire autant en ce qui concerne les êtres surnaturels, les forces physiques. La répression des crimes religieux n'a pas pour but l'intérêt de la divinité, car la divinité n'a pas besoin d'une semblable protection, mais bien le sentiment religieux des croyants. Les biens dont l'église est propriétaire assurent la satisfaction des nécessités religieuses, des ministres du culte et par conséquent des hommes.

Nous arrivons ainsi à une autre question : reconnaître seulement les hommes comme sujets des rapports juridiques, cela ne contredit-il pas la conception de la personnalité juridique des personnes morales ? Cette conception est basée, nous le savons, sur ce fait que certains droits, certains devoirs existent au profit non pas d'individus, mais d'une classe d'individus, de corporations par exemple ou d'établissements. On distingue aussi par exemple les biens et les dettes des actionnaires de ceux de la société par actions, ceux des individus de ceux de l'Etat, ceux de l'administration d'un hospice et des malades qui s'y trouvent de ceux de l'hospice lui-même considéré comme établissement public.

Ainsi que le veut Savigny, qui fait autorité en toute cette matière, de pareilles personnes juridiques ne sont pas des sujets réels de rapports juridiques, mais seulement une fiction, Brinz va plus loin encore et rejette absolument toute idée de fiction, cette conception de personne juridique est, dit-il, tout à fait inutile.

D'autres auteurs, au contraire, comme Beseler, Gierke, Dernburg, Regelsberger, défendent l'existence de personnes juridiques et les reconnaissent comme des sujets réels des rapports juridiques, et non comme de pures fictions. Regelsberger formule ainsi son opinion : le but du droit, dit-il, est la garantie des intérêts humains, mais plusieurs d'entre ces intérêts ne peuvent être, en tout ou en partie, réalisés autrement que par les forces réunies de plusieurs individus. C'est pourquoi il existe, d'autres sujets juridiques que les individus : ce sont les personnes morales juridiques. Bien que ne possédant pas d'individualité corporelle, ce sont des sujets réels, elles constituent des organismes sociaux. L'élément vivifiant qu'elles possèdent leur vient de l'homme, mais, en tant que membres de l'organisme et agissant conformément à son but, ces hommes donnent naissance à une force particulière (verbandsleben) et à une volonté collective distincte de leur volonté individuelle. Au point de vue donc des défenseurs de l'existence réelle des personnes morales juridiques comme sujets distincts du droit, le but est toujours le même, c'est un intérêt humain, mais un intérêt commun à tout un groupe d'individus. La force de cette personne morale est le produit de l'activité de toutes les personnes membres ou représentants de ce groupe, sa volonté est celle des individus qui le composent.

Tous les rapports juridiques d'une personne morale peuvent donc être ramenés à des rapports d'individus, mais ces rapports seront très complexes, très mêlés et c'est pour cette raison qu'on les considère, pour la commodité de l'analyse juridique comme les rapports d'un seul sujet, artificiellement construit ; ce sujet c'est la personne morale.

C'est ainsi que Ihering explique sa conception de la personne morale juridique. La conception de la personne juridique n'est pour lui qu'un procédé particulier de la construction juridique des rapports réels des personnes physiques.

Ici aussi ce sont des hommes qui sont des sujets réels des intérêts délimités par le droit. Mais ces intérêts sont communs à tout un groupe d'individus dont la composition peut varier sans altérer son unité. Aussi les règles juridiques, au lieu de délimiter séparément les intérêts identiques d'une suite d'individus, considèrent elles les intérêts identiques comme un seul intérêt et le groupe lui-même comme un seul sujet du rapport juridique, comme une personne juridique unique. Il n'y a pas là autre chose qu'un procédé spécial pour arriver à simplifier la détermination des rapports mutuels des hommes. Il serait très difficile, par exemple, de déterminer le rapport existant entre la personne qui achète quelque chose à une société par action et chacun des actionnaires de cette société ou encore le rapport qui existant entre tout propriétaire de rente sur l'Etat et chacun des citoyens de cet Etat.

Il est beaucoup plus simple de considérer le rapport uniquement entre l'acheteur et la société ou entre le citoyen et l'Etat.

On peut comparer la conception de la personnalité juridique à celle des parenthèses en algèbre. De même qu'en algèbre, sans faire les équations, nous mettons entre parenthèses les quantités unies par les signes + ou — pour simplifier le calcul, de même en droit nous mettons ensemble tous les intérêts identiques d'un certain groupe de personnes par la conception de la personnalité juridique et nous déterminons ensuite les rapports entre le groupe et chaque individu.

Il n'y a, nous l'avons vu, que les hommes qui puissent être sujets des rapports juridiques ; cela ne signifie pas que tous soient toujours « capables ».

L'histoire du droit moderne au contraire nous offre beaucoup d'exemples à l'appui de cette idée. Longtemps les esclaves ne furent considérés que comme des choses, des biens qui ne pouvaient être sujets de rapports juridiques, qui étaient sans aucune capacité juridique. Dans les États modernes civilisés, l'esclavage est aboli définitivement sous toutes ses formes, mais dans les États encore barbares, comme dans ceux du centre de l'Afrique, il existe encore.

Le droit moderne reconnaît donc tous les hommes capables, mais chacun d'entre eux ne possède pas une égale capacité pour tous les droits ; cette capacité peut être plus ou moins étendue ; toutes les incapacités peuvent être ramenées à quatre catégories différentes ; celles qui sont frappées de restrictions naturelles, ou de restrictions sociales, celles qui ont leur source dans l'incompatibilité de certains rapports juridiques, et enfin celles qui résultent de restrictions pénales.

Par restrictions naturelles on entend les restrictions qui ont pour causes soit l'âge, le sexe, la race des individus. C'est ainsi que d'une manière générale les femmes sont reconnues incapables et n'exercent aucun droit politique ; les individus âgés de moins de seize ans ne peuvent occuper d'emplois administratifs, les sourds-muets ne peuvent êtres membres du jury.

Les restrictions sociales dépendent des situations sociales, de l'inégalité entre les classes, entre les professions, entre les religions. Les religieux par exemple ne peuvent pas posséder d'immeubles, les aubergistes ne peuvent être électeurs dans les villes, les juifs, en général, ne peuvent habiter hors du territoire qui leur est assigné.

Les restrictions qui ont leur source dans l'incompatibilité de certains rapports juridiques proviennent de ce que certains sujets ne peuvent en même temps exercer certains droits. Une personne mariée ne peut se marier de nouveau, tant que le précédent mariage n'est pas dissolu ; les hauts fonctionnaires dans un État ne peuvent en même temps occuper d'emplois privés.

Enfin il y a, avons-nous dit, des restrictions pénales. Ce sont celles qui sont la conséquence d'un arrêt ou d'un jugement ; elles font partie intégrante de la peine infligée au condamné.

La capacité signifie que la personne peut avoir certains droits, cela ne veut pas dire qu'elle les possède réellement ; de même que jouir d'un droit et l'exercer n'est pas la même chose. Chacun est capable de posséder un droit de propriété sur un immeuble, cela ne veut pas dire que tout le monde possède ce droit ; capacité et possession sont deux choses bien différentes.

Certains droits exigent, outre la capacité, la présence de faits particuliers, de certains événements, comme par exemple la mort du testateur, ou certains actes, une acquisition par exemple, pour que le lien entre la personne et le droit soit créé.

L'appropriation de pareils droits par un sujet s'appelle l'acquisition du droit et les droits sont des droits acquis. Ce sont ces droits qui ont un caractère exclusif, ils ne peuvent être en même temps exercés par plusieurs personnes, et comme exemple de ces droits nous citerons le droit de propriété. Mais si le droit n'est pas exclusif, et peut appartenir à la fois à un nombre indéterminé de personnes, la présence des conditions nécessaires à la capacité suffit pour qu'on les possède (par exemple le droit électoral).

La capacité commence à la naissance pour ne prendre

fin qu'à la mort ; ce sont seulement les personnes vivantes qui sont capables. Aussi l'enfant mort-né ne peut-il pas être sujet de rapports juridiques. Il est considéré par la loi comme s'il n'avait jamais existé ; cependant certains droits existent au profit de l'enfant encore à naître, mais sous cette condition que l'enfant naîtra vivant et l'on impose ainsi certains devoirs aux personnes qui ont pour ainsi dire la charge de la naissance et de la vie de l'enfant (voir les peines qui punissent l'avortement) ; elles ne peuvent pas par exemple, durant toute la grossesse, partager l'héritage du père déjà mort ; mais s'il arrive que l'enfant ne peut naître vivant, à cause par exemple de l'étroitesse du bassin, chez la mère, alors la mort du fœtus est décidée et, dans ce cas, elle n'est nullement punissable.

L'homme est reconnu capable dès l'instant de sa naissance, c'est-à-dire dès le détachement complet de son corps de celui de sa mère ; cette capacité dure jusqu'à sa mort, c'est-à-dire jusqu'à la disparition totale des derniers signes de la vie, du battement de cœur et de la respiration.

Une très longue absence, si elle demeure inconnue, équivaut à la mort et entraîne, pour l'absent, la perte de la capacité. Certaines législations, celle de la Baltique par exemple, reconnaissent comme mort, celui dont l'absence atteint la durée moyenne de la vie humaine, c'est-à-dire 70 ans ; d'autres législations, en Russie par exemple, reconnaissent comme mort, celui dont l'absence égale un délai déterminé, indépendamment de l'âge de l'individu.

Avec la mort, disparaît complètement la capacité ; un cadavre ne peut posséder aucun droit ; si la loi édicte des peines contre les profanateurs des tombes, c'est dans un but de protection vis-à-vis des personnes que cette conduite outrageante pour le défunt peut offenser.

§ 29

Les droits et les devoirs.

Ihering, Geist des rom. Rechts. B. III. Thon. Rechtsnorm und subjektives Recht, 1878 §. 223 und ff. Bierling. Kritik der jurist.
Begriffe, II. § 49, ff. Bekker, System, I. s. 46. Schuppe. Der begriff
des subjektiven Rechts, 1888. Zenthöfer. Das subjektive Recht,
1891. Schlossmann. Der Vertrag. 1876, ss. 243, ff.

L'explication de la conception du droit dans le sens
subjectif ou du « droit-pouvoir » est la question la plus
difficile et la plus controversée de l'étude des rapports
juridiques.

L'influence des normes juridiques sur les conditions
de la réalisation de nos intérêts est tellement variée, et
ces différentes formes d'influences se pénètrent si
intimement qu'il est très difficile de procéder à un
examen spécial pour chacun d'entre eux et de séparer
avec netteté le « droit-pouvoir » des autres conséquences que la norme juridique entraîne dans la réalisation
de nos intérêts.

Les normes juridiques tout d'abord interdisent l'emploi de certains moyens pour la réalisation des intérêts
humains et ainsi créent une distinction entre ce qui est
permis par la loi et ce qui est défendu par elle.

La défense limite la possibilité réelle de la réalisation
d'un intérêt, elle la restreint ; la permission, au contraire,
n'amène aucun changement dans les conditions de la
réalisation d'un intérêt. On peut accomplir ce qui n'est
pas défendu. dans les limites de la possibilité que
laissent les faits. La loi ne défend à personne de ne rien
faire, mais celui dont les moyens matériels d'existence
sont suffisants peut seul user de cette permission.

Il est permis à tout le monde d'aller en voiture, mais

peut le faire seulement celui là qui a pour cela les moyens nécessaires. La norme juridique, ici, ne crée pas et ne garantit pas la possibilité, mais elle ne fait que l'autoriser, si elle existe réellement.

L'influence des normes juridiques sur les conditions de la réalisation des intérêts humains ne se borne pas seulement à cette action toute négative. Elle se manifeste aussi sous une forme positive et peut avoir comme résultat une extension de la possibilité réelle.

En frappant d'interdiction l'emploi de certains moyens de la réalisation d'intérêts humains, elle élargit par là-même la possibilité réelle de la réalisation d'autres intérêts. Le sujet de cet autre intérêt peut donc arriver à sa réalisation non seulement dans les limites de la possibilité réelle, mais il peut aussi demander que l'interdiction prescrite par la loi soit observée, que l'obligation qu'elle impose de ne pas accomplir tel ou tel fait soit obéie. En ce cas, la norme juridique ajoute à la personne une force nouvelle, agrandit son pouvoir de réalisation des intérêts. C'est cette influence directe et positive des normes juridiques, cette influence qui se traduit par une possibilité de réalisation plus grande que nous appelons « droit subjectif » ou « droit pouvoir ». En d'autre termes ce droit c'est une possibilité de la réalisation d'un intérêt à laquelle correspond une obligation juridique.

Par ce fait que ce droit crée une obligation correspondante, il se distingue d'une simple permission. Lorsqu'un individu a droit sur quelque chose, tout lui est permis, mais il n'a pas le droit sur tout ce qui est permis, mais seulement sur les choses garanties par la création d'une obligation correspondante ; ces droits ne peuvent exister qu'entre des individus, et non pas dans nos rapports avec les phénomènes de la réalité extérieure.

On doit donc distinguer la permission simple d'accomplir quelque chose, qui n'est qu'une absence de restrictions, du droit créé par la possibilité plus grande d'accomplissement résultant de l'extension d'une capacité correspondante.

L'influence de la norme juridique peut aussi prendre une autre forme, une forme qui tient le milieu à la fois entre la simple absence d'une interdiction quelconque et la création d'un droit nouveau. Les intérêts humains sont en général si étroitement liés qu'un changement quelconque apporté dans les conditions de la réalisation de l'un d'entre eux amène toujours quelque conséquence pour les autres intérêts qui lui sont liés d'une façon plus ou moins complète.

Aussi la création, par une norme juridique, d'un devoir pour garantir la réalisation d'un intérêt quelconque amène-t-elle toujours quelque conséquence dans la réalisation des autres intérêts qui lui sont liés.

Ainsi, par exemple, la création d'un tarif très élevé pour les douanes amène des conditions avantageuses non seulement à l'intérieur du pays, pour sa production, mais aussi pour les contrebandiers. L'obligation pour le propriétaire par suite d'un contrat avec son locataire d'éclairer l'escalier jusqu'à l'étage élevé qu'il occupe et de le garnir d'un tapis entraîne pour les locataires des étages inférieurs la possibilité d'user de l'un et de l'autre.

Mais ni le contrebandier, ni le locataire n'ont des droits, parce que les avantages qu'ils retirent de l'obligation juridique existante, ils ne peuvent s'en servir qu'autant que les circonstances de fait le leur permettent. Si les circonstances changent et qu'ils ne puissent plus user de ces avantages, ils ne peuvent demander à personne le rétablissement de l'état de choses ancien, afin de se servir du tapis ou de retirer plus de profits de la contrebande. La personne, au contraire, qui a un droit, s'il survient des circonstances qui la privent de l'exercice de ce droit, peut en demander le changement, et cela en vertu de la norme juridique.

Nous devons donc distinguer le « droit-pouvoir » comme une possibilité à laquelle correspond directement un « droit-obligation » de la possibilité que nous avons d'user des conséquences accidentelles de la réalisation du droit. L'action des normes juridiques qui s'exerce ici est appelée par Ihering une action « réflexe » du droit.

L'obligation correspondante au droit peut être imposée à tous ceux qui sont en conflit à cause de l'usage de la chose. Dans ce cas, le sujet de l'obligation n'est pas déterminé par son caractère personnel, mais par un caractère objectif, par le conflit qui résulte à propos de l'usage d'une chose déterminée.

Les droits auxquels une pareille obligation qui est commune à tous correspond s'appellent des droits sur les choses ; on les appelle aussi « droits contre tous », ou encore « droits réels ». On leur oppose les « droits personnels ».

L'obligation correspondante pour ces derniers se fixe seulement sur un individu déterminé ; ce n'est que par rapport à lui que les droits personnels peuvent être réalisés.

Le droit de propriété peut servir d'exemple comme « droit réel ». Le propriétaire de la chose peut exiger de chacun qu'il ne soit pas mis d'entrave à son droit de propriété. Comme exemple de droits personnels on peut citer le louage de services.

Tout droit suppose nécessairement une obligation correspondante. Si l'obligation n'existe pas, il y aura seulement une permission et non pas un « droit-pouvoir ».

Mais une obligation peut parfois exister sans un

« droit-pouvoir » correspondant. C'est ce qui se passe quand l'intérêt qui constitue la matière du droit correspondant naît postérieurement à lui ou est provisoirement suspendu.

Ainsi à l'obligation de ne pas porter atteinte à la vie du fœtus ne correspond pas un droit, puisque le fœtus n'est pas encore un sujet de droit.

L'obligation est ici créée en attendant le droit sur la protection de la vie de l'enfant à naître.

De même quand une lettre de change est perdue et n'est provisoirement en la possession de personne, à l'obligation de celui sur lequel la lettre a été tirée ne correspond aucun droit.

L'obligation cependant ne disparaît pas pour cela, parce que la lettre peut être retrouvée par quelque personne, et cette personne acquiert tout aussitôt les droits que donne cette lettre de change.

L'action, en pareil cas, dit Ihering, est une action « passive » du droit.

Nous avons défini le droit-pouvoir comme la possibilité de la réalisation d'un intérêt auquel correspond directement une obligation.

C'est là une définition aux points de vue formel et matériel du « droit-pouvoir ». Du côté extérieur et formel, ce droit est une prétention (Rechtsausspruch) d'un individu sur l'accomplissement de l'obligation par le tiers obligé. Du côté intérieur et matériel, le « droit-pouvoir » est la possiblité de la réalisation d'un intérêt, et comme cette réalisation suppose toujous l'emploi de quelques forces, la matière du « droit-pouvoir » est en général l'usage.

L'usage suppose seulement la présence de besoins, la prétention suppose nécessairement une volonté consciente Notre volonté peut être mise en mouvement non seulement pour satisfaire nos besoins personnels, mais ausssi ceux des autres.

L'homme peut agir dans l'intérêt d'autrui, mais l'usage qu'il fait des biens est inséparable du besoin qu'il a de ces biens, et la prétention qu'il a à l'accomplissement de l'obligation, garantissant la satisfaction de ses besoins, cette prétention peut être réalisée par d'autres personnes. C'est ce qui se passe, d'abord, forcément, quand le sujet qui a besoin n'a pas de volonté consciente ou suffisamment consciente. Pour garantir la satisfaction de ses intérêts, il est alors nécessaire que ce soit la volonté d'un autre qui ordonne ; les tuteurs agissent ainsi pour les aliénés et pour les mineurs.

Le même fait se reproduit, dans un but de commodité, quand on procède à un règlement d'intérêts communs à tout un groupe d'individus. Aux lieu et place de toutes les volontés agissant ensemble dans l'intérêt commun, une seule de ces volontés agit pour tous : ainsi naît ce qu'on appelle « la personne juridique ».

Cependant même quand il s'agit d'une pareille distinction entre les sujets de volonté servant à un intérêt déterminé et cet intérêt lui-même, on doit séparer le sujet de l'intérêt, le destinataire, du sujet de la volonté, l'ordonnateur.

Quand la volonté agit pour le compte d'autrui, elle ne crée pas un droit, mais une obligation.

Celui au profit de qui existe le droit qu'engendre une norme juridique quelconque n'est pas toujours un sujet de droit ; c'est parfois grâce à l'action réflexe du droit qu'il possède un droit qu'il ne pourrait avoir par lui-même.

Il ne deviendra sujet d'un droit que si la possibilité de l'usage lui est garantie par une prétention correspon-

dante, même si la prétention était réalisée par la volonté
d'un autre (1).

La matière du « droit-pouvoir », avons-nous dit, est
l'usage de l'objet. Telle est la définition générale de la
matière du « droit-pouvoir ».

Mais l'usage peut être très différent. Cela peut être
d'abord un simple usage n'exigeant ni la possibilité
d'exclure les autres de l'usage du même objet, ni la
possibilité de varier les moyens de l'usage. Cet usage
consiste dans le droit de se servir d'une chose en
commun avec d'autres personnes et conformément à sa
destination.

Un pareil usage est un élément fondamental de la
matière de l'obligation, en ce sens qu'il est absolument
indispensable à l'exercice de tout droit ; mais c'est là un
droit tout à fait restreint. L'usage que fait chacun de
nous des voies publiques est un exemple de ce droit.

C'est pour tout droit, non seulement un élément fondamental que cet usage, mais aussi un élément naturel
qui dépend de la nature même de nos besoins et non de
la complexité des rapports sociaux. L'usage simple sert
à la satisfaction immédiate des besoins humains. Aussi

1. C'est de cette façon précisément que Bernatzik, Kritische Studien über Begriff der juristischen Person (Archiv für öff. R. B. V.
1890, S. 223) définit le sujet d'un droit : « Rechtssubjekt ist der
« Träger eines jeden menschlichen Zweckes, den die herrschende
« Rechtsordnung als Selbstzweck dadurch anerkennt, dass sie dem
« zu seiner Realisirung erforderlichen Willen rechtliche Kraft ver-
« leiht ».

La plupart des juristes au contraire qui définissent la notion de
sujet du droit attachent seulement de l'importance ou au droit a la
prétention ou bien à l'usage, et ils arrivent de cette façon à des conséquences radicalement fausses.

C'est ainsi qu'on doit expliquer la doctrine paradoxale de Bekker,
System I s. 56. D'après lui, le sujet du droit sur des biens déterminés
est celui dont les créances sont garanties par ces biens ; comme s'il
était possible de déterminer quelles créances s'exercent sur des biens,
si l'on ne sait pas à qui appartiennent ces biens !

seules les personnes physiques peuvent-elles faire usage
des choses ; les personnes juridiques elles-mêmes ne
peuvent pas sans intermédiaire user des objets.

Le second élément fondamental de la matière du droit,
c'est la possession ; il consiste dans la possibilité
d'exclure d'autres personnes de l'usage de l'objet sur
lequel nous avons des droits. Par exemple le locataire
d'un immeuble peut non seulement se servir de
l'immeuble loué pour satisfaire ses besoins, mais il a en
outre le droit d'exclure toute autre personne de l'usage
de cet immeuble, alors même qu'il ne s'en servirait pas.

De sa nature, la possession est donc une condition qui
facilite et garantit l'usage d'un bien ; mais la possession
a en même temps une portée plus indépendante. Elle
augmente l'usage, élargit, pour ainsi dire, ses limites
naturelles. L'homme a l'usage des biens dont il a besoin
pour satisfaire ses besoins personnels ; la possession lui
donne la possibilité d'exploiter à son profit les besoins
des autres. Si l'homme a le droit, par la possession,
d'empêcher que les autres se servent de l'objet, il a
aussi celui d'autoriser cet usage sous telles ou telles
conditions, notamment sous forme de récompense.
Nous voyons apparaître ici l'avantage d'acquérir de
cette façon la possession de choses dont nous mêmes
n'avons pas besoin, mais dont nous tirons cependant un
certain profit en les cédant à d'autres.

Le troisième élément du contenu du droit, c'est le
droit de disposer de l'objet, le *jus disponendi*. Ihering
le définit le droit de changer, de modifier la manière
d'user de l'objet. L'usage ni la possession ne comportent
pas ce pouvoir de disposition de l'objet. Le possesseur
d'un objet doit conserver immuable la destination donnée
à cet objet. Celui qui loue une maison par exemple ne
peut ni la rebâtir, ni la détruire.

Le droit de disposer d'un objet se compose de trois éléments différents.

Il comprend d'abord le droit de modifier l'usage, sans toujefois détruire l'objet, et sans le transmettre à une autre personne : c'est le *jus abutendi*. Il comprend aussi le droit de transmettre l'objet à une autre personne, le *jus alienandi* car c'est là une façon d'user de l'objet. Enfin le troisième élément est le droit de détruire l'objet, de l'anéantir, c'est le *jus disponendi de substantia*. Ce troisième élément n'existe que si le droit d'usage s'applique à des choses.

§ 30

Les objets des droits.

Regelsberger. Pandekten. I. s. 357. Bekker, System. I. s 81. Kie-
J rulff. Théorie. I. s. 129. Ihering; Zweck im Recht. I. s. 70.
Golmstein. Le principe d'identité, p. 49.

Puisque la matière d'un droit, c'est l'usage et que l'usage ne se comprend pas s'il n'y a pas un objet auquel il s'applique, tout droit a donc un objet. Chaque droit réel est un droit sur quelque chose.

Quelques-uns, Bekker par exemple, admettent cependant l'existence de droits sans objet. Cela vient de ce qu'ils ne prennent en considération qu'une partie du droit, la prétention juridique ; mais la matière du droit est toujours l'usage garanti par cette prétention, l'usage qui suppose nécessairement un objet.

L'objet du droit peut être tout ce qui sert de moyen pour la réalisation des intérêts délimités par le droit. Or tous nos intérêts se réalisent à l'aide de quelque force ; aussi peut-on dire d'une manière générale que les forces sont les objets du droit.

L'usage de ces forces qui servent de moyens pour la réalisation de nos intérêts se traduit le plus souvent par des actes. C'est pour cette raison que quelques juristes ont considéré les actes comme l'unique objet du droit. C'est là une conception que nous ne pouvons admettre, car, si on l'examine de près, elle aboutit à des conséquences tout à fait impossibles à soutenir.

Il y a des cas, tout d'abord, où les droits appartiennent à des personnes qui ne peuvent accomplir eux-mêmes aucun acte, par exemple un enfant ou un aliéné. C'est, dans ces cas, une autre personne, un tuteur qui accomplit pour eux les actes nécessaires à la gestion de leurs biens.

En reconnaissant, par conséquent, les actions comme unique objet du droit, il faudra donc admettre que l'objet de certains droits, droits de propriété par exemple, peut varier selon le sujet de ce droit. Si le sujet du droit de propriété est une personne capable, l'objet de ce droit est bien l'action personnelle du sujet, mais si le sujet n'est pas capable (fou, mineur) l'objet de ce même droit de propriété n'est plus son action personnelle, mais seulement celle d'autrui, du tuteur par exemple.

On le voit, il existe deux objets tout à fait différents dans un même droit. Si l'on ne considère pas les actions du tuteur comme l'objet du droit de propriété, alors ce droit, toutes les fois qu'il appartient à un incapable, reste sans aucun objet, car un enfant à la mamelle, par exemple, ne peut accomplir aucun des actes nécessaires à la réalisation de l'usage des biens qui lui appartiennent.

Les forces qui sont l'objet du droit sont très différentes suivant leur nature ou suivant les personnes qui sont les sujets de ce droit. Au point de vue juridique, la distinction de la nature des forces n'a aucune valeur. Mais le rapport entre la force et le sujet du droit exerce une certaine influence sur le caractère même du droit. Aussi les objets du droit sont-ils classés précisément d'après ce rapport.

On distingue quatre catégories d'objets : 1° les forces personnelles du sujet ; 2° les forces de la nature ; 3° les forces d'autrui ; 4° les forces de la société.

Chacun de ces objets a un rapport différent avec le sujet du droit. Les forces personnelles constituent la propriété inaliénable du sujet du droit. Elles sont créées en même temps que le sujet lui même, et leur répartition entre les hommes est l'œuvre de la nature elle-même. Le droit ne donne pas à l'homme l'usage de ces forces, mais il les limite et les protège. Les forces des autres hommes ne sont pas créées pour notre usage à nous par la nature elle-même, et pour l'obtenir à notre profit, cet usage, nous devons nous servir des moyens mis à notre disposition par le droit. Ces forces étant intimement attachées à la personnalité humaine, ce lien même rend nécessaire une limitation des droits de chacun sur l'objet du droit, car le droit, s'il n'était pas limité dans l'hypothèse, pourrait aboutir à un droit, non seulement sur les forces de l'homme mais sur la personne elle-même.

L'homme peut se servir des forces de la nature autant qu'elles se manifestent dans les choses ; ces choses ne sont pas également réparties entre les hommes par la nature, elles n'offrent avec la personne humaine aucun lien direct, immédiat. C'est pour cela que les normes juridiques non seulement déterminent l'usage de ces choses, mais aussi fixent les principes de leur répartition entre les hommes : ces droits sur les choses sont les plus complets, les plus absolus de tous les droits.

Les forces de la société ne sont pas l'attribut d'un individu, mais d'une société toute entière et présentent cette particularité caractéristique que chaque individu, comme membre de la société, subit nécessairement l'action de ses forces.

L'usage des forces personnelles, physiques et morales, est la première condition nécessaire à la réalisation de nos intérêts. Mais cet usage peut tout d'abord avoir pour conséquence d'empêcher la réalisation des intérêts d'autrui. Il faut donc nécessairement apporter certaines restrictions à l'usage de ces forces personnelles, et comme cet usage se manifeste toujours par quelque action de l'homme, ces restrictions ne pourront être autre chose que des restrictions à la liberté des actions humaines.

En second lieu, l'activité des autres hommes peut aussi créer des empêchements pour l'usage des forces personnelles. Il faut donc garantir par des normes juridiques l'usage des forces personnelles, en imposant aux autres une obligation correspondante.

Selon une règle, générale à toutes les restrictions juridiques, sont soumises à ces restrictions seules les actions qui entraînent la réalisation extérieure de nos pensées, de nos désirs, et qui amènent ainsi des changements, des manifestations extérieures, car ce ne sont que de pareilles actions qui peuvent apporter quelque empêchement à la réalisation des intérêts des autres hommes ; une action qui serait seulement la manifestation de nos pensées, sans aboutir à leur réalisation, ne serait pas soumise à une pareille restriction. La simple manifestation de l'intention d'accomplir un crime n'est pas punissable ; exception toutefois doit être faite pour les cas où la forme même de la manifestation de nos idées est un attentat aux intérêts des autres. Ainsi il est défendu d'exprimer sur autrui une opinion ayant la forme d'une offense, il est défendu aussi de manifester, sous forme de menaces, son désir d'accomplir ce que la loi interdit. La manifestation des idées par la presse ou à une tribune publique est soumise à une réglementation spéciale, puisque, dans ces cas particuliers, cette manifestation emprunte une portée très générale.

Le lecteur ne peut pas savoir, à l'avance, quelle est la question traitée dans une brochure ou dans un article de journal, et après la lecture, il ne lui est plus possible de s'affranchir de l'impression que cette lecture lui a communiquée. C'est également ce qui se passe pour l'auditeur occasionnel d'un discours public.

La conception de la liberté de la pensée, est, d'une manière générale, une conception relativement récente.

Autrefois, dans le droit ancien, même la simple manifestation de la pensée était régie par la loi. C'est qu'on croyait dans ces temps reculés à la possibilité de nuire même par la simple pensée (par l'œil mauvais, disait-on), ou tout au moins par des paroles auxquelles on attribuait la même puissance qu'aux actes dont elles prêchaient l'exécution.

L'usage de nos forces personnelles est donc garanti ; cette garantie a pour but de protéger notre vie, notre santé, celle de notre corps aussi bien que celle de l'esprit.

Il arrive souvent que les forces individuelles ne suffisent pas à la réalisation de l'intérêt et que la collaboration de plusieurs individus est nécessaire ; ainsi s'établissent des droits sur les forces des autres hommes. L'idée moderne du droit n'admet pas cependant l'existence de droits sur la personne même de l'homme ; on admet seulement l'existence de droits sur ses services, et même ces droits n'ont pas, le plus souvent, un caractère absolu.

Si celui qui s'est engagé à accomplir un acte, un service déterminé, refuse de l'accomplir, on ne peut l'y contraindre ; ces droits ont un caractère spécial : celui qui s'est engagé à accomplir un acte peut ou accomplir l'acte ou indemniser par une somme d'argent celui envers lequel il s'était engagé. Seul le droit de l'État sur les services qui lui doivent les citoyens ont un caractère absolu, telle est l'obligation du service militaire.

Quant aux différentes parties du corps humain, on doit distinguer celles qui sont séparées du corps et celles qui ne le sont pas. C'est ainsi que les cheveux une fois coupés, une dent qui vient d'être extraite doivent être comparés à tout autre objet parce que ces cheveux ou cette dent n'ont aucune force, aucun moyen d'action par eux-mêmes, dès qu'ils sont détachés du corps de l'homme.

Au contraire les parties qui ne sont pas détachées du corps de l'homme ne peuvent être un sujet juridique, elles ne peuvent être soumises au pouvoir d'autrui, car il ne peut exister de droits sur le corps humain ou sur ses différents membres. On ne peut pas acquérir un droit de propriété sur des cheveux qui ne sont pas encore coupés, sur des dents qui ne sont pas encore arrachées ; on ne peut acquérir aucun droit à l'usage du corps d'un individu quelconque, d'un monstre, d'un nain ou d'un géant par exemple dans un but d'exhibition. On ne peut acquérir de droits que sur l'action de l'homme, la permission d'user de son corps ou de quelques parties de son corps. Mais s'il se refuse à cet usage, on ne peut l'y contraindre ; on peut seulement obtenir une indemnité pour le dommage résultant de ce refus.

Outre les forces individuelles, les forces humaines en général, les forces naturelles servent aussi de moyens à la réalisation des intérêts humains. L'action des forces naturelles se manifeste toujours par quelque phénomène physique et l'homme ne peut utiliser cette action pour la réalisation de ses intérêts que s'il possède la matière. Les différentes parties de la matière sont les choses ; ce sont ces choses, et non les forces, qui sont les objets du droit.

Toutes les choses ne peuvent être objets du droit, mais seulement peuvent remplir ce rôle celles d'entre elles qui sont soumises à l'influence humaine, et pour cette raison, les étoiles, le firmament ne peuvent être objets du droit. Il y a des choses qui peuvent être objets du droit seulement par rapport à quelques individus ; il y en a d'autres dont la nature en autorise l'usage pour tous, comme l'air, l'eau courante, la haute mer ; ce sont là les *res communes omnium*.

Certaines de ces choses qui, de leur nature, sont susceptibles de devenir objets de possession privée ne sont pas cependant laissées par la législation positive, dans le domaine privé. Ce sont les choses publiques, les *res publicæ quæ extra commercium sunt*, par exemple les routes et chemins. Physiquement ils sont susceptibles de propriété privée, mais on considère cette situation comme incompatible avec leur destination.

Parmi ces choses publiques, nous devons distinguer celles qui ne sont hors du domaine privé qu'accidentellement ; ce sont celles qui n'appartiennent à personne, *res nullius quæ extra patrimonium nostrum sunt*.

Dans une même chose peut se manifester l'action non d'une seule, mais de plusieurs forces. Le droit peut permettre à l'homme l'usage de toutes les manifestations des forces d'une chose déterminée, ou seulement de quelques-unes de ces manifestations. Dans le premier cas, on le conçoit aisément, la puissance de la personne sur la chose est plus large, plus complète ; ce droit est un droit de propriété, c'est le *dominium*.

Le propriétaire peut se servir de toutes les manifestations des forces d'une chose qui lui appartient à moins que quelques unes de ces manifestations n'aient été exclues de l'usage permis de la chose. Au contraire la personne qui a seulement un droit de jouissance, celle qui n'a pas sur cette chose un droit de propriété, celle-là ne peut user de la chose que dans les limites où ce droit d'usage lui a été accordé.

La même chose peut donc être à la fois susceptible d'un droit de propriété et de d'autres droits moins complets que celui-là, droits d'usage, droits de jouissance : *jura in re alienâ*.

Aux distinctions à faire entre les différentes propriétés physiques des choses, il faut ajouter les différentes propriétés juridiques de ces choses ; dans le langage juridique par exemple, on accorde une très grande différence entre les biens meubles et les immeubles.

Sont immeubles, d'abord le sol et tout ce qui y est adhérent de façon complète, les arbres ou des maisons par exemple ; sont des biens meubles tout le reste. C'est là une distinction qui a de très graves conséquences dans des actes de partage par exemple, dans des règlements de succession, dans les garanties accordées au droit.

La chose étant une partie de la matière se divise à son tour en parties de matière ; cette notion de parties de matière n'a qu'une valeur très relative, et la partie peut être considérée à la fois comme dépendante de l'objet ou comme formant un tout distinct. On a eu bien vite la notion de choses composées de parties et formant un tout, *universitas rerum*, qui, formée de choses multiples, ne sert cependant qu'à la réalisation d'un seul et même intérêt ; juridiquement cet ensemble de choses est considérée comme une chose unique ; tel est le cas des magasins et leurs marchandises, des troupeaux, etc. Le rapport, le lien de ces différentes choses entre elles est parfois un rapport de subordination, et tient à ce que telle chose est un attribut de telle autre, la porte par exemple peut être considérée comme un attribut de la maison. Nous appelons attribut certaines choses sans lesquelles la chose principale ne saurait remplir le but, la destination qui lui est assignée, comme par exemple une voiture privée de ses roues. Les attributs ont toujours le même sort que l'objet principal lui-même.

La dernière catégorie d'objets du droit que nous avons énumérée est celle formée par les forces de la société. Il faut les distinguer des forces de l'individu. En réalité, elle n'est pas, comme on pourrait le croire, la somme des forces de chacun des membres qui la composent, elle est une force beaucoup plus grande que celle-là. L'explication s'en trouve dans l'organisation de la société qui unit les forces individuelles, dans l'habitude de se soumettre pour chacun d'entre nous aux exigences de la vie sociale et dans l'autorité morale qu'a toute société vis-à-vis de chacun de ses membres.

Les rapports entre les hommes ont des formes multiples. La plus petite des sociétés se soumet toujours à la plus grande, et la moins grande de deux forces peut être le plus souvent considérée comme une force dépendant de la plus grande.

Finalement toutes les associations humaines se ramènent à une seule, à la grande société par excellence, à l'humanité ; l'humanité embrasse toutes les sociétés et toutes relèvent d'elle.

Mais toutes les sociétés n'ont pas une influence extérieure manifeste ; seules celles qui sont organisées possèdent cette influence. La force de ces sociétés qui agit directement sur chacun de ses membres peut être l'objet de droit ; les plus importantes de ces sociétés sont l'État, l'Église et la famille.

§ 31

Les faits juridiques.

Ihering. Geist. III. § 53. Zitelmann, Irrthum und Rechtsgeschäft s. 200 ff. Thon, Rechtsnorm und subjektives Recht. ss. 71 ff. ss. 325 ff.

Les rapports juridiques ne sont pas immuables ; ils naissent, évoluent, disparaissent. Ces divers changements, de quoi dépendent-ils ?

Tout rapport juridique suppose nécessairement un droit et une obligation qui sont le résultat de l'application des normes juridiques. Nous avons déjà vu que cette application dépend de certains faits, déterminés généralement par l'hypothèse qu'il s'agit de régler.

Aussi les rapports juridiques dépendent-ils de ces faits, ces faits, on les appelle des « faits juridiques » ; généralement en effet l'application d'une norme juridique donne naissance à plusieurs faits et non pas à un seul. Pour acquérir par exemple un droit de propriété par la possession il faut : 1° l'intention de posséder la chose à titre de propriétaire de la chose ; 2° une durée déterminée de la possession ; 3° une possession non interrompue et 4° une possession non contestée. Ce n'est que si la possession réunit ces quatre conditions qu'elle peut donner naissance à un droit de propriété.

La réunion de toutes les circonstances nécessaire à l'application de la norme juridique s'appelle le « contenu des suppositions de fait », en allemand *Thatbestand*. Les différentes conditions qui forment les suppositions de fait peuvent tenir ou à des faits extérieurs ou au contraire à la volonté de l'individu ; dans la dernière hypothèse elles ne peuvent donc exister que s'il s'agit de rapports entre des actions humaines parce que c'est seulement dans ces cas qu'agit la volonté de l'homme.

Il faut donc distinguer entre le contenu « objectif » et le contenu « subjectif » des suppositions de fait. C'est ainsi que pour qu'un testament soit déclaré valable, on exige, outre certaines conditions de forme objectives (forme écrite, présence d'un certain nombre de témoins) certaines conditions subjectives de la part du testateur (esprit sain, mémoire lucide). L'ensemble des conditions de forme, conditions extérieures constitue le côté objectif du testament ; l'ensemble des conditions qui se rapporte à l'état moral du testament en forme au contraire le côté subjectif.

L'application de la norme juridique peut dépendre des seules conditions objectives ; c'est ce qui se passe pour tous les faits juridiques qui ne sont pas des actions humaines. Une succession, par exemple, est déclarée ouverte par le seul fait de la mort de celui qui laisse l'héritage et elle est ouverte au profit de tous les héritiers par le seul fait de leur présence. Aucune condition subjective n'est ici demandée. Le droit ne peut régir des faits qui ne réunissent que les conditions subjectives. En effet le droit n'a affaire qu'aux idées qui, toutes, ont déjà reçu leur application, ce sont seulement ces idées qui peuvent avoir une valeur juridique. Nous distinguons donc facilement dans toute application d'un droit deux éléments : l'élément subjectif qui est la pensée et l'élément objectif qui est la manifestation extérieure de cette pensée.

Voici donc une première distinction à faire parmi les faits juridiques : les « faits » qui n'ont qu'une valeur exclusivement objective, les « actions » qui sont d'essence à la fois objective et subjective.

L'accord entre les « faits juridiques » et la loi existe le plus souvent ; il peut arriver cependant que certains de ces faits soient en opposition avec elle et nous aurons ainsi des faits qui seront légaux et d'autres qui seront illégaux. D'où nouvelle distinction entre les faits juridiques conformes au droit et d'autres qui y sont contraires.

Envisageons les distinctions à établir entre les faits et les actions et entre les faits légaux et les faits illégaux. Nous pouvons les classer en quatre catégories :

1° faits légaux ; 2° actions légales ; 3° faits illégaux ; 4° actions illégales.

Une pareille classification présente cependant quelques inconvénients.

Il arrive en effet que certaines actions légales sont juridiquement considérées comme des faits parce que leur côté subjectif n'a que fort peu d'intérêt. Ces actions, conscientes ou non, ont une valeur juridique toujours absolument identique. Ainsi par exemple la destruction d'une chose entraîne également la disparition de tout droit sur elle ; peu importe que cette destruction ait été un fait volontaire ou non, le résultat produit reste toujours le même.

Aussi toutes ces actions dont les conséquences juridiques ne sont pas influencées par le côté subjectif doivent-elles être rapprochées des faits et les appelle-t-on le plus souvent des faits, comme les faits juridiques proprement dits.

Seules les actions illégales forment un groupe distinct dont leur valeur juridique dépend surtout du but, de l'intention en vue desquels elles ont été accomplies. Il faut d'ailleurs faire remarquer que les faits illégaux n'ont de valeur juridique qu'autant qu'ils ont fait naître un état illégal et durable, état qui exige le rétablissement du droit qui a été violé.

La plupart du temps, du reste, au lieu de dire « faits illégaux », on dit « état illégal » et l'on désigne le plus souvent les actes illégaux sous le nom de « violations de droits ».

Nous distinguerons donc quatre catégories parmi les faits juridiques :

1° Les faits juridiques proprement dits ;

2° Les actions juridiques ;

3° Les états illégaux ;

4° Les violations de droits ;

Les faits juridiques proprement dits comprennent tous ceux qui n'ont rien de contraire aux normes juridiques, rien d'anti-légal et dont l'accomplissement entraîne par lui-même la création de droits nouveaux, ou bien un changement quelconque, ou même l'extinction des droits et obligations déjà existants.

Les droits et obligations n'ayant jamais de valeur qu'autant qu'ils servent à délimiter des intérêts qui se heurtent, ce seront seulement les faits révélateurs de ces intérêts qui seront déterminés par les lois nouvelles.

Ainsi la naissance d'un homme sur le territoire d'un État d'un père citoyen de cet État fait présumer que l'individu a intérêt à accepter la nationalité du pays où le fait se produisit.

Le fait de ne pas user d'un droit pendant longtemps est généralement l'indice d'un intérêt qui n'existe plus et qui, disparaissant, entraîne la suppression du droit, toutes les prescriptions extinctives ont été établies sur cette conception.

Dans d'autres cas ce fait juridique constitue la cause qui met fin à l'existence d'un intérêt ou le modifie ; ainsi la mort d'une personne entraîne avec elle tout intérêt et tout droit.

Tous les intérêts ne sont pas cependant liés ainsi étroitement à des faits déterminés. On peut même dire que, le plus souvent, les intérêts n'offrent pas par des faits, des signes certains de la naissance d'un droit, de sa modification ou de son extinction.

Dans ces cas l'hypothèse de la norme ne contient pas l'indice, et l'application de la norme est subordonnée à la présence de certains intérêts. Ce travail d'adaptation de la norme à l'intérêt est fait par ceux auxquels le devoir ou leur intérêt personnel le commande. Les intérêts qui dictent le plus souvent l'accomplissement d'un fait juridique se manifestent généralement dans l'acte individuel ; celui surtout qui a pour but de constater l'existence de l'intérêt. Ces intérêts sont difficiles à reconnaître dans les actes fortuits et dans ceux de force majeure. Par conséquent, l'application des normes qui délimitent les intérêts dépend ou des signes extérieurs qui se révèlent facilement ou d'actes faits spécialement dans ce but, c'est-à-dire des actes faits en vue de provoquer leur application.

Ces actes juridiques sont de deux sortes : si leur accomplissement est laissé aux personnes privées, dans un but simplement personnel, ce sont des « contrats », en droit romain des *negotia juris* ; si au contraire leur accomplissement dépend de fonctionnaires, chargés de ce soin par leur devoir ou leurs fonctions, ce sont des « ordres » (Verfügungen).

Les uns et les autres peuvent être unilatéraux ou bilatéraux ; les premiers sont ceux qui contiennent la manifestation de la volonté d'une seule personne, les seconds ceux qui contiennent la manifestation de la volonté de deux personnes ou de plusieurs.

Un contrat unilatéral ne concerne que les droits de celui qui agit, parce que ce sont ces droits là seulement que le contrat peut régler ; citons comme exemple de cette catégorie de contrats, le testament et le louage de services.

L'ordre unilatéral d'une administration agissant

comme autorité peut atteindre aussi les droits des particuliers, il peut les restreindre, les supprimer même.

Un contrat bilatéral est celui qui a pour base une convention de personnes indépendantes l'une de l'autre, non liées l'une envers l'autre par un lien de subordination. L'ordre bilatéral au contraire n'a pas du tout ce même caractère ; des deux volontés qui le forment l'une est maîtresse l'autre sujette. Les deux volontés se mettent en rapport l'une pour demander, pour solliciter (nomination, concession), l'autre pour autoriser, agréer (admission à un emploi).

L'accomplissement de tout contrat, de même que celui d'un ordre quelconque exige certaines conditions relatives, les unes au sujet qui accomplit le contrat ou l'ordre, les autres à la forme que doit revêtir tout contrat ou tout ordre. Cette capacité d'accomplir un contrat, c'est ce qu'on appelle la capacité de contracter. Les mineurs, les aliénés, ceux qui sont privés de leurs droits civils ne possèdent pas cette capacité contractuelle.

Il faut signaler encore certains actes pour lesquels il existe des restrictions spéciales et qui exigent une capacité particulière ; l'acte accompli par un individu incapable est déclaré nul.

La capacité de donner des ordres d'autorité constitue la « compétence ». La compétence générale est impossible, et l'ordre accompli, hors des limites, assignées à telle ou telle administration, n'a pas plus de valeur que le contrat accompli par un incapable.

Pour certaines actions juridiques, il a été établi des formes spéciales : tantôt ces formes ne sont pas rigoureusement obligatoires et ne servent qu'à donner une plus grande valeur au contrat, à établir la preuve pour l'avenir que l'acte a bien été vraiment exécuté ; ces formes sont établies seulement dans un but de preuve, *coroboratio* ; tantôt ces formes sont des attributs néces-

saires de l'acte lui-même ; sans elles l'acte n'a aucune
valeur juridique, il est considéré comme nul, comme
n'ayant jamais existé ; ce sont des formes nécessaires
à l'acte lui-même, *corpus negotii*.

La forme écrite d'une lettre de change peut servir
d'exemple pour les formes de la première catégorie. Un
prêt d'argent peut exister sans qu'il soit constaté par
écrit ; si le débiteur reconnaît sa dette, il n'est point
besoin d'un billet écrit,

Comme exemple de formes qui font partie intégrante
de l'acte lui-même, citons celle ordonnée pour tout achat
ou vente d'immeubles ; cette vente ou cet achat doit
être constaté par acte écrit, faute de quoi il n'est pas
reconnu valable, alors même que personne n'en contes-
terait l'existence.

En ce qui concerne les ordres d'un gouvernement ou
d'une administration, cette distinction s'applique aussi.
Certaines de ces formes ne sont imposées qu'en vue des
considérations d'opportunité et leur inexécution peut
entraîner des peines disciplinaires, mais l'ordre n'en est
pas moins pour cela valable ; d'autres formalités au
contraire sont absolument nécessaires pour que l'ordre
soit déclaré valable et obligatoire pour les citoyens.

Par la « représentation juridique » certains actes
peuvent être accomplis par une personne à la place d'une
autre. Le représentant accomplit l'acte au nom de celui
qu'il représente et sous cette condition que toutes les
conséquences juridiques de l'acte seront subies par celui
qu'il représente.

La représentation juridique peut être forcée ou simplement volontaire. La représentation est dite forcée
lorsqu'elle a lieu pour des personnes qui ne peuvent
elles-mêmes accomplir les actes juridiques, ce sont les
personnes dont nous avons déjà parlé et qui sont privées de toute capacité contractuelle. La représentation

est dite volontaire quand une personne, parfaitement
capable, au lieu d'accomplir elle-même un acte juridique, charge une autre personne de l'accomplir à sa
place.

L'état illégal et la violation du droit ont ceci de
commun que l'un et l'autre sont en opposition avec une
norme juridique.

Ils présentent toutefois une différence importante qui
est la suivante. Les exigences des normes juridiques
s'adressent à la volonté réfléchie de l'homme ; le droit
ne peut pas en effet gouverner les actions, les forces
inconscientes de la nature. Aussi seule la volonté de
l'homme peut violer un droit ; tout ce qui est l'œuvre de
d'autres forces ne peut pas être une violation d'un droit.

Les forces inconscientes de la nature peuvent cependant créer un état de choses en opposition ouverte avec
les exigences d'une norme juridique. Le vent, par
exemple, peut déplacer un objet et le porter dans le
domaine d'autrui. Nous pouvons rapprocher de ces cas
ceux où l'homme agit inconsciemment, dans un accès
de folie par exemple. Dans tous ces cas, il n'y a pas violation d'un droit, il y a seulement état illégal.

L'état illégal exige toujours le rétablissement d'un
droit qui a été violé, la remise en état de ce qui existait
auparavant et de ce qui est conforme aux prescriptions
de la norme juridique ; ce droit existe toujours au profit
de celui dont le droit a été affecté.

La violation du droit entraîne en outre d'autres conséquences : c'est un grand danger en effet pour une norme
juridique que son non-accomplissement, son autorité est
gravement atteinte et avec elle celle du droit en général.
D'où la nécessité d'une sanction pour éviter le renouvel-
lement de ces actes délictueux.

Une violation consciente d'un droit suppose toujours
la faute de l'auteur du délit et entraîne une *indemnité* ;

enfin l'auteur du délit peut faire preuve d'un état d'esprit qui a besoin d'être corrigé.

La punition infligée à l'auteur du délit, sert à réaliser ces trois fins : prévenir le délit, imposer le payement d'une indemnité au délinquant, le corriger.

Mais toutes les violations du droit ne sont pas punissables ; celles seulement de ces violations qui présentent un caractère d'intérêt général doivent être punies ; les autres, celles qui n'ont porté atteinte qu'à des droits individuels, à des droits d'intérêt privé exigent seulement une indemnité pour réparer le préjudice causé.

Les violations de droits qui entraînent avec elle une punition s'appellent des délits.

Pour qu'il y ait délit, il faut qu'il y ait eu accomplissement conscient, réfléchi de l'acte violant le droit, et l'on doit distinguer entre le délit prémédité, qui est celui ayant eu pour but la violation d'un droit, et l'infraction commise par imprudence qui doit être punie aussi parce qu'elle aboutit à des conséquences contraires au droit.

CHAPITRE III

§ 32

Classification des droits d'après leur matière.

Savigny, System I s. 23. Stahl. Die philosophie des Rechts. II s. 300.
Ahrens. Encyclopædie s. 117.

Les rapports juridiques sont très variés ; l'étude détaillée des groupes de ces droits constitue la science même du droit.

L'étude générale du droit ne peut se faire sans un examen approfondi des particularités fondamentales de chacun de groupes des droits particuliers et pour cela une classification générale des rapports juridiques est nécessaire.

Une division fondamentale, reconnue par tous, est d'abord celle du droit en droit privé et en droit public ! (1). Les discussions sont cependant nombreuses sur le point de savoir en quoi consiste exactement cette distinction.

Les Romains établissaient cette différence à raison des intérêts protégés par le droit, l'ensemble des intérêts

(1) On reconnaît, à côté du droit public et du droit privé, un droit ecclésiastique (Walter) un droit international (Warnkönig) et un droit social (Mohl, Rösler).

publics protégés formait le droit public, l'ensemble des
intérêts privés formait le droit privé. « Publicum jus
est, dit Ulpien (l. I. § 2 de justitia et jure), quod ad sta-
tum rei Romanæ spectat, privatum, quod ad singulo-
rum utilitatem pertinet, sunt enim quædam publice uti-
lia, quædam privatim ».

Jusqu'à nos jours cette définition a trouvé des partisans. Bruns (Holzendorff's Encyclopædie 3 auf. p. 340) et
Neuner (Privatrechtsverhältnisse p. 1.) l'ont adoptée.
Depuis longtemps cependant de nombreux juristes l'ont
combattue. La définition, adoptée par les Romains, ne
définit, en réalité, rien du tout ; elle ne délimite ni ne
détermine en aucune façon les différentes régions du
droit. Les intérêts ne peuvent être opposés suivant
qu'ils sont publics ou privés ; ils n'existent en effet nulle
part ailleurs que chez l'homme et tout intérêt général
n'est pas autre chose qu'une réunion d'intérêts individuels. On peut dire, en un certain sens, que tout le droit
est créé pour la protection des intérêts individuels,
c'est-à-dire d'intérêts privés.

D'autre part la protection juridique n'est accordée
qu'à ceux de ces intérêts individuels qui ont une portée générale plus ou moins grande, qui s'appliquent par
exemple à tout un groupe d'individus (les médecins),
ou à une personne dont l'intérêt comme celui du
monarque, par suite de la situation considérable qu'il
occupe, est d'ordre général. Dans ce sens, on peut
dire que le droit ne protège que les droits généraux.

On peut distinguer encore parmi les intérêts publics et.
les diviser à leur tour ; mais sans insister sur le
caractère tout relatif que présente une pareille distinction, on peut dire qu'elle ne répond pas à ce qui existe
réellement : on ne peut pas établir comme règle que le
droit public s'occupe d'intérêts plus généraux et le
droit privé d'intérêts qui le sont moins.

Les fautes commises, au cours d'une campagne, par un entrepreneur des fournitures, fautes qui peuvent amener la famine dans tout un corps d'armée et entraîner la défaite, ont un intérêt beaucoup plus général que l'élection d'un membre à un conseil municipal quelconque.

Et cependant dans le premier cas le marché des fournitures relève du droit civil et dans le second la nomination d'un fonctionnaire relève du droit public. De même encore l'organisation d'un ministère présente un intérêt incomparablement moins grand et moins général quele réglement de la transmission des immeubles ou du louage de services, et cependant dans le premier cas. nous sommes dans le domaine du droit public et dans le second cas dans celui du droit privé.

L'insuffisance de la définition d'Ulpien, son peu de précision ont suscité de tentatives d'arriver à une délimitation et à une définition précise de la matière.

Examinons d'abord la classification qu'a proposée Savigny. Son système, accepté par Stahl, pourrait être appelé système téléologique. C'est une définition empruntée en partie à celle d'Ulpien, mais qui s'en distingue radicalement cependant par certains points.

Chez Ulpien le droit était défini suivant les intérêts qu'il réglait ; Savigny et Stahl au contraire distinguent les rapports juridiques suivant leur but.

Dans le droit public, d'après Savigny, l'Etat est le but, et l'individu n'occupe qu'une place secondaire. C'est le contraire, dans le droit civil : l'individu est le but et l'Etat n'est qu'un moyen.

Stahl dit à peu près la même chose : « Certains rapports juridiques ont pour but la satisfaction des besoins individuels, d'autres cherchent à établir l'union des hommes sous une même autorité, et à les faire vivre dans cette unité ».

Cette distinction entre les rapports juridiques d'après le but a été tout récemment développée par Ihering dans son ouvrage *Das Zweck im Recht* (Bd 1, 1877, s. 452). Il en indique le véritable sens et distingue les rapports selon les sujets du but (*Zwecksubjekt, Destinatäre*) en trois classes suivant que le destinataire est l'individu, ou la Société ou l'Etat.

Mais cette distinction n'est pas, pour Ihering, une distinction fondamentale du droit, et il démontre que chaque instituton juridique peut avoir comme destinataire l'individu, la Société ou l'Etat ; c'est ainsi, par exemple, que la propriété peut être privée, sociale ou publique.

Cette distinction ne peut donc pas être une distinction fondamentale d'un système des droits ; elle suppose en effet une classification des institutions et non pas une classification des formes que peut prendre successivement la même institution.

Savigny et Stahl ont essayé, dans leur classification, de grouper ensemble deux classifications distinctes jusqu'alors ; celle établie d'après l'intérêt régi par la loi, et celle établie selon la position du sujet, envisagé tantôt comme individu indépendant, tantôt comme membre d'une organisation sociale. Ahrens a également tenté la même réunion de ces différents procédés de classification et il oppose le but immédiat au but final. Le but final de tout le droit c'est la personnalité humaine, mais la personnalité humaine peut être en même temps le but immédiat du rapport juridique et ce but immédiat est un rapport de droit privé ; si ce sont la Société, l'Etat au contraire qui sont le but immédiat du rapport juridique, nous nous trouverons alors en présence d'un rapport de droit public.

Ainsi donc le but, la fonction finale des rapports publics et privés sont les mêmes ; ce n'est que le moyen employé pour l'accomplissement de ce but, pour sa réalisation qui est variable. Dans le droit privé ce but se réalise par la détermination individuelle, dans le droit public par l'acte collectif de la société toute entière.

La classification donnée par Ahrens est insuffisante ; sa théorie, comme celle de Stahl, comme celle de Savigny n'explique pas comment il arrive que l'État est lui aussi fréquemment le sujet de rapports d'un caractère purement civil et privé.

Quand l'État achète, vend, échange, loue etc., il est lui-même le but et non le moyen (Savigny) ; la fourniture de bottes pour l'armée n'a pour but, cela est évident, la satisfaction d'un individu (Sthal), et le but cherché n'est pas atteint par une volonté individuelle, mais par l'activité de l'État tout entier qui paye les frais de la fourniture (Ahrens).

Enfin Ahrens semble oublier que la protection juridique quel que soit l'intérêt qu'elle vise suppose la collaboration de la société tout entière et non pas la détermination seule de l'individu.

Ces essais malheureux d'adaptation de la définition que nous avaient léguée les Romains ont poussé plusieurs jurisconsultes modernes, des Russes surtout, à s'affranchir totalement de la conception romaine.

Quelques-uns ont cherché la base de la distinction entre le droit public et le droit privé dans la distinction des intérêts, suivant qu'ils ont ou non un caractère patrimonial. D'autres ont vu surtout dans le droit privé un droit de disposition.

Les partisans de la première opinion sont Mayer, Oumoff et surtout Kaweline ; la seconde opinion a été défendue par Zitovitsch.

Kaweline (1) croit que la distinction faite ordinaire

(1) Qu'est-ce que le droit civil ? 1864. Quelle est la place du droit

Khorkounov   17

ment entre le droit public et le droit privé ne repose
sur aucun fondement théorique. Le droit privé comprend
des parties totalement différentes les unes des autres et
cela ne peut s'expliquer que parce qu'il, nous a été
transmis, ainsi composé, par les Romains.

Celle de ces différentes parties présentant une certaine
unité, ayant des normes à peu près de même source, a
été réunie sous le nom de droit civil, c'est le *jus civile*
des Romains, terme qu'ils donnaient à tout leur droit.

De nos jours, en Russie surtout, il n'y a aucune raison de conserver ce groupe intact et de lui conserver le
même nom avec l'ancienne classification puisqu'aujour-
que les rapports civils ne sont plus déterminés par le
droit romain.

Au lieu de cette classification, qui n'a plus aujour-
d'hui qu'un intérêt purement historique, Kaweline propose une classification qu'il estime plus rationnelle et
plus simple à la fois.

Sa classification a pour base la distinction qu'il établit
entre les droits patrimoniaux et tous les autres droits.
Le droit civil moderne, dit-il, est l'ensemble des droits
affectant notre patrimoine. Il faut en exclure tous les
rapports juridiques qui n'ont aucun caractère patrimonial, comme par exemple les rapports de famille.

Le droit civil, ainsi compris d'après Kaweline, doit
comprendre *la totalité* des rapports affectant à un titre
quelconque le patrimoine ; beaucoup de rapports juridiques qu'on classe aujourd'hui dans le droit public
doivent être rangés dans le droit privé comm par exemple les lois sur l'impôt, sur les amendes, sur les traitements et les pensions accordées aux fonctionnaires.

Une pareille classification a pour elle une simplicité

civil dans le système du droit en général ? (*Journal du droit civil
et pénal*, 1880). ——

apparente et une grande netteté. Un examen attentif
nous montre cependant qu'elle est très difficilement
admissible. Il n'est pas possible de conclure avec Kaweline que la conception moderne du droit est due, simplement au hasard, qu'elle ne repose sur aucune base
rationnelle. Quand même il serait vrai, comme l'affirme
Kaweline, que le droit civil, dans son état actuel, n'offrît
autre chose qu'une agglomération de parties du droit
plus ou moins distinctes, léguées par le droit romain,
cette agglomération, soyons en persuadés, n'est pas
l'œuvre du hasard.

C'est parce que ces différentes lois continuaient toujours à répondre aux exigences de la vie sociale qu'elles
ont été conservées et ce n'est que ce qu'il y a d'immuable, dans toute législation, qui nous a été transmis
par le droit romain.

Le droit civil est précisément cette partie du droit
qui renferme l'unité la plus grande ; c'est dans le droit
civil qu'ont laissé le moins de traces les années écoulées
et les nombreuses différences entre les races. Cela suffit pour qu'on fasse des normes qui le constituent, des
rapports qu'il gouverne un groupe à part, une catégorie
distincte. De plus, comme déjà l'avait démontré Mouromtzev, il est faux de prétendre que le droit civil actuel
est identique à ce que nous avons reçu du droit romain.
D'ailleurs, ce n'est qu'à partir du xvie siècle qu'on
tenta un rapprochement entre le *jus privatum* et le *jus
gentium.*

Il y a telles institutions, celle de la lettre de change
par exemple, qui étaient tout à fait inconnues des
Romains ; il n'est donc pas exact d'affirmer que c'est
uniquement parce qu'il provenait d'une source commune
que le droit civil et privé avait dû d'être formé comme
il est actuellement.

Nous devons remarquer en outre que la simplicité et

la grande netteté de la classification de Kaweline ne
sont qu'apparentes.

En réalité séparer les droits patrimoniaux des droits
qui ne le sont pas n'est pas du tout chose facile, tous les
droits, les droits personnels comme les autres, ont une
portée économique et touchent, en quelque façon, à des
intérêts matériels, affectant notre patrimoine. Kaweline
fait rentrer dans le droit civil des rapports considérés
jusqu'alors comme des rapports de droit public, par
exemple les amendes infligées par la loi. Mais qui ne
voit que d'autres pénalités que celles-là, la déporta-
tion par exemple, peuvent aussi avoir une portée économique en affectant notre patrimoine et parfois peuvent avoir surtout cette portée.

Si de même on fait rentrer dans le droit civil des
rapports comme ceux existant entre l'État et les fonctionnaires (1) au point de vue du traitement ou ceux
entre l'État et les citoyens (2) au point de vue du système militaire et de l'impôt, il n'y a aucune raison pour
n'y pas faire rentrer aussi des rapports qui sont incontestablement des rapports de droit public, les droits
résultant de l'organisation de la représentation politique
du pays.

Ces rapports n'offrent-ils pas un côté économique au
point de vue par exemple des indemnités que touchent les
députés et sénateurs ou si la fonction de ces représentants du peuple est gratuite, au point de vue des
dépenses que nécessitent l'accomplissement de leur
mandat.

Si l'on rattache au droit civil les différentes normes
qui régissent l'assistance des pauvres, il faut nécessairement y rattacher l'ensemble des dispositions sur
l'instruction primaire gratuite, et ainsi de suite. Nous

(1) Les droits sur les biens, p. 326.
(2) *Id.*, p. 228.

arriverions ainsi aisément à faire rentrer dans le droit civil tous les rapports sociaux.

La classification de Kaweline est encore peu précise par ce fait qu'il ne définit pas la « valeur matérielle » du droit patrimonial, du rapport juridique qui sert de base à toute cette classification. Qu'entend-il par là ? Il donne évidemment à ces mots le sens que lui attribuent les économistes. Mais ces derniers emploient ces mots dans deux sens essentiellement différents : « valeur d'usage » et « valeur d'échange. »

A la conception de la valeur d'usage on rattache toute idée de valeur de ce qui sert, d'une façon ou d'une autre, à la satisfaction des besoins de l'homme.

Wagner, par exemple, considère l'organisation politique comme susceptible d'être mesurée par la valeur économique. Evidemment, une classification basée sur la valeur d'usage ne peut être appliquée à des rapports juridiques.

Tout droit, en tant qu'il sert de moyen pour la réalisation des intérêts humains, peut être considéré comme une valeur.

La conception de la valeur d'échange est plus limitée. Pour la définir, les événements eux-mêmes font appel à l'idée de droit. Tout ce qui peut faire l'objet d'un droit privé est une valeur d'échange. Quand l'esclavage existait, l'homme lui-même était une valeur d'échange ; quand les charges, les emplois étaient dans le commerce, avec le système de la vénalité des offices, ces charges, ces emplois étaient eux aussi des valeurs d'échange.

Si la terre par hasard devenait insusceptible de propriété privée, ce jour-là elle ne serait plus une valeur d'échange. La distinction entre le droit privé et le droit public ne peut donc pas reposer sur la conception de la valeur d'échange puisque cette valeur dépend de cette distinction elle-même.

Le système que défend Kaweline offre de graves inconvénients pour l'étude du droit, il conduit nécessairement à des distinctions arbitraires ; il aboutit à des séparations entre ce qui fait naturellement partie d'une même branche du droit. C'est ainsi qu'il en arrive à séparer le recouvrement des impôts du principe de la perception des impôts, à traiter dans deux parties de droit différentes les traitements dûs aux fonctionnaires et la théorie sur la situation légale de ces fonctionnaires dans l'Etat. Il est impossible cependant de donner une exposition claire de cette théorie sans parler des traitements des fonctionnaires et de leurs droits et devoirs.

Enfin remarquons que, dans sa définition, Kaweline ne nous donne aucune idée de ce qu'est le droit public, de quelles matières il se compose et quels sont ses rapports avec le droit privé.

Zitovitch (1) croit lui aussi trouver la distinction fondamentale entre le droit public et le droit privé dans la nature économique de ces droits, mais il arrive à ce résultat par une autre voie que celle suivie par Kaweline.

D'après lui, le droit privé ou droit civil est l'ensemble des institutions, des règles du droit positif qui fixent la distribution des richesses économiques pour un temps déterminé et chez un peuple déterminé, ou plus brièvement le droit civil est un droit de distribution (Verkehrsrecht). Il faut remarquer que sa définition n'exclut pas du droit civil ainsi compris les rapports des droits de famille. C'est que, dit-il, ces rapports sont en réalité des droits de distribution ; ils indiquent d'une façon précise les causes qui provoquent la répartition des richesses ; la principale de ces causes est la succession. Ensuite, l'individu qui très souvent est en même temps l'auteur et le sujet de la répartition est envisagé sous des aspects

(1) Cours de droit civil-russe, I. 1878, p. 4 à 7.

différents. Sa situation de membre d'une famille peut avoir une grande importance ; enfin la distribution dont il s'agit ici n'est pas tout à fait une distribution économique, c'est une distribution qui a pour base l'unité morale, la solidarité à l'intérieur de chaque famille.

Nous pouvons tout de suite remarquer que ce que dit Zitovitch, en parlant de la famille, s'applique également à l'Etat. Les rapports de l'Etat avec les citoyens donnent lieu aussi à des distributions : l'Etat alloue des traitements, distribue des gratifications, contracte des emprunts, acquitte des dettes. Dans toutes ces opérations, l'individu apparaît comme l'auteur et le sujet de distributions et il n'est pas indifférent pour le droit de le considérer sous ce rapport et d'examiner quelle est sa situation, non plus alors en temps que membre d'une famille, mais en tant que membre de l'Etat ; les distinctions entre les classes ont eu une très grande importance à ce point de vue.

Toutes les richesses que prélève l'Etat au moyen des impôts qui grèvent la nation et aussi au moyen des revenus créés par les biens domaniaux, toutes ces richesses ne sont pas distribuées selon les lois de la distribution économique, mais plutôt selon des considérations politiques ; d'une manière générale on est autorisé à dire que l'organisation de l'Etat a sur la distribution des richesses une influence aussi considérable que celle de la famille.

En raisonnant de cette façon, Zitovitch devrait être amené à conclure que tous les rapports juridiques étant des rapports de distribution doivent être rangés dans le droit privé.

Le droit public lui-même aboutit nécessairement à des déplacements des richesses dans l'ordre économique. Et puis peut-on affirmer qu'il n'y a dans le droit civil, rien autre chose que des rapports de distribution ? Evidemment non. Les droits de famille par exemple comprennent encore autre chose et contiennent des dispositions qui n'affectent pas le patrimoine. Par contre, dans le droit public, certaines branches comme la législation financière comprennent exclusivement des rapports de distribution économique.

Nous voyons donc que toutes les tentatives pour établir des distinctions entre le droit privé et le droit public sont demeurées infructueuses. La distinction des intérêts qui constituent la matière des rapports juridiques n'est pas suffisante pour fonder la classification des rapports juridiques.

Puisque les normes juridiques déterminent, non pas ces intérêts eux-mêmes, mais seulement les différentes limites qui existent entre eux, les formes qu'ils affectent, cherchons donc à distinguer les rapports juridiques non pas d'après ces intérêts qui sont les mêmes dans tous les phénomènes de la vie sociale, mais d'après la manière dont ils sont délimités, d'après leur forme.

Cette impossibilité que nous venons de reconnaître à trouver dans la matière des rapports juridiques la base d'une distinction entre les droits publics et les droits privés nous est encore confirmée par les exemples fournis par l'histoire du droit, par les différentes formes que revêtaient des rapports absolument identiques quant à la matière.

Au moyen âge par exemple, certains pouvoirs, certaines prérogatives de la puissance publique n'étaient que des droits accessoires, attachés à la possession de la terre.

§ 33

Classifications formelles

Kant. Metaphysische Aufangsgründe der Rechtslehre 1797. s. 161 ff.
Puchta, Vorlesungen über das heutige röm. Recht. I. s. 75 ff. Jel-

linck. System der öffentlichen subjektiven Rechten, 1892, ss. 40-65.
Thon. Rechtsnorm und subjecktives Recht. ss. 108-146. Mouromtzeff. Définition et division fondamentale du droit, p. 185-217.

L'insuffisance des classifications fondées sur la matière et le contenu des rapports juridiques a amené les savants à chercher une classification des droits publics et des droits privés d'après des signes extérieurs, d'après les formes des rapports juridiques. Plusieurs classifications formelles ont été essayées ; nous pouvons les grouper toutes en deux catégories distinctes.

Les uns croient trouver la base d'une distinction entre les droits publics et les droits privés dans les différentes situations où se trouvent les sujets des rapports juridiques ; ils examinent par exemple si les droits accordés à un homme le sont en tant que membre d'une société ou en tant qu'individu. Les autres aperçoivent une distinction dans l'examen des multiples protections que la loi accorde pour défendre les individus lésés, et ils recherchent si ces protections sont accordées sur l'initiative de l'individu lésé ou si au contraire c'est l'autorité publique qui intervient.

La première de ces deux conceptions doit son origine à l'influence exercée par l'école du droit naturel, par l'école de l'état de la nature, conçu comme ayant précédé la formation des sociétés.

Le droit, à l'origine, avant la formation de toute société est un droit exclusivement privé ; ce droit continue à exister lorsque la société est formée, mais il est alors entouré, complété par des institutions qui ont pour but l'organisation de l'État et de ses organes et de leurs fonctions. Cet accroissement du droit, c'est précisément le droit public. Les rapports qu'il a avec le droit privé sont des rapports de soutien, de protection ; tout le droit public a été créé pour servir de soutien de sanction au droit privé. C'est là une opinion adoptée par Kant, entre autres, pour distinguer entre les droits publics et les droits privés.

Cette classification, due à la théorie sur l'état naturel, n'a pas eu cependant le même sort que la théorie dont elle était issue.

Depuis longtemps en effet cette théorie a perdu sa faveur, et personne ne la défend plus aujourd'hui ; la classification cependant à laquelle elle a donné naissance est encore admise par beaucoup d'auteurs ; elle est même la plus répandue.

C'est à l'école historique qui fut une école de réaction contre l'école du droit naturel qu'on doit l'auteur qui a le mieux défendu cette classification : Puchta, dans ses œuvres, s'en est déclaré un partisan déterminé.

Puchta distingue les droits suivant que l'homme les possède comme individu ou comme membre d'une société organisée. Dans la première hypothèse ce sont des droits de propriété, des droits de famille, dans le second des droits publics et ecclésiastiques.

Les droits de propriété et les droits de famille constituent les droits privés ; d'où cette division des droits en trois grandes classes :

1° Droits privés ; 2° droits publics ; 3° droits ecclésiastiques.

Nous remarquons tout de suite une première inconséquence dans cette classification. En effet, si elle a pour base la distinction des droits qui appartiennent à l'homme suivant qu'ils lui appartiennent comme individu ou comme membre d'une société, il faut opposer le droit de propriété à tous les autres droits. Or Puchta réunit les droits de propiété avec les droits de famille.

Certains auteurs ont apporté quelques modifications à la théorie soutenue par Puchta et ont corrigé sa définition en ce sens qu'ils ont divisé l'ensemble du droit en deux catégories seulement, droit public et droit privé.

Le droit public, ont-ils dit, ne comprend que des droits qui supposent nécessairement l'existence d'une société organisée entre les hommes et qui n'existeraient pas sans cette société ; les droits privés sont ceux qui supposent seulement une simple coexistence des hommes.

Les droits de famille, dans cette nouvelle théorie, seront considérés comme des droits privés puisqu'ils peuvent exister en dehors de la société, indépendamment de l'Etat.

Telle quelle, cette théorie semble plus logique, plus complète ; elle présente cependant un grave défaut. Elle a pour base cette idée à savoir que les hommes peuvent vivre sans être organisés en société, et qu'on peut admettre chez ces hommes vivant en dehors de toute société l'existence de droits. C'est là une conception tout à fait fausse. Nous sommes de plus en puls convaincus que le droit ne peut exister en dehors de la société ; hors la société, pas de droit. Il y a, il est vrai, bien des degrés dans l'organisation d'une société, mais même une foule réunie par le hasard n'est pas sans quelques liens, sans quelques rapports entre les individus qui la composent.

Voyons quelques développements sur cette dernière théorie. Les rapports de droit privé (mariage, échange, donation), disent les partisans de cette doctrine, sont possibles, même là où il n'existe pas d'Etat, de Société organisée. Ils peuvent exister même dans une bande de brigands, même entre des individus réunis par hasard dans un désert.

Mais les rapports d'un caractère public, par exemple, les élections au parlement, ne sont possibles que si l'Etat existe.

Il est facile cependant de se servir de ces mêmes exemples pour réfuter cette théorie.

Sans doute on ne peut élire des membres au parlement que là où existe un parlement, cela est très vrai.
Mais on ne peut aussi passer certains contrats, faire
certains actes d'échange que là ou existent des notaires
et là par conséquent où existe une société organisée.

D'autre part, même dans une foule assemblée par le
hasard, il peut y avoir discussions pour des affaires
communes et des commandements dans l'intérêt général. Supposons un bateau qui fait naufrage et sur lequel
le capitaine n'exerce pas comme il pourrait le faire son
droit de commander aux passagers, ces derniers peuvent discuter ensemble sur la situation présente et prendre les mesures nécessaires au salut de tous ; parmi
eux les plus énergiques deviennent vite les maîtres.
Sans doute, dira-t-on, qu'il n'y a là rien d'organisé,
qu'il ne peut y être question d'un vote, d'un droit de
vote, mais le vote existe cependant dans une foule, en
présence de circonstances semblables ; l'union sexuelle
elle-même, ne sera qu'un fait, pas autre chose ; l'échange,
la donation aussi ne seront que des faits et non pas le
résultat de l'exercice d'un droit.

Un autre défaut résultant d'une classification ainsi
entendue est qu'elle aboutit logiquement à faire rentrer
dans le droit public les rapports entre les membres
d'une association quelconque, d'une société, en général
d'une société par actions par exemple, ou même les
rapports du groupement familial.

Les partisans du système vont jusque là sans reculer
devant le bouleversement qu'ils jettent dans les conceptions courantes qui dominent dans la matière.

Bähr, par exemple (*Rechtstaat*, 1865) voudrait diviser tout le droit en droit privé (*privatrecht*) et droit des
sociétés (*Genossenschaftsrecht*). Le premier comprend
les rapports des hommes en tant qu'individus, le second
embrasse les rapports des hommes considérés comme

membres d'un organisme social : état, sociétés, église.
Le droit public, ainsi considéré, n'est alors qu'une sub-
division du droit des associations (*Genossenschaftsrecht*).

Gierke partage également cette même opinion. Mais
une telle classification ne répond pas du tout au groupement historique des rapports qu'ont eu les hommes.

Jelineck, sous une forme un peu différente, accepte
cette distinction des droits en droits publics et droits
privés.

Il distingue les droits en deux catégories : il y a des
sujets qui peuvent vouloir et ceux qui peuvent obtenir
(*dürfen und können*). Le droit, dit-il, peut ne faire autre
chose que reconnaître comme permis des rapports qui
existaient avant lui, indépendamment de lui, il n'apporte
aucun élément nouveau, si ce n'est que les individus qui,
auparavant, avaient le pouvoir de fait, peuvent (*dürfen*)
maintenant agir légalement. Les conséquences de la
reconnaissance de ce pouvoir d'agir apparaissent très
nettement quand il s'agit d'étudier les effets des prohibitions légales. Chaque prohibition peut se ramener à
la formule : tu n'oses pas (*du darfst nicht*), tu ne peux
pas légalement. La prohibition toutefois ne rend pas un
acte impossible à accomplir, elle en déclare seulement
l'accomplissement illégal ; elle peut toujours être violée.
Mais l'action du droit ne se borne pas seulement à des
permissions et à des prohibitions : le droit peut ajouter
à la capacité de l'individu un élément nouveau. Il peut
donner aux actes et aux contrats une force juridique qui
entraîne avec elle des conséquences nouvelles, tout à
fait différentes de celles créées par la nature même de
l'acte ou du contrat. Il y a alors ce qu'on appelle « la
puissance juridique » *rechtliches Können*.

Le « pouvoir » juridique, n'étant que la liberté naturelle
reconnue, existe seulement par rapport à d'autres individus envisagés comme tels ; la puissance juridique au

contraire est quelque chose de nouveau, ajouté à la
liberté naturelle de l'homme et n'existe que par rapport à
l'Etat qui crée le droit

Ces deux éléments, le pouvoir et la puissance, sont
si étroitement liés, que le premier n'existe jamais sans
le second. Ce que je peux accomplir légalement n'est
en somme qu'une puissance de fait réelle reconnue par
le droit. Mais la puissance juridique existe cependant
sans le pouvoir, dans les cas par exemple où le droit ne
protège pas la capacité naturelle de la personne, mais
lui donne une nouvelle capacité.

La distinction qu'établit Jellineck entre les droit
publics et les droits privés a précisément son fondement
dans cette corrélation du pouvoir et de la puissance juridiques. Dans le droit privé, le premier élément, le pouvoir existe toujours ; dans le droit public on constate
toujours la présence du second, de la puissance ; les
droits publics ont tous comme fondement une puissance
résultant de la loi Ils ne forment pas une partie de la
liberté naturelle réglée par la loi, mais un agrandissement de cette liberté naturelle.

Cette distinction est purement artificielle, et si on
l'analyse de près elle perd toute sa valeur. *Dürfen* et
können, « pouvoir et puissance » ne sont pas des éléments essentiels de la matière du droit subjectif. Une
pareille distinction entre ces deux éléments dépend, non
pas de la matière du droit, mais des conséquences
qu'entraîne la violation d'un droit. Si la violation de la
norme juridique n'entraîne que la responsabilité de celui
qui viole la loi (*lex minus quam perfecta*), il peut se
faire qu'on ne puisse pas violer cette loi, mais il se trouve
qu'on a eu la puissance de le faire. Si une semblable
violation entraîne la nullité juridique de l'acte interdit
par la norme (*lex perfecta*), le pouvoir d'accomplir un
tel acte n'existe pas. Si enfin la violation de la norme

entraîne à la fois la responsabilité de l'auteur de l'acte
et la nullité juridique de l'acte (*lex plus quam perfecta*)
on n'a ni le pouvoir ni la puissance de violer une telle
norme.

D'un autre côté, il faut remarquer que l'élément de
Dürfen n'est pas du tout étranger au droit public.

L'individu qui ne possède pas la compétence voulue
non seulement n'a pas de Können pour accomplir une
fonction déterminée mais il n'a pas non plus le dürfen,
puisque l'usurpation de cette fonction est un acte
punissable.

La classification ayant pour base la distinction des
conséquences qu'entraîne la violation de la norme était
proposée par Thon.

Si la violation du droit entraîne pour celui qui a subi
le dommage du droit violé le droit à une indemnité, le
droit, en ce cas, est un droit privé ; si au contraire cette
violation entraîne l'intervention de l'autorité publique,
alors c'est un droit public.

Plus brièvement, les droits privés sont ceux qui sont
surtout protégés par l'initiative de celui qui a subi le
dommage ; les droits publics sont ceux qui protègent la
société, l'État, indépendamment de l'intervention du
particulier. Cette classification de Thon a trouvé chez
les juristes russes plusieurs partisans, entre autres,
Mouromtzev, Gambaroff et de Duvernoi. Elle n'est pas
cependant très exacte.

D'abord, la distinction entre les droits publics et les
droits privés n'apparaît pas seulement au moment où on
les viole ; alors même qu'ils ne sont pas violés, on distingue très nettement les droits publics des droits privés ;
c'est ainsi par exemple que tout le monde sait qu'on peut
aliéner ses droits de famille tandis que les droits publics
ne peuvent pas faire l'objet d'une aliénation.

Puis, il n'est pas exact de prétendre que les droits

privés sont les seuls qui sont protégés par l'initiative
privée. Il existe aussi des crimes ou délits poursuivis
seulement sur la plainte de celui qui a été victime.

Quand il y a une justice administrative, le droit de
poursuite est laissé aux personnes privées, le plus souvent, même si leurs droits publics ont subi quelque
atteinte de la part de l'administration.

Enfin, et c'est le point le plus important, le droit de
pousuite accordé à la personne qui a subi le dommage
et l'action de l'autorité ne sont point deux poursuites qui
s'excluent l'une l'autre ; elles peuvent très bien se produire simultanément comme conséquence d'un acte violant un droit quelconque.

Prenons comme exemples, les cas de vols, d'assassinats. Il y a un procès criminel intenté, mais il y a
aussi une poursuite civile intentée par les victimes de
ces vols ou de ces assassinats. Ces deux poursuites n'en
sont pas moins distinctes, mais elles ne peuvent servir à
établir un critérium, un signe quelconque entre les
droits publics et les droits privés.

Autrement il faudrait admettre qu'un même droit peut
être à la fois un droit public et un droit privé.

§ 34

La distinction entre le droit privé et le droit public.

Toutes les théories que nous venons d'examiner ne
nous ont pas fourni d'explication satisfaisante de la distinction entre le droit privé et le droit public.

Elles permettent cependant d'établir quelques signes
caractéristiques de cette distinction.

C'est ainsi qu'elles nous ont convaincu de cette idée à
savoir qu'il ne faut pas chercher la base de cette distinc-

tion dans les intérêts divers en vue desquels sont créés ces droits publics et privés.

La base de toute distinction doit être recherchée dans la forme même que revêtent les rapports juridiques.

Toutefois une pareille distinction ne doit pas avoir seulement comme fondement principal le sujet du droit ou les conséquences qu'entraîne la violation d'un droit. Cette distinction doit être plus générale et doit s'appliquer même quand il n'y a pas eu violation d'un droit.

Tous les droits étant l'apanage des êtres humains envisagés comme membres de la société, il faut rechercher l'explication de la distinction des droits publics et privés dans la diversité que présentent les formes juridiques de tous les rapports établis entre les hommes.

Le droit, nous avons examiné ce point, est en général la faculté de se servir de quelque chose. Cette faculté peut être garantie à un individu sous une double forme. La forme la plus simple est celle du partage de l'objet en plusieurs parties, chacune de ces dernières étant attribuée à titre de propriété. C'est ainsi qu'on établit la différence entre le tien et le mien. La conception toute entière de la propriété privée est fondée sur cette répartition ; c'est encore ce même principe de répartition qui sert de base à l'institution de la famille qui exclut l'intervention des personnes étrangères, le droit lui ayant assigné une sphère d'action propre.

Cette répartition est souvent prise pour l'idée fondamentale du droit parce que toutes les questions de droit se rattachent à la propriété. On considère comme la négation de tous les droits les idées de communisme, parce qu'il exclut cette répartition avec l'idée de propriété. Et cependant, la forme de la répartition, la plus simple de toutes, n'est pas la seule forme, ni la plus ancienne, ni la plus parfaite pour assurer l'usage d'un objet.

Khorkounov   18

A côté de cette forme qui ramène tout à la distinction entre le tien et le mien existe une autre forme ; celle de l'adaptation de l'objet à la réalisation commune de certains intérêts.

L'insuffisance de la première forme dont nous venons de parler, celle de la répartition, apparaît facilement. Il existe en effet certains objets qu'il est impossible de partager ; ainsi par exemple les différentes parties d'une rivière navigable, d'un chemin public, ne peuvent être divisées ; si l'on procédait à cette opération, on ferait perdre du même coup à ces objets leur caractère d'utilité publique.

D'autres objets, bien que divisibles, exigent une adaptation, un changement quelconque pour la réalisation des intérêts en jeu. Pour les monnaies par exemple, on ne peut se contenter d'un partage d'or et d'argent entre les individus ; il faut faire subir à cet or et à cet argent une adaptation, la frappe qui préservera cet or et cet argent des contrefaçons.

A côté par conséquent de la distinction du tien et du mien, doit exister une autre délimitation des intérêts, un second mode de répartition, de partage.

Cette seconde forme, nous l'appellerons « l'adaptation » et nous la distinguerons ainsi de la première, de la « répartition ».

Les portions de territoire, les chemins par exemple, laissés à l'usage de tous, les monnaies dont la frappe garantit la valeur des métaux employés sont des adaptations.

L'une et l'autre de ces deux formes, considérée isolément, sont insuffisantes. On peut sans doute ne pas reconnaître la propriété « privée », mais la possession privée elle-même a besoin d'être protégée ; on ne peut imaginer un ordre de choses où cette protection n'existerait pas. Supposons par exemple la terre, les objets dont nous nous servons, à l'usage de tout le monde, sans appropriation individuelle ; il n'en faudrait pas moins établir des protections pour la portion de la terre, pour l'objet qui nous serait attribué, au moment même où nous nous en servons.

Si donc ce n'est pas le droit de propriété qui doit être protégé, c'est au moins, la possession temporaire, l'usage qui doit être garanti.

Ce droit à la possession d'un objet, de même que la propriété sur l'objet, suppose une répartition préalable entre les objets, mis à la disposition des particuliers, c'est la répartition que nous avons vue entre le tien et le mien. Le mien c'est non seulement ce que j'ai acquis par des moyens légitimes, mais ce qui se trouve réellement en fait en ma possession.

Ainsi ces deux formes de la garantie de la possibilité juridique sont également nécessaires ; elles ne peuvent être remplacées l'une par l'autre ; toujours et partout leur coexistence est indispensable. Aussi, et ce serait très commode, pourrait-on les considérer comme la base de toute classification des phénomènes juridiques. Mais le groupement qui a son principal fondement dans la répartition des objets entre les particuliers et dans leur adaptation aux besoins communs correspond-il aux droits publics d'une part et aux droits privés de l'autre tels qu'ils se sont dégagés dans leur évolution historique ? La réponse, je crois, doit être affirmative.

On peut expliquer toutes les différences entre les droits publics et les droits privés par la distinction qui existe entre la répartition et l'adaptation.

Les différences les plus remarquables qu'ont entre eux les droits publics et les droits privés sont celles surtout qui se rattachent à l'acquisition des droits, à leur perte, à leur contenu et aux rapports entre les droits et les obligations.

Les droits privés s'acquièrent par suite de telle ou telle circonstance ayant un caractère nettement individuel, se rapportant directement ou indirectement à tel ou tel individu. Et ce caractère individuel de l'acquisition s'affirme par suite du lien particulier qui va s'établir entre la chose attribuée et une personne déterminée. Aussi, dans le droit privé, distingue-t-on toujours rigoureusement la capacité et la possession. Tous ceux qui sont capables peuvent en général posséder une chose ; mais il n'y a que ceux qui ont reçu le droit de posséder une chose qui ont véritablement un droit sur cette chose.

Lorsqu'il s'agit d'un objet adapté à l'usage de tous, il n'en peut plus être de même ; un acte d'acquisition, d'attribution particulière, même temporaire, ne peut intervenir, puisque c'est un groupe de personnes qui se sert de l'objet.

Il suffit de faire partie de ce groupe pour avoir sur cette chose un droit d'usage. Ici la capacité et le droit vont ensemble ; c'est ce qui a lieu dans l'exercice de tous les droits publics. Tous ceux qui satisfont aux conditions exigées pour la capacité électorale ont le droit de vote ; pour exercer ce droit, il n'est point besoin d'un acte particulier.

Il en va autrement dans le droit privé ; si par exemple je suis capable de participer à l'émission d'une lettre de change, cela ne signifie pas que je suis déjà titulaire des droits et des obligations résultant d'une lettre de change.

La perte d'un droit public résulte de la perte de la capacité, indépendamment de la volonté du sujet. Les droits privés au contraire peuvent être perdus sans qu'il se soit produit de changement dans la capacité juridique de la personne et par le fait seul de sa volonté. Le sujet peut renoncer à un droit, l'aliéner, le céder à un autre pour que celui-ci l'exerce à sa place. Nous voyons là encore une application de notre distinction entre la répartition et l'adaptation de l'objet.

Le droit possédé par le membre d'une société quelconque à l'usage collectif d'un objet est perdu quand ce membre ne fait plus partie de la société ; il ne peut pas céder l'usage de son droit à un autre individu qui ne fait pas partie de cette société : l'aliénation n'est pas un acte applicable aux droits publics. Elle n'aurait pas pour conséquence le transport utile du droit, les autres membres du groupe ayant déjà un droit à l'usage de la chose.

Quant à l'objet sur lequel repose un droit, si par suite de la répartition il est attribué à une personne déterminée, son adaptation est faite par le possesseur de cet objet et d'après sa volonté ; il rend l'objet conforme au but qu'il se propose et de la manière qu'il veut. C'est un pouvoir souverain de disposition qui lui appartient, dans son intérêt personnel. Telle est la matière de tous les droits privés : ces droits sont des droits absolus qui comprennent à la fois l'usage et la disposition.

Dans le droit public, au contraire, le pouvoir de disposition n'existe pas ; ce pouvoir prend la forme d'une obligation. L'administration des chemins de fer par exemple a le droit de disposer des voies ferrées, mais c'est en même temps pour elle une obligation. Elle ne peut pas ne pas user de ce pouvoir ; elle doit faire usage des voies ferrées et cela non pas dans son intérêt particulier, mais dans l'intérêt de tous.

De même pour les routes et chemins, il est impossible de donner à chacun de ceux qui s'en servent le droit de disposition, et ceux qui en ont la garde et l'entretien n'ont également le pouvoir d'en disposer que dans un intérêt général.

De cette distinction entre la répartition et l'adaptation

dépendent aussi les différences qui existent dans la corrélation entre le droit et l'obligation, différences que nous
constatons dans le droit public et dans le droit privé.

Quand l'objet appartient à un individu, la personnalité du sujet du droit est toujours exactement déterminée. Au contraire, quand l'objet est adapté à un usage
collectif, c'est la société, considérée dans l'ensemble,
qui le possède, la détermination est ici générale et les
personnes qui forment la société ne sont pas individuellement déterminées. En revanche, le sujet de l'obligation est exactement déterminé.

Toutes les particularités du droit public et du droit
privé, on le voit par ce qui précède, s'expliquent donc
d'une manière satisfaisante par les distinctions entre la
répartition et l'adaptation.

Nous pouvons, par ce même critérium, donner l'explication de l'existence des droits privés dans l'Etat et à
son profit.

Si le pouvoir donné à l'Etat lui est attribué en vue de
l'adaptation de la chose à un usage général, nous nous
trouvons en présence d'un droit public ; tel est le droit de
l'Etat sur les voies de communication. Mais si au contraire l'objet que possède l'Etat lui a été donné pour
qu'il s'en serve lui-même, pour en tirer les moyens
nécessaires à l'adaptation des autres objets, ce droit est
privé ; tel est le droit que possède un Etat sur ses propres biens ; les revenus de ces biens servent à l'entretien de telle ou telle grande administration.

Il nous reste à expliquer les nombreuses classifications que nous avons examinées plus haut ; nous le
ferons encore grâce à la distinction que nous établissons
entre la répartition et l'adaptation. Les précédentes classifications tirent leur fondement d'un point secondaire,
d'une des conséquences accessoires de l'idée maîtresse
que nous venons de dégager.

Remarquons tout d'abord que si l'on partage un objet entre plusieurs individus, la volonté de chacun de ces individus joue un rôle prépondérant pour l'affectation de la chose à un usage déterminé. Comment chacun se servira-t-il de l'objet, de quelle façon en usera-t-il ? Cela dépend du sujet du droit. La réponse est toute différente si l'objet est adapté à l'usage collectif de tous. En ce cas, la manière dont chacun doit user de la chose et l'adaptation qui doit en être faite s'accomplit selon l'intérêt commun à tous, d'après une règle prévue par le législateur. Ici cette liberté de disposer de l'objet n'existe plus. Chaque personne qui a un droit d'usage sur cet objet, se trouve enchaînée par des limites précises, ne peut en rien modifier l'objet ni sa valeur parce qu'un droit identique existe au profit des autres membres de la société.

Pour cette raison, la première forme de ces deux actions du droit, la répartition aboutit à des conséquences présentant un caractère plus individuel, la seconde au contraire à des conséquences d'un caractère plus social.

La prédominance des droits patrimoniaux parmi les droits privés, la facilité avec laquelle ces droits se transforment en une valeur qui est le prix de l'objet, peuvent aussi très facilement s'expliquer dans notre théorie. Quand on procède à une répartition de certains objets entre les individus, il arrive fréquemment que l'objet attribué à un individu ne correspond pas à un besoin qu'il éprouve, et que c'est un autre objet que celui qu'il possède qui peut satisfaire le besoin qu'il a ; l'échange est le seul moyen qu'on peut employer en ce cas.

La facilité avec laquelle une chose peut être échangée ou aliénée a donc une très grande importance ; c'est là une qualité de la chose d'un ordre général qui a même plus de valeur que les autres ; cette capacité que possède la chose d'être échangée la rend apte à tous les besoins sans exception. Et, comme la capacité d'échange d'un objet s'exprime toujours par son prix, il est évident que tous les efforts tendent à transformer toujours le droit sur cet objet en un droit sur son prix.

Dans la répartition individuelle des objets, le droit privé laisse à chacun le soin de déterminer quels moyens il doit employer pour la satisfaction de ses besoins et pour la production d'autres valeurs. Le droit public, au contraire, adaptant l'objet à une destination d'usage public, règle à la fois l'usage de cet objet et les moyens de production. Le droit privé, en matière économique, ne règle ni l'usage ni la production des richesses, mais seulement leur répartition. C'est même ce qui a permis à Zitovitch de définir le droit civil « un droit de distribution ».

L'attribution d'un objet ne va pas sans une individualisation de cet objet et de celui qui a sur lui un droit. L'affection d'un objet à un usage commun, réunit ensemble plusieurs individus, entraîne leur association, par la communauté de l'usage. D'où cette notion que les droits privés appartiennent à l'homme considéré individuellement et les droits publics à l'homme considéré comme membre d'une collectivité, d'une société organisée.

Le droit de disposer de la chose dont une personne se trouve investi sur l'objet qui lui est attribué fait que c'est d'elle seule que dépend la protection accordée à cet objet ; si l'objet est affecté à un usage commun, au contraire, cette protection ne dépendra plus d'une volonté individuelle.

Dans cette conséquence secondaire de la distinction entre les droits sur les choses accordés à une collectivité d'individus ou à un individu, Thon et ses disciples ont voulu trouver la base unique de la distinction entre le droit public et le droit privé.

LIVRE III

Les conditions sociales du développement du droit.

CHAPITRE PREMIER

LA SOCIÉTÉ

Spencer, Principes de la sociologie, 1876-1877. Lilienfeld, Gedanken über die Socialwissenschaft der Zukunft. 1879 (il existe une traduction russe, mais pour le premier volume seulement, l'auteur a signé : P. L.) Shäffle. Bau und Leben des socialen Körpers, 2ᵉ édition. 1881. Fouillée La science sociale contemporaine 1880. Karéeff. Questions fondamentales de l'histoire de la philosophie, tome II, 1883. Gumplowicz. Grundriss der Sociologie, 1884.

§ 35

La théorie mécanique.

Jusqu'ici nous avons considéré le droit, abstraction faite du milieu où on l'appliquait. Ce milieu c'est la société. Ce n'est qu'au sein de la société que le droit est créé et agit, parce que sa tâche est précisément de fixer, de délimiter les intérêts humains dans les rapports qu'ils ont entre eux. Partout où la société n'existe pas, partout où l'homme vit isolé, il n'y a aucune place pour le droit.

Tout phénomène dépend du milieu dans lequel il s'accomplit. Le droit ne peut pas échapper à cette règle générale ; son développement dépend du milieu social dans lequel il est appliqué.

Voyons quelle est la nature l'influence de la société sur le droit, sur l'Etat qui est la forme de la vie sociale ayant les rapports les plus intimes avec le droit. L'explication de la société a été donnée bien des fois et plusieurs théories se partagent encore les esprits.

La plupart de ces théories peuvent être ramenées à deux groupes, si on les classe d'après la conception qu'elles ont de la nature de la société.

Pour les uns, la société est une création complètement artificielle, œuvre des hommes, produit de leur volonté : c'est la conception mécanique ; pour les autres, la société est un fait naturel, naissant et se développant en dehors de toute volonté humaine, en obéissant à des lois inéluctables comme tous les autres organismes naturels ; c'est la conception organique.

La première conception fut surtout celle du xviie et du xviiie siècles. L'idée que la société n'était qu'une création, le produit de l'activité humaine, cette idée était alors généralement admise ; elle était la conséquence des autres idées, philosophiques et psychologiques.

La philosophie, à cette époque, ne considérait pas l'univers comme un tout vivant ; l'univers se divisait en deux parties bien distinctes, l'esprit et la matière, toutes les deux réunies, juxtaposées d'une façon apparente, « mécaniquement ».

Conformément à cette conception philosophique, on s'efforçait de tout ramener au mécanisme, à des forces ; les êtres n'étaient aux yeux des philosophes de ce temps-là que des organismes agissant automatiquement.

Les phénomènes sociaux naturellement ne pouvaient,

avec de semblables théories, s'expliquer autrement que
par une conception mécanique.

Les théories psychologiques alors en cours aboutis-
saient aux mêmes conclusions ; les deux théories en
présence, celle des idées innées et celle du sensualisme,
malgré l'opposition qui régnait entre elles s'accordaient
pour nier l'existence d'une transmission dans le développement psychique des générations humaines.

Certains admettaient que l'homme, à toutes les époques, possède dès sa naissance un bagage intellectuel,
un monde d'idées innées, mais ce bagage reste toujours
le même, ce monde n'est pas accru chez les descen-
dants.

D'autres croyaient que l'homme, à sa naissance ne
sait rien, c'est le vide absolu, c'est l'ignorance complète ;
l'homme n'acquiert d'idées que par son expérience personnelle.

Pour les adeptes des idées innées comme pour ceux
des doctrines sensualistes, le développement de l'esprit
chez l'homme se bornait donc à la vie d'un même individu. Chacun possède un bagage intellectuel acquis par
lui-même ; le point de départ est toujours immuable.

On niait l'existence d'un lien quelconque entre deux
générations. Chaque génération ne subit aucune autre
influence que celle qu'elle crée elle-même, se meut par
elle-même et souvent pour elle-même.

La vie sociale, c'est là une conséquence nécessaire des
idées que nous venons d'exposer, n'est donc pas le
résultat d'un développement successif de « l'humanité » ;
elle n'est qu'une institution arbitraire, artificielle « des
hommes ».

La société suppose nécessairement le concours de plusieurs individus ; elle ne peut pas être la production
d'une volonté unique ; pour sa formation plusieurs
volontés sont nécessaires. Aussi la théorie mécanique

expliquait-elle la formation de la société comme le résultat d'une convention entre les hommes, d'un contrat social.

La cause de ce contrat n'était autre chose que la nécessité de réunir des forces isolées, des forces individuelles, trop faibles pour combattre les éléments extérieurs ; le pouvoir confié à la société n'avait d'autre but que de garantir la sécurité à l'extérieur et l'ordre à l'intérieur.

L'organisation du pouvoir social et ses rapports avec la liberté garantie à chaque individu constituait un contrat.

Les créateurs et les organisateurs de la société étant des individus librement consentants, la conception qu'on devait se faire d'une vie sociale ainsi entendue était une conception tout à fait individualiste. La personne de l'individu était envisagée comme le principe dominant et déterminateur de la vie sociale. Il n'entrait alors dans l'idée de personne que l'individu dépendait du milieu dans lequel il vivait ; pour tout le monde au contraire le milieu, l'ordre social n'était déterminé et réglé que par le libre arbitre des individus.

Il n'y avait donc aucune différence entre la conception de l'homme vivant avant l'existence de toute société et celle de l'homme vivant au milieu d'une société organisée. Une partie d'un aggrégat mécanique ne subit pas de modification lorsqu'elle vient à être détachée d'un tout et ne change pas de nature après y être incorporée. Une partie quelconque d'un organisme vivant change au contraire si elle est séparée de cet organisme ; elle en meurt même parfois ; quelquefois, si elle continue à vivre d'une vie propre, indépendante, elle est profondément modifiée.

Dans la conception mécanique de la société, l'homme, semblable en ce point à une partie d'un aggrégat mécanique, même en dehors de la société, était considéré comme doué des mêmes qualités, des mêmes sentiments, des mêmes besoins que s'il était membre de la société. Bien plus, on croyait que le développement de l'homme à l'état naturel était plus avancé que celui de l'homme en société ; s'il en était autrement, disait-on, l'homme n'aurait pu se faire une idée aussi complète, aussi abstraite que celle de l'idée de société, de pouvoir social, de liberté individuelle, car dans l'état de nature, l'homme n'a rien qui par voie d'analogie le préparerait à la conception de ces idées. Cependant tous ceux qui ont écrit sur l'homme à l'état de nature ont constaté que la société n'avait été créée, le pouvoir social n'avait été établi que dans le but conscient de permettre aux intérêts humains de se réaliser. Et dans les différents projets de contrat social les rapports entre le pouvoir social et la liberté individuelle ont toujours été nettement indiqués.

Cette théorie purement mécanique de la formation de la société est aujourd'hui complètement abandonnée ; elle est en contradiction absolue avec les données historiques et psychologiques.

Partout, l'histoire nous montre, même dans les temps les plus reculés, l'existence d'hommes vivant en société ; il n'y a aucune raison de supposer que ce fameux état présocial, « naturel » dont les hommes seraient sortis par un contrat social ait jamais existé.

Dans la conscience du peuple, l'ordre social n'apparaît jamais comme une institution arbitraire, mais comme le fait d'une volonté, autre que la volonté humaine, comme un ordre objectif. L'histoire nous force à reconnaître l'état social comme l'état vraiment naturel de l'homme.

D'un autre côté, la psychologie nous enseigne que le

développement intellectuel de l'homme est dû surtout à l'influence qu'exerce sur lui le milieu social.

Notre développement intellectuel, nos sentiments, nos principes moraux, tout cela dépend de la vie sociale, du milieu dans lequel nous naissons et vivons.

Si nous admettons l'existence d'un état présocial, force nous est de reconnaître que les hommes ne s'y développeraient en aucune façon, leur esprit serait toujours resté si simple qu'il leur aurait été impossible de s'élever jamais aux conceptions générales et abstraites de la société, à des conceptions différentes de toutes les idées qu'ont pu faire naître en eux ce qui les entoure, des idées telles que celles de contrat, de société, de pouvoir public, de liberté individuelle, etc... Même parmi les hommes vivant en société, de pareilles idées restent parfois, chez quelques-uns d'entre eux, inconnues. Comment auraient-elles pu naître, chez ceux qui jamais n'auraient rencontré ce fait, l'union entre plusieurs hommes?

Les recherches sociologiques nous ont en outre prouvé et expliqué que le développement social suivait dans sa marche des règles précises. Si la forme que revêt l'organisation de la société n'est pas un fait arbitraire, artificielle, la société elle-même n'est donc pas une invention humaine. Si le développement de la société se fait conformément à des lois déterminées et immuables, l'existence de la société ne peut donc pas dépendre de notre libre arbitre.

Toute cette doctrine sur l'état naturel et sur la formation de la société par la volonté libre et consciente des hommes est à présent abandonnée par tout le monde.

On écarte maintenant toute idée d'un pareil état présocial et du contrat social qui l'aurait suivi ; l'observation historique nous démontre en effet qu'un semblable état n'a jamais existé ; l'utilité même d'une pareille fiction pour l'explication scientifique des phénomènes

sociaux, est contestée. Le célèbre publiciste, Karl
Salomon Zachariæ (1), par exemple, s'exprimait en
termes suivants sur ce sujet. « En opposant, dit-il,
l'état naturel à l'état social, on n'entend pas dire par là
que les hommes vivaient réellement dans un moment
donné dans l'état de la nature. Alors même que les hommes auraient toujours vécu en société, il faudrait encore
distinguer la vie étatique et organisée de l'état dit naturel et n'offrant pas les mêmes traits. L'homme ne peut
se faire une notion de quelque chose autrement qu'en
comparant un objet déterminé avec un objet ayant des
qualités contraires ou même seulement distinctes. »
L'homme, de nos jours, est non seulement un membre,
mais un produit de la société. Hors de la société, nous
ne pouvons pas l'imaginer au moins tel qu'il est dans la
société. Hors de la société tout développement des
sentiments est impossible, en tant bien entendu, qu'il
s'agit des sentiments sympathiques, de sentiments altruis-
tes. La parole elle-même est impossible ; l'homme, en
dehors de la société ne peut atteindre ce degré élevé du
développement intellectuel qui le différencie d'avec les
animaux d'une façon si profonde. La conception de ce
fameux état naturel n'est pas plus nécessaire au psycho-
logue que ne le serait pour le physiologue la conception
d'une existence séparée, distincte entre les divers organes d'un être vivant.

La théorie purement mécanique doit donc absolument être écartée. Il faut toutefois reconnaître qu'elle a
une grande portée historique. Elle est, d'une façon
certaine, la première tentative qui ait été faite pour
fournir une explication scientifique des phénomènes
sociaux. Auparavant la vie sociale était considérée
comme un produit de quelque force étrangère, indépen-

(1) Zachariæ. Vierzig. Bücher von Staate 2 ausg. 1838, Bd I. s. 49.

dante de la société et de ses éléments. On en concluait
que la vie sociale ne pouvait être déterminée par la
nature de la société ou par les divers éléments dont elle
est composée, mais par une force demeurée étrangère à
la société ; la société n'était considérée que comme une
matière passive, inerte, subissant l'action de cette force
étrangère et surnaturelle.

La théorie mécanique au contraire présentait la
société comme un produit de l'action de ses propres
éléments ; la vie sociale n'était pas une suite de phénomènes provoqués et dirigés par une force extérieure et
surnaturelle, mais bien une suite d'actions libres des
éléments de la société, c'est-à-dire des hommes. Le
caractère de la société n'est pas déterminé par une
volonté étrangère, mais par la nature de ses éléments.
Une telle conception était, sans aucun doute, un progrès
sur toutes les opinions en cours jusqu'alors. L'erreur de
cette nouvelle conception était dans ce fait qu'on n'avait
pas pris assez garde que les éléments qui composent la
société sont eux-mêmes un produit de la vie sociale. Ils
ont eux-mêmes leur histoire, ils ont évolué, et n'arrivent pas tout formés des régions célestes, ils naissent
des hommes, de ces hommes qui déjà ont vécu de la
vie sociale et ont recueilli un certain fond social fourni
par la transmission et l'imitation, par l'établissement des
usages et des coutumes.

La conception mécanique de la société de nos jours a
une valeur historique en ce sens qu'elle est une conception en opposition directe avec la conception organique
en cours aujourd'hui et qui constitue une réaction contre
la conception mécanique. Dans ces derniers temps, les
conséquences extrêmes auxquelles a abouti la conception
organique a conduit certains bons esprits à se retourner
vers l'ancienne théorie, la vieille explication mécanique
de la société, en en modifiant quelque peu la forme.

Cette modification apportée, récemment, à l'ancienne conception mécanique consiste en cet fait qu'on admet que la société à ses débuts s'est constituée indépendamment de la volonté humaine, mais on affirme en même temps que son développement progressif a amené de plus en plus l'intervention des volontés humaines. C'est seulement dans l'état avancé de son évolution qu'on peut dire que la société est vraiment un produit de la volonté humaine.

Les représentants de cette dernière opinion sont en France M. Fouillée et en Russie M. Karcief.

M. Fouillée considère la société comme un organisme contractuel en ce sens que le caractère organique, caractère prédominant dans la société à son origine, cède la place de plus en plus à des rapports librement consentis entre les hommes.

M. Karcief admet également cette même opinion, mais sous une autre forme. Selon lui, la société, dans son évolution, s'efforce de devenir d'un fait naturel, un ensemble de faits volontaires, produit de l'art politique de l'homme.

Par conséquent, et, c'est là le point qui distingue cette théorie nouvelle de l'ancienne théorie mécanique, les auteurs que nous venons de citer ne considèrent pas la convention, la formation de la société par voie du contrat comme le point de départ de la vie sociale, mais au contraire comme la conséquence d'une longue évolution sociale, comme le but du progrès social. Toute la civilisation envisagée sous ce rapport n'est que la subordination successive de la vie sociale à l'idéal humain.

Les opinions de M. Fouillée et de M. Karcief ont leur origine dans un fait non douteux, celui de l'influence des opinions, des tendances humaines sur la vie sociale.

L'homme, membre d'une société qui ne répond pas à l'idéal qu'il se crée, s'efforce d'écarter cette contra-

diction et de modifier les rapports sociaux conformément à son idéal. Les générations, les unes après les
autres, continuent sans cesse ce même travail et élabo-
rent lentement une réorganisation consciente de la
société. Ce travail ne peut demeurer vain ; peu à peu
les idées humaines prennent corps et se réalisent dans
le milieu social ; de plus en plus la société s'achemine
vers un but qui est celui cherché, voulu par tous les
hommes qui ont travaillé à sa réorganisation. C'est là
un produit de leurs conventions et c'est dans ce sens
qu'on a dit que la société avait un caractère conventionnel. En d'autres termes, la société devient de plus en
plus l'incarnation des idées humaines, le produit de l'art
humain.

Nous ne pouvons accepter cependant cette opinion
sans faire des réserves. Tout d'abord la notion de l'organisme conventionnel porte en elle-même une contradiction insoluble.

L'organisme et la convention sont deux conceptions
qui s'excluent l'une l'autre. Si l'on conserve aux mots
leur sens ordinaire, ce qui est organique est toujours
en opposition avec ce qui est artificiel, arbitraire, produit par la volonté consciente de l'homme.

Tout contrat est impossible sans le concours d'une
volonté consciente. On ne peut pas, d'une manière générale, affirmer, qu'avec le cours du temps la société aura
pris un caractère conventionnel. Le contrat suppose
nécessairement le concours de plusieurs volontés, et la
vie sociale qui est le résultat des désirs, des aspirations
d'une longue suite de générations n'est pas l'expression
d'une même volonté, d'une volonté commune à toutes
ces générations. Les aspirations sociales changent en
effet avec chaque génération ; l'ordre que nous constn-
tons dans les rapports sociaux, cette suite que l'histoire
nous montre ne correspondent à aucun idéal tracé à

l'avance par les générations qui se sont succédées. Il ne saurait donc être question de convention entre ces générations. Même en une seule génération, l'idéal ne se manifeste guère par une convention ; il existe, dans chaque génération, des partis qui ne sont pas d'accord ; l'influence de ces partis dans la vie sociale se détermine assez malaisément selon les conditions objectives de la vie sociale.

La forme dans laquelle M. Karéief exprime son opinion sur l'origine et le développement de la société est plus heureuse. Elle ne contient pas d'aussi évidente contradiction que celle de M. Fouillée avec sa conception d'organisme conventionnel mais elle soulève cependant plusieurs objections sérieuses.

Le produit de l'art, c'est uniquement le produit de la volonté consciente de l'homme. Un résultat imprévu, accidentel d'un acte humain n'est pas un produit de l'art.

Eh bien les idées qui ont marqué le plus au cours des siècles, celles qui ont laissé l'empreinte la plus profonde, ces idées, l'histoire est là pour le prouver, ont abouti à des conséquences qui dépassèrent les prévisions de leurs apôtres.

Rappelons-nous par exemple ce qui s'est passé sous la Révolution française. Les constitutions de 1791 et de 1793 sont, il est vrai, des reproductions plus ou moins complètes des théories de Rousseau et de Montesquieu, mais ces constitutions n'arrivèrent pas à recevoir leur application ; la plupart de leurs dispositions sont restées lettre morte.

En réalité, la marche générale de la Révolution et l'état social qui a suivi ne sont pas des conséquences de ces constitutions ; la Révolution n'a pas été celle que voulait les acteurs eux-mêmes, les organisateurs eux-mêmes.

Si l'on apprend à quelqu'un seulement les faits qui

se sont déroulés à cette époque, l'organisation de l'État sous Napoléon et sous la Restauration, il lui sera impossible, par le récit seul de ces faits, de se faire une conception même approximative des théories sociales de Rousseau.

Mettons cette même personne au contraire en présence d'une œuvre d'art, elle reconnaîtra immédiatement l'idée de l'artiste qui a exécuté l'œuvre ; il n'est point besoin d'explication ; elle exprime elle-même l'idée qui l'a créée mieux que ne saurait le faire toute autre démonstration.

On pourrait comparer l'humanité à une œuvre d'art, si l'humanité ne possédait qu'une idée, commune à tous les hommes, se réalisant dans les différentes formes de la vie sociale et dont les idées des générations et des hommes isolées ne seraient que des manifestations partielles. Mais l'existence d'une pareille idée, unique, commune à toute l'humanité est fort problématique.

Indépendamment de ces considérations, l'opinion de M. Kareief soulève encore une autre objection. Sa conception suppose que l'influence des aspirations humaines est toujours la plus forte et que l'action des facteurs objectifs sur le développement social va toujours en diminuant. En réalité, de tels facteurs objectifs, comme l'influence de la nature, de la famine, de nouvelles découvertes continuent à agir d'une façon puissante même de nos jours.

Des inventions, d'un caractère purement technique, sans rapport aucun avec l'idéal social des hommes, comme par exemple, l'invention de la poudre, celle de la machine à vapeur, ont eu sur la vie sociale une influence plus grande que nombre de théories. Il serait étrange de croire que la vie sociale moderne est une incarnation des idées de Schwartz et de Watte, et il n'y a aucune bonne raison pour affirmer qu'à l'avenir

de pareils facteurs cesseront d'avoir de l'influence sur
le développement social. On ne peut donc pas affirmer
que la société devient de plus en plus l'œuvre de l'homme,
de sa volonté exclusive.

§ 36

La théorie organique.

La notion organique est une notion toute moderne,
et n'apparaît guère pour la première fois qu'à la fin du
siècle dernier. Assurément, même dans la plus haute
antiquité, nous pouvons rencontrer des rapprochements,
des comparaisons entre la société et l'homme ou l'animal ; Le dialogue de Platon et Politicus repose entièrement sur un rapprochement semblable et Hobbes lui-
même, le fondateur de la doctrine de l'état naturel,
comparait l'Etat à un léviathan.

Mais la conception d'organisme dans le sens particulier que nous prêtons aujourd'hui à ce mot (1) n'existait
pas alors.

Chez Aristote, le mot οργανιχος n'est point du tout un
terme qui s'oppose à μηχανιχος, et l'usage de ce mot dans
le sens où l'employait Aristote s'est conservé jusqu'à la
fin du xviiiᵉ siècle ; *organicus* et *instrumentalis* sont
deux expressions synonymes. L'état léviathan de Hobbes n'est qu'une immense machine ; ce n'est pas un
organisme vivant, c'est un automate.

Hobbes, matérialiste convaincu, n'a pas pu naturellement reconnaître de distinctions essentielles entre la
machine et l'animal. Telle est aussi l'opinion cartésienne.

_____

(1) Cl. Bernard. La science expérimentale, 1878, p. 149-212. Définition de la vie ; les théories anciennes et la science moderne.

Pour Descartes et ses successeurs, de même que pour les matérialistes, les animaux n'étaient que des machines, mûs d'une façon automatique. Il en était de même pour le corps humain. L'âme, par rapport à notre corps, joue le rôle d'un témoin indifférent.

Spinoza et Leibnitz avaient aussi la même opinion en ce qui concerne les rapports entre l'âme et le corps.

Evidemment, ce n'était pas là l'opinion de tout le monde.

A cette conception mécanique de la vie chez l'homme et chez l'animal, on opposait celle de l'animisme dont les représentants dans l'antiquité furent Pythagore, Platon, Aristote, Hippocrate, au moyen-âge Paracelse, Wan-Gelmon et les scolastiques. C'est surtout dans la doctrine du célèbre médecin, Stahl, qui vivait au siècle dernier que cette dernière théorie a été le plus complètement exposée.

D'après Stahl, le corps n'est qu'un instrument inerte, jouet de quelque force immatérielle et privé de toute activité propre. Nous trouvons chez Paracelse et chez Wan-Gelmon une semblable doctrine sur l'existence dans notre organisme de semblables forces immatérielles, qui ont tout pouvoir sur les différents organes de notre corps. Chez Stahl, toutes ces forces sont remplacées par une seule, par l'âme, horloger invisible qui règle la marche de toutes les fonctions de l'organisme.

Ainsi chez les partisans de la théorie mécanique comme chez ceux de la théorie de l'animisme, l'explication des causes de la vie animale est différente, mais chez les uns comme chez les autres le corps est également compris comme un mécanisme ; dans les deux théories, l'organisme est considéré comme une machine. La différence consiste en ce que dans l'une cette machine est considérée comme agissant automatiquement, dans l'autre comme un instrument passif de l'âme, comme un corps privé de toute activité indépendante.

De ces théories ne pouvaient guère naître une opposition nette entre les notions mécaniques et organiques.

C'est seulement après l'apparition de la théorie du vitalisme, due à Bichat (1) qu'apparut une semblable explication. Bichat, qui vivait à la fin du siècle dernier, affirmait qu'il ne fallait pas chercher la cause des phénomènes vitaux dans quelque principe immatériel mais au contraire dans les qualités possédées par la matière productrice de ces phénomènes.

Selon lui, les phénomènes de la vie s'expliquent par les propriétés vitales particulières, propriétés innées avec la matière vivante qui constitue l'organisme.

Ces propriétés vitales sont non seulement des propriétés distinctes, mais on peut même dire qu'elles sont opposées aux propriétés générales physiques et chimiques de la matière. Les propriétés physiques sont éternelles et inséparables de la matière ; les propriétés vitales sont au contraire transmissibles.

La matière morte, qui entre dans la formation de tout organisme est bien pénétrée de ces propriétés vitales, mais pour un temps seulement puisque, d'après son essence même, ces propriétés vitales se consomment et s'épuisent avec le temps. Au début de la vie elles sont dans les phases de croissance ; immobiles durant l'âge mûr, elles décroissent durant la dernière partie de la vie pour disparaître tout à fait avec la mort. C'est là tout le développement des êtres vivants. La vie toute entière n'est qu'une longue lutte entre les propriétés physiques et vitales ; la santé et la maladie n'en sont que les diverses phases ; la guérison est une victoire des pro-

_____

(1) Mort en 1802 ; son anatomie générale avait paru l'année précédente (1801).

priétés vitales, la mort, au contraire, est celle des propriétés physiques.

La doctrine du vitalisme devait, on le conçoit facilement, produire une révolution complète dans les notions
sur les rapports entre les phénomènes mécaniques et
organiques que l'on possédait jusqu'alors. Elle créait
d'abord une opposition complète entre la matière
vivante et la matière morte, entre le mécanisme et l'organisme, entre les sciences physiques et les sciences
biologiques. Ensuite, le vitalisme a permis de montrer
le lien qui existait entre les différentes parties de l'organisme et de ces parties avec le tout et d'attribuer à
l'organisme une activité indépendante, propre dont le
principe était dans les propriétés de l'organisme et de
chacune de ses parties.

C'est à la fin du xviii° siècle qu'apparaît pour la
première fois dans les doctrines philosophiques une
opposition nette entre les notions d'organisme et de
mécanisme. D'abord, chez Kant (1) et après lui surtout
chez Schelling. Le système philosophique de ce dernier
auteur est une conception organique profonde et logiquement développée du monde tout entier ; tous les
phénomènes de l'univers, il les explique en établissant
leur analogie avec les phénomènes de la vie organique.

A l'influence de ces nouvelles théories, il faut ajouter les tendances historiques qui se manifestèrent déjà
alors.

La conception mécanique du monde était la négation
de l'idée de développement, d'évolution. Le mécanisme
est, de son essence, quelque chose d'immobile. Il ignore
ce qu'est le développement car les mécanismes, distincts
entre eux, ne sont liés par aucune succession, aucune

(1) Werke, Bd V. p. 188.

évolution. Aussi la théorie mécanique est-elle, de sa nature, antihistorique. Elle explique l'organisation sociale non comme le résultat d'une longue évolution, mais comme une institution artificielle des hommes, institution qui peut varier au gré des hommes, et sans aucun lien avec le passé.

La volonté de la génération présente, voilà, dans la théorie mécanique, quelle est l'explication des phénomènes sociaux. Elle ne voit aucun lien entre le passé et le présent : cela n'est pas nécessaire à l'explication qu'elle fournit.

La conception historique, au contraire, signale ce lien. En cherchant à établir une analogie, cette doctrine historique s'est tout naturellement tournée du côté du monde organique : dans un tel milieu, en effet, le passé, l'hérédité joue un rôle important.

Pour toutes ces raisons, la conception organique des phénomènes sociaux devint rapidement, une des conceptions les plus populaires, les plus répandues de ce siècle. Elle a trouvé des partisans parmi les penseurs des doctrines les plus différentes ; les sociologues, les positivistes l'ont adoptée. La doctrine sociologique de Comte lui même se rapproche beaucoup de la conception organique, et les liens entre cette théorie et sa théorie vitaliste sont nombreux.

Dans sa doctrine biologique, Comte prend comme point de départ les propriétés vitales de Bichat. Il repousse, il est vrai, l'idée d'un antagonisme qui existerait entre les propriétés physiques et les propriétés vitales et il admet l'harmonie de l'organisme avec le milieu qui l'environne comme une condition nécessaire à la vie. Il signale aussi l'influence que les doctrines métaphysiques ont exercée sur Bichat et propose même à ce sujet quelques rectifications de détail. Cette influence, dit-il, n'est qu'une addition étrangère, que

Bichat lui-même à atténuée dans ses œuvres ultérieures. Comte (1) s'approprie l'idée fondamentale du vitalisme, il repousse l'idée d'après laquelle les phénomènes de la vie pourraient-être ramenés à des phénomènes physiques et chimiques.

Partageant les idées de Bichat, et admettant comme lui l'opposition qu'il y a entre les phénomènes de la vie et tous les autres, Comte en arrive naturellement à reconnaître la société comme un organisme, ne pouvant pas nier la ressemblance qu'ont entre eux les phénomènes vitaux et les phénomènes sociaux.

La doctrine sociologique organique prit des formes assez différentes.

Dans l'école appelée organique, fondée par Shelling et Krause, le point fondamental était le suivant : c'est que dans la vie sociale, de même que dans la vie organique, tous les phénomènes dépendent les uns des autres (2), se conditionnent réciproquement.

D'autres, comme par exemple Bluntschli (3) se contentaient d'établir une analogie entre les institutions sociales et les formes extérieures du corps humain.

Ainsi Bluntschli assimile le gouvernement à la tête par ce que le gouvernement est à la tête d'un état. Il assimilait le ministère de l'intérieur aux oreilles, celui des affaires étrangères au nez.

Pour lui la distinction qui existe entre l'Etat et l'Eglise est celle qui sépare l'homme de la femme.

---

(1) Comte, Cours de philosophie positive, 4ᵉ édit. tome III, 1877, 14ᵉ leçon, p. 187 et s. (rédigée en janvier 1836).

(2) « Bedingheit ». Krause le distinguait de « Bednigtheit », qui veut dire état passif. « Bedingheit, au contraire, signifie un rapport mutuel et comprend à la fois l'état passif et l'état actif. « Bedingheit ist das Verhältniss dass das sein oder Nichtsein des Einen untrennbar vereint ist mit dem Sein oder Nichts in des Andern. » (System der Rechtsphilosophie s. 48-50.

(3) Bluntschli. Psychologie studien über Staat und Kirche, 1841.

Mais, de toutes les formes que prit la théorie organique, la plus répandue fut celle qui, se rapprochant du positivisme, identifie les lois de la vie à celles de la société. C'est là une forme qui trouva des partisans dans toutes les littératures modernes.

C'est chez Spencer, Schäffle et Lilienfeld que cette théorie a reçu son développement le plus complet. Je développerai surtout la conception de Spencer, car c'est le représentant le plus autorisé de cette doctrine.

Si nous remarquons tout d'abord le caractère général de la théorie organique de la société, nous devons reconnaître que l'identification entre les lois de la vie et les lois de la société ne repose pas sur un fondement sérieux. Les ressemblances observées entre les phénomènes de la vie sociale et ceux de la vie organique ne permettent pas en les rapprochant les uns des autres de les opposer aux phénomènes inorganiques.

Pour établir une telle classification, il est nécessaire de prouver que la ressemblance entre les phénomènes sociaux et les phénomènes organiques est beaucoup plus grande que celle qui existe entre les phénomènes organiques et les phénomènes inorganiques. Il faudrait prouver en outre, et c'est là un point très important, que les différences entre les phénomènes sociaux et les phénomènes vitaux n'existent pas aussi nombreuses qu'entre les phénomènes du monde organique et ceux du monde inorganique.

Tant que cette preuve n'est pas établie, il n'y a aucune raison d'opposer la vie et la société au monde inorganique : il faut au contraire admettre une triple classification et distinguer : 1° les phénomènes inorganiques ; 2° les phénomènes organiques ; 3° les phénomènes sociaux.

Mais les partisans de la théorie organique de la société n'admettent pas cette classification et font porter toute leur argumentation sur les points de ressemblances incontestables qui existent entre la société et l'organisme, sur les processus d'ordre analogue auxquels ils donnent naissance. C'est là ce que disent Lilienfeld et Spencer.

Ils établissent la corrélation qui existe entre les phénomènes de la vie et ceux de la société ; semblable à un organisme vivant, disent-ils, la société croît, se différencie dans sa structure, engendre des fonctions spéciales, dégage de son sein des parties capables d'une vie indépendante. De là les auteurs concluent que la société n'est qu'un organisme. Cette comparaison est déjà de nature à inspirer quelques doutes sur l'exactitude de la théorie.

Quand même on admettrait des analogies qui existent incontestablement sur certains points entre l'organisme la société, l'analogie complète entre ces deux phénomènes ne peut être établie que sous une condition dont l'absence affaiblit considérablement l'importance des concessions auxquelles aboutit l'école organique.

Les rapprochements ne peuvent se faire que si l'on compare les phénomènes d'une société très développée avec ceux d'un organisme très complet et un organisme très primitif ; il serait impossible sans cela de trouver des analogies entre tous les phénomènes organiques et tous les phénomènes sociaux. Ainsi, s'il est vrai qu'il existe corrélation entre les détails d'une vie organique et d'une existence sociale, il est également vrai de dire que cette corrélation n'existe plus dès qu'il s'agit de l'ensemble.

On ne peut pas dire que les formes les plus avancées de la société correspondent aux formes les plus développées de la vie organique, et que les formes les moins parfaites de celle-ci correspondent aux formes les plus rudimentaires de celle-là.

Assez souvent au contraire les formes les plus avancées de la vie sociale ressemblent beaucoup plus aux formes rudimentaires qu'aux formes avancées de la vie organique. Si cette corrélation générale n'existe plus, le doute surgit immédiatement et l'on se demande s'il est bien vrai que la vie soit un organisme, si elle n'est pas plutôt un ensemble de phénomènes en quelques points semblables à ceux de la vie organique.

Un autre défaut de cette théorie établissant la corrélation entre la société et l'organisme consiste dans le vague, dans l'arbitraire.

Une comparaison entre les doctrines de Spencer et de Lilienfeld est, à ce point de vue, particulièrement intéressante.

D'après Spencer, les individus qui forment une société peuvent, selon leur situation sociale, être comparés aux différentes cellules de l'organisme.

Les classes travailleuses correspondent aux organes digestifs, les classes gouvernantes, aux nerfs, etc.

Lilienfeld, au contraire, croit que les hommes ne peuvent être comparés qu'à des cellules nerveuses ; le système nerveux de la société, ce serait donc d'après lui, non pas seulement les organes qui gouvernent cette société comme le croit Spencer, mais bien toutes les personnes qui composent la société.

Le système nerveux d'un groupe social, c'est toute la population.

Les autres systèmes ne sont pas formés par les hommes, ainsi par exemple le système distributif est comparé au réseau formé par les voies de communication.

La différence entre les théories de Spencer et celle de Lilienfeld est, je crois, une différence de très haute importance. Tous les deux cependant, quoique de façon différente, mais avec un succès égal établissent, jusque dans les détails les plus infimes une comparaison entre la société et l'organisme.

On peut relever la même incertitude dans les conclusions auxquelles aboutissent les théories organiques. La plupart des partisans de cette théorie concluent en effet que l'action de l'État doit être nécessairement étendue, celle de l'individu restreinte au contraire, que l'individu doit être soumis à la société. C'est ainsi que Schaffle dans sa doctrine organique aboutit aux conceptions de l'école du socialisme de la chair. Spencer aussi, s'appuyant sur cette idée que l'État n'est pas autre chose qu'un organisme, arrive à une conclusion absolument opposée, à une doctrine individualiste, à la libre concurrence, à la limitation extrême de l'intervention de l'État dans la vie sociale.

Le troisième défaut de cette conception organique de la société, c'est qu'elle ne répond pas au but tracé en général par les hypothèses scientifiques.

Toute hypothèse scientifique en effet a pour but de faciliter et d'avancer l'application de la méthode déductive à quelque branche de la science. Mais s'il n'y a pas de corrélation précise et générale entre les formes de la vie organique et celles de la vie sociale, si ces assimilations laissent le champ libre à des comparaisons arbitraires, la théorie organique ne peut servir de base solide aux déductions scientifiques.

Jusqu'à présent, en effet, la doctrine organique n'a amené aucune conclusion sensible, n'a dégagée aucune donnée inconnue. Elle n'a donné à la matière qui existait déjà qu'une nouvelle forme, elle n'a fourni qu'un nouveau système à l'exposition, une nouvelle rubrique, une nouvelle terminologie ; mais quant à la matière elle n'a apporté rien de nouveau. Ainsi la comparaison établie entre la société et l'organisme est au moins inutile.

On peut en outre, avec des preuves à l'appui, affirmer qu'elle est nuisible.

Toutes ces comparaisons faites entre la vie sociale et la vie organique aiguisent l'esprit, ouvrent un vaste horizon à l'imagination et paraissent fort attrayantes : mais elles sont de nature à détourner l'esprit d'un travail moins facile et moins agréable, mais plus fécond : la réunion de nouvelles matières pour l'explication des particularités diverses que présentent les phénomènes sociaux.

Tels sont les défauts généraux de la théorie organique. Voyons maintenant les détails de cette théorie.

Spencer, au début de son argumentation, essaie de prouver l'impossibilité qu'il y a de ne voir dans la société qu'un agrégat purement mécanique.

Cela paraît résulter pour lui de ce que la société est formée de parties vivantes ; or ce qui est constitué de parties vivantes ne peut former qu'un tout vivant.

Puis, examinant la question de savoir si la société doit être considérée comme un agrégat particulier, distinct également des agrégats mécaniques et organiques, Spencer y répond par la négative et trouve que dans toutes leurs propriétés essentielles, les agrégats organiques et sociaux présentent de complètes ressemblances.

Les particularités caractéristiques d'un organisme vivant sont d'après Spencer, sa croissance, la différenciation de sa structure, la spécialisation des fonctions, sa multiplication par la naissance et sa mortalité. Spencer affirme que la vie sociale présente elle aussi des phénomènes, des particularités semblables. Le développement de la société est toujours accompagné de son extension que constitue sa croissance. Les phénomènes de l'accroissement, dans l'ordre social, s'accomplissent dans des formes analogues à celles que présentent les phénomènes du croissement dans le monde organique : par la multiplication intérieure des cellules (dans la société humaine) qui constitue déjà un agrégat, et par l'annexion de nouvelles cellules, venues de dehors (dans les Etats, accroissement par la conquête et par l'annexion de nouvelles provinces).

Le développement de la société néanmoins ne s'exprime pas seulement par son extension mais aussi par la transition d'un état où sa composition et sa structure sont uniformes vers un état où les mêmes éléments deviennent plus variés ; par la formation de castes, de classes sociales différentes, par la création d'établissements sociaux, par une spécialisation toujours grandissante des fonctions de chacun.

Spencer démontre qu'il existe à ce point de vue encore une ressemblance, non seulement quant à l'ensemble, mais même quant aux formes de la différenciation et de la spécialisation.

Ainsi la marche graduelle de la différenciation des gouvernements dans un Etat correspond en tous points à celle de la différenciation du système nerveux.

Chez les animaux inférieurs il existe un seul système, chez les animaux supérieurs, il en existe deux : le système nerveux qui règle les rappots extérieurs de l'organisme et le système sympathique qui règle les fonctions internes.

De même, dans les Etats primitifs il n'existe qu'un seul système ; à l'origine l'administration militaire est confondue avec l'administration civile ; mais peu à peu avec le développement incessant de la société, elles se divisent et forment bientôt deux systèmes différents.

Les phénomènes de la multiplication, chez les êtres inférieurs, la segmentation et le bourgeonnement, sont comparés par Spencer aux phénomènes qui se passent quand un Etat se divise en plusieurs états indépendants ou quand les colonies se détachent de lui.

Selon Spencer, la mort de la société pourrait seule créer pour cette conception quelque embarras.

La mort naturelle des sociétés n'est difficile à constater que parce que l'ordre international n'étant pas assuré, l'État prédominant écrase l'État plus faible. Mais quand une paix durable et solide sera établie dans les rapports internationaux des États, la mort tout artificielle disparaîtra ; il n'y aura plus place que pour la mort naturelle.

Ainsi, d'après Spencer, il en est de la société absolument comme d'un organisme ; elle croît, se multiplie, se différencie, se spécialise, meurt.

Mais à côté de ces ressemblances, n'existe-t-il pas aussi des différences essentielles ? Spencer affirme qu'il n'y en a pas. On indique le plus souvent comme un signe caractéristique de la société, l'absence de lien matériel qui consoliderait les différents agrégats sociaux pour n'en faire qu'un seul tout, sa discontinuité.

Cette différence n'est qu'une différence apparente, répond Spencer.

De même que dans l'animal, les parties qui le composent ont chacun un degré différent de vitalité, de même dans la composition de la société, les hommes ne sont pas seuls à la former, le territoire y joue un rôle important et par son intermédiaire il se crée un lien matériel entre les individus.

L'unique différence entre la société et l'organisme que reconnaît Spencer est que dans l'organisme le tout est le but et chaque partie n'est qu'un moyen tandis que c'est tout le contraire dans la société.

Les individus sont le but dans la société ; la société n'est qu'un moyen pour la réalisation des buts humains.

Telle est en résumé, la théorie de Spencer. Apporte-t-elle réellement la preuve de la nature organique de la société ?

Si nous trouvons en effet les ressemblances qu'il montre entre la société et l'organisme, nous constatons à côté d'elles, des différences essentielles.

Les deux formes de la croissance, observées dans la vie des organismes vivants, doivent être comparées, dit Spencer, à celles que nous constatons dans le développement des groupements sociaux. La société croît aussi ou par l'annexion de nouveaux groupes sociaux venus du dehors ou par la multiplication de ses propres membres.

Mais l'accroissement par l'annexion de nouveaux groupes venus du dehors est quelque chose de tout à fait impossible pour l'organisme ; ou tout au moins cet accroissement n'est possible que pour les organismes qui n'offrent pas la moindre différenciation au point de vue de leur structure.

Ceux de ces organismes, qui ont une structure complexe et développée ne peuvent s'accroître par ce procédé.

Dans la vie sociale, au contraire, on rencontre cette forme de l'accroissement même si l'organisation sociale est très complexe. Aussi l'histoire des sociétés humaines nous offre-t-elle des exemples nombreux de sociétés qui s'annexent un organe quelconque ayant sa fonction spéciale, fonction qu'il conserve même après son annexion, après son entrée dans l'agrégat social.

L'histoire des États modernes est remplie d'exemples d'annexions d'arrondissements agricoles, de centres industriels, de ports de commerce, de forteresses, etc., tout cela n'est-ce pas, selon la théorie de Spencer, des organes distincts, différenciés du corps social.

Le même phénomène ne s'offre-t-il pas dans les émigrations d'individus d'un pays dans un autre, où ils conservent leur profession ; n'est-ce pas un fait analogue qui a lieu quand un membre d'une dynastie étrangère devient le souverain d'un État, quand ce sont des artistes, des professeurs, des capitalistes, etc., qui émigrent dans un pays.

Spencer considère il est vrai le rôle joué par les émigrations des peuples, dans l'histoire, comme un fait insignifiant et sans aucune portée. Il suffit cependant de se rappeler les émigrations d'autrefois des nègres en Amérique, ou celle de nos jours des Chinois dans le même pays. Toute l'histoire de l'Amérique est un démenti formel donné aux théories de Spencer.

La spécialisation des fonctions qui existe également dans la vie sociale présente aussi quelques particularités distinctes de celle qui existe dans l'organisme.

La spécialisation des fonctions, dans une société, est nécessairement une marque d'un certain degré de développement. L'armée, par exemple, qui était autrefois composée de tous les individus formant la société, se spécialise avec le temps et les armées permanentes, mercenaires ou non, constituent un élément distinct d'une organisation sociale.

Mais tandis que, dans l'organisme, le développement progressif de cette spécialisation suit dans toutes ses phases la même marche immuable de spécialisation et de différenciation, il en est tout autrement dans la vie sociale.

Dans la société la spécialisation n'est pas illimitée ; quand elle parvient à un certain degré c'est le développement en sens inverse qui commence. C'est ainsi que le service militaire obligatoire universel introduit dans presque tous les États modernes rend moins grande la barrière qui sépare l'armée de la société et est quelque chose comme un retour aux temps anciens, aux époques où l'armée était formée de tout le peuple et non pas seulement d'une fraction de ce peuple.

Cette considération nous conduit naturellement à une autre différence essentielle.

Dans l'organisme, chaque cellule participe à une fonction unique et rigoureusement déterminée.

La même cellule ne peut pas être tour à tour une cellule nerveuse et une cellule d'une autre nature.

Dans la société au contraire nous rencontrons cette diversité dans les fonctions pour un seul individu. Le même peut successivement labourer la terre, être marguillier, membre d'un jury, membre au conseil de district ou de province, membre d'une assemblée législative ou même président de la République.

Et ce cumul de fonctions en elles-mêmes très différentes ne diminue pas, bien au contraire, s'accentue avec le développement de la société. Les mêmes observations peuvent être faites pour ce qui concerne le phénomène de la multiplication.

La séparation des parties dans un Etat ne présente en réalité qu'une ressemblance superficielle et toute extérieure avec la multiplication des organismes : dans les deux cas il y a un élément qui se sépare du tout et continue une existence indépendante. Mais dans la vie organique, la multiplication des organismes soutient l'existence d'un genre, l'individu est du même type que celui par qui il a été créé, avec ses ascendants il forme une seule et même espèce. La multiplication, c'est avant tout la poroduction d'êtres semblables à soi.

Dans la vie sociale au contraire, la séparation des parties donne des résultats tout à fait différents. Si une province se détache de l'état, cette séparation est la conséquence d'une distinction, d'une particularité qui provoque la rupture entre les deux groupes politiques.

Il existe ordinairement, en pareil cas, un antagonisme national, religieux, politique, etc. ; la partie qui s'est séparée de l'autre présente, naturellement, dans sa nouvelle organisation indépendante, des différences essentielles.

L'exemple des États-Unis de l'Amérique du Nord et celui des principautés slaves confirme ce que nous venons de dire. Tout état distinct a une individualité très accentuée, c'est pour cette raison que la notion de l'espèce n'est pas applicable aux États.

A la question de la multiplication est étroitement liée celle de la mort des sociétés. La mort, en effet, limitant l'existence de l'individu est pour l'espèce une condition essentielle de progrès.

En même temps la mort des individus est contrebalancée par l'absence des limites assignées à la durée de l'espèce. L'espèce, il est vrai, peut disparaître de la terre, mais on ne peut dire cependant qu'elle est mortelle dans le même sens qu'on le dit de l'individu, car l'individu meurt fatalement, non seulement lorsqu'il se trouve dans des conditions défavorables, mais même lorsqu'il est dans les plus favorables des conditions pour vivre ; la mort survient naturellement avec la vieillesse. C'est pourquoi là où nous ne nous trouvons pas en présence d'une espèce, mais en face de l'individu, nous rencontrons seulement la mort naturelle. Ces observations expliquent suffisamment pourquoi la société qui, envisagée comme unité ne se multiplie pas comme les individus, n'offre pas en même temps d'exemple de mort naturelle.

La théorie de Spencer d'après laquelle l'absence d'exemples de la mort naturelle des sociétés n'est qu'un phénomène tout passager, provoqué par le développement encore insuffisant des relations internationales, est un sophisme grossier.

Si le sauvage attribue volontiers la mort ou un accident à quelque sortilège, cela s'explique tout naturellement par la conception singulière qu'il se fait du monde, par ses superstitions ; tout cela est d'ordre purement subjectif.

Les bêtes féroces ont des instincts encore plus grossiers que ceux de l'homme primitif, les cas de mort naturelle n'y sont cependant pas inconnus, personne n'en doute.

L'explication que fournit Spencer de la mort naturelle est donc insuffisante et il est impossible de conclure avec lui que cette particularité de la vie sociale est sans valeur.

Si, au contraire, nous prenons en considération, le lien que nous indiquons entre la mort et la vie de l'espèce, ce trait que distingue l'organisation et la société reçoit une explication toute naturelle.

C'est avec beaucoup de peine également que nous admettrons la tentative de Spencer de diminuer l'importance des autres différences relevées par lui-même entre la société et l'organisme, l'absence qu'il constate, dans la société, de lien matériel entre chacun de ses membres, la discontinuité qui existe, dans toute société, dans les rapports du tout et des parties.

Spencer s'efforce de montrer que la discontinuité de la société, c'est-à-dire l'absence d'un lien matériel entre les parties n'est qu'apparente. Il rapproche à cet effet le territoire, les biens, les animaux domestiques des membres engourdis d'un organisme, moins vivants que les autres comme les os, les cheveux, la peau. Mais ces parties intégrantes de l'organisme sont la conséquence naturelle des fonctions de cet organisme, et se distinguent essentiellement des corps étrangers qui peuvent s'adjoindre à l'organisme.

On ne peut pas admettre une telle théorie, qui n'explique nullement l'existence de sociétés qui ne comportent aucun élément territorial, telle est par exemple l'église dont les établissements se trouvent souvent situés sur des portions très éloignées les unes des autres de plusieurs États. Les groupements à base territoriale peuvent voir leur unité territoriale rompue par une province enclavée ou par l'existence des colonies très éloignées de la mère-patrie.

En ce qui concerne les rapports entre le tout et ses parties qui existent dans la société et dans l'organisme, Spencer se pose seulement la question de savoir quel est le but et quels sont les moyens qu'emploient la société et l'organisme. Cette question à notre avis est absolument inutile; tout être conscient se croit le but, et croit que le reste n'est qu'un moyen ; l'homme considère comme moyen les cellules dont il est lui-même formé et la société dans la composition de laquelle il entre comme élément intégrant.

Une telle conception du but est complètement subjective et si les cellules avaient elles aussi la faculté de comprendre et de penser, elles se croiraient certainement le but et ne considéreraient le reste que comme un moyen. Une conséquence scientifique, qui repose seulement sur une pareille donnée subjective, est impossible à admettre.

Si nous mettons de côté toute idée téléologique, nous pouvons adopter une méthode bien différente pour poser et résoudre la question de corrélation entre les parties et le tout. Que nous considérions l'homme comme le but et la société comme le moyen, ou inversement, nous ne pouvons pas nous empêcher de remarquer la différence essentielle qui existe entre les rapports de l'homme et de la société et ceux de la cellule et de l'organisme. L'homme dans la société jouit d'une plus grande indépendance que la cellule dans l'organisme. La cellule est toujours un attribut exclusif d'un seul organisme ; elle ne peut pas simultanément participer à la vie de plusieurs organismes ; elle ne peut pas provisoirement quitter son organisme pour un autre ; dans la vie sociale au contraire la participation des étrangers à la vie locale est un événement bien fréquent. C'est quelque chose qui n'est pas seulement possible, mais qui devient de plus en plus nécessaire avec la marche de la civilisation.

L'homme peut être simultanément un membre de plusieurs sociétés, dont les attributions, les fonctions sont différentes. Les sujets d'un État par exemple peuvent être de nationalité germanique et appartenir en même temps à l'église catholique. Dans cette situation, ce n'est pas l'individu isolé, faible qui doit être opposé à l'influence qu'exerce la société, mais bien au contraire l'individu soutenu, fortifié par les autres sociétés. Un point plus important encore est que chaque individu n'est pas un produit exclusif d'un groupement déterminé, mais un produit de l'influence combinée de plusieurs groupements sociaux, et comme les individus appartiennent en même temps à plusieurs de ces groupements, il en résulte une diversité, une multiplicité très grande parmi les populations des États modernes ; il en résulte même parfois la discorde, la lutte de l'individu contre le milieu social qui l'environne.

§ 37

De la nature de la société.

Après avoir ainsi suivi pas à pas le parallèle établi par Spencer entre la société et l'organisme, nous avons rencontré à côté de ressemblances indubitables, des différences caractéristiques sur tous les points indiqués.

Essayons donc de grouper ces différences et de voir le lien qu'elles ont entre elles.

En étudiant les sciences relatives aux phénomènes du

monde inorganique, nous voyons que toutes les conceptions ont toujours eu pour base des faits actuels, présents ; tous les phénomènes y sont déterminés par des
conditions qui se rencontrent dans le temps présent.

Pour étudier les propriétés de quelque substance chimique ou les lois du mouvement de quelque corps, il
n'est pas nécessaire de remonter à l'origine même de
cette substance ou de ce mouvement, et de savoir de
quelle façon a été créé le corps en mouvement ou quelle
est la source du mouvement. Nous pouvons examiner
le mouvement en ignorant absolument la source de ce
mouvement, le choc par lequel il a été créé. Dans le
monde inorganique, donc, tout peut se déterminer par
l'études de faits actuels.

Dans la mécanique, dans la physique, dans la chi-
mie, la doctrine du développement, l'histoire, « l'em-
bryologie » pourrait-on dire de ces sciences n'existe pas.

Un agrégat mécanique, un tas de pierres par exemple peut exister un temps indéterminé si les conditions
d'équilibre ne sont pas troublées, dès qu'elles le sont, le
tas de pierres tombera en morceaux, car son existence
ne peut s'adapter, se conformer aux variations du monde
extérieur.

Ainsi, l'existence d'un groupe mécanique est conditionnée par le présent ; le passé ne lui donne pas l'énergie nécessaire pour lui permettre de subsister dans de
nouvelles conditions. C'est la raison pour laquelle un
agrégat mécanique ne connaît pas la mort naturelle. Un
tas de pierres peut exister éternellement, mais il peut
très vite aussi tomber en pièces, s'il survient un changement dans les conditions extérieures ; le passé, pour tout
dire, n'exerce aucune influence sur son sort.

Si nous envisageons maintenant les phénomènes de la
vie organique, nous remarquons quelque chose d'absolument différent : l'étude des phénomènes isolés est

impossible sans l'examen de leur développement successif. Si nous écartons de la science des phénomènes organiques, l'étude de la genèse de ces phénomènes, il n'en
reste plus que la nomenclature. Pour étudier la nature
des êtres vivants, il est indispensable d'examiner l'histoire de la formation des êtres ; il faut en outre indiquer
la place occupée par l'espèce animale dans l'échelle de
tous les êtres vivants, montrer le développement de l'être
depuis sa vie intra-utérine ; l'étude de l'origine de l'individu est donc dans les sciences naturelles quelque
chose d'essentiel, d'indispensable. Un zoologue qui ne
fait pas d'études embryologiques, ne peut expliquer d'une
manière vraiment scientifique, aucun phénomène de la
vie organique.

De même, l'étude des conditions de l'existence des
agrégats mécaniques et celle des corps organiques
présente entre ces deux groupes de phénomènes des
différences importantes. Un amas de pierres peut, en
tous temps, tomber en pièces si l'on trouble les conditions d'équilibre, tandis que chaque animal possède la
vie dès sa naissance et par là même est capable d'une
certaine adaptation aux circonstances extérieures qui
sont variables ; l'être offre une certaine résistance aux
conditions qui lui sont défavorables. Spencer définit
la vie comme une capacité de s'adapter aux conditions
extérieures ; et cela veut dire que tout animal peut
s'adapter aux conditions extérieures parce que son existence se détermine par son passé, par la force qu'il a
reçu dès sa naissance. L'organisme aussi peut changer
et s'adapter aux conditions extérieures de la vie. Ainsi
le monde inorganique est déterminé par les conditions
présentes ; le monde organique est déterminé par le
passé et par le présent.

Les lois de l'hérédité démontrent que du passé de
tout le genre humain et peut-être de celui de tout le

monde organique dépend, jusqu'à un certain point, le caractère et la vie de chaque individu. Chaque fœtus reçoit une certaine provision d'énergie qui est dépensée ensuite pour l'adaptation de l'individu aux conditions extérieures de la vie. Si les conditions extérieures sont défavorables, la dépense d'énergie est plus grande ; si elles sont favorables, cette même dépense est plus lente ; mais quelles que soient favorables ces conditions, il arrivera tout de même un moment où elles seront totalement épuisées. Les individus ne périssent pas par le hasard, mais bien parce qu'ils ont dépensé toute leur énergie dans leur lutte contre les conditions extérieures de la vie.

Si maintenant nous passons de l'étude des phénomènes organiques et inorganiques à l'étude des phénomènes sociaux, nous devons nous demander d'abord si ces phénomènes se déterminent par le présent ou par le passé ou par tous les deux à la fois, ou bien encore par quelque élément nouveau. Sans doute les lois générales qui gouvernent les phénomènes du monde organique ou inorganique sont également applicables aux phénomènes de la vie sociale. En effet le présent joue un rôle important dans la vie des sociétés; telle est par exemple la situation qu'un État occupe dans les rapports internationaux.

Prenons par exemple la Belgique et la Suisse ; leur existence est surtout la conséquence des conditions actuelles de leur vie internationale et leur situation géographique est telle qu'aucun état voisin ne peut autoriser la prise de quelque parcelle du territoire de ces pays par un autre État.

À côté toutefois du présent, le passé joue, cependant, dans la vie sociale un rôle important. Chaque génération, d'une part, a une certaine influence sur le développement de la vie sociale des génération futures et, d'autre part, l'héritage que nous transmettent nos pères a aussi une grande importance.

La vie et l'organisation d'une société subissent d'autant plus l'influence du passé que ce passé est plus riche en évènements historiques, et c'est ainsi qu'une société, actuellement faible, peut cependant exister longtemps si elle a recueilli un passé glorieux.

Prenons par exemple l'empire romain ; il existait bien longtemps après que les circonstances contemporaines l'eurent mené à la décadence ; son passé était si riche que les barbares eux-mêmes qui ont anéanti sa puissance politique ont dû s'incliner devant la grandeur de sa civilisation.

A côté de la vie historique qui détermine l'organisation de la vie sociale et des conditions présentes, favorables ou non, il existe encore un troisième élément fort important qui constitue le trait caractéristique des phénomènes sociaux : c'est que l'homme, doué de la conscience et de la mémoire, se transporte aisément par la pensée, du passé dans l'avenir. La mémoire et le désir sont deux côtés du même phénomène ; ce que l'homme, par son expérience du passé, a recueilli et accumulé, il le transporte, sous une forme ou sous une autre, dans l'avenir ; il est capable, en un mot, de se créer une notion de l'avenir, un idéal.

L'existence d'un idéal, ou au contraire son absence, ce sont là des points très importants pour le développement de la vie sociale. Nous avons vu que l'animal, après avoir dépensé toute son énergie, meurt ; la société, au contraire, ne périt pas, quelles que défavorables que soient les conditions dans lesquelles elle existe, pourvu que l'idéal qu'elle s'est tracée soit suffisamment fort.

Il peut, il est vrai, arriver des circonstances telles que la création d'un idéal quelconque soit impossible, et la mort d'une société s'ensuit tout naturellement, mais ce sont là des cas assez rares.

Ainsi la société se détermine par trois éléments distincts :

1° Les conditions actuelles dans lesquelles elle se meut ;

2° Son passé ;

3° L'idéal constitué par l'expérience du passé

L'influence sur les phénomènes de la vie sociale non seulement des phénomènes du passé et du présent, mais aussi des conceptions des membres de la société sur l'avenir crée, nécessairement, une très grande complexité et une plus grande indépendance. On peut encore expliquer autrement cette complexité et cette indépendance.

D'après un mot très juste de Cl. Bernard, cette complexité de la vie organique dépend de ce que l'organisme, outre le milieu extérieur, est pour ainsi dire environné par un milieu intérieur particulier qui lui est propre et qui consiste surtout dans l'élément liquide de cet organisme. Grâce à ce milieu intérieur, l'organisme peut conserver une haute température en même temps qu'un degré d'humidité assez élevé, dans un milieu froid et sec.

C'est grâce à lui qu'est créée l'indépendance relative entre l'organisme et le milieu qui l'environne à quelque moment que ce soit de la vie ; c'est par lui aussi qu'est constituée sa relation avec le passé, puisque le milieu intérieur de l'organisme est un produit de son activité dans le passé.

Si nous appliquons cette comparaison à ce qui se passe dans l'ordre social, nous pouvons dire que la société est environnée par un triple milieu.

1° Par un milieu extérieur, qui l'environne dans un moment d'arrêt formé par les influences multiples des conditions géographiques et de celles des autres sociétés qui existent en même temps qu'elle.

2° Par un milieu intérieur composé par les mœurs et les institutions léguées par le passé, et enfin,

3° Par un milieu spécial, idéal, intellectuel, par les conceptions nées dans le cerveau de chaque être humain et qui constitue une sorte de pressentiment, de vue, sur l'avenir.

Cet triple lien des phénomènes de la vie sociale avec le temps présent, le temps passé et celui de l'avenir, ou, en d'autres termes, avec le milieu extérieur et physique, intérieur et intellectuel, est la cause de toutes les différences que nous avons constatées plus haut entre la société et l'organisme.

En affirmant que la société se détermine par un milieu spécial, idéal et intellectuel, nous reconnaissons que le lien qui unit les différents membres de la société a un caractère moral, psychique et nous expliquons ainsi l'absence de tout lien matériel, dans les sociétés humaines.

Les phénomènes psychiques, en effet, se distinguent surtout des phénomènes matériels en ce qu'ils ne reposent pas sur une base territoriale ; le lien spirituel entre les membres d'une même société ne suppose donc pas l'existence d'un contact matériel.

Nous expliquons par là même la possibilité pour l'homme d'appartenir en même temps à des sociétés différentes, et dans une même société d'appartenir dans le même temps à des différents organes ; les idées, à la différence de la matière, ne sont pas impénétrables ; la possibilité d'admettre l'accroissement par l'annexion, même dans une société, s'explique également par ce même lien.

D'autre part, la dépendance des phénomènes de la vie sociale de l'avenir explique pourquoi les sociétés ne connaissent pas la mort naturelle.

Dans la vie organique, l'énergie vitale s'épuise néces-

sairement avec le temps et cela, d'autant plus rapidement, que la vie est plus active. Dans la société, au contraire, bien que cette dépense d'énergie existe également,
il n'y a pas épuisement, car la dépense faite est aussitôt
remplacée par une force vitale nouvelle, créée par
l'idéal qui guide et inspire toute société. Les anciennes
coutumes disparaissent, les vieilles institutions sont rendues inutiles ; cela n'entraîne pas la mort de la société.

Si cette société conserve encore la capacité d'une
création psychique quelconque, si elle est encore capable de se créer un idéal, les anciennes et débiles coutumes seront remplacées bientôt par une nouvelle législation, par de nouvelles croyances, et la société y puisera
comme à une nouvelle source de vie : aussi n'y a-t-il pas
de terme à la vie sociale ; elles peuvent périr sans
doute, mais, différentes en cela des agrégats mécaniques, les sociétés ne connaissent pas la mort naturelle.
L'absence de la mort mécanique, c'est un point que
nous avons déjà examiné, explique l'absence de la multiplication, car l'une dépend directement de l'autre.

La notion organique de la société qui n'explique pas
toutes les particularités des phénomènes de la vie sociale
doit être remplacée par la notion *psychique* (1), qui
reconnaît l'idéal qui guide toute société humaine comme
un facteur distinct des agrégats sociaux et qui place les
phénomènes de la vie sociale à côté de ceux du monde
organique et inorganique, comme un groupe indépendant et tout à fait à part des phénomènes du monde
inorganique.

Tout en écartant la théorie organique, nous ne pou-

(1) Dans la deuxième édition de son livre, Schäffle aboutit à la
même conclusion : « Die menschliche Gesellschaft ist eine rein geis-
lich (psychiche) bewirkte durch Ideenzeichen und durch Kunsthand-
lungen vollzogene untheilbare Lebensgemenischaft organischer Indi-
viduen, Bau und Leben ». I, p. 1.

vons pas cependant nous empêcher de reconnaître les services qu'elle a rendu à la sociologie.

Si la conception mécanique de la société a eu une grande influence historique, nous devons reconnaître cette même influence à la conception organique.

La théorie mécanique niait l'histoire et son influence sur les phénomènes sociaux ; la théorie organique au contraire a toujours reconnu entre les phénomènes sociaux, l'existence d'un lien, et a toujours affirmé l'influence des faits du passé sur ceux du temps présent.

Aussi la théorie organique a-t-elle donné une impulsion nouvelle à l'explication scientifique des phénomènes sociaux. Cette théorie, cependant, s'est arrêtée à mi-chemin.

Quelque étrange que cela paraisse de la part de Spencer, le représentant de l'évolutionnisme, cet auteur a cru utile de s'appuyer sur les faits du passé, mais il n'a pas regardé au-delà, il n'a pas envisagé l'avenir et n'a pas cru à la part importante qu'avait dans le développement de toute société, cette conception de l'avenir.

La théorie évolutionniste ne doit pas se borner à l'étude des faits actuels ; elle ne doit pas tirer toutes les conditions du développement individuel et social du présent, et elle doit établir l'existence d'un progrès continu. Pour cette raison, Spencer ne devait pas se borner à l'étude du passé ; il devait nous montrer comment la société se détermine dans son développement par la conception de l'avenir.

Nous aussi nous établissons entre l'organisme et la société de nombreux rapprochements ; mais nous croyons que la société est un organisme qui présente des particularités consistant dans sa faculté de concevoir l'idéal de l'avenir.

Notre explication satisfait complètement aux hypothèses les plus variées. Une hypothèse en effet, pour être résolue, exige que les causes auxquelles se ramènent l'un ou l'autre groupe de phénomènes soient de vraies causes, c'est-à-dire qu'elles soient vraiment une force vis-à-vis des phénomènes du groupe, que leur existence soit réellement démontrée, vérifiée.

La vérification d'une hypothèse consiste en ce que les conclusions qu'on en peut tirer par voie de déduction doivent être conformes aux phénomènes réels. Ainsi donc si la capacité de former un idéal est un signe carac-téristique de tous les phénomènes sociaux, nous devons, en conclure que cette capacité est en proportion directe avec le développement de la vie sociale.

La réalité est là pour nous prouver combien une telle assertion est fondée.

Si nous comparons en effet une société civilisée, société dans laquelle l'union est pour chacun des mem-bres le premier des besoins, avec une peuplade vivant encore à l'état sauvage, nous remarquerons une très grande différence et nous constaterons la très grande facilité avec laquelle le sauvage renonce à toute union ; l'intelligence des peuples sauvages est également de beaucoup inférieure à celle des peuples civilisés. Plus les liens sociaux sont faibles entre les hommes, plus est faible leur développement intellectuel, plus grande est chez un peuple son insouciance de l'avenir.

L'homme sauvage, cela a été constaté bien des fois, vit surtout pour le moment présent, sans s'occuper de l'avenir ; il n'amasse ni biens, ni connaissances en vue de l'avenir.

Une seconde conclusion à tirer de la théorie que nous indiquons, c'est que si la notion de l'avenir, la capacité de créer un idéal est proportionnelle au développement de la vie sociale, les conditions nécessaires au dévelop-pement de la faculté psychique, créatrice de l'idéal doi-vent en même temps servir au développement de la vie

Khorkounov 21

sociale. Et c'est en effet ce qui se produit : les conditions du développement de la vie psychique de l'individu et celles du développement de la vie sociale sont identiques.

Si dans l'organisme l'indépendance des cellules distinctes est en proportion inverse au développement de l'organisme tout entier, nous ne constatons pas au contraire dans la vie sociale, que l'indépendance des membres d'une même société diminue à mesure que croît le développement de cette société, bien au contraire cette indépendance est une des principales conditions de ce développement. Là où le développement de la pensée individuelle est étouffé, là aussi le développement de l'idéal social est impossible ; la société décroît, se trouve paralysée dans ses développements et ses rapports à l'intérieur aussi bien qu'à l'extérieur deviennent moins actifs ; si un tel état persiste, l'existence même de la société peut être mise en péril.

Si les conditions du développement psychique et celles du développement social sont identiques nous devons comprendre pourquoi un groupement humain chez qui la conception de l'avenir joue un rôle important est très fortement uni et capable par là même de résister à des conditions passagères défavorables.

Toute la vie des Juifs, par exemple, peut être définie par la conception de l'avenir, par l'attente du Messie ; malgré toutes les conditions peu favorables à leur existence, cependant le lien qui unit ce groupe d'hommes est tel que bien des nations pourraient l'envier.

Si les rapports sociaux sont déterminés par le degré de développement de l'idéal créé par les individus, il faut admettre que, dans la vie sociale actuelle, les conditions de l'existence peuvent être modifiées selon l'idéal tracé par les membres d'une même société, et des notions fausses peuvent avoir, sur le développement de l'idéal social, une très grande influence.

C'est ainsi, par exemple, que malgré l'erreur indubitable des dogmes, de la religion mahométane, l'époque où le monde mahométan fut le plus prospère, fut précisément celle où ces idées erronées étaient les plus répandues.

Il n'est pas possible d'assigner des limites à l'idéal social, le développement social ne comporte aucune limite, et il ne saurait exister, pour les sociétés, un modèle type impossible à dépasser.

Ces limites, ce modèle type existent au contraire dans le monde organique ; les êtres ne les dépassent pas et après les avoir atteint, ils n'ont plus qu'un but, celui de la multiplication, de l'accroissement de l'espèce.

Dans la société nous remarquons un phénomène tout à fait opposé : le changement des idées peut amener un changement complet de la vie sociale.

L'idéal que peuvent se façonner les hommes est tellement immense qu'il peut embrasser tous les groupements formés soit par la similitude des occupations, soit par l'habitude, la nationalité, etc. Aussi doit-on repousser la doctrine de l'école historique qui admet pour la société, de même que pour l'organisme, un type déterminé, *à priori* dont quelques déviations insignifiantes sont à peine possibles ; d'après cette doctrine chez un même peuple, il existe un esprit national bien déterminé, des propriétés, des fonctions également déterminées qui ne subissent guère d'altération au cours de l'évolution historique.

Cette doctrine apparût comme une protestation, sur le terrain politique, contre les tendances révolutionnaires de la fin du siècle passé et contre les tentatives faites pour transporter chez nous les institutions politiques de l'Angleterre.

D'après l'école historique, l'organisation politique de l'Angleterre n'est bonne que pour l'Angleterre seule, car elle correspond à un esprit national très particulier ;

la France, l'Allemagne et les autres pays doivent au contraire se développer par d'autres moyens plus conformes à leur génie national. De même qu'un oiseau ne peut devenir un mammifère et réciproquement, de même aucun Etat ne peut ainsi changer ses institutions, son organisation qui est conforme à son esprit national. Cette opinion de l'école historique est fausse, puisque nous avons déjà vu que le changement apporté à l'idéal social peut amener un changement dans le développement social lui-même.

L'influence d'un peuple sur la vie d'un autre en est une preuve. L'idéal est une force sur laquelle on s'appuie dans la vie sociale et cet idéal peut être le résultat non seulement de notre propre expérience personnelle, mais aussi de l'expérience des peuples voisins.

Par l'étude de l'organisation d'un autre peuple, de son développement politique, les membres d'une société peuvent se créer un idéal politique semblable à celui de ce peuple et c'est ainsi que les relations entre les peuples peuvent apporter un élément nouveau qui détermine les rapports sociaux.

§ 38

La nature psychique de l'homme.

Troitzky. La psychologie allemande contemporaine. 1867. Ribot. La psychologie anglaise contemporaine, 1875. II. Spencer. Les principes de la psychologie, 1876.

Si nous expliquons les particularités des phénomènes de la vie sociale par le caractère psychique du lien qui unit les hommes en société, la conception de la nature psychique de l'homme et des conditions de son développement moral est pour nous de la plus haute importance.

Nous ne pouvons assurément entrer ici dans les détails d'une analyse des théories psychologiques ; une pareille étude nous entraînerait trop loin.

Il est nécessaire cependant, pour expliquer la nature de la société et les rapports qui existent entre l'individu et la société, de préciser quelques points dégagés par la psychologie contemporaine.

La psychologie, jusqu'à ces derniers temps, était partagée entre deux tendances extrêmes, péchant toutes les deux par leur exclusivisme (l'intuitisme et le sensualisme).

Les uns admettaient l'existence, en nous, d'idées innées, et, pour ceux-là, l'individu naissait avec un lot d'idées toutes faites, avant toute expérience personnelle ; ces idées étaient invariablement les mêmes chez tous les individus.

D'autres, au contraire, les sensualistes considéraient l'homme comme un être absolument dénué, à sa naissance, de tout concept, il y avait en tout homme *tabula rasa sui generis* que l'expérience de la vie garnissait en remplissant le vide par un contenu plus ou moins riche.

D'après cette seconde théorie, l'individu est un être complètement différent des autres ; il doit tout à sa propre expérience personnelle, et tout ce qu'il acquiert lui vient du dehors. Et à ce point de vue, l'homme par conséquent dépendait des influences extérieures ; incapable d'une activité autonome c'était un automate habilement construit.

Malgré les nombreuses différences qui existent entre le point de départ de ces deux théories, elles présentent des défauts communs.

Toutes les deux d'abord sont également étrangères à toute idée d'évolution psychique et ensuite elles sont également incapables de fournir une explication de l'indépendance relative et du principe de l'activité relativement autonome de l'individu.

L'idée du développement psychique chez l'individu n'est pas très vieille. On avait bien reconnu depuis longtemps l'existence de la transmission d'une génération à l'autre d'une certaine provision de science, fruit de l'expérience de la génération précédente. Mais on n'allait pas plus loin ; seule la science était considérée comme transmissible, les sentiments, la volonté ne l'étaient pas. En tous cas, notre esprit était considéré comme immuable, il était considéré comme identique à lui-même, à tous les degrés de l'humanité. Pour les partisans de l'intuitisme à toutes les époques de sa vie, l'homme était toujours le même ; il ne lui était pas possible de modifier le fonds qu'il possédait des idées innées. Dans la théorie adverse, l'homme avait également en lui quelque chose d'immuable et d'identique chez tous les individus, c'était la *tabula rasa.*

Le développement pyschique se bornait donc à celui de l'individu ; l'influence d'une génération sur l'autre était nulle.

Cette négation de toute transmission psychique de génération en génération empêche ces deux théories de fournir une explication quelconque de l'indépendance relative de l'individu envers le milieu dans lequel il vit. Pour le sensualiste, l'homme était une machine réagissant d'une façon automatique contre les influences extérieures ; si vous écartez toute influence, l'homme sera privé du principe d'action, puisque, de lui-même, il est incapable de toute activité.

Les partisans de l'autre théorie, de la théorie intuitive, reconnaissent bien chez l'homme une certaine activité qui lui est propre, mais ils n'expliquent cette activité qu'en isolant l'homme de l'ensemble des phénomènes reliés entre eux par leur lien naturel et en lui attribuant une volonté libre, indépendante de toute loi déterminée.

La psychologie expérimentale moderne, qui s'est surtout développée en Angleterre rejette également les deux théories que nous venons d'exposer.

Elle n'admet pas l'existence d'idées innées, dans le sens absolu du moins où l'entendent les partisans de l'école intuitive ; elle ne croit pas non plus, comme le fait l'école sensualiste, que toute notre vie psychique n'est que le résultat de notre expérience personnelle, produit des faits extérieurs.

La psychologie moderne tient le milieu entre ces deux conceptions ; elle reconnaît que toute notre vie psychique peut s'expliquer par l'expérience à la fois intérieure et extérieure, par l'expérience personnelle et individuelle en même temps que par celle de toute l'humanité, par l'expérience collective. La vie morale n'est plus reconnue comme un simple résultat de l'influence extérieure, du milieu dans lequel vit l'individu ; ce que l'homme acquiert du monde extérieur est complété, modifié en lui par les conceptions de l'expérience intérieure. Aussi nos idées qui sont par rapport à l'humanité toute entière dûes à l'expérience, peuvent être par rapport aux individus des idées innées, léguées par la génération précédente.

Une telle théorie n'a pas les défauts que nous venons de signaler dans les théories précédentes.

L'homme n'est plus un automate, influencé seulement par les phénomènes extérieurs. Les mouvements de son âme peuvent être dûs chez lui aux conceptions que lui fournit son expérience intérieure, et des faits physiologiques ou pathologiques, certaines dispositions de notre organisme aussi peuvent amener en nous, indépendamment de toute action extérieure, une certaine activité de l'esprit. Ajoutons à cela l'action produite par les sentiments, les tendances, les goûts que nous ont légués nos aïeux, et nous pourrons facilement expliquer l'indépendance relative qui existe entre l'homme et le milieu dans lequel il vit ; il n'y aura pas besoin de faire intervenir les oppositions multiples qu'offrent entre eux les actions humaines et les phénomènes physiques, pas besoin non plus de faire appel à une volonté libre.

La théorie psychologique moderne rejette aussi l'opinion ancienne qui niait l'influence psychique d'une génération sur une autre.

Si nos idées et nos sentiments sont un produit de l'expérience séculaire de l'humanité toute entière, les individus et les générations doivent être liés entre eux non seulement dans l'espace, mais aussi dans le temps.

La vie psychique de chaque génération n'est qu'un anneau qui unit la vie des générations antérieures à celle des générations futures ; le lien continu du développement psychique des générations a sa source dans l'hérédité psychique et cette théorie accorde en effet aux lois de l'hérédité une place importante. Elles ont une grande importance dans toutes les sciences sociales parce qu'elles établissent un lien entre les individus et le genre humain tout entier ou telle nation déterminée. Toutes les aptitudes, toutes les tendances physiques et psychiques sont, grâce aux lois de l'hérédité, non pas un produit de la vie individuelle, mais celui de la vie collective des hommes.

La théorie psychologique moderne reconnait donc un lien de transmissibilité dans le développement psychique des générations et elle voit dans l'individu avant tout le produit de la vie historique de la société.

Le caractère psychique de ce lien qui réunit les hommes en société n'empêche point l'influence sociale héréditaire de suivre une marche continue et régulière. Les idées humaines, étant un facteur distinct dans la vie sociale, sont elles-mêmes le fruit d'un développement successif régulier ; elles se développent en même temps que la vie sociale elle-même.

On a objecté cependant, à cette dernière idée, que

CHAPITRE PREMIER. — LA NATURE PSYCHIQUE DE L'HOMME 329

notre volonté n'était soumise à aucune loi déterminée, pas même à la loi de causalité.

C'est là une opinion qui a sa valeur ; elle a joué un si grand rôle dans l'histoire des théories philosophiques, elle a exercé une telle influence qu'il est nécessaire de procéder à un examen attentif de cette théorie.

§ 39

La liberté de la volonté.

Schopenhauer. Ueber die Freiheit des menschlischens Willens (dans die Beide Grund-Probleme der Ethik, 2 éd. 1860. Fouillée. La liberté et de déterminisme. Binding. Die Normen und ihre Uebertretung. V. II. §32. Hertz. Das Unrecht, 1880, § 11.

Il est nécessaire, pour recevoir une solution précise, de poser nettement le problème.

On oppose la liberté de la volonté à la notion de conformité aux lois. Mais qu'entend-t-on par lois ? Nous savons déjà ce que scientifiquement veut dire le mot. Une loi, en ce sens, ce n'est pas un ordre de quelqu'un, produisant la cause de certains phénomènes, une loi c'est seulement « l'uniformité des phénomènes » observée par les hommes.

En établissant de cette façon la définition des lois nous éviterons toute confusion. Si nous admettons que la loi est une force, une cause de phénomènes, la question de la liberté de la volonté considérée comme une force agissante à côté de la loi se ramènera à la question de savoir si la volonté peut aussi être la cause de phénomènes.

La volonté pourra être la cause de phénomènes, seulement dans le cas où ces phénomènes ne seront pas soumis à l'action d'une loi déterminée, c'est-à-dire, si ces phénomènes n'auront pas la loi pour cause, tout cela naturellement d'après ceux qui voient dans la loi la cause des phénomènes.

Avec une pareille notion de la loi, dire que la volonté peut être la cause de phénomènes c'est dire qu'elle est libre, qu'elle agit en dehors de toute influence d'action de la loi elle-même,

Mais accepter à la fois cette notion de la loi et la définition scientifique que nous venons d'en donner, ce serait commettre une absurdité.

Si la loi n'est pas la cause des phénomènes, voir dans la volonté la cause déterminante de l'acte n'est pas nécessairement admettre une séparation entre les sphères d'application de la loi et celles de la volonté. Si nous admettons que la loi n'est qu'une formule exprimant la marche uniforme des phénomènes, la question sur la liberté de la volonté se pose dans des termes bien diffé-rents. L'expérience tirée des faits extérieurs ne nous montre pas que tels phénomènes puissent être considé-rés comme principes absolus des phénomènes qui vont suivre.

Les phénomènes extérieurs nous présentent une suite continuelle de causes et d'effets, et chacun de ces phé-nomènes, tout en étant la cause de phénomènes futurs est en même temps l'effet de phénomènes précédents.

Des principes absolus qui feraient dépendre certains phénomènes de phénomènes antérieurs sans qu'ils fus-sent eux-mêmes des causes pour des phénomènes futurs ne peuvent donc pas exister. Tout phénomène doit être considéré comme un anneau de la chaîne ininterrompue entre les causes et les effets ; tous les phénomènes sont uniformes en ce sens que chacun d'entre eux est la cause de phénomènes futurs et le résultat de phéno-mènes précédents. Cette propriété du phénomène, c'est la loi ou principe de « causalité ».

Cette loi existe pour tous les phénomènes du monde extérieur, cela n'est pas douteux. Toute la question de la liberté de la volonté se réduit à savoir si notre expérience intérieure, différente de notre expérience extérieure ne nous apporte pas un autre principe que celui qui vient d'être formulé. Notre expérience intérieure ne témoigne-t-elle de l'existence en nous d'actes, de désirs qui sont la cause de phénomènes sans être en même temps le résultat de d'autres phénomènes précédents ?

Si les actes de notre volonté n'ont pas de cause, s'ils sont eux-mêmes des principes absolus, créateurs d'une série de phénomènes indépendants, on pourrait alors dire que notre volonté n'est pas soumise à la loi de causalité, et qu'étant la cause de phénomènes, elle est elle-même sans cause, c'est-à-dire qu'elle est libre. Si, au contraire, les actes de notre volonté sont les résultats de précédentes impressions, ou de désirs, ou du caractère, alors la volonté n'est pas libre ; elle est soumise, elle aussi, comme les faits extérieurs, au principe de causalité.

Toute la question de la liberté de la volonté, du libre arbitre comme on dit généralement, peut se ramener à celle-ci : Les actes de notre volonté sont-ils ou non soumis à la loi de causalité ?

Il n'est pas ici question de savoir si la volonté sert de cause ou non aux phénomènes, mais de savoir si la volonté a elle-même une cause.

La plupart des auteurs ont malheureusement confondu ces deux questions, qui n'ont entre elles rien de commun. Personne, même chez les plus ardents défenseurs de la liberté de la volonté, ne reconnaît le libre arbitre chez un fou, tandis que, cela est hors de doute, la volonté d'un fou peut être elle aussi la cause de phénomènes.

En posant la question d'une façon aussi nette que

nous l'avons fait, nous avons voulu éviter les deux
erreurs qu'on commet le plus souvent ; à savoir : 1° que
le fatalisme équivaudrait à une négation du libre arbitre ; 2° qu'on pourrait trouver une formule qui soit la
réconciliation entre la liberté de la volonté et le principe
de causalité.

Le fatalisme répond seulement à la question de savoir
si la volonté est une cause de phénomènes, et il y répond
d'une façon négative sans s'inquiéter de savoir si la
volonté a elle-même une cause.

Le fatalisme reconnaît que tout phénomène est déterminé par une volonté supérieure ; le fatum pèse sur
tous les hommes ; chaque événement doit s'accomplir
logiquement, inéluctablement, indépendamment de la
volonté des hommes et de leurs actes. Quels que grands
soient les efforts des hommes pour éviter l'accomplissement d'un événement quelconque, la nécessité fatale
s'accomplit cependant, en vertu d'une prédestination.
La mort survient, malgré tous les efforts des hommes,
si elle était ordonnée par la fatalité ; elle n'arrive que
plus tard au contraire, si l'heure n'est pas encore venue.

Toute la doctrine fataliste par conséquence se réduit
donc à ce que les événements extérieurs ne dépendent
pas de la volonté, ni des actions humaines, et qu'en
général les phénomènes s'accomplissent, non par une
dépendance qui existe entre eux, mais par quelque force
extérieure. L'homme n'est pas le maître de disposer des
événements extérieurs ; il ne peut pas les modifier,
quoiqu'il fasse dans ce but.

Cette théorie reconnaît donc l'existence de quelque
force, en dehors de la chaîne ininterrompue que forment
entre eux les phénomènes ; elle nie le lien de causalité
entre ces phénomènes et introduit la notion du miracle.

Mais cette notion fataliste n'est pas du tout la négation
de la liberté de la volonté, mais de la loi de causalité ;

elle est admise parfois, quelqu'étrange que cela paraisse,
par les partisans de la force universelle de la loi. de
causalité, qui, dans leurs arguments, s'appuient sur les
données de la statistique.

La statistique nous montre que certaines actions spontanées des hommes dans les conditions sociales déterminées se renouvellent invariablement tous les ans,
d'une façon toujours identique.

Le chiffre annuel des assassinats, des suicides, des
mariages, etc.. se répète toujours le même ; les variations qui se produisent sont moins sensibles que pour
les cas de naissance et de mort. Cela prouve, disent les
fatalistes, que les actes spontanés des hommes, sont
soumises à une loi tout aussi bien que les actes involon-
taires, comme la mort, la naissance, etc.

Une fausse notion de la loi et une conception erronée
de la question du libre arbitre conduisent également à
cette affirmation fausse que la statistique nous fournit
la preuve de l'existence de lois exigeant annuellement
un nombre déterminé de crimes, mariages. La statistique ne nous fournit rien de nature à justifier de pareilles déductions.

Si l'uniformité dans les actes humains constitue la
loi, la loi n'est pas la cause de ces phénomènes. On ne
peut pas dire qu'il y a annuellement un chiffre déterminé de suicides parce qu'il existe une loi de statistique
qui le dit. Si l'on remarque ici une uniformité, c'est
parce que les conditions qui poussent au suicide restent
d'une année à l'autre à peu près les mêmes ; si nous
changeons ces conditions, tout de suite à ce changement
correspond un changement dans le chiffre des suicides.
La statistique par conséquent ne prouve pas que la loi
est la cause des suicides, elle indique seulement que le
chiffre annuel des suicides dépend de certaines causes
qui demeurent toujours les mêmes d'année en année. Si

le suicide dépendait d'une volonté absolument libre, il ne pourrait présenter une telle uniformité ; il faut avoir toujours présente à l'esprit cette idée que l'uniformité est le produit d'un ensemble, d'une série de forces engendrant les phénomènes sociaux.

On ne peut admettre en effet que les lois de la statistique expriment des ordres d'un certain genre qui ne dépendent pas des hommes et qui les forcent à contracter mariage ou à accomplir des crimes ou des suicides ; que les modifications qui subissent les données de la statistique soient les conséquences de la résistance opposée par le libre arbitre de l'individu aux lois amenant ces phénomènes. On ne peut personnifier les lois de la statistique, ces lois ne sont pas une force en lutte avec la volonté humaine.

L'explication que nous avons fournie de la distinction essentielle qui existe entre le fatalisme et la volonté libre soumise à la loi générale de causalité va nous permettre de résoudre plus facilement la question, telle que nous l'avons posée.

Si, en effet, tout en niant l'existence du libre arbitre, nous ne sommes pas forcés pour cela d'accepter la doctrine fataliste, nous n'avons plus de motif essentiel pour nous contraindre à accepter la doctrine de la volonté libre.

De ce que nous n'acceptons pas cette doctrine, il ne s'ensuit pas des conséquences terribles et la question peut alors être placée sur un terrain plus scientifique.

Une autre erreur très répandue qui a son fondement, comme l'erreur précédente, dans une faute de logique consiste à admettre l'existence d'une volonté à demi-libre.

C'est encore parce qu'on a confondu la doctrine du fatalisme avec la négation du libre arbitre qu'on a été amené à cette solution mixte.

C'est là une théorie évidemment fausse. Il est impossible que la volonté soit tour à tour libre et non-libre. Mais les partisans de cette théorie ne posent pas ainsi le problème, sous une forme aussi claire. Ils le présentent sous un aspect beaucoup plus complexe et qui exige une analyse attentive.

J'examinerai ici trois des tentatives les plus ingénieuses qui ont été essayées pour faire admettre cette théorie.

La première est celle de Fouillée. Il s'efforce de prouver que si l'on n'accepte pas pour point de départ l'existence d'une volonté libre, par un raisonnement logique on peut pourtant arriver à admettre l'existence d'une certaine liberté de la volonté. Admettons, dit-il, que notre volonté n'est pas libre, que tous nos mouvements sont nécessairement déterminés par nos sentiments et par nos idées. Nous devons admettre alors, s'il en est ainsi, que l'idée de la liberté de la volonté comme tout autre peut devenir cependant chez chacun d'entre nous un stimulant pour notre volonté. Nous pouvons en effet observer que les hommes qui sont convaincus de la liberté de leur propre volonté agissent à peu près de la même façon que s'ils étaient vraiment libres. Plus cette conviction est forte chez un homme et plus il s'accoutume à se guider sur elle et rien que sur elle dans tous ses actes, plus sa conduite se rapproche de celle d'un homme qui serait effectivement et réellement libre. Aussi, l'homme tout en n'étant pas libre, peut en se guidant dans ses actes sur l'idée de la liberté, agir néanmoins comme un homme libre, et se rapprocher de plus en plus de l'idéal de la liberté ; cet idéal, l'homme ne peut complètement l'atteindre ; il peut du moins tendre toujours à s'en rapprocher.

Il n'est pas douteux que l'homme, en se guidant sur cette fausse notion de la liberté de la volonté peut en beaucoup de cas, agir comme s'il était en réalité libre. Dans des conditions favorables, l'idée de la liberté peut devenir le motif dominant de toute son activité.

En désirant démontrer à lui-même et prouver aux autres qu'il a une volonté libre, l'homme peut étouffer les excitations les plus naturelles de sa nature, mais il a beau se contraindre, quoique entraîné par cette idée de liberté, il n'en deviendra pas plus libre pour cela. Il ne deviendra qu'un esclave aveugle et misérable d'une idée, d'une passion; un tel homme n'est qu'un maniaque qui s'imagine être le roi d'Espagne. Affirmer, ainsi que le fait Fouillée, que la conviction qu'on a de sa propre liberté rend l'homme libre, c'est comme si l'on disait que ce maniaque peut devenir roi d'Espagne.

La théorie de Reid est plus profonde. D'après Reid, il est impossible d'expliquer par le principe de causalité tous les phénomènes de la volonté. Si la volonté ne possédait pas au moins quelque parcelle de liberté, il lui serait impossible de se déterminer quand elle se trouverait en présence de deux raisons ayant l'une et l'autre une force égale. Si, par exemple, ayant soif, nous nous trouvons devant deux verres d'eau absolument semblables, nous devons éprouver envers chacun d'eux un désir égal et, si nous n'avons aucune volonté, nous devrons avoir le sort de l'âne légendaire qui mourut entre deux meules de foin. Nous n'en arrivons jamais à un tel point cependant et toujours nous parvenons à faire un choix, même entre deux objets absolument identiques l'un à l'autre.

C'est dans la possibilité que nous avons de faire choix, malgré la parfaite égalité qui existe entre les motifs qui nous poussent à ce choix, que consiste notre liberté. Lorsqu'un des motifs l'emporte sur l'autre, nous ne pouvons pas lui résister, mais si les motifs sont égaux, alors nous pouvons choisir l'un ou l'autre.

Ainsi donc, Reid rétrécit beaucoup les cadres où notre liberté peut agir. Les cas où nos inclinations opposées sont absolument égales en force sont assez rares et c'est pourquoi une pareille liberté, ainsi restreinte, n'aurait aucune valeur pratique. Dans la plupart des cas l'homme n'agirait pas librement ; malgré tout la doctrine de Reid ne peut être acceptée. D'abord il est impossible de dire : « quand les motifs sont égaux, l'homme est capable de faire un choix. » Les cas d'hésitation, d'irrésolution ne sont pas rares. Assez fréquemment il arrive à un homme d'être comme la mariée, dans le « mariage de Gogol » et de ne pouvoir faire son choix. Puis, quand l'homme malgré l'absolue égalité des motifs fait tout de même un choix, il n'est pas difficile d'expliquer ce choix sans pour cela avoir besoin de recourir à l'existence du libre arbitre. Cela s'explique tout simplement par la loi de l'association des idées. Si l'homme, une fois déjà, a éprouvé les conséquences nuisibles de l'indécision, cette idée se présente bien vite à son esprit et il prend une résolution pour ne pas avoir à en subir les conséquences fâcheuses.

C'est chez nous, en Russie, que s'est répandue dans ces derniers temps cette notion que l'homme est soumis, quant à ses actes, à la loi de causalité, mais cela pas de la même manière que les phénomènes du monde extérieur. Les actions humaines se distinguent des autres en ce sens qu'elles ne se déterminent pas par les seules actions extérieures qui ont précédé, mais aussi par celles qui vont suivre. La conduite de l'homme n'est pas seulement la conséquence des impressions qu'il a ressenties, et qui lui viennent de l'extérieur, mais aussi de son état moral et de son caractère. On peut en dire autant cependant à propos de la chute d'une pierre qui n'est pas seulement causée par le mouvement du bras qui l'a lancée mais aussi par les propriétés de la pierre : si au lieu de jeter une pierre, nous avions jeté du duvet, il ne serait pas tombé à terre, mais ce serait dispersé, porté par l'air.

Ici aussi, par conséquent, le phénomène n'est pas uniquement la conséquence de mouvements extérieurs ; il est aussi celle de mouvements intérieurs qui ont précédé, de mouvements qui ont contribué à la formation de cette pierre.

Les propriétés de l'homme assurément sont plus complexes, mais déjà nous n'en sommes plus qu'à une question du plus ou du moins.

Cette notion confond évidemment deux questions essentiellement distinctes. Par l'expression de libre arbitre on ne peut pas entendre seulement l'indépendance des influences extérieures. Spinoza, par exemple, de même que Descartes, affirmait que la matière ne peut avoir aucune influence sur l'esprit, et cependant il niait la liberté de la volonté. C'est pourquoi, même si nos actes n'étaient la conséquence que d'actes intérieurs précédents, même en ce cas on ne serait pas autorisé à en conclure que notre volonté est libre ; si ces actes précédents sont la cause de cette volonté, cette volonté n'est plus libre.

Ainsi toutes les tentatives qui ont été faites pour arriver à résoudre le problème du libre arbitre en ce sens ont échoué. Il faut poser catégoriquement la question : la volonté est-elle ou n'est-elle pas libre ? Il n'est pas possible de la considérer comme à demi-libre.

Si l'on pose la question de cette façon, elle est très simple et la réponse n'est pas douteuse.

Soutenir que notre volonté est libre, absolument libre, est en contradiction si formelle avec les faits les plus connus qu'une telle affirmation ne trouve plus guère aujourd'hui de défenseur sérieux. Résumons brièvement les raisons qui empêchent d'admettre l'existence de la liberté de la volonté.

Tout d'abord la loi de causalité est une loi absolument universelle, sans exceptions et également applicable à tous les phénomènes du monde. Aussi faut-il des raisons positives, scientifiques pour nous permettre de supposer que la volonté est précisément une force non soumise à cette loi universelle. Nous verrons plus loin que de semblables raisons n'existent pas.

Puis, nous savons que les phénomènes universels ont pour fondement la loi de la conservation de la force : la liberté de la volonté est incompatible avec cette théorie. Un mouvement libre de la volonté est un mouvement qui ne se détermine pas par des mouvements précédents et qui, par conséquent, ne dépend pas de la dépense d'énergie faite pour lui.

Enfin, ajoutons à cela cette autre considération que la volonté libre est une absurdité logique. Chaque objet, pour exister, doit exister d'une manière déterminée, réglée à l'avance : c'est la condition indispensable de son identité avec lui-même. Mais la volonté libre, c'est quelque chose qui n'existe pas d'une manière déterminée, c'est dire que c'est un non sens. Si nous envisageons les conditions de la vie humaine, nous remarquons que la dépendance de la vie morale de l'organisme est un fait incontesté aujourd'hui, admis par tout le monde, même par des métaphysiciens, comme par exemple Hartmann. Mais si les phénomènes psychiques dépendent de l'organisme, soumis lui-même au principe de causalité, comment peuvent-ils eux-mêmes échapper à ce principe ? Bien plus, la doctrine de la liberté de la volonté n'est possible que si l'on admet l'existence dans notre esprit de plusieurs forces indépendantes, et c'est là une théorie psychologique que tout le monde rejette aujourd'hui.

L'observation des faits, elle aussi, nous prouve que le libre arbitre ne peut être accepté. Assez fréquemment il arrive que nous ne sommes pas maîtres de nous mêmes ; l'homme qui s'est habitué à analyser ses actions peut à l'avance dire pour quelles raisons il pourra faire ou ne pas faire telle chose dans des circonstances déterminées. Quand nous ne sommes pas contents de nous, quand nous voulons apporter quelque changement à notre manière d'agir, nous corriger en quelque chose, nous partons de cette idée que notre volonté n'est pas libre. Nous nous éloignons de ceux dont l'influence nous est funeste, nous cherchons quelque occasion qui nous détourne de nos anciennes habitudes, de nos goûts, nous changeons de milieu, nous émigrons vers des endroits nouveaux, par la lecture, par la conversation, nous nous efforçons de nous créer une nouvelle façon de vivre.

Tout cela est absolument incompatible avec la liberté de la volonté. Si la volonté était libre, quels que soient les hommes que nous fréquentons, quels que soient les livres que nous lisons, quelles que soient nos pensées, notre milieu, rien de tout cela ne pourrait amener le changement désiré, puisque la volonté libre n'est déterminée par rien d'extérieur. L'observation de nous même nous conduit donc à reconnaître que notre volonté n'est pas libre.

L'observation de la conduite des autres prouve la même chose et la démonstration ici est encore plus décisive. Tous nos rapports avec les autres hommes sont fondés sur cette idée que leur volonté n'est pas libre. Nous observons leur caractère, nous étudions à quelles influences ils sont plus ou moins soumis, et nous guidant sur les résultats que nous avons recueillis, nous nous en inspirons dans nos rapports avec eux. Supposons la volonté libre et nous serons bien vite obligés de reconnaître que tout rapport durable est impossible entre les hommes.

Nous ne saurions pas ce qu'ils vont faire, et nous ne pourrions en aucune manière avoir sur eux quelque influence ; c'est encore parce que nous supposons que la volonté n'est pas libre que nous éduquons l'enfant ; si cette volonté n'était déterminée par aucun fait, on ne pourrait pas élever la jeunesse.

L'observation de soi même et celle des autres peut à la rigueur n'être pas considérée comme une observation rigoureusement objective ; le rapport subjectif y tient une trop grande place. Aussi les données que nous fournit la statistique apportent-elles des preuves très fortes à l'appui de la théorie que nous soutenons ici.

Elles montrent que les actions humaines qui nous semblent les plus indépendantes, les plus spontanées se reproduisent chaque année un nombre de fois toujours exactement le même, d'où cette conséquence à en tirer que ces actes, tout spontanés qu'ils paraissent, sont déterminés eux aussi comme tous les autres.

On a cru faire à cette preuve une objection sérieuse en prétendant que la similitude des chiffres fournis par la statistique s'expliquait aisément par la loi des moyennes ; ces chiffres sont, dit-on, des chiffres moyens obtenus par de très nombreuses observations, et n'ont aucune valeur pour la solution du problème du libre arbitre.

Cette objection n'a guère de valeur ; il n'est pas douteux en effet que la similitude des chiffres s'explique par la loi des moyennes, mais la conformité des actions humaines à cette loi prouve déjà leur régularité. La loi des moyennes suppose déjà elle-même une régularité générale des phénomènes.

Si le savant fait ses expériences aussi nombreuses que cela lui est possible afin d'écarter l'influence des particularités individuelles des corps dont il se sert, cela suppose nécessairement que ces particularités individuelles ont elles aussi une certaine régularité et qu'elles

dépendent de la loi de causalité. Là où interviendrait
quelque agent qui échappe à l'action des lois, un miracle
par exemple, là serait inapplicable la loi des moyennes.
L'influence d'une force surnaturelle ne peut être écartée
par une augmentation dans le chiffre des observations
et c'est précisément parce qu'on ne tient aucun compte
d'une influence semblable, qu'on emploie la loi des
moyennes. Il faudrait dire en ce cas la même chose en
ce qui concerne la volonté si elle est libre ; la liberté
de la volonté devrait inévitablement rendre la loi des
moyennes inapplicable aux actions humaines.

Les partisans du libre arbitre ne peuvent apporter
à l'appui de leur thèse qu'un seul argument vraiment
sérieux. Ils allèguent que nous nous sentons parfois
libres. Dans certaines circonstances, n'arrive-t-il pas
en effet que nous nous sentons parfois libres et que
quelquefois au contraire nous avons parfaitement conscience que nous ne le sommes pas ?

Assez souvent il arrive que nous sommes hésitant
entre deux solutions et que nous concluons dans un
sens ou dans l'autre et cela sans aucune raison.

Ne peut-on pas dire que dans ce cas nous avons agi
de notre propre initiative, sans être déterminé par
rien ?

Nous répondrons à cette objection en recherchant si
l'on ne peut pas expliquer un pareil cas d'une autre
façon et sans recourir à la doctrine de la liberté de la
volonté. Si nous cherchons, comme on le fait générale-
lement, à expliquer nos actes exclusivement par des
motifs dont nous avons conscience, force nous sera bien
de reconnaître que nous ne pouvons expliquer un pareil
cas. Mais une étude attentive des phénomènes psychiques nous a montré que les éléments inconscients jouent
également un rôle important à côté de ceux dont nous
avons conscience et ce sont ces forces inconscientes

qui nous fourniront l'explication que nous cherchons. S'il est vrai que nous n'avons pas conscience de motifs qui nous poussent à agir de telle ou telle façon, cela ne veut pas dire que notre volonté agit cependant sans aucun motif ; cela signifie seulement que le motif qui la détermine est un motif inconscient.

Ainsi, l'unique objection que peuvent faire les partisans de la volonté libre disparaît ; elle n'est pas plus sérieuse que toutes celles qui ont été examinées antérieurement et dont nous avons montré la faiblesse.

§ 40

La société et l'individu.

La distinction essentielle que nous avons montrée entre la société et l'organisme ne nous conduit pas à exclure les phénomènes sociaux du principe de causalité.

Le signe caractéristique de la société consiste en sa nature psychique ; mais si nous reconnaissons les phénomènes moraux en général et ceux de la volonté en particulier comme des phénomènes soumis à la loi de causalité, nous sommes obligés aussi de reconnaître les phénomènes sociaux eux aussi comme soumis à cette même loi.

Tous les facteurs par lesquels se détermine la vie sociale sont déterminés à l'avance, tous ils sont soumis à la loi de causalité. C'est pourquoi les phénomènes sociaux dont ils sont la cause doivent nécessairement eux aussi être déterminés.

Mais, s'il en est ainsi, si les phénomènes sociaux et les phénomènes moraux sont soumis à la loi de causalité, peut-on tout de même opposer l'individu (1) à la société, peut-on tout de même parler de l'indépendance de l'individu ? Cette question est double. Peut-on, au point de vue de la doctrine psychologique moderne, expliquer l'existence d'une conscience individuelle, en tant qu'on oppose cette conscience à tout le reste de l'univers ? Peut-on, en outre, reconnaître à l'individu une certaine indépendance dans ses rapports avec la société ?

La loi de l'association qui sert de base à toute la doctrine psychologique moderne nous explique ce qu'est cette conscience individuelle. Elle nous montre que toutes les impressions que nous recevons du dehors sont accompagnées d'une suite d'impressions qui revivent en notre mémoire. Cette seconde catégorie d'impressions n'est aussi vive, aussi nette que la première, elle ne dépend pas du milieu extérieur, car les impressions restent les mêmes, malgré le changement qui peut être survenu dans les conditions extérieures. Nous pouvons à notre gré les augmenter ou les affaiblir, les faire revivre ou les éloigner, elles ne sont pas en dehors de nous, mais en nous, elles unissent tous les instants distincts de notre existence en un seul tout, en une chaîne ininterrompue. C'est ainsi que nous parvenons à la conscience du moi et que nous arrivons à l'opposer au monde extérieur.

La négation de la volonté ne rend donc pas impossible

---

(1) Depuis Cicéron « l'individu » désignait quelque chose comme ce qu'entendait Aristote par l'expression « αδιαιρετοϛ » « indivisible. » Mais déjà chez Boétie, cette signification n'est plus exacte, individu signifie ce qui est original, singulier. Commentar. ad. Porphyr. édit. Basil. 1570, p. 65.) « Individuum autem pluribus dicitur modis. Dicitur individuum quod omnino secari non potest ut unitas vel mens ; dicitur individuum quod ob soliditatem dividi nequit, ut adamas ; dicitur individuum cujus prædicatis in reliqua similia non convenit ut Socrates. »
Ce dernier sens est aussi celui de Leibnitz.

l'opposition du moi au monde extérieur, pas plus qu'elle n'empêche d'expliquer la conscience individuelle.

On peut cependant objecter encore que l'opposition entre le moi et le monde extérieur, que l'antithèse entre le moi et le non moi n'épuise pas encore tout le contenu de la notion de l'individu. Une telle antithèse, dira-t-on, donne seulement une notion négative de l'individu ; mais l'existence de l'individu est quelque chose de positif, il est lui-même son propre but. Nous nous représentons l'individu non seulement comme un être qui s'oppose à tout le reste de l'univers, mais comme un être qui est lui-même son but et n'est jamais un moyen en vue d'un but autre que lui-même. Si nous nions la liberté de volonté, ne nions-nous pas du même coup que l'individu est son propre but ? En ne séparant pas l'individu de la suite de phénomènes qui sont indissolublement liés entre eux comme les causes et les conséquences, n'abaissons-nous pas l'individu à un état de complète soumission, à un état tel qu'il cesse d'exister pour lui-même, et qu'il n'est plus autre chose qu'un anneau parmi tous les anneaux d'une chaîne ininterrompue ?

Que notre volonté soit libre ou non, c'est une erreur de croire que cela a une importance décisive pour la solution de la question de savoir si l'individu peut-être considéré comme son propre but.

La solution de cette question dépend exclusivement de la signification que nous attribuons aux principes de causalité et de finalité. Si nous admettons, ne fut-ce qu'une fois, l'existence d'un but objectif, ayant déterminé la création de l'univers et sa marche dans les siècles qui ont suivi, tout, dans le monde, et par conséquent l'individu lui aussi, est inévitablement abaissé à l'état de moyen. Si l'univers existe en vue d'un but autre que lui-même, tout et tout ce qu'il contient n'est qu'un moyen pour parvenir à ce but. L'existence dans l'univers d'un seul phénomène qui ne serait pas accompli comme un moyen pour atteindre ce but rendrait impossible l'explication téléologique du monde. La question de la liberté de la volonté n'a aucune importance ici ; avec la conception téléologique, tout individu, même doué d'une volonté libre, ne sera tout de même qu'un moyen en vue du but vers lequel tend l'univers tout entier.

L'explication au contraire de l'existence de l'univers par le principe de causalité, en niant l'existence d'un but objectif de l'univers, écarte cette idée que l'univers et tout ce qu'il forme ne sont que des moyens.

S'il n'y a pas de but, il ne peut être question de moyens, tout s'explique alors par un lien de causalité, tout est un produit ou une cause. L'explication que fournit le principe de causalité ne permet que des buts subjectifs ; ces buts subjectifs ce sont nos idées ; ils n'existent que dans notre conscience et nullement en dehors de nous ; il n'y a aucun but objectif, en dehors de nous il n'y a que des causes et des conséquences. Avec une semblable notion évidemment on ne peut pas reconnaître l'individu comme étant le moyen en vue d'un but qui lui est étranger, car l'existence d'un but semblable ne peut être admise, dans la doctrine de la causalité.

Quels que soient les buts vers lesquels l'individu s'efforce de parvenir, ces buts n'existent qu'en lui, dans sa conscience, ce sont des buts qu'il imagine, et dont il trouve les éléments dans son propre cerveau.

A ce point de vue l'individu n'est objectivement ni un but, ni un moyen ; subjectivement on peut dire qu'il est son propre but en ce sens que chaque but qu'il imagine est un produit de sa conscience, de son intellect.

La conscience de l'individu, en recevant les phénomènes venus du dehors qui se présentent à elle, s'ef-

force de grouper ces phénomènes en un ensemble harmonieux et gracieux.

L'imagination, la fantaisie complètent heureusement
les données rigoureuses de la science aride, et de là
naît la différence qui existe entre les forces de plusieurs
individus, chacun de nous possède une conception de
l'univers plus ou moins variée, plus ou moins embellie.
Chaque individu crée son univers, distinct des autres,
et qui périt en même temps que lui. Tant que l'individu
vit, il vit dans cet univers dont il est le créateur ; tout ce
qu'il reçoit du dehors a plus ou moins de force, possède
une influence plus ou moins grande, suivant la place que
l'individu lui assigne dans le monde qu'il s'est créé, et
c'est l'individu lui-même qui est le but.

La question de l'individualité, de l'indépendance
qu'a l'individu en face de l'univers n'est pas toutefois
épuisée par ces considérations. On peut prétendre que si
l'on n'admet pas la liberté de la volonté, l'individu,
même s'il n'apparaît comme un moyen pour la réalisation
d'un but extérieur à lui, ne joue plus aucun rôle dans
l'univers, son indépendance disparaît tout entière, elle
se perd dans la chaîne infinie des causes et des effets.

Si tout acte de la volonté est déterminé à l'avance
nécessairement par un autre acte antérieur, semblable
en cela à tous les faits du monde extérieur, en quoi l'individu se distinguera-t-il des phénomènes extérieurs ?

Je ne défendrai pas naturellement l'indépendance de
l'individu en tant qu'il s'agit de son indépendance vis-à-
vis des conditions du monde qui l'entoure. Le principe
de causalité ne peut se concilier avec une indépendance
de cette sorte. On ne peut pas dire que l'individu
apporte dans le monde quelque chose d'absolument
nouveau : cela contredirait le principe de la conservation de la force ; on ne peut parler que d'une indépendance relative. La différence n'est que dans le plus ou le

moins. De même que les êtres vivants nous offrent l'exemple d'une indépendance assez complète, si on les compare avec la matière inerte, de même l'individu, doué d'une conscience, apparaît comme très indépendant si l'on compare son état à celui des autres êtres vivants.

La seconde question, celle des rapports entre l'individu et la société nous montre que les doctrines mécanique et organique aboutissent à deux conclusions également inadmissibles. La théorie mécanique soumet absolument la société à l'individu ; la théorie organique au contraire considère l'individu comme une partie soumise de l'organisme social, partie qui est complètement déterminée par cet organisme, qui apparaît à la fois comme son produit et comme devant servir à la réalisation du but de la collectivité.

La théorie psychique de la société est également éloignée de l'une et de l'autre de ces deux théories. Elle reconnaît l'influence de la société sur l'individu, elle admet même que l'individu est essentiellement un produit de la société, mais en même temps elle ne voit pas, dans cet individu, une partie absolument soumise au grand tout qu'est la société ; elle ne conclut pas par cette idée que l'individu n'est qu'un simple moyen pour la réalisation des buts sociaux.

D'après cette théorie l'individu garde son indépendance, son existence indépendante, ses buts particuliers, différents de ceux de la société et qui ne leur sont pas soumis.

L'idée qu'apporte cette dernière théorie est que la société, étant une union psychique des hommes, admet grâce à cela les rapports d'un homme avec plusieurs sociétés différentes ; l'individu est bien le produit de la société, cela on ne le contredit pas, mais il est le produit de plusieurs sociétés et non pas d'une seule.

A l'influence exercée sur lui par une de ces sociétés, l'individu oppose celle qu'exercent en même temps plusieurs autres sociétés, et dans cette dépendance où il se trouve entre plusieurs sociétés, l'individu trouve très souvent un contrepoids à l'influence exclusive de chacune de ces sociétés en particulier. Ni l'État, ni l'Église, ni la race, ni la classe sociale, ni la commune, ni la famille ne peuvent assujettir complètement l'individu parce que précisément elles tendent toutes à cet assujettissement.

De même aussi, quoique l'individu soit un produit de la société, il n'est jamais un simple produit de cette société, le simple reflet des principes qui font agir une collectivité déterminée. Tout individu est un produit de l'influence simultanée de plusieurs sociétés et en chacun d'eux on peut remarquer des combinaisons distinctes de plusieurs influences sociales.

Chaque individu, dans la société, forme un principe distinct, indépendant, qui n'est pas complètement adapté au milieu qui l'entoure, qui ne se confond jamais complètement avec cette société, pour arriver à une identification complète.

L'individu ainsi déterminé agit toujours, provoque des chocs et des heurts, il tend à transformer la société peu à peu et par là il est une source de vie et un facteur de progrès dans la vie sociale.

La théorie mécanique de la société considère le développement des formes sociales seulement comme une manifestation de la volonté des individus et cette volonté n'est déterminée ou limitée par aucun principe objectif. Le progrès social, à ce point de vue, dépend du libre arbitre de ceux qui gouvernent.

Dans la théorie organique, au contraire, le développement social est un fait rigoureusement objectif, orga-

nique, qui entraîne les individus malgré leur volonté à
se grouper selon des lois immuables.

A notre point de vue, le développement social est le
résultat de toutes les tendances conscientes des individus (c'est l'élément actif), qui aussi réagissent (c'est le
principe passif) contre l'ordre des choses qui est la conséquence d'une longue évolution historique.

L'ordre social objectif est donc formé sous l'influence
non seulement des tendances des individus, mais aussi
sous celle des facteurs objectifs qui ne dépendent pas de
la volonté de l'homme et qui agissent à tous les instants
de l'existence. La conception que nous adoptons de la
corrélation établie entre la société et l'individu ne nous
permet pas de supposer que la société devient avec le
temps un produit de l'art humain et qu'elle revêt alors
un caractère conventionnel.

§ 41

Le droit et l'ordre social

Khorkounov. La portée sociale du droit. 1892.

L'existence et surtout le développement de tout organisme suppose la conservation des parties qui lui sont
essentielles. Ceci est vrai de tous les agrégats, organiques ou inorganiques. Si l'action de quelque partie du
mécanisme détruisait les autres parties, le mécanisme
ne pourrait plus fonctionner. Si, chez un être vivant,
quelque organe se développe aux dépens d'un autre, le
privant de nourriture par exemple, le développement
de l'organisme tout entier est arrêté.

Cette règle s'applique également aux phénomènes
sociaux. Là aussi la vie et le développement de l'ensem-

ble dépendent de la conservation et du développement
de tous les facteurs qui composent la société. Un développement exclusif d'un de ses facteurs, se fait bien vite
ressentir d'une façon fâcheuse pour l'activité des autres
facteurs, et nuit au fonctionnement régulier de toute la
société.

Lorsqu'il s'agit d'un agrégat mécanique, le lien qui
unit les différentes parties qui le composent est un lien
matériel, et c'est un moyen mécanique qui coordonne
le fonctionnement du mécanisme de différentes parties.

Mais, lorsqu'il s'agit de la société, dont l'unité psychique est le fondement essentiel, l'activité des différents éléments qui la composent doit être coordonnée
par son procédé différent. Le facteur qui institue la
coordination dans la société n'est autre que le droit.
Tout le monde reconnaît que le droit accomplit le rôle
de régulateur dans la société, mais les avis sont par-
tagés lorsqu'il s'agit de définir quel est l'ordre que le
droit détermine.

Quand on envisage la société comme un agrégat mécanique d'un nombre déterminé d'individus, quand on
ne considère pas l'individu comme un produit de la vie
sociale, mais au contraire quand c'est cette société qui
est reconnue pour être le produit d'une convention
passée volontairement entre les individus, quand, en un
mot, on accepte la notion mécanique de la société,
l'unique facteur actif de la vie sociale ne peut être que
l'individu, que sa volonté consciente.

Dans cette théorie, l'ordre social ne peut pas être
autre chose qu'une délimitation certaine entre les manifestations des volontés individuelles distinctes.

Les limites accordées à chaque individu pour la libre
manifestation de sa volonté, limites dans lesquelles sa
volonté règne sans partage, constituent son droit dans
le sens subjectif. Les normes qui fixent les limites don-

nécs aux volontés individuelles constituent le droit dans le sens objectif.

Le droit, dans la théorie mécanique de la société, est quelque chose d'opposé par l'individu à la société, quelque chose que l'individu, entrant dans la société, apporte de déjà prêt avec lui, et qu'il cherche à soustraire aux atteintes de l'autorité sociale.

Le développement de la notion organique nous amène à reconnaître au contraire dans le droit l'ordre auquel la société soumet les individus qui la composent.

Les droits subjectifs ne sont pas à ce point de vue opposés à l'autorité sociale, ils sont donnés au contraire par cette autorité à l'individu : le droit, par conséquent, est créé par la société elle-même dans l'intérêt à la fois de la société et des individus.

Si l'on admet la nature psychique de la société humaine, on ne peut accepter ni l'une ni l'autre de ces deux théories.

On ne peut pas considérer le droit uniquement comme un ordre imposé par la société aux individus. On ne peut pas considérer le droit comme un ordre auquel la société soumet les individus, qui ne sont alors que des êtres passifs. La base du droit est finalement la conscience individuelle. C'est en elle que naquirent à l'origine les notions sur les moyens à employer pour délimiter les intérêts en conflit, et par conséquent les notions sur les normes juridiques. Ce n'est que peu à peu que la conception du droit primitivement subjective et individuelle a été apprise par d'autres, s'est répandue dans des contrées toujours plus grandes, a revêtu cette forme de coutumes, de législation, de la loi. Parvenu à ce point de son développement, la conception primitive du droit est devenue un facteur objectif de la vie sociale. De même aussi, c'est dans la conscience subjective que les individus ont de leurs obligations qu'on a trouvé un fondement solide, une base ferme à l'action du droit. Le droit agit, soumet l'activité des individus, et sans qu'il soit pour cela un ordre de la société, ordre existant objectivement.

La marche réelle de la vie sociale ne coïncide jamais complètement avec le droit qui agit en elle.

Au point de vue rigoureusement objectif si l'on se contente de généraliser les phénomènes] réels, l'ordre social ne serait qu'un composé du droit et des violations du droit. La valeur et la force du droit consistent seulement en ce que les individus le reconnaissent pour un ordre nécessaire au fonctionnement des rapports sociaux. Aussi le droit n'exprime-t-il pas la soumission à la société objectivement imposée à l'individu, mais la notion subjective qu'a l'individu de l'ordre qui doit régner dans les rapports sociaux.

Il ne faut pas en conclure toutefois que le droit est un produit exclusif de la volonté individuelle unilatérale.

La formation des normes juridiques n'est pas une affaire consciente et arbitraire. C'est peu à peu que l'individu arrive à la conscience d'un idéal et il y arrive d'une façon inconsciente. Aussi est-il disposé à les considérer non comme sa création subjective mais comme une reproduction de l'ordre qui existe entre les rapports sociaux, d'une façon objective, indépendante de lui-même. Et plus la culture intellectuelle de l'individu est primitive, moins il comprend l'origine subjective de son idéal, moins il distingue entre les notions subjectives et la réalité qui l'environne.

Nous allons encore plus loin. Les notions de l'individu non seulement n'ont pas un caractère arbitraire mais elles ne sont pas complètement le fait de l'individu. Le procédé inconscient de leur formation est déterminé, outre les propriétés subjectives de l'individu, par le milieu qui environne l'individu. D'ailleurs, même pour

Khorkounov   23

ce qui concerne les propriétés subjectives de l'individu elles sont formées le plus souvent sous la double influence de l'hérédité et du milieu.

L'idéal que se crée l'individu dans une, société est la plupart du temps identique à celui que s'est créé le voisin ; tout au moins peut-on remarquer certaines différences dans les détails. A l'origine les particularités individuelles étaient minimes, les formes de l'action humaine et des rapports sociaux n'étaient pas alors aussi nombreuses. La vie étatique et sociale embrassait alors toutes les manifestations de la vie humaine, tous les intérêts humains.

La religion elle aussi était une institution de l'Etat. Dans de pareilles conditions, tout le développement des individus dont se composait l'Etat, était fixé uniquement par le même milieu qui les entourait. On ne pouvait rencontrer alors comme aujourd'hui un individu appartenant en même temps à différentes sociétés, à différents groupements, car il n'existait ni plusieurs sociétés, ni plusieurs églises.

L'idéal que se formait l'individu était naturellement le même chez tous. Aussi avant d'avoir des notions individuelles sur ce que doivent être les rapports réguliers et légaux entre les membres de la société, les normes générales réglant ces rapports avaient été fixées et étaient connues de tout le monde.

La notion individuelle qui se forme avec le temps, de ces normes apparaît déjà avec un caractère particulier, elle nous montre les vicissitudes nombreuses subies par le droit, conçu par la conscience humaine depuis un temps immémorial. En même temps, le droit ne se borne pas à rendre possible la coexistence des individus et des libertés, il est aussi une importante condition du progrès social.

La vie sociale est l'ensemble des intérêts des individus qui constituent la société. Mais ces intérêts sont trop mobiles et trop variables, semblables en cela aux intérêts de l'individu.

Selon les époques en effet, selon les différentes situations où il se trouve, le même individu très souvent se guide sur des intérêts absolument contraires. De même dans la marche générale de la vie sociale, on peut remarquer la même contradiction entre les intérêts. Sous l'influence des différentes conditions politiques, économiques ou religieuses, les sociétés sont dominées tour à tour par des intérêts divers qui les englobent toutes, et qui mettent en mouvement toute l'activité sociale. Les conditions viennent-elles à changer, une nouvelle orientation dirige les esprits et avec elle apparaissent de nouveaux intérêts qui renversent les anciens. En l'absence du droit qui fixe les limites des intérêts qui se heurtent, la prédominance dans la société de quelques intérêts sur les autres amènerait bien vite la ruine des autres intérêts et par la suite les conditions indispensables du développement normal de la société seraient sacrifiées aux nécessités du temps présent.

Le développement régulier de la vie sociale sera très sérieusement entravé si les conditions qui lui sont indispensables sont sacrifiées à l'intérêt de l'heure présente, à l'intérêt qui s'offre à assurer l'ordre extérieur par exemple, dans le cas encore où pour prévenir la propagation des doctrines dangereuses, on étouffe toute manifestation des idées.

L'ordre extérieur sera peut-être rétabli plus vite, mais dans l'avenir, la société longtemps sentira les conséquences désastreuses occasionnées par la suppression de la liberté de la tribune ou de la presse.

Le droit en délimitant les intérêts qui constituent la vie sociale, écarte la possibilité de pareilles entraves.

Un intérêt quelconque, s'il est méconnu, trouvera toujours quelque minorité pour le défendre.

Si le règne du droit est accepté dans la société, si on respecte aussi les droits de la minorité, l'intérêt méconnu sera sauvegardé par cette minorité et la société, pour l'avenir, l'aura conservé.

§ 42

La forme des groupements humains

Mohl. Geschichte und Litteratur der Staatswissenchaften, 1855, I, s. 1.67 ff.

Les groupements humains peuvent prendre des formes très différentes ; la principale distinction entre elles consiste surtout dans leur origine : ont-ils pris naissance par le fait de la volonté de l'homme ou indépendamment de cette volonté.

Dans le premier cas nous aurons un groupement volontaire ; dans le second ce groupement sera nécessaire, involontaire. L'État, la famille peuvent servir d'exemples pour les unions de la seconde catégorie ; les sociétés, sociétés par actions par exemple, les clubs, les sociétés savantes nous offrent des exemples de la première catégorie.

Cette distinction basée sur l'origine du groupement a une importance très grande sur l'organisation de la société. L'assujettissement de l'homme à la société, dans laquelle il est entré de sa propre volonté, ne peut pas être très grand puisqu'il peut toujours en sortir. Incomparablement plus grande est au contraire la soumission de l'homme à la société dont il est un membre involontaire.

Les sociétés de cette dernière catégorie, les groupements dits nécessaires présentent trois types différents. Elles peuvent se fonder ou sur l'unité de l'origine (famille, tribu) ; sur l'unité du lien territorial (commune, Etat) ou sur l'unité des intérêts (sociétés). Une certaine solidarité existe assurément entre les membres de tout groupement, mais dans certaines sociétés cette solidarité est le résultat de la vie collective et non sa base, dans la famille ou dans l'Etat par exemple, tandis que dans d'autres elle en est la base et non le résultat. Il est facile de remarquer que cette classification des groupements nécessaires correspond aux différentes époques de la vie sociale.

Dans les groupements fondés sur l'unité de l'origine, c'est l'influence du passé qui occupe la première place, dans ceux qui sont fondés sur la vie en commun, c'est l'influence du présent, enfin dans ceux qui ont surtout pour but l'unité des intérêts, c'est l'influence de l'avenir.

Pendant longtemps on reconnut dans la science l'existence des deux premiers types seuls et parmi ceux-là surtout celle de la famille et de l'Etat. Ce n'est qu'à la fin du siècle dernier que naît cette idée qu'à côté de l'Etat existent d'autres formes de groupements, que les hommes étant citoyens du même Etat peuvent en même temps être membres d'autres sociétés, peuvent entrer dans des sociétés dont les membres sont citoyens d'un autre Etat.

C'est Schletzer qui mit en avant le premier cette idée dans son *Traité des sciences politiques* ; il indiqua la nécessité qu'il y avait de former une science distincte, une étude des sociétés naissant hors de l'Etat et qu'il appelait (du même nom dont on se sert en métaphysique pour désigner les phénomènes supranaturels) métapolitiques ; science des phénomènes qui sont hors la vie politique, hors l'Etat. Schletzer, néanmoins s'est borné seulement à cette observation. Les conséquences pratiques qu'on en retira furent de peu d'importance et ce n'est qu'après l'apparition d'une nouvelle école, l'école socialiste, que les savants furent appelés à examiner de plus près les questions se rattachant aux groupements.

. L'école socialiste mit en avant cette idée qu'une réorganisation politique n'est pas suffisante et qu'il faut y joindre une réorganisation sociale.

Les socialistes, à côté de la notion de révolution politique, ont dégagé la notion d'une autre révolution, d'une révolution sociale, ne s'occupant que des phénomènes sociaux qui, disent-ils, existent indépendamment de telle ou telle organisation de gouvernement ; ils ont ainsi donné une nouvelle impulsion à l'étude des groupements entre les hommes, groupements qui existent à côté de l'Etat et doivent avoir à côté de lui, c'était la conséquence pratique qu'on tirait de la doctrine, une existence indépendante.

Presque à la même époque que celle où apparaissaient les doctrines socialistes, Hegel, un des plus célèbres représentants de la philosophie allemande, essayait, dans ses doctrines, d'établir un lien entre l'individu et la famille d'une part, entre l'individu et l'Etat d'autre part.

Hegel admet dans le développement de la vie sociale, non pas deux phases, mais trois. La famille n'est pas pour Hegel ce qu'elle était pour tout le monde à son époque, la base immédiate de l'Etat. D'après lui la famille est la thèse dont l'antithèse n'est pas l'Etat, mais la société civile qui est le résultat de la dislocation de la famille. La société civile est opposée à l'unité de la famille, elle est le degré intermédiaire entre la famille et l'Etat ; l'Etat personnifie et synthétise l'unité de la famille et la diversité de la société civile.

Hegel, cependant, bien qu'il ait reconnu que l'étude de la société ne peut être, suivant la tradition jusqu'alors établie, limitée à la famille et à l'Etat n'a pas déterminé la forme de cette nouvelle société civile et ne nous a pas donné une idée précise de cette société.

La logique dialectique de Hegel n'admet en effet que des formes transitoires. Tous les phénomènes sont, pour Hegel, des moments transitoires de la thèse à la synthèse ; conformément à cette conception, la société civile prend chez Hegel un caractère d'antithèse très accentué ; toute la fonction de cette société, tout son développement social tend à s'opposer à l'unité de la famille et Hegel opposant ainsi unité à diversité en arrive ainsi à la plus haute forme du groupement, à l'État. Ainsi la doctrine de la société civile n'a pas chez Hegel une valeur indépendante, elle marque quelque chose de transitoire, d'intermédiaire dans le développement de la vie sociale qui doit s'achever par le développement de l'organisation étatique.

Sous l'influence de Hegel et sourtout sous celle de la doctrine socialiste, Lorenz Stein, dans son étude critique de la doctrine des socialistes et des communistes « L'histoire des mouvements socialistes en France » a essayé aussi de donner une conception nouvelle de la formation des sociétés. A l'imitation de Hegel, il accepte l'idée de la succession des phases, se remplaçant les unes par les autres et s'exprimant par un développement toujours croissant de la vie sociale. Mais il a mieux défini ce qu'était cette société civile. Examinant la doctrine socialiste, il se pose la question de savoir: Qu'est-ce que la société ? Qu'est-ce que cette réforme sociale, cette révolution dont parlent les socialistes ? Il faut constater en passant que la vie de l'État au moment où elle fut examinée par les socialistes était de nature à attirer l'attention surtout sur les question économiques. La Révolution qui avait brisé l'absolutisme des rois a donné plus de libertés à la troisième classe de la société, à la bourgeoisie, aux capitalistes, mais la quatrième classe,

celle qui constitue la plus grande partie de la nation,
était totalement ignorée et tenue en dehors de toute
réforme. Pour cette dernière classe surtout la question
la plus importante est la question économique parce que
si le droit ne garantit pas son existence, le droit pour
lui n'a aucune valeur. C'est à ce point de vue que Stein
se place pour examiner la société : la société est envisagée par lui presqu'uniquement au point de vue économique.

Ainsi, en suivant la méthode générale de Hegel et en
subissant l'influence directe de la doctrine socialiste,
Stein n'a donné qu'une idée incomplète de la société. La
famille, pour Stein, est le représentant de l'unité, la
société civile représente la diversité provoquée par la vie
économique, tandis que la fonction de l'Etat consiste à
rétablir l'unité rompue, par la lutte des intérêts économiques.

Une conception aussi étroite de la société ne put
satisfaire les esprits. On eut vite fait de remarquer que
tout harmonieux et séduisants qu'ils paraissaient les systèmes adoptés par Hegel et par Stein présentaient de
graves défauts. Ils laissent en effet de côté certaines formes de la société qui ne peuvent pas être pourtant considérées dans la vie moderne comme incorporées à l'organisation politique de l'Etat. La question de la liberté
des associations s'est posée dans la pratique à l'occasion
des sociétés religieuses. Les dogmes religieux servent de
base à un groupement social à la fois considérable et
indépendant, à une société qui ne correspond pas par sa
base à des frontières déterminées, ni par sa mission aux
buts que se propose un Etat. Au moyen âge, cependant
quand l'Eglise elle-même exerça un pouvoir politique la
question de l'indépendance de la grande société formée
par l'Eglise n'eut pas l'occasion de se poser, et l'Eglise
à cet époque paraissait être surtout un groupement

politique. Il faut en dire autant des associations protestantes. L'Eglise protestante était une institution de
l'Etat et les organes du gouvernement étaient en même
temps les organes de l'Eglise. Mais à mesure que se
développèrent les principes de la liberté religieuse,
à mesure que l'Eglise se sépara de l'Etat, le système
de l'identification de l'Eglise et de l'Etat fut condamné
et la question de la liberté des associations religieuses
fut posée à nouveau. Il est facile de remarquer que
l'Eglise ne joue aucun rôle économique ; elle reste à
côté de l'Etat sans en faire partie intégrante puisque la
même Eglise embrasse plusieurs Etats en revêtant des
types d'organisations sociales diverses dont l'Etat ne
peut être considéré ni comme une partie ni comme un
tout.

Les philosophes allemands ont essayé de donner à la
théorie de la société un plus large développement et
cela à un double point de vue.

D'un côté, les représentants de l'école organique ont
appliqué à la théorie de la société la notion organique.

En examinant les diverses manifestations de l'activité individuelle, ils ont pensé que les formes distinctes
de groupements doivent correspondre à des besoins particuliers de la nature humaine.

Ainsi l'Université satisfait le besoin de l'éducation ;
les sociétés économiques, l'Eglise correspondent chacun
à des besoins déterminés. Les représentants de l'école
organique en sont donc arrivés à reconnaître une série
de groupements collectifs dont chacun est un organe
indépendant qui satisfait certains besoins. Telle est la
doctrine de Ahrens.

Cette doctrine subit bientôt dans la science de nombreuses modifications et corrections.

R. Mohl, dans un article intéressant sur « Les sciences sociales et politiques », dont le sujet principal est

la recherche de la nature de la société (dans « Geschichte und Litteratur der Staatswissenschaften », tome I)
a fait à la doctrine de Ahrens une grave objection. '

Cette doctrine, dit-il, nous présente une multitude
de groupements (école, église, etc.) mais elle ne nous
fournit pas une notion générale de la société, elle ne
donne aucune conception de l'Etat.

Cependant si nous prenons l'Eglise et ces unités sociales nées de la vie économique d'un pays, nous découvri-
rons entre elles une ressemblance essentielle.

Les sociétés ecclésiastiques naissent grâce à l'unité
des intérêts qui leur sont communs, parce qu'un groupe
déterminé d'hommes professant les mêmes dogmes
religieux, ont besoin de cérémonies religieuses identiques : aussi se constituent-ils en société.

Un fait semblable se remarque aussi à l'origine de
toutes les sociétés constituées dans un but économique.
Les classes d'ouvriers, de marchands, de propriétaires
fonciers, d'agriculteurs, de banquiers ont été créées
dans un intérêt commun ; l'Eglise aussi avait été créée
dans un intérêt commun.

La différence entre ces groupes et l'Eglise consiste
seulement dans la matière de la base, mais la base est
la même : c'est l'intérêt commun. Dans les groupements économiques la base est un intérêt économique
commun, dans les associations religieuses, c'est un intérêt religieux commun.

Mohl, en continuant ses observations et en étudiant
les différentes formes de groupements entre les hommes, fait remarquer qu'il existe en même temps de
nombreuses variantes entre les formes qu'affectent les
associations.

Ainsi dans chaque Etat, outre l'Eglise et les sociétés
fondées dans un but économique, il existe encore des
classes et des ordres, qui sont aussi des groupements

d'hommes formés dans un intérêt commun La noblesse, les citadins, les paysans, voilà trois ordres différents, constitués tous les trois dans un intérêt commun. Les castes plus tard devinrent des classes, mais ces classes elles aussi sont formées dans un intérêt commun (instruction, occupations communes). Si nous considérons l'organisation intérieure des Etats modernes, nous verrons que les différentes parties d'un Etat (provinces, communes, etc.) ont aussi leur vie commune indépendante, leurs intérêts communs et indépendants distincts de ceux de l'Etat, avec lequel ils peuvent même tenter d'entrer en conflit. Ces intérêts communs ont pour base la vie en commun se réalisant sur un certain territoire. La distribution de la population dans les Etats modernes ne coïncide pas avec la nationalité des peuples. Cependant l'unité nationale apparaît comme un facteur important de la vie internationale.

R. Mohl arrive ainsi par l'observation à l'idée qu'il existe une catégorie de groupes sociaux qui ont pour base la communauté d'intérêts permanents.

Chaque groupe social se distingue essentiellement des autres par l'unité d'intérêts qu'il comprend. Ces intérêts peuvent être identiques aux intérêts de l'Etat, mais peuvent ne pas coïncider avec eux, c'est ainsi que les villes situées sur les frontières de deux Etats peuvent avoir des intérêts communs, pour les services hygiéniques ou pour la chasse par exemple. De même, plusieurs Etats peuvent avoir des intérêts communs pour la réglementation de la navigation d'un fleuve qui traverse leurs territoires. La société, qui a pris naissance du fait de la cohabitation sur le même territoire peut ne pas avoir les mêmes limites que l'Etat lui-même. Les différents traits de groupements collectifs que nous avons relevés permettent de ranger dans là même catégorie tous les groupements autre que ceux formés par la famille et l'Etat.

La société, selon la définition de Mohl, est donc une réunion de groupes sociaux à la base desquels se trouve un intérêt commun et permanent.

Les idées de Mohl sur l'existence indépendante de la société à côté de l'Etat sont aujourd'hui très répandues. Dans l'article que nous avons indiqué, Mohl essaie d'étudier la société indépendamment de l'Etat et de construire un système complet des sciences sociales qui peut être rapproché du système des sciences politiques.

Dans son ensemble, la théorie de Mohl sur la formation des sociétés peut être acceptée, mais elle exige cependant quelques rectifications de détail.

Il est impossible par exemple de convenir avec Mohl que la nation, dont les membres sont liés par l'unité de l'origine, et que les communes, dont les habitants sont liés ensemble du fait du voisinage, puissent être confondues, envisagées toutes les deux comme des groupes sociaux ayant pour base l'unité des intérêts. Si les citoyens d'une même nation ou les membres d'une même commune ont des intérêts communs, il n'en est pas moins vrai que la communauté d'intérêts n'est pas ici la base de cette association, mais son résultat. La nation, la commune existent avant que chez les individus qui la composent apparaisse l'unité des intérêts. L'Eglise, au contraire, n'est créée que par l'unité de la confession, les groupes économiques ne se forment que par la communauté des intérêts économiques.

Parmi les différentes formes que revêtent les sociétés, c'est celle de l'Etat qui nous offre le plus grand intérêt, puisque l'Etat est le facteur principal du développement du droit, puisque c'est lui qui est chargé de le sanctionner.

Aussi nous arrêterons-nous d'une façon toute particulière à l'étude de la nature de l'Etat.

CHAPITRE II

L'ÉTAT

§ 43

La notion de l'Etat

« Mohl ». Encyclopédie des sciences politiques, pp. 23, 49 à 64. « Zacharia », Deutsches Staats und Bundesrecht, 3 Auf, B. I, 1886, s. 40. « Gumplowiz ». Philosophisches Staatsrecht, 1877, S. 15-19. « Hugo Preuss ». Gemeinde, Staat, Reich, 1889. « Khorkounoff ». Le droit constitutionnel russe, t. I, 1893, p. 1 à 36.

Parmi les différentes formes de groupement collectif, la principale sans conteste est l'Etat. Il y eut une époque où l'Etat enveloppait sans aucune exception toutes les manifestations de la vie humaine ; dans toute l'antiquité l'homme était absolument absorbé par le citoyen. De nos jours, bien qu'il existe, à côté de l'Etat, beaucoup d'autres groupements sociaux, l'Etat arrive à faire sentir sous une forme ou sous une autre son influence, à tous les points de vue, sur la vie sociale. En tout cas, l'histoire de la société humaine s'est surtout développée grâce à l'activité de l'Etat.

Aussi, en étudiant un phénomène social, quel qu'il soit, on se heurte toujours à des questions d'organisation ou de formes concernant l'Etat. Longtemps, nous l'avons déjà dit, la théorie de l'Etat, la politique embrassait toute la science des phénomènes sociaux.

Dans de semblables conditions, il semblerait qu'une

définition de l'Etat devrait être facile et reconnue par
tout le monde. Il n'en est pas ainsi. Si nous rencontrons
une grande variété parmi les définitions nombreuses qui
ont été proposées, cela s'explique par ce fait que dans
la plupart des cas on s'efforce d'attribuer à l'Etat dans la
formule même qui le définit un rôle qui n'est pas forcément le sien.

Ainsi, tout d'abord, les uns, dans la définition qu'ils
donnent de l'Etat, essaient d'indiquer quel doit être
le trait, caractérisant l'activité de l'Etat. Ils transforment ainsi la définition de l'Etat en un examen, en une
critique des différents Etats. Mohl, par exemple, définit
l'Etat comme un organisme unique et permanent d'institutions qui « guidées par la volonté générale, soute-
nues et mises en œuvre par la force générale, ont pour
but de faciliter à un peuple déterminé, sur un territoire
déterminé, toute l'activité sociale et politique, à l'intérieur comme à l'extérieur ».

Il est assurément impossible d'affirmer que tous les
Etats qui ont existé et qui existent ont poursuivi seulement les buts que leur impose cette définition, les buts
« permis » et ont contribué par là au développement
de la vie humaine.

La définition de Welker va plus loin encore. Il définit
l'Etat comme « une association humaine personnifiée,
souveraine, vivante et libre. Dans les limites du pacte
constitutionnel, cette réunion, sous la direction d'un
gouvernement constitutionnel indépendant, aspire à la
liberté juridique et dans ses limites à la réalisation de la
destinée et du bonheur de ses membres. »

A cette même catégorie doivent être jointes toutes les
définitions qui indiquent le but auquel, semble-t-il, doit
servir l'Etat. De semblables définitions ne peuvent nous
satisfaire si nous recherchons une définition générale de
l'Etat qui puisse s'appliquer à tous les Etats.

D'autres définitions, au contraire, se bornent à indiquer quelle place occupe la conception de l'État dans un système philosophique déterminé. Ainsi, par exemple, Hegel définit l'État comme « la réalité de la liberté concrète » (1). Pour comprendre cette définition, il faut savoir ce qu'entend Hegel sous ces termes de réalité, de liberté concrète : cette définition n'offre un sens que dans le système philosophique de Hegel ; prise à part, elle n'a aucun sens.

La définition de Shelling présente le même caractère : « l'État, dit-il, est l'harmonie de la liberté et de la nécessité ».

De semblables définitions sont par trop subjectives, malgré tout leur désir d'indiquer non ce que l'État doit être, mais ce qu'il est en réalité. Elles sont subjectives parce qu'elles s'appuient sur une conception philosophique déterminée, conception qui, n'étant jamais prouvée de façon objective, dépend toujours de la conviction subjective (2).

Très souvent, enfin, on s'efforce de donner de l'État une définition telle qu'elle résout à l'avance toutes les questions les plus importantes, tous les problèmes que soulève la science politique, de telle sorte que toute la doctrine de l'État pourrait être construite comme une suite de conséquences logiques et nécessaires de la définition donnée. Mais, puisque plusieurs questions, parmi les plus importantes de la science politique, sont discutées encore de nos jours, il en résulte qu'on donne dans la définition des faits contestés comme absolument certains. Telles sont les définitions données sur l'État

(1) Hegel. Philosophie des Rechts, Werke, B. VIII, s. 314. « Der Staat ist die Wirklichkeit des konkreten Freiheits. »
(2) Voici quelques définitions de ce genre : Ahrens. Der Staat ist in dem allgemeinem Gesellschafts organismus derjenige besondere Organismus, welcher durch das Band des Rechts und vom Mittelpunkt

organe ou sur l'Etat personnifiant une volonté. Il est
à peine besoin de dire que les définitions qui résolvent
ainsi par avance toutes ces questions litigieuses sont
loin d'obtenir l'opinion unanime des auteurs.

Toutefois, dans l'étude des formes historiques des
sociétés humaines, on ne met guère en doute le caractère politique de certains groupements humains. Dans
la plupart des cas, on remarque un accord complet sur
la question de savoir si tels ou tels groupements constituent ou non des Etats. S'il y a parfois doute, comme à
l'heure présente en ce qui concerne la Finlande, personne ne rattache la solution de la question à celle de
savoir quelle est la nature organique ou personnelle, ou
le but de ce pays, mais on s'occupe seulement de savoir
si l'on peut ou non reconnaître chez lui l'existence d'une
autorité indépendante.

En effet, le but de l'Etat, son origine ou sa nature,
ce sont là autant de questions controversées ; mais personne ne met en doute que l'autorité ne soit un attribut
indispensable de tout Etat.

Il est vrai que le pouvoir de l'Etat n'est pas l'unique
forme du pouvoir social. L'Église, la famille, la commune et en général tout groupement involontaire est
un pouvoir qui a son influence.

Mais le pouvoir de l'Etat se manifeste avec une clarté
toute particulière ; dans tous les groupements sociaux,
l'Etat est le pouvoir dominant par excellence.

Dans l'antiquité, alors que l'Etat embrassait toute la

einer Centralen Macht aus alle gesellschaftlichen Kreise zu einer rech-
tlichen Einheit und Ordnung verknüpft.

Bluntschli : Der Staat ist die politishorganisirte Volksperson eines
bestimmten Landes.

Schulze : Der Staat ist die Vereinigung eines sesshaften Volkes zu
einem organischen Gemeinwesen, unter einer bestimmten Verfassung,
zur Verwirklichung aller Gemeinzwecke des Volkslebens, vor allem zu
Herstellung der Rechtsordnung.

vie sociale de l'homme et que toutes les autres formes
de groupements n'étaient que des parties de l'État soumises à l'État ; on définissait l'État comme la société
type, comme un groupement qui n'a besoin d'aucun
autre groupement et qui ne dépend de personne. C'est
ainsi qu'Aristote définit l'État.

Au Moyen Age, l'autorité de l'État est fort amoindrie
par les tendances qu'ont les grands propriétaires fonciers de faire de l'État une union contractuelle entre
les représentants des propriétaires féodaux et aussi par
les tendances de l'Eglise romaine qui veut prendre en
main le pouvoir. Quand, à l'époque de la Renaissance,
le principe de l'autorité recouvra son premier rôle,
préoccupé qu'on était alors d'écarter toute influence
capable de maintenir la tradition féodale, on reconnut
à l'État un pouvoir souverain, une autorité absolue,
sans limites. La souveraineté et la suprématie de l'État
furent alors considérées comme ses attributs essentiels.

Cette notion de la souveraineté fut exposée pour la
première fois par Bodin (De la république, 1583) qui
définit la souveraineté comme une autorité absolue,
illimitée et indépendante. La même conception fut affirmée en termes bien plus énergiques par Hobbes qui
qualifiait l'État de « divinité mortelle ».

La notion de souveraineté ainsi entendue aux xvi⁰ et
xviiᵉ siècles se conserva jusque vers 1870. De nos jours,
un examen plus attentif des conditions de l'organisation des États fédérés et des rapports internationaux
de tous les États en général a obligé les auteurs à rejeter la conception de la souveraineté comme un attribut
distinctif de l'État.

La plupart d'entre eux, Laband, Jellineck, se bornent
à reconnaître l'existence possible d'États souverains et
non souverains et l'existence autonome d'États formant
une fédération d'États.

D'autres vont plus loin encore et, comme H. Preuss, rejettent absolument la notion de souveraineté et affirment qu'en réalité il n'existe aucun Etat souverain, usant d'un pouvoir absolu et illimité. L'autorité de chaque Etat est en réalité limitée et dépend, pour l'extérieur, des relations internationales et pour l'intérieur des différents groupements qui le composent.

Il est impossible de ne pas trouver fondées les raisons que donne H. Preuss. Il montre par la suite que le pouvoir de l'Etat se fonde sur la conscience qu'ont les hommes de leur dépendance envers l'Etat. Mais cette conscience ne peut pas être inconditionnée et absolue parce que les hommes se reconnaissent dépendants non de l'Etat seulement, mais aussi de beaucoup d'autres sociétés aussi nécessaires que l'Etat. Si quelque société peut prétendre à la domination absolue sur eux, cette société c'est l'Eglise. Pour un croyant, l'autorité de l'Eglise est certainement la plus grande de toutes, puisque l'Ecriture sainte nous enseigne qu'il faut obéir à Dieu plus qu'aux hommes. L'Eglise, unique et éternelle, ne dépend pas, comme l'Etat, des conditions de lieu et de temps. En elle, enfin, agit la grâce divine, la plus haute de toutes ; aussi il est impossible d'affirmer que l'Etat se distingue de l'Eglise en ce qu'il a une autorité absolue et illimitée.

L'attribut distinctif de l'Etat c'est que seul « il réalise d'une façon indépendante le pouvoir coercitif ».

Toutes les autres sociétés, quelque indépendantes qu'elles soient sous certains rapports, n'usent de moyens coercitifs que par autorisation et sous le contrôle de l'Etat. Ainsi s'il arrive parfois que l'Eglise emploie la force, elle n'en use en ce cas que dans les limites autorisées par l'autorité politique locale.

De même encore l'autorité des parents sur les enfants, du mari sur la femme est déterminée par la législation politique et s'exerce sous le contrôle des organes gouvernementaux. On peut toujours en appeler à l'autorité de l'État des abus de l'autorité de l'Église ou de celle de la famille ; l'autorité des communes et celle des provinces sont également soumises à ce contrôle.

L'État est donc comme le grand dispensateur de la contrainte. L'ordre étatique se distingue tout d'abord par ce trait que c'est un ordre pacifique qui n'admet pas la violence individuelle, et ne permet pas de se faire justice soi même. Seuls les organes de l'autorité gouvernementale ont le droit de contrainte. Les personnes privées et les autres sociétés sont admises à user de ce droit dans les limites seulement où l'État l'autorise et sous son contrôle. Même dans les rapports internationaux ne sont autorisées que les guerres, c'est-à-dire les violences faites par les différents organes d'un État.

L'autorité coercitive, indépendante, est donc, disons-nous, l'attribut caractéristique de l'État. Mais l'indépendance n'est pas telle qu'elle soit complètement illimitée et absolument libre. Aussi, bien que les États distincts qui constituent l'État fédéral, et sont par suite soumis à l'autorité de la fédération, soient limités, ils restent des États dans le territoire qui leur est propre et sont indépendants dans les limites de leur compétence.

Pratiquement cette indépendance se traduit par ce fait qu'ils créent eux-mêmes les organes destinés à réaliser leur autorité sans subir aucune influence de l'autorité fédérative.

Les communes et les provinces au contraire, dans un État unitaire, même si elles jouissent d'une très large autonomie, n'ont jamais, pour la désignation du personnel qui compose leurs différents organes, une liberté aussi complète.

L'autorité centrale conserve toujours le droit d'influer sur le personnel qui compose les différents rouages administratifs et cela grâce à la nomination directe de quelques fonctionnaires, ou bien par l'approbation donnée à l'élection de ces fonctionnaires, ou bien encore grâce au droit de dissolution et à celui de procéder à de nouvelles élections, si le résultat des élections précédentes n'a pas été conforme à celui que désirait l'administration centrale. Le gouvernement fédéral n'est jamais armé de droits pareils vis-à-vis des Etats ou des cantons dont est formé l'Etat fédéral. Nulle part l'autorité fédérale n'est chargée de nommer les gouverneurs des différents Etats ou cantons, d'approuver l'élection des fonctionnaires, de dissoudre les assemblées locales, C'est là une différence essentielle.

Tant que l'autorité centrale n'a pas un pouvoir, une influence directe sur la composition des diverses administrations locales, les limites subies par ces autorités ont un caractère extérieur et formel. Leur caractère intérieur, l'orientation même de leur activité ne peuvent être à l'avance déterminés par les dispositions formelles de la loi. Quand au contraire l'autorité centrale met la main sur la composition des administrations locales, elle accroit d'autant sa propre influence et permet de donner à l'activité des organes locaux telle ou telle direction, et c'est après les avoir privé de leur indépendance intérieure qu'elle en fait des organes de l'autonomie locale.

Il faut ajouter en outre que l'Etat suppose une domination nécessairement indépendante vis-à-vis des hommes libres, autrement ce serait une contrainte exercée vis-à-vis d'esclaves et non pas une association gouvernementale. L'Etat suppose encore une domination fixe, reconnue par tous. Un fait distinct, soutenu exclusivement par la force des armes, une occupation militaire par exemple sur le territoire de l'ennemi ne constitue pas un Etat.

Nous pouvons donc définir l'État : « un groupement social ayant un pouvoir indépendant, coercitif s'exerçant sur des hommes libres ».

Ce droit de contrainte, attribut exclusif de l'État, est fort important pour toute la vie sociale.

Cela amène tout d'abord une importante diminution des cas de violence en même temps qu'une grande économie de forces. La contrainte, celle de l'État, exercée d'après la loi, ne provoque pas de résistance, parce que la supériorité des forces de l'autorité gouvernementale est si grande que dans la plupart des cas il n'y a aucune chance d'aboutir dans une lutte contre elles. Cette idée mise à part, on se soumet encore à l'autorité gouvernementale volontairement, par habitude, par devoir. Le changement apporté au caractère de la contrainte est quelque chose d'encore plus important. Si l'état s'approprie le droit exclusif de contrainte, il doit exercer cette contrainte dans tous les cas où cela est nécessaire ; il doit par conséquent l'exercer non seulement lorsqu'il y va de son intérêt, mais aussi lorsqu'il y va de l'intérêt d'autrui. Sans cela, il arriverait forcément qu'on se ferait justice soi-même. Mais agir dans l'intérêt d'autrui, ce n'est pas du tout la même chose, qu'agir dans son propre intérêt. La mise en mouvement de la contrainte exercée par l'État dans le but de prévenir les violences, les guerres privées n'est pas la conséquence d'un sentiment irréfléchi, spontané du gouvernement. Les organes de l'État auxquels est confié le soin de veiller aux intérêts des individus et des autres sociétés remplissent cette fonction mus uniquement par le sentiment du devoir, c'est-à-dire que l'action du pouvoir dans la circonstance est tranquille, impassible, prise après mûres réflexion.

La certitude de réussir, la conscience de la force qu'ils ont pour se faire obéir ajoutent encore au calme de l'action des organes du gouvernement. Les contraintes qu'exerce l'Etat sont donc naturellement déterminées non par un sentiment irréfléchi, sentiment violent, mais par des considérations plus générales, plus conformes au droit et à la morale. La contrainte est pour ainsi dire disciplinée par le droit ; elle est pénétrée des principes éthiques. Ce progrès dans le caractère de la contrainte s'affirma à l'origine seulement lorsque le gouvernement avait à réprimer les violences qui ne le visaient pas personnellement. Mais peu à peu l'Etat fut amené à appliquer les mêmes principes même quand il avait à intervenir pour se défendre contre des attaques auxquelles il était exposé personnellement. Ce mouvement apparut clairement lorsqu'il fallait sévir contre des crimes de droit commun d'une part, comme des crimes politiques d'autre part.

Les controverses qui existent lorsqu'il s'agit d'user de l'extradition d'un criminel politique s'expliquent précisément par le doute où l'on se trouve sur les rapports qui doivent exister entre l'Etat lésé et les autres gouvernements voisins.

La manière d'agir, plus équitable, plus conforme au sentiment moral, qu'on a suivie depuis quelque temps se généralise et met son empreinte sur toute l'activité coercitive de l'Etat qui se soumet de plus en plus aux exigences de la justice.

§ 14

L'autorité de l'Etat.

Khorkounov. Les décrets et la loi ; 1894, p. 45 à 193.

Nous avons défini l'Etat comme un gouvernement social, investi de l'autorité coercitive et indépendante, mais nous n'avons pas encore expliqué ce que c'est que cette autorité.

Depuis le règne de l'école scolastique jusqu'à nos jours, la conception de l'autorité était celle d'une volonté unique, maîtresse suprême dans l'État. Quelques auteurs ont confondu l'autorité de l'État avec la volonté des gouvernants ; d'autres ont considéré l'autorité de l'État comme la volonté suprême et ceux qui gouvernent comme les organes de cette volonté qui ne devait pas se confondre avec la volonté des gouvernants. Au premier abord l'identification de l'autorité de l'État avec la volonté des gouvernants semble bien répondre à la réalité. L'existence de la volonté chez les gouvernants est un fait indubitable et à tout instant les citoyens se heurtent à la manifestation de cette volonté. L'existence au contraire de quelque volonté suprême particulière n'apparaît que comme une supposition assez vague. Cette volonté supérieure se manifeste, en pratique, dans les ordres et dans les actes des gouvernants.

C'est ainsi que s'explique, dans l'école politique l'existence de tout un groupe d'auteurs qui identifient la volonté de l'État avec la volonté concrète des gouvernants. Le plus célèbre représentant de cette école est de nos jours le professeur de Munich, M. Max Seydel.

Cette conception de l'autorité de l'État peut s'appeler réaliste parce qu'elle ne repose sur aucune donnée métaphysique. L'existence des gouvernants et celle de leur volonté est en effet quelque chose de certain, de réel, mais ce seul fait ne peut expliquer les phénomènes de la domination de l'État. La soumission à l'autorité gouvernementale ne peut s'expliquer par la puissance personnelle de celui qui gouverne. L'histoire politique nous montre, par des exemples fréquents, que des milliers d'individus ont obéi aux ordres d'une seule personne, d'une personne parfois absolument inintelligente, tout simplement parce que cette personne était reconnue comme représentant de l'autorité de l'Etat, et des hommes politiques célèbres sont au contraire obligés de s'abriter derrière celui qui gouverne, qui n'a que fort peu de valeur au point de vue intellectuel, mais qui est le représentant de l'autorité gouvernementale.

De plus la soumission vis-à-vis des gouvernants n'est jamais absolue ; on ne leur obéit qu'autant qu'on les considère comme des représentants de quelque chose qui est au-dessus de leur volonté personnelle, et si l'opinion publique déclare arbitraire l'activité de ceux qui sont à la tête de l'Etat, l'obéissance diminue bien vite et la révolution devient inévitable.

Tout cela nous conduit à cette conviction que la soumission à l'autorité de l'Etat ne dépend pas des qualités de la volonté personnelle de ceux qui gouvernent, et l'opinion dominante dans la littérature politique ne les considère que comme des représentants d'une volonté supérieure à laquelle doit se soumettre la volonté personnelle des particuliers.

Au moyen âge cette volonté souveraine qui se manifeste dans les actes des gouvernants, était, disait-on, la volonté divine. Les théories politiques du xviiie siècle ont remplacé l'idée religieuse par celle du contrat social.

L'autorité de l'Etat est considérée comme la volonté générale des citoyens qui ont décidé de former un Etat et de se soumettre, sous des conditions déterminées, au gouvernement qu'ils établissent. Conformément à cette théorie, le pouvoir qu'a le gouvernement n'existe qu'autant qu'il est l'expression de la volonté générale, du contrat social.

Depuis le commencement de ce siècle, la théorie contractuelle de l'Etat est remplacée par plusieurs autres. On ne considère plus l'Etat comme une institution arbi-

traire des hommes, mais comme une forme objectivement nécessaire de la société humaine, comme le résultat prévu des progrès de l'histoire.

Dans ces théories la volonté de l'Etat n'est plus la
volonté collective des individus, non plus la volonté
divine : c'est la volonté abstraite de l'Etat lui-même
considéré comme une personne distincte et indépendante qui explique l'autorité de l'Etat. La plupart des
auteurs de droit constitutionnel voient dans le pouvoir
l'expression de la volonté de l'Etat lui-même dont le
gouvernement n'est que l'organe.

Cette explication cependant est insuffisante au point
de vue scientifique. Tout d'abord l'Etat ne peut être
considéré comme une personne douée d'une volonté distincte, qu'en vertu d'une fiction juridique. Pour être une
personne réelle, il manque à l'Etat la condition indispensable, l'unité de la conscience personnelle. Mais les
fictions ne peuvent qu'être un moyen pour ramener dans
notre pensée la complexité des phénomènes réels à
l'unité, c'est-à-dire à quelque chose que nous saisissons
mieux : la fiction est impuissante à nous fournir une
réelle explication des phénomènes.

Le pouvoir dans un Etat sert précisément de lien et
marque son unité ; chaque Etat a son pouvoir et là où il
existe plusieurs pouvoirs, là aussi il y a plusieurs Etats.
C'est pourquoi si le pouvoir souverain est l'expression de
la volonté, il doit être l'expression d'une seule volonté.

Mais il est impossible d'expliquer toutes les manifestations de la domination de l'Etat comme une manifestation d'une volonté unique. Dans l'histoire, la vie de
l'Etat n'était pas la manifestation d'une seule volonté,
dominant toutes les autres, mais bien au contraire elle
apparaissait comme une lutte entre plusieurs volontés
opposées. L'organisation juridique des Etats est l'œuvre,
le plus souvent, de plusieurs volontés indépendantes les

unes des autres ; c'est ce que nous voyons surtout dans les monarchies constitutionnelles ; ces monarchies sont constituées précisément par le concours de la volonté du souverain et de celle qui est exprimée par la représentation nationale ; et il est à remarquer que très souvent ce sont les constitutions elles-mêmes, qui, pour ainsi dire, divisent la volonté de l'Etat, en chargeant de différentes institutions de remplir les diverses fonctions que comporte la souveraineté de l'Etat.

Evidemment l'unité de la volonté n'est pas ici quelque chose de désirable, mais apparaît au contraire comme un danger qu'on s'efforce d'éloigner. C'est pour cela que par exemple la représentation nationale est partagée en deux chambres. Si l'autorité de l'Etat était une volonté unique, tous les efforts de l'Etat devraient tendre vers l'organisation de l'unité dans l'expression de la volonté de l'Etat, et il serait par suite impossible d'admettre la séparation et la division des pouvoirs, de même que la décentralisation qui supposent précisément que les fonctions du pouvoir pourront s'exercer séparément et indépendamment l'une de l'autre.

Mais, et c'est là un argument fort important contre la théorie de l'Etat conçu comme volonté suprême, les phénomènes de la domination étatique ne peuvent pas tous s'expliquer non seulement comme une manifestation d'une volonté unique, mais même comme une manifestation d'une volonté quelconque.

C'est dans la législation qu'apparaît le plus distinctement la volonté du souverain. C'est en effet le législateur qui ordonne, tandis que le juge rend des sentences et que l'administrateur agit. C'est pourquoi si la souveraineté était la volonté, sa fonction fondamentale et nécessaire devrait être de légiférer. Or, dans l'Etat primitif, les sociétés sont gouvernées par le droit coutumier et elles se passent complètement de législation ; jamais au contraire l'État ne se passe de la justice ou du pouvoir exécutif. Ensuite nous remarquons que non seulement les citoyens, mais les étrangers eux-mêmes s'ils se trouvent sur le territoire de l'État, se soumettent aux ordres des organes du pouvoir. L'autorité de l'État sur ses propres citoyens ne s'affirme pas seulement dans ce fait qu'ils se soumettent passivement aux ordres des membres de l'autorité, mais aussi en ce qu'ils se trouvent obligés de contribuer activement aux besoins de l'État.

Le citoyen, à la différence de l'étranger, prend une part plus active à la vie de l'État, à sa conservation et à son développement. Il accomplit son devoir de soumission envers l'État non seulement quand il exécute les ordres du gouvernement, mais aussi et surtout quand il s'efforce de scruter et de comprendre les vrais besoins de l'État et de prévenir les fautes et les abus de ceux qui gouvernent. Si la soumission des citoyens à l'État consistait seulement dans l'accomplissement des ordres donnés par le gouvernement, l'État ne saurait exister longtemps : il se dissoudrait inévitablement. L'autorité des ordres des gouvernants n'a pas, comme on pourrait le croire, son fondement dans la force physique, dans la contrainte extérieure. Les différents organes du pouvoir de l'État constituent toujours la minorité, et ceux qui doivent obéir sont toujours plus nombreux que ceux qui commandent. La force obligatoire des ordres des gouvernants ne repose en dernière analyse que sur la reconnaissance, l'acceptation tacite de la société. Tout citoyen pris séparément est obligé de se soumettre aux ordres des organes de l'État non seulement parce que celui qui commande l'exige, mais surtout parce que la société dans son ensemble reconnaît ces ordres obligatoires pour chacun de ses membres.

Reconnaître l'autorité de pareils ordres, être contraint moralement à se soumettre ce n'est pas se réduire à l'accomplissement des ordres imposés par une volonté étrangère.

Ajoutons à tout ce que nous venons dire qu'en général les conceptions de l'autorité et de la volonté ne peuvent pas être confondues. La volonté n'est pas par elle-même une autorité. Il y a des volontés qui sont sans force, sans aucune autorité. L'autorité s'ajoute à la volonté extérieurement, elle est quelque chose d'autre, tout à fait à part et qui ne peut être confondu avec elle ; la volonté aspire à l'autorité, elle en est investie ; l'autorité lui sert d'objet. D'autre part l'autorité, elle aussi, ne suppose pas nécessairement la présence d'une volonté gouvernante. Si nous prenons les cas les plus simples, où s'exerce l'autorité d'un homme sur un autre homme, cette autorité peut exister sans qu'il y ait pour cela une volonté dominante. L'homme qui exerce un ascendant sur un autre par sa sainteté, par son esprit, son talent ou sa beauté, le fait le plus souvent sans y songer, sans le vouloir et cette autorité qui s'attache à lui parfois l'ennuie et le gêne. L'ascète qui mortifie sa chair ne désire pas assurément le pouvoir. Il brise tous les désirs qui existent en lui et c'est précisément pour cela qu'il exerce sur les autres hommes une si grande autorité. Ainsi la conception de l'autorité ne coïncide donc pas nécessairement avec celle de la volonté dominante. Il arrive que la volonté domine, mais cela ne suppose pas forcément que tout acte de volonté s'exerce en vue de dominer. Les divinités, fruit de l'imagination, dominent ; elles n'ont même pas de volonté réelle. De même l'homme subit souvent l'influence des idées qui évoquent des phénomènes absolument étrangers à tout acte de volition, comme, par exemple, l'idée d'un malheur qui menace, celle de la maladie ou de la superstition, etc. Tous ces exemples nous obligent à reconnaître que le

pouvoir ne suppose pas nécessairement une volonté
dirigée vers un but de domination. La domination suppose la conscience non du côté actif, non du côté de
celui qui domine, mais du côté de celui qui se soumet.
Toutes les choses dont l'homme croit dépendre exercent
sur lui un pouvoir, qu'elles soient ou non capables
d'être animées d'une volonté. Pour l'établissement de la
domination il n'est point nécessaire que cette dépendance existe réellement ; il suffit seulement que la
conscience de cette dépendance existe.

En d'autres termes, l'autorité est une force qui dépend
non pas de la volonté de celui qui domine, mais de la
conscience de celui qui se soumet.

Il en résulte que pour expliquer l'autorité de l'État, il
n'est pas nécessaire d'attribuer à l'État une telle volonté,
de le personnifier ; (puisque l'autorité est une force qui
dépend seulement de celui qui se soumet à cette force,
l'État peut avoir cette autorité, sans en avoir lui-même
la volonté ou du moins conscience et il peut arriver que
ce soient seulement les hommes qui se reconnaissent
dépendants de l'État). L'autorité de État n'est pas une
volonté de quelqu'un, mais une force née de ce que les
citoyens reconnaissent leur dépendance vis-à-vis de
l'État.

§ 45

Les organes de l'autorité

Le pouvoir de l'État, conçu comme une force ayant
sa source dans la conscience qu'ont les citoyens de leur
dépendance vis-à-vis de l'État, crée une double catégorie de phénomènes dans la vie sociale.

Il pousse d'abord les citoyens à accomplir tout ce qu'ils considèrent comme étant nécessaire à l'Etat dont ils sont membres. Et c'est là-dessus que reposent les sentiments de patriotisme, de dévouement à la patrie, etc. tout ce qui en un mot unit les hommes dans un même Etat.

Ce n'est pas tout ; la domination de l'Etat conduit aussi les citoyens à se soumettre aux ordres de certaines personnes, reconnues par tous comme étant les organes du pouvoir de l'Etat.

Les différents actes par lesquels se réalise l'activité de l'Etat peuvent favoriser ou entraver la réalisation des intérêts humains. De là, le désir de l'homme de se servir de cette force pour la réalisation de ses intérêts. Il tente d'imprimer à l'activité de l'Etat une orientation conforme à ses propres besoins. Mais comment l'homme peut-il se subordonner cette autorité ? De là même façon qu'il le fait lorsqu'il s'agit de toute autre force, d'une force naturelle par exemple. Il fait naître ces forces-là où cela lui est nécessaire, où cela lui est avantageux pour lui ; il s'efforce au contraire de les paralyser quand elles sont en opposition avec ses intérêts.

Une force ne se développe librement que si les conditions sont favorables à ce développement. C'est ainsi que pour l'emploi d'une force mécanique, un moteur et des outils sont nécessaires.

L'autorité, c'est un point que nous avons démontré, a sa source dans la conscience qu'ont les hommes de leur dépendance vis-à-vis de l'Etat. Aussi pour provoquer l'action de l'autorité il suffit de pouvoir provoquer chez les individus cette conscience de leur dépendance et de lui donner un but déterminé. Saura provoquer cette action l'homme qui interprète le mieux, qui traduit le plus complètement la situation, qui explique la dépendance, le besoin d'une autorité supérieure ressentie par ses concitoyens.

Si un homme par exemple est pénétré de l'idée de maladie ou de mort, un sorcier ou un médecin dans lequel cet homme aura placé toute sa confiance, aura sur cet homme un pouvoir presque illimité. De même un homme dévôt, pénétré du repentir d'un acte qu'il vient de commettre, sera dans une dépendance absolue vis-à-vis de celui qu'il considère comme l'interprète de la volonté divine, comme l'intermédiaire entre les hommes et la divinité.

De même, on peut dire que la conscience que nous avons de notre dépendance vis-à-vis de l'Etat peut être utilisée par celui que nous considérons comme l'interprète des intérêts de la société. Les hommes acquièrent une telle situation par plusieurs procédés ; par le succès des armes, par l'esprit de résolution dont ils font preuve dans des circonstances urgentes, par leur richesse, etc. Cet interprète peut n'être pas unique. La complexité et la diversité des rapports dont se compose la vie de l'Etat crée au contraire tout naturellement différents interprètes pour les différents besoins de la vie sociale.

L'autorité de nos concitoyens n'est pas toujours la preuve que nous les considérons comme les meilleurs interprètes de nos besoins.

Nous nous soumettons parfois à un homme tout simplement parce que les autres hommes se soumettent à lui et parce que nous considérons ces autres hommes comme de meilleurs appréciateurs, de meilleurs juges que nous. Cette soumission augmente la puissance de cet homme et lui donne l'assurance qu'il pourra agir comme il l'entendra.

Ainsi donc la dépendance dans laquelle nous sommes vis-à-vis de l'Etat nous force à nous soumettre non seu-

lement à celui que nous considérons comme le meilleur
interprète des intérêts de l'Etat, mais aussi et même le
plus souvent à celui à qui la plus grande partie de nos
concitoyens se soumet également. Aussi, même quand
cette soumission ne présente aucun caractère politique,
quand elle présente un caractère religieux par exemple,
elle augmente pour nous la puissance politique de
l'homme auquel on se soumet.

N'oublions pas toutefois de faire remarquer que les
qualités purement personnelles à l'individu jouent également un grand rôle et peuvent contribuer à affirmer
son autorité ; l'esprit, la force, l'énergie, la naissance,
la richesse sont des facteurs très importants, pour tous
ceux qui embrassent la carrière politique.

Telles sont les différentes raisons pour lesquelles
nous nous soumettons, en tant qu'individus d'une
même société, au jugement et à la volonté des autres
hommes ; l'influence personnelle, l'autorité sur un plus
ou moins grand nombre d'individus, ce sont là pour
nous des motifs déterminants, qui nous permettent de
reconnaître tel ou tel individu comme le meilleur interprète de nos besoins dans nos rapports avec l'Etat.

Mais la volonté de ces individus ne constitue pas le
pouvoir de l'Etat ; leur volonté acquiert seulement la
faculté de diriger dans un certain cas l'action, l'autorité
de l'Etat. Cette autorité n'est que l'objet de leur volonté,
elle est la force qui prend sa source dans la conscience
que nous avons de nos rapports envers l'Etat, envers le
groupement social qui a pour mission de nous protéger
au dehors contre les autres Etats et au dedans contre
les violences de tout ordre, en garantissant la paix
sociale.

Les individus que nous envisageons comme des
représentants de l'idée dominante sont les représentants ; les savants sont les représentants de la science,

les artistes ceux de l'art, et nous n'entendons assurément pas par là personnifier la science ou l'art et leur attribuer une volonté particulière, différente de celle des savants ou des artistes. Dans le même sens nous appellerons représentants de l'Etat ceux qui interprètent nos besoins sociaux sans pour cela attribuer nécessairement à l'Etat une volonté particulière. L'Etat comme la science peut avoir des représentants sans être doué par cela d'une volonté distincte.

Chacun d'entre nous, par des procédés différents, individus et aussi groupes sociaux tout entiers, s'efforce de s'emparer de l'autorité de l'Etat comme d'une force pour la réalisation de ses propres intérêts. Cette tendance crée des conflits pour la possession et pour l'usage du pouvoir de l'Etat. Ce sont là les conflits et les luttes qui se produisent à propos de la possession des autres objets. Des conventions, des principes, des règles pour la détermination des intérêts sont nécessaires, ils constituent bien vite des normes juridiques qui règlent l'usage de l'autorité de l'Etat.

Cette réglementation juridique donne naissance à des droits et des devoirs en faveur et à la charge de chacun ; elle entraîne ainsi dans nos rapports vis-à-vis de l'Etat une complexité toujours plus grande. Tant qu'il n'existe que les rapports de fait entre l'Etat et les citoyens la soumission à l'Etat n'est pas un devoir mais un fait. Je me soumets à tout instant à celui qui pour quelque cause que ce soit provoque en moi cette idée de dépendance ; si cette idée disparaît, la soumission disparaît aussi. Mais dans nos rapports envers celui qui détient le pouvoir en vertu d'un acte réglementaire, cette soumission est un devoir imposé par le droit positif et ne reposant pas uniquement sur la conscience de notre dépendance. On obéit aux ordres d'un agent de police, non parce qu'on le croit le meilleur interprète des besoins de l'Etat, mais parce que des groupes sociaux importants lui obéissent ; on se soumet non à cause de son prestige personnel, mais parce qu'on lui reconnaît un droit, celui que lui confèrent des fonctions déterminées par l'autorité. Cette obligation, cette obéissance existent tout d'abord parce que nous avons conscience de notre dépendance et ensuite à cause de la menace d'une punition ou d'autres conséquences désagréables qui suivraient un non-accomplissement de l'ordre.

Les personnes auxquelles est reconnu le droit d'user, dans de certaines limites, de l'autorité sont les organes de l'autorité de l'Etat.

Et puisque ce qu'accomplit généralement un organe s'appelle sa fonction, les actes de l'autorité qui font partie de la compétence de l'organe s'appellent les fonctions de l'organe de l'autorité ; et même, abstraction faite de tout rapport entre l'organe et les actes divers, on considère ces derniers comme constituant les fonctions de l'autorité, de même qu'on appelle en général toutes les fonctions d'un être vivant les fonctions de la vie organique.

La réalisation des fonctions de l'autorité, vu la grande diversité qui existe entre elles, exige d'ordinaire l'activité de plusieurs personnes et des moyens matériels. C'est pourquoi les organes de l'autorité sont, pour la plupart, non des individus, mais des institutions possédant un personnel et une organisation plus ou moins complexe.

Si maintenant nous examinons l'organisation de ces diverses institutions, nous constatons que parmi les personnes dont elles sont composées, les unes décident précisément de la direction à donner à l'organe de l'autorité qui leur est confié, tandis que d'autres ne font que coopérer à l'œuvre de l'administration et sont sous les ordres des premiers. Ainsi donc les différentes institutions dans un État, sont elles-mêmes composées de deux catégories d'organes, ceux qui décident et ceux qui coopèrent, qui collaborent.

Ce sont les organes qui décident qui sont les organes immédiats, directs du pouvoir, dans le sens étroit du mot (amt, pouvoir). Les organes qui coopèrent ne sont pas des organes immédiats, ils collaborent seulement avec les organes qui ont le droit de décision. Ainsi le juge ou le tribunal rend la justice, tandis que les greffiers et les commissaires de police coopèrent à cette œuvre en préparant l'affaire ou en faisant exécuter l'arrêt ou le jugement rendus.

La coopération elle-même peut revêtir trois formes différentes.

Elle consiste tantôt dans la *préparation* de l'affaire par la coordination des différents éléments recueillis, ou bien dans des *conseils* à donner à l'organe chargé de la décision ou bien enfin dans l'*exécution* de la sentence qui a été rendue. Aussi les organes de coopération se subdivisent-ils en organes qui préparent, par exemple les chancelleries, en organes consultatifs, par exemple les différents conseils, commissions et en organes exécutifs, par exemple les huissiers et les agents de police. L'organe qui prépare, réunit les matériaux et les données en vue de la décision qui doit être prise ; celui qui conseille propose un projet de décision, enfin celui qui exécute applique à la réalisation effective de cette discussion la force matérielle. Ces différentes fonctions ne sont pas accomplies cependant par des organes distincts ; un seul organe réunit parfois plusieurs de ces fonctions. C'est ainsi que dans les tribunaux, d'ordinaire, il n'y a pas d'organe distinct chargé de la fonction consultative ; chez le juge de paix l'organe qui prépare fait presque complètement défaut. En d'autres cas, au contraire, ces organes de coopération ont un développement excessif et presque anormal. Ainsi, chez nous, tous les organes de l'administration supérieure sont des organes coopérateurs : tels le Conseil d'Etat et le Conseil des ministres. Cette distinction entre les diverses catégories d'organes peut être remarquée à un degré plus ou moins élevé dans toutes les institutions de l'Etat. L'absence de l'organe consultatif, par exemple, qu'on remarque à présent dans l'institution de la justice n'est pas du tout une condition nécessaire de son organisation. A Rome, dans les tribunaux, il y avait aussi des organes consultatifs représentés par les assesseurs ; mais c'est qu'à Rome le juge n'était point un juriste, il devait avoir nécessairement recours à l'homme de l'art, au savant pour le consulter sur les points juridiques du litige. Le fait de donner ainsi des conseils au préteur s'appelait *assidere* (d'où assesseurs) ; les assesseurs furent peu à peu officiellement reconnus.

Dans l'organisation du Parlement, nous rencontrons aussi ces différents organes ; les Chambres sont des organes qui décident ; le bureau, formé du président et de plusieurs secrétaires, est l'organe qui prépare ; les commissions chargées de discuter les projets de loi sont les organes consultatifs, enfin huissiers et questeurs forment l'organe exécutif.

Dans les ministères, l'organe qui décide, c'est le ministre lui-même, le département constitue l'organe qui prépare, enfin l'organe consultatif est constitué par le conseil des ministres et les différents comités techniques; les ministères, étant des institutions centrales, n'ont pas d'organes exécutifs.

En examinant les organes qui décident, nous distinguons trois groupes différents.

Il y a d'abord un système dans lequel le pouvoir de décider peut être confié à un organe déterminé. L'organe peut être composé d'une seule personne ou être collégial. L'organe est dit unipersonnel lorsque c'est une seule personne qui détient le pouvoir de décider, même si elle est entourée d'organes qui coopèrent à cette œuvre. C'est ainsi par exemple que dans une monarchie absolue, le pouvoir législatif a une organisation unipersonnelle, même si l'empereur a à ses côtés des conseils dont il prend l'avis. Le gouvernement est collégial quand c'est une réunion d'individus qui possède le droit de décider en se prononçant à la majorité des voix ; on dit que la majorité est absolue quand la décision est rendue à la moitié des voix plus une ; elle est au contraire dite relative si l'on adopte une opinion qui réunit plus de voix qu'une quelconque des autres opinions, même si le nombre de voix qu'elle a recueillies est inférieur à celui de la moitié des votants. La majorité absolue est simple s'il suffit d'une voix en plus de la moitié ; elle est dite au contraire qualifiée si une majorité spéciale est nécessaire, celle des deux tiers ou des trois quarts par exemple.

La forme collégiale du gouvernement entraîne nécessairement des dépenses plus grandes et des lenteurs, mais elle garantit l'impartialité et est préférable à ce point de vue. L'organisation unipersonnelle donne à l'institution une rapidité plus grande pour la solution des différentes affaires.

Mais le point le plus important, celui qui détermine dans le choix de telle ou telle forme, c'est la responsabilité effective ou non dont on charge les fonctionnaires.

Une telle responsabilité peut dépendre ou du caractère de la fonction (législative ou judiciaire par exemple) ou de la forme du gouvernement (monarchie absolue par exemple). Dans ces cas, il est nécessaire d'obvier aux conséquences fâcheuses que pourrait créer l'irresponsabilité et de réprimer les abus qui pourraient en résulter. La forme collégiale est celle qui réalise le mieux ces conditions. Ensuite, le pouvoir de décider

peut être donné non pas à un seul, mais à deux ou à
plusieurs individus à la fois, la décision de l'un se trouve
subordonnée à l'assentiment des autres. Ainsi à Rome,
le pouvoir était confié à deux consuls. Ainsi, encore de
nos jours, le pouvoir de la juridiction criminelle est
confié à deux collèges à la fois, à des juges et aux membres du jury. Néanmoins, en fait, une répartition s'établit entre eux, l'un étant chargé de décider sur la question de culpabilité et l'autre sur la peine qui doit être
infligée. Le Parlement, lui aussi, comprend deux Chambres. Parfois, les organes qui exercent ensemble le
pouvoir de décision peuvent avoir une organisation différente afin que l'un puisse modérer le pouvoir de
l'autre. C'est ainsi que dans les États constitutionnels,
les questions législatives sont confiées à la fois au Parlement et au titulaire unique du pouvoir exécutif.

Enfin, le dernier système est celui dit *système de
plusieurs ressorts*. La décision est confiée à un organe,
mais elle n'est pas définitive et, sur la demande des personnes ou des établissements intéressés, elle peut être
revisée par un autre organe qui, par rapport au premier,
occupe, dans l'échelle hiérarchique, une situation plus
élevée. L'organe auquel le pouvoir de décider a été
confié en premier ressort, n'est pas pour cela un organe
de préparation.

Il prend une décision effective et si cette résolution
n'est pas portée en appel, elle reçoit une force définitive
et l'organe supérieur ne peut pas examiner l'affaire. Le
nombre ordinaire des instances est de deux ou de trois,
et c'est surtout dans l'institution judiciaire qu'on les
rencontre.

Les institutions consultatives sont ordinairement confiées à plusieurs, et, revêtent la forme collégiale, mais
elles n'exercent pas le pouvoir de décision. Selon leur
caractère, elles présentent trois types différents. D'abord,

les conseils d'État, dont les membres ont surtout l'expérience administrative, puis les conseils techniques qui sont composés de sommités scientifiques et techniques, enfin les conseils ayant un caractère représentatif qui comprennent les représentants des intérêts locaux, de ceux des différentes classes de corporations.

Les conseils d'État fonctionnent généralement pour assister l'organe chargé du pouvoir de décision quand ce dernier est composé d'une seule personne ; les conseils représentatifs seulement auprès d'organes qui, eux-mêmes, ne comprennent pas d'élément représentatif ; enfin les conseils techniques se rencontrent dans toutes les organisations. Les organes consultatifs ont eu leur développement le plus grand dans la constitution française de l'an VIII qui a appliqué la règle : agir est le fait d'un seul, délibérer celui de plusieurs. Un tel système offre de très grands inconvénients : d'une part il ne limite pas le danger de l'arbitraire ; d'autre part, il diminue la responsabilité de l'organe chargé de la décision.

Cette remarque cependant ne s'applique pas aux conseils techniques ; les opinions de ces derniers ont en effet une valeur scientifique qui les met tout à fait à part.

Les organes chargés de la préparation sont les bureaux ou les chancelleries, mais leur organisation n'a aucune valeur juridique.

Les organes exécutifs affectent des formes très variées. Le représentant le plus considérable de l'organe exécutif est l'armée, qui est placée sous les ordres immédiats du chef du pouvoir exécutif. Mais il existe aussi d'autres organes pour les besoins de la vie intérieure de l'État, et l'organisation de ces organes est faite selon deux systèmes différents : ou bien à chaque organe de décision répond un organe exécutif, ou bien l'exécution de toutes les décisions est confiée à un seul et même organe exécutif, comme par exemple la police. Le premier système est celui qui existe en Angleterre, l'autre domine sur le continent, en Allemagne et en Russie surtout.

Tels sont les principes fondamentaux sur lesquels reposent les institutions d'Etat. Quant à leur personnel, il est très différent, selon les phases du développement politique des nations.

On peut, d'une façon générale, distinguer trois époques principales dans le développement historique des institutions politiques. A l'origine, il n'existe aucun système destiné à réglementer les organes politiques.

La tâche du gouvernement, à cette époque, est extrêmement simple et c'est le peuple lui-même, sans autre intermédiaire, qui s'en acquitte. Ainsi l'organe du pouvoir législatif, celui de la justice et l'organe consultatif sont confondus : c'est le peuple qui se réunit en assemblée ; de même l'armée c'est le peuple se réunissant pour la guerre. Le prince et les chefs militaires, ses sujets, sont les seuls organes distincts, à cette époque, et encore ne se distinguent-ils que fort peu de la masse générale du peuple.

La seconde époque, c'est celle de l'organisation par classes. Le gouvernement de l'Etat est alors aux mains d'une classe séparée, de la noblesse par exemple, et cette classe occupe tous les postes, plusieurs de ceux-ci deviennent même héréditaires. Une semblable organisation marque, en comparaison avec ce qui existait antérieurement, un progrès important. La classe, chargée spécialement du service de l'Etat, participant à toutes les actions du gouvernement, acquiert tout naturellement une influence et une capacité qui vont grandissant de génération en génération. La transmission de ces charges, l'exemple des aînés, les traditions de famille, l'éducation dirigée dès le bas âge vers la vie politique,

tout cela était pour le jeune noble autant de garanties
de sa capacité, de son activité politique. D'autre part,
l'énergie, le zèle, le dévouement aux affaires publiques
allaient aussi toujours en croissant parce qu'aux stimu-
lants ordinaires de l'intérêt, du devoir, du patriotisme
s'ajoutaient bientôt un autre stimulant particulier, l'honneur de la classe et celui de la famille.

L'organisation de la société en classes ne pouvait
cependant demeurer plus longtemps, en face du développement social. Elle portait en elle-même le germe de
sa ruine. D'abord, les fonctionnaires se recrutant exclusivement parmi les membres d'une même classe repré-
sentaient non seulement les intérêts de l'Etat mais aussi
ceux de cette classe et par suite elles ne tardèrent pas à
provoquer par leurs agissements un mécontentement
général chez les autres classes éliminées du pouvoir.

A mesure que ces classes devenaient plus fortes, elles
s'efforçaient d'acquérir une certaine part dans la direction des affaires.

Puis, la ruine de ce type de gouvernement fut causée
aussi par le développement même de la spécialisation
qu'exige la fonction administrative. A mesure que se
développent la division du travail et la variété des fonctions dans l'Etat, la préparation générale qui dépendait
de l'esprit de la classe devient insuffisante, et de plus
en plus le besoin se fait sentir d'une préparation plus
spéciale et plus technique. Et bientôt se forma une classe
distincte composée d'individus pour lesquels le service
de l'Etat fut une véritable profession,

Ainsi avec la nouvelle organisation du gouvernement
qui devait remplacer l'ancienne, deux faits ont surtout de
l'importance : 1° la tendance qu'ont les membres influents
de la société à enlever leur privilège à la noblesse
et à la soumettre à leur influence ; 2° la formation d'une
classe distincte de fonctionnaires professionnels dont

la haute situation au pouvoir est un fait inévitable.

La tâche du gouvernement, dans tous les États modernes, exige une préparation technique; le rôle du fonctionnaire nécessite également une telle dépense de temps que le service pour l'État est aujourd'hui devenu une véritable profession. Mais, d'autre part, pour que le gouvernement ne soit pas exclusivement aux mains d'une seule classe, il est indispensable de donner aux autres membres de la société une certaine influence et de les faire participer aussi à certaines fonctions dans l'État. C'est pour cette dernière raison que le personnel dans ces divers établissements qui composent l'État comprend deux éléments : 1° une catégorie de personnes se destinant au service de l'État comme à tout autre profession, et 2° une catégorie de personnes qui sont seulement les représentants des intérêts des autres classes de la société. En d'autres termes, dans la composition des établissements modernes, dans un État, on peut distinguer un élément professionnel et un élément représentatif. Le premier garantit la science et l'expérience, le second est un frein pour la routine et l'esprit de classe.

Ces deux éléments touchent à tous les différents organes qui forment la vie politique dans un État. La législation, l'administration de la justice y participent également. La combinaison de ces éléments varie, parfois ils ont une existence totalement séparée, de telle manière qu'il y a deux organes distincts auxquels on confie la même fonction. Ainsi dans les États constitutionnels, la fonction législative est confiée à la fois au gouvernement et aux représentants du peuple ; la justice est confiée tout à la fois à des juges et à un jury.

En d'autres cas, ces deux éléments constituent plusieurs organes, mais alors l'un d'entre eux seulement est l'organe chargé de décider tandis que l'autre se borne à coopérer avec le premier ; c'est ce qui arrive quand auprès de l'organe chargé de la décision et qui représente l'élément professionnel, il existe un organe consultatif avec un caractère représentatif.

Il faut distinguer de ce système organisant la séparation entre les éléments distincts qui composent l'organe, celui où il y a réunion de différents éléments de l'organe. S'il s'agit d'un organe à forme collégiale, ce collège se compose en partie de fonctionnaires professionnels et en partie de personnes élues. Dans l'organisation unipersonnelle, cette réunion est réalisée si c'est un même individu qui réunit en lui les deux éléments, représentatif et professionnel, comme cela a lieu par exemple quand des fonctionnaires, nommés pour un temps indéterminé sont ensuite appelés à faire partie d'un conseil local (landrath en Prusse, ou chef de division en Russie).

§ 46

La forme de l'organisation de l'État

« Zwiereff ». Les principes de la classification des États. « Khorkounov ». Le droit constitutionnel russe, 1, 1893, pp. 36 à 73.

L'organisation des institutions publiques offre une grande diversité et cette diversité a son influence sur la structure générale des États. On peut toutefois ramener cette diversité à quelques types principaux ; l'étude de ces types est aussi celle des formes de l'organisation de l'État, autrement dit des formes du gouvernement.

Cette étude a de bonne heure attiré l'attention des savants ; la plus vieille classification des formes du gouvernement est celle qui est fondée sur le nombre des gouvernants.

Si l'administration suprême, dans un État, appartient

à un seul, c'est la monarchie ; si elle appartient à plusieurs c'est l'aristocratie, à tous, c'est la démocratie.

Cette classification très simple se trouve déjà chez Hérodote. De nos jours c'est la classification qui réunit le plus de partisans, même parmi les représentants de l'école moderne, comme Roscher par exemple.

Une pareille classification offre cependant de sérieux inconvénients signalés déjà par Aristote. Ils se manifestent avec une force toute particulière quand on l'applique aux formes très complexes des organisations modernes de l'État.

Tout d'abord, que faut-il entendre par l'expression de gouvernants ? Si l'on désigne de ce nom tous ceux entre les mains desquels est centralisé tout le gouvernement, de telle sorte que tous les autres organes ne font que collaborer avec le gouvernement, la définition qu'on a donné de la monarchie comme étant le gouvernement d'un seul ne peut s'appliquer qu'à une monarchie absolue. Dans une monarchie constitutionnelle, le Parlement ne se borne pas à collaborer avec le monarque et ce n'est pas de lui qu'il reçoit son pouvoir ; il constitue au contraire un organe indépendant qui limite le pouvoir du monarque et qui tire toute sa force du mandat dont le peuple l'a chargé.

Si au contraire l'on entend sous l'expression de gouvernants ceux entre les mains desquels est centralisé non pas tout le gouvernement dans le sens large, mais seulement le pouvoir exécutif, la plupart des républiques qui, de nos jours, ont un chef à la tête du pouvoir exécutif, seront aussi définies par l'expression de monarchies.

La définition, d'autre part, de la démocratie comme le gouvernement de tous ne peut en vérité s'appliquer à aucun état existant. Nulle part la population tout entière ne participe à l'exercice du pouvoir. Dans l'antiquité, la chose pouvait se présenter autrement, puisque, à cette époque, ceux qui étaient privés des droits politiques étaient en même temps privés de tout droit, ce qui était généralement le cas des esclaves. En définissant la démocratie comme le gouvernement de tous, on sous-entendait de tous les hommes libres. Mais dans les États modernes, tout le monde est libre et cependant il n'arrive nulle part que tout le monde participe aux fonctions de la puissance publique. Même là où le suffrage universel est établi en vérité, ce n'est qu'un quart de la population qui jouit du droit de vote ; parmi ceux-là seuls les deux tiers d'inscrits votent ; par conséquent les élections sont à peu près celles du sixième de la population, et comme l'élection se fait à la majorité des voix (4/7 par exemple) les élus se trouvent être les représentants du onzième de la population.

Le nombre des gouvernants est en général un signe tout à fait accidentel. Si l'on se bornait à cette seule indication pour définir les gouvernements on devrait dire que la Russie pendant le règne de Pierre a cessé d'être une monarchie pour devenir une république aristocratique.

Cette erreur à laquelle conduit forcément le nombre des gouvernants considéré comme le seul principe fondamental à appliquer à la classification des formes de gouvernement engendra une erreur en sens contraire ; on voulut trouver pour la classification des États un critérium de nature à expliquer toutes les particularités qui distinguent un État d'un autre. Ainsi Platon ramenait à trois différentes vertus toutes les diverses formes de gouvernement : la sagesse, le courage et la tempérance qui tantôt l'une, tantôt l'autre devaient toujours être les vertus dominantes dans un État déterminé. Aristote distinguait entre les formes de gouvernement celles qu'il appelait régulières et celles qui étaient irrégulières.

Les premières étaient celles où l'intérêt personnel des gouvernants quel qu'il soit est soumis à l'intérêt général de l'État, les secondes, au contraire, sont celles où prédomine l'intérêt personnel des gouvernants.

Montesquieu s'attacha particulièrement à montrer le principe propre à chaque État et il distingue plusieurs principes : la vertu dans la démocratie, la modération dans l'aristocratie, l'honneur dans la monarchie, la crainte dans la tyrannie.

Heerin ramène la distinction des formes du gouvernement aux distinctions établies entre les individus ; si l'on se trouve en présence des esclaves dépouillés de tout droit, c'est un gouvernement tyrannique ; si les individus ne sont investis que de droits civils, c'est une monarchie, enfin nous sommes en présence d'une république si les individus possèdent à la fois les droits civils et les droits politiques. Lorenz, Stein et Mohl ont surtout considéré pour établir la distinction entre les formes de gouvernement les rapports de l'autorité gouvernementale avec, non pas les individus, mais la société.

Toutes ces définitions sont précieuses pour expliquer le caractère de l'activité de l'État. Pour caractériser complètement un État, il est nécessaire assurément d'expliquer les rapports qui existent entre cet État et les principes moraux, les droits subjectifs des citoyens, mais tout cela détermine bien la vie intérieure, la vie sociale, sans pouvoir toutefois servir de base à la distinction des formes de son organisation extérieure.

Tous les États, d'après leur organisation, peuvent être divisés, cela est aujourd'hui unanimement reconnu, en monarchies et en républiques, mais la base de cette distinction n'est pas le nombre des gouvernants, mais leur situation juridique.

Dans la république, toutes les personnes qui détiennent une parcelle de l'autorité ont aussi une part de responsabilité et ceci est vrai qu'il s'agisse du dernier des électeurs ou du président de la république lui-même.

Dans la monarchie, au contraire, il y a un organe irresponsable de l'autorité, c'est le monarque. Cette différence entre la responsabilité qui existe chez le premier et qui fait défaut chez le second, c'est là tout ce qui constitue le caractère distinctif de leurs fonctions. La différence ne consiste pas dans le nombre d'attributions dont ils sont investis. Le président des États-Unis de l'Amérique du Nord a plus de pouvoir que la reine d'Angleterre, mais le président est responsable devant le Congrès, aussi n'est-il pas un monarque. La reine d'Angleterre, au contraire, n'est pas responsable et c'est pourquoi malgré l'étendue très restreinte de ses attributions, elle reste tout de même un monarque.

Le caractère de l'organisation étatique ne peut ne pas être modifié par ce fait qu'un titulaire du pouvoir exerçant son autorité en vertu d'un droit propre et non en vertu d'un mandat est irresponsable. S'il existe dans l'État un sujet irresponsable, quelques-unes des normes juridiques, établies en vue d'assurer l'ordre, deviennent aussitôt privées de sanctions (*leges imperfectæ*) ; elles peuvent conserver une certaine valeur, une certaine force, mais cette force elles la tiendront de la morale ou de l'usage, mais non d'une disposition juridique précise. Aussi dans une république, la nature juridique de l'organisation de l'État produit-elle ses effets d'une façon plus complète que dans une monarchie. Mais, d'un autre côté, la personnification de l'autorité de l'État dans le monarque garantit davantage, comme l'a indiqué Stein, l'indépendance de l'autorité de l'État en face des classes sociales dirigeantes.

Ces deux conditions nous forcent déjà à reconnaître la distinction qui existe entre la monarchie et la répu-

blique comme une distinction fondamentale des formes
de l'organisation de l'Etat. Il faut encore ajouter que le
chef de l'Etat, appelé à représenter l'Etat au dehors et
au dedans, participe plus ou moins à tous les actes accomplis au nom de l'Etat, dans la législation, dans la justice
ou dans le gouvernement. C'est pourquoi l'indépendance
du pouvoir du monarque et son irresponsabilité ont une
certaine influence sur toutes les manifestations du pouvoir dans un Etat. Le principe monarchique exige que
dans l'Etat rien ne se fasse contre et même à l'insu de
la volonté du monarque. C'est en son nom qu'on rend
la justice, c'est lui qui nomme tous les hauts fonctionnaires de la justice et du gouvernement; c'est à lui
qu'appartient le droit de veto, lors du vote de la loi et
sa promulgation. Tous ces pouvoirs, le Président de la
République les possède lui aussi, mais la différence est
énorme ; dans le premier cas les lois sont promulguées
par un monarque irresponsable, dans le second elles le
sont par un fonctionnaire responsable de ses actes devant
le peuple.

De l'irresponsabilité du monarque, dépendent enfin
les particularités essentielles de l'organisation du gouvernement monarchique. Il est possible, et on peut
même citer de ce fait des exemples, que le gouvernement soit aux mains de plusieurs individus irresponsa-
bles. Mais c'est là un fait exceptionnel.

L'exercice d'un pouvoir irresponsable se concilie très
mal en général avec le partage de la puissance publique entre plusieurs individus. Dans une monarchie, par
exemple, nous voyons que tous les efforts du gouvernement tendent vers une forme unipersonnelle. La République au contraire s'adapte mieux à l'organisation collégiale du gouvernement. Elle est plus conforme au but
proposé qui est de soumettre toujours davantage le gouvernement au peuple et si la plupart des républiques

modernes adoptent encore une organisation unipersonnelle, cela s'explique par l'influence des idées monarchiques.

Là, où comme en Suisse, existe depuis longtemps, une organisation républicaine, existe aussi une forme collégiale. De même encore le pouvoir héréditaire est conforme à la monarchie et le pouvoir électif à la république ; seul le pouvoir héréditaire peut être complètement indépendant ; les monarchies électives sont déjà une forme transitoire ; aujourd'hui même elles ont totalement disparu. Même dans ces monarchies électives, le pouvoir du chef de l'Etat était un pouvoir à vie et non pas un pouvoir limité à un certain temps, comme cela existe dans les républiques ; c'est que le pouvoir pour un temps limité conduit fatalement à une dépendance excessive envers les citoyens. Aussi, dans les républiques, le président est-il toujours élu pour un temps déterminé et d'ordinaire pour un temps assez court. Le terme le plus ordinairement employé est quatre ans, aux Etats-Unis par exemple ; le terme le plus long est dix ans ; c'était le terme qu'avait établi la Constitution française de l'an VIII pour les consuls. En France, aujourd'hui, le président est élu pour sept ans.

Ainsi donc l'irresponsabilité du monarque, qui gouverne sans être subordonné à un autre organe et en vertu d'un pouvoir propre, constitue la marque distinctive de l'organisation d'un Etat dans une monarchie et établit la distinction fondamentale entre cette forme de gouvernement et la forme républicaine.

Mais le principe monarchique et le principe républicain sont susceptibles de recevoir des applications plus ou moins complètes.

Les monarchies peuvent affecter des formes différentes suivant que l'autorité de l'Etat est centralisée

entre les mains du monarque et que tous les autres organes du gouvernement n'agissent que d'après ses ordres
ou au contraire suivant qu'il y a d'autres agents, en dehors
du monarque, par exemple le peuple avec ses représentants qui détiennent une parcelle de la puissance publique. Dans le premier cas, quand toute l'autorité est entre
les mains du monarque, c'est la monarchie absolue; dans
le second cas c'est la monarchie constitutionnelle qui se
trouve limitée en partie par la représentation nationale.

La multiplicité des formes du gouvernement républicain ne peut pas reposer sur la combinaison des principes républicains et monarchiques ; s'il existe un pouvoir monarchique, quelque limité qu'il soit, il n'y a pas
place pour la république. Mais les États républicains se
distinguent cependant d'après le degré plus ou moins
avancé de la réalisation du principe républicain, d'après
une plus ou moins grande subordination de tous les
organes à la volonté au peuple. Plus grande est la participation immédiate du peuple au pouvoir de l'État,
moins les institutions, moins les mandataires du peuple
sont indépendants. On distingue donc des républiques
proprement dites et des républiques représentatives.
Une république proprement dite représente une organisation où le peuple participe directement aux fonctions
législatives. Dans les républiques représentatives au
contraire ce droit n'appartient pas au peuple, il est
confié à des représentants et le peuple ne possède que
le droit de nommer des représentants.

§ 47

Le pouvoir et le droit

Ihering. Zweck im Recht. I. 1884, ss., 176 ffs.

Quelle que soit l'organisation d'un État, quelle que

soit la puissance qu'il possède, la conscience humaine tend toujours à soumettre cette puissance à des normes juridiques.

Aux intérêts du pouvoir s'opposent nécessairement les principes du droit. En se soumettant au pouvoir de l'Etat, les citoyens exigent des organes du pouvoir une soumission semblable au droit, parce que quelqu'élevé que soit l'intérêt de l'autorité, cet intérêt ne peut pas cependant anéantir, engloutir les autres intérêts des hommes. En centralisant entre ses mains la force, l'Etat assure par là même à tous les citoyens l'ordre pacifique dans leurs rapports mutuels. En défendant son indépendance internationale et sa puissance extérieure, l'Etat assure en même temps la conservation et le développement de la culture nationale, de la vie sociale du pays. Mais, quelque importante que soit la fonction de l'Etat qui consiste à assurer la conservation et le développement de la société, il existe une foule d'autres intérêts humains, qui peuvent entrer en conflit avec l'intérêt de l'Etat. L'individu qui se considère comme son propre but ne peut pas consentir au sacrifice de tous ses intérêts pour soutenir l'ordre et la paix qui ne sont eux-mêmes à ses propres yeux qu'un moyen pour arriver à son but. C'est pourquoi, tout naturellement, l'individu oppose à l'intérêt du pouvoir ses propres intérêts, il les garde et les défend contre la mainmise de l'Etat. C'est là l'origine des normes juridiques qui délimitent les différents intérêts susceptibles de se heurter, les intérêts de l'Etat d'une part et ceux de l'individu de l'autre. Cette limitation apportée aux droits de l'Etat et qui va se développant sans cesse, en même temps que se développe la vie sociale elle-même apparaît à toutes les époques de l'histoire. Il n'y a aucun gouvernement qui nie l'existence de ces obligations juridiques et plus grand est le développement politique de la société, plus grand aussi est le cercle de ces obligations. Mais comment expliquer cette limitation apportée au pouvoir par le droit?

Pour les partisans du droit naturel, cette question reçoit une solution des plus simples. Certains droits, disent-ils, sont inhérents à l'individu, à sa qualité d'être humain, ils sont indépendants de l'Etat, existent en dehors de lui, absolus et immuables. Par là même, ils échappent à l'action de l'autorité elle-même. Ce sont ces droits qui constituent la base de la limitation qui s'impose au pouvoir; l'existence de ces limites est d'autant plus naturelle que l'autorité de l'Etat repose sur la libre convention des individus.

Mais la question ne peut plus, aujourd'hui que les principes de l'école du droit naturel ne sont plus admis, recevoir la même solution. On accepte aujourd'hui seulement l'existence d'un droit positif créé par le développement historique de la société humaine, et dans lequel l'autorité de l'Etat constitue un des facteurs les plus importants.

Comment alors expliquer la naissance et le développement du droit dans une société, unie précisément par son obéissance commune à l'Etat? Comment ce droit peut-il créer des normes juridiques qui limitent les fonctions et les pouvoirs de l'Etat?

Dans la théorie qui identifie le pouvoir de l'Etat avec sa volonté, dominant tout, la restriction qu'apporte le droit à ce pouvoir ne peut être expliquée que par les considérations d'opportunité ou par l'idée qu'on se fait du but de l'Etat. Si le pouvoir est la volonté qui domine tout et s'il n'y a pas de droit naturel qui puisse limiter cette volonté, on ne peut expliquer les restrictions imposées par le droit à l'activité de l'Etat que comme des limitations que la volonté dominante consent à subir dans un but d'intérêt personnel. C'est l'autolimitation

de l'Etat qui est la source des restrictions constitutionnelles. C'est ainsi que Ihering explique la naissance de
ce droit (1). Pour Ihering, tout droit, d'une manière
générale est créé exclusivement par l'autorité de l'Etat
et n'est que le produit du pouvoir. Il montre tout d'abord
que la conformité au droit est la première condition de
la force politique. La force physique ne peut jamais
avoir une valeur d'une force qui agit conformément à
la raison. La meilleure politique, conclut Ihering, c'est
donc la conformité au droit. Cette conception est très
simple. En effet le pouvoir de l'Etat, en devenant moins
étendu, en se limitant, pour agir conformément au droit,
ne peut que s'affermir, parce que cette restriction rend
plus fort le sentiment du droit dans la société. Il n'y a
pas lieu de douter que le principal appui du pouvoir de
l'Etat n'est qu'un sentiment très développé de la légalité. Le pouvoir, dans un Etat, ne peut jamais s'appuyer
uniquement sur la force physique parce que le gouvernement dans un Etat est toujours la minorité dans une
société. Voilà pourquoi l'appui le plus important du
pouvoir est le sentiment de la légalité ; il pousse les
citoyens à accomplir les ordres du législateur et il garantit l'exécution des ordres de la loi par les citoyens
même dans les cas où ces ordres se heurteront à des
intérêts particuliers. On comprend que ce sentiment de
la légalité soit la force principale du gouvernement, car
il force les sujets à se soumettre volontairement à ses
ordres et aussi il contraint le pouvoir de l'Etat à se renfermer dans des limites déterminées car le pouvoir despotique est une des principales raisons qui empêchent le
développement du sentiment de la légalité.

(1) Die Gewalt gelangt zum Recht nicht als zu etwas ihr Fremdem,
das sie von ausserhalb vom Rechtsgefühl entlehnen und wicht als zu
etwas Höheren, dem sie im Gefühl ihren Inferiorität sich unterordnen
müsste, sondern sie treibt das Recht als Maas ihrer selbst aus sich
heraus (*das Recht als Politik der Gewalt*).

Ce sentiment rend nécessaire pour tous une observation rigoureuse de la loi, surtout pour ceux qui sont à
la tête du pouvoir, pour les organes du gouvernement
particulièrement.

A côté de cette considération qui oblige le pouvoir à
agir conformément aux lois par lesquelles il apporte
des limites à sa liberté d'action, une autre considération
le pousse à agir dans le même sens, c'est l'idée qu'une
organisation régulière est la condition du bon fonctionnement des services de l'Etat. L'organisation régulière
réalise en effet une grande économie de forces et apparaît aussi comme une des bases de la force du pouvoir
dans l'Etat. Or une pareille condition ne se trouve remplie que si la plus rigoureuse égalité est observée par
les organes du pouvoir.

Ainsi, d'après Ihering, il existe deux raisons qui
expliquent l'autolimitation de l'Etat : d'abord parce que
ce pouvoir en se limitant rend plus fort le sentiment de
légalité qui est la source principale dont il tire sa force
et parce que les normes juridiques étant reconnues
obligatoires non-seulement pour les citoyens mais aussi
pour les organes eux-mêmes du pouvoir, le pouvoir de
l'Etat reçoit par là une organisation régulière et réalise
une économie de forces.

Les développements de Ihering renferment évidemment une grande part de vérité. Les représentants du
pouvoir, s'ils sont avisés et s'ils comprennent la situation qui leur est faite limitent assurément leur pouvoir
dans leur intérêt personnel et dans le but de consolider
leur autorité. Mais tout cela n'explique pas encore que
toutes les limitations imposées au pouvoir pour l'organisation juridique de l'Etat soient les conséquences d'une
autolimitation consciente du pouvoir et qu'elles soient
prises uniquement dans l'intérêt uniquement personnel.
Cela contredit tout d'abord la doctrine exposée par

Ihering lui-même et d'après laquelle le développement
du droit ne suit pas une marche méthodique et pacifique, mais se présente comme une conséquence de la
lutte entre les intérêts. Si donc le droit est le résultat de
la lutte entre les intérêts contradictoires, il ne peut pas
être une simple autolimitation subie par le pouvoir.
L'histoire du développement de l'ordre constitutionnel
prouve en effet qu'il est très rare que le gouvernement
consente à se soumettre à la discipline du droit de son
plein gré et spontanément sauf dans des cas très rares
et tout à fait exceptionnels.

Dans la plupart des cas, les restrictions apportées au
pouvoir par le droit sont le résultat d'une lutte acharnée
entre les différents éléments de la société. En tous cas,
ces restrictions ne sont pas imposées uniquement par
des considérations d'opportunité et par conséquent elles
ne présentent pas quelque chose de facultatif mais au
contraire quelque chose d'obligatoire, de forcé, elles
se produisent indépendamment de l'opinion des différents organes du pouvoir.

Notre conception du pouvoir envisagé non comme
force qui a sa source dans la volonté du gouvernant,
mais bien plutôt dans la conscience de la dépendance
dont sont pénétrés les sujets nous fournit une explication plus satisfaisante des restrictions apportées au pouvoir par le droit ; elle explique cette restriction comme
un fait objectif indépendant des calculs réfléchis d'opportunité de la part des organes mêmes du pouvoir.

Si le pouvoir s'appuie sur la conscience qu'ont les
sujets de leur dépendance, cela suffit pour déterminer
la nature des actes du pouvoir et les conditions de leur
réalisation ; ces actes ne peuvent pas être déterminés
exclusivement par la volonté de celui qui gouverne.
Pour qu'un organe du pouvoir puisse tirer sa force de
la notion de dépendance dont sont pénétrés les citoyens

vis-à-vis de l'Etat, il est nécessaire que les actes de cet organe correspondent d'une certaine manière à l'idée qu'ont les citoyens de l'Etat, de ses rapports avec le droit, de la liberté individuelle et sociale. Le pouvoir de l'Etat n'existe que dans la mesure où son existence est acceptée par la conscience des citoyens et c'est pourquoi de la notion qu'ont les individus de la liberté individuelle ou sociale découle une restriction correspondante à la puissance de l'Etat.

Ainsi la limitation du pouvoir par le droit est créée non-seulement parce que les représentants du pouvoir, en hommes avisés limitent ce pouvoir par le droit des citoyens, mais aussi et surtout parce que l'idée qu'ont les citoyens de leur dépendance n'est jamais illimitée et qu'avec le développement de la vie sociale, avec la création, à côté de l'Etat d'une foule d'autres sociétés, avec le progrès des relations internationales, cette notion devient de plus en plus restreinte.

Le pouvoir que possède l'Etat sur nous et la limitation apportée à ce pouvoir par le droit ont une base commune, qui est la notion que nous avons de notre dépendance vis-à-vis de l'Etat, et aussi la conscience que nous avons qu'il existe toute une catégorie d'intérêts, opposés aux intérêts du pouvoir qui exigent une limitation déterminée, apportée à l'activité de l'Etat.

§ 48

La collaboration et la combinaison des pouvoirs

« Worochiloff ». La séparation des pouvoirs, 1874. « Fuzier-Hermann ». La séparation des pouvoirs. « Khorkounov », Les décrets et la loi, 1894, p. 193 et 227.

Les hommes ne se reconnaissent pas subordonnés à l'Etat d'une façon illimitée et absolue et c'est pourquoi en acceptant la nécessité de cette subordination reconnaissent-ils en même temps que les organes du pouvoir sont eux aussi obligés de se conformer aux normes juridiques qui règlent les rapports entre les intérêts du pouvoir et ceux des individus.

Telle est la base générale et essentielle sur laquelle repose la limitation apportée par le droit au pouvoir de l'Etat. Mais même dans un Etat peu étendu il existe de si nombreuses et si complexes institutions que cette notion seule de la nécessité de cette limitation n'est pas suffisante pour qu'en réalité tous les actes du pouvoir s'accomplissent conformément aux prescriptions légales. Il faut en outre pour cela disposer les organes du pouvoir de façon à rendre difficile sinon impossibles les empiétements sur le domaine du droit.

C'est seulement de nos jours, avec les théories politiques sur les rapports de l'Etat et de l'individu qu'on a étudié cette question.

Montesquieu s'en est occupé et dans sa fameuse théorie de la séparation des pouvoirs a indiqué cette séparation comme l'unique moyen pour garantir la liberté. Cette théorie se trouve au livre XI de « L'esprit des Lois » (1748) qui a pour titre : Des lois sur la liberté politique considérée dans les rapports avec la constitution.

Les différents Etats, dit Montesquieu, poursuivent des buts différents. Rome poursuit l'agrandissement de son territoire, Sparte la guerre ; la Judée est toute entière à la religion, Marseille au commerce, la Chine à la paix, Rhodes à la navigation, les peuples sauvages recherchent encore la liberté naturelle ; les Etats despotiques sont livrés au bon plaisir du souverain, la monarchie poursuit la gloire, la Pologne recherche l'indépendance pour chacun de ses citoyens et aboutit à la servitude commune.

Enfin il existe de par le monde un peuple dont tous les efforts tendent vers un seul but qui est la liberté politique ; ce peuple c'est le peuple anglais. L'organisation de ce peuple est assurément celle qui touche de plus près à la liberté.

Dans tout État, il y a trois pouvoirs : 1) la puissance législative ; 2) la puissance exécutive pour ce qui concerne les relations internationales et 3) la puissance exécutive pour ce qui concerne les relations du droit privé.

Le premier de ces pouvoirs est celui qui édicte des lois soit des lois transitoires, soit des lois définitives ; le second déclare la guerre ou la paix, envoie des ambassadeurs, repousse les invasions ; le troisième enfin poursuit les auteurs des crimes et délits, tranche les procès, c'est le pouvoir judiciaire.

Si le même individu ou la même institution réunit à la fois les deux pouvoirs législatif et exécutif, la liberté n'existe plus, car on peut craindre alors que la même personne promulguera des lois tyranniques qu'elle exécutera tyranniquement. La liberté n'existe pas davantage si le pouvoir judiciaire n'est pas séparé du pouvoir législatif ou du pouvoir exécutif ; s'il en était autrement, en effet, les droits sur la vie et sur la liberté des citoyens seraient arbitraires puisque le juge serait en même temps le législateur. Si le pouvoir exécutif était réuni au pouvoir judiciaire, le juge facilement deviendrait un oppresseur.

Enfin, toute liberté disparaîtrait, si les trois pouvoirs étaient aux mains du même individu ou si la même personne les possédait tous les trois. Un tel gouvernement aurait pour exécuter les lois un pouvoir aussi complet que pour les faire.

Il pourrait ruiner l'État à son gré par ses volontés générales et, possédant aussi le pouvoir judiciaire, il pourrait poursuivre et faire condamner chaque citoyen par ses volontés particulières.

Tous ceux qui ont le pouvoir, cherchent à en abuser, ils cherchent toujours à l'accroître autant qu'il leur est possible. Aussi pour écarter l'arbitraire, est-il nécessaire de confier l'exercice de la puissance publique à plusieurs pouvoirs, afin que le pouvoir arrête le pouvoir. Le pouvoir judiciaire ne doit pas être donné à un corps permanent, mais il doit être laissé à des individus choisis par le peuple et appelé à occuper ce poste d'une façon temporaire.

Et c'est ainsi que ce pouvoir, si terrible, n'étant dévolu ni à une classe, ni à une profession déterminée, devient comme invisible et comme nul ; ce ne sont pas les juges qu'on a présents à l'esprit et l'on ne redoute que le jugement et non les juges. Les deux autres pouvoirs au contraire peuvent être donnés à des corps permanents puisqu'ils ne sont pas en relation directe avec les individus.

Dans un État libre, chaque homme étant libre doit se gouverner lui-même et par suite le pouvoir législatif devrait appartenir à tout le peuple; mais dans les grands États c'est là une chose impossible, et dans les petits, cette façon de gouverner offre trop d'inconvénients. Il faut donc nécessairement que le peuple agisse par des représentants.

Dans chaque État certains hommes se distinguent des autres, soit par la naissance, soit par la richesse, soit par la gloire.

S'ils étaient confondus avec la masse de la population et s'ils n'avaient comme les autres que l'autorité de leur vote, la liberté serait pour eux l'esclavage et ils n'auraient aucun intérêt à la défendre. Leur participation au pouvoir législatif doit être proportionnelle aux prérogatives qu'ils ont dans l'État, mais il n'en sera

ainsi que s'ils forment une Chambre distincte possédant
le droit d'arrêter les décisions prises par la Chambre
des représentants et cette dernière Chambre doit avoir
le même pouvoir vis-à-vis de la Chambre précédente.

Ainsi le pouvoir législatif doit être confié à la fois à
deux Chambres distinctes : la Chambre des Seigneurs et
la Chambre des Représentants du peuple. Cette organisation présente encore un autre avantage : puisque le
pouvoir judiciaire, n'ayant pas de représentant permanent, peut être considéré comme nul, il ne reste plus en
présence que deux pouvoirs, le législatif et l'exécutif et
ces deux pouvoirs ont besoin d'un troisième pouvoir,
un pouvoir modérateur qui les modère l'un et l'autre.

C'est la Chambre des Seigneurs qui remplira le rôle
de ce troisième pouvoir, et le pouvoir exécutif sera confié au monarque, car ce pouvoir exige une action
prompte et il est préférable qu'il soit confié à un seul
plutôt qu'à plusieurs.

La théorie de Montesquieu devint très vite populaire.
Elle reçut de nombreuses applications et servit de principe directeur aux constitutions américaines et européen-
nes qui furent faites à la fin du xviiie siècle et au commencement du xixe siècle.

Mais on en arriva bientôt à douter de l'exactitude de
la théorie de Montesquieu et une étude plus approfondie
de la constitution anglaise démontra que cette séparation rigoureuse des trois pouvoirs que Montesquieu
avait cru y découvrir en réalité ne s'y trouvait pas.

Le parlement anglais, en réalité, ne se borne pas à la
fonction législative, il étend son influence sur tout le
gouvernement.

Différentes tentatives furent alors faites pour corriger
la doctrine de Montesquieu et parmi ces tentatives, il
faut citer celles de Benjamin Constant et de Hegel.

Benjamin Constant croit que seuls les ministres sont

l'organe du pouvoir exécutif et que le roi n'a qu'un pouvoir modérateur (1).

Le roi occupe une place particulière au-dessus de tous les partis et il n'a d'autre intérêt que celui de maintenir l'ordre et la liberté égale pour tous. La haute situation du monarque doit lui inspirer un ardent désir de la paix ; il plane, pourrait-on dire, au-dessus des passions humaines et le chef-d'œuvre de l'organisation politique consiste précisément en ce que, parmi les discordes et au-dessus d'elles, il se crée une sphère inviolable de paix, de grandeur et d'impartialité qui permet à toutes les querelles de se terminer pratiquement, ou au contraire de les arrêter à temps par des moyens légaux. Si le danger est causé par les ministres, le roi a le droit de les révoquer ; si c'est la Chambre héréditaire qui menace le pouvoir, par sa résistance obstinée, alors le roi nomme de nouveaux pairs ; si c'est la Chambre des communes, alors le roi peut la dissoudre. Contre l'injustice, enfin, que pourrait commettre le pouvoir judiciaire, le roi possède le droit de grâce.

Hegel, de même que B. Constant, considère le roi comme un pouvoir distinct et croit que les pouvoirs judiciaire et exécutif ne sont que des subdivisions d'un seul pouvoir. Il distingue donc deux pouvoirs seulement en dehors de celui du roi : le pouvoir de déterminer les principes généraux ou le pouvoir législatif et le pouvoir de ramener les cas particuliers à la règle générale, le pouvoir du gouvernement qui est à la fois celui de la justice et celui de l'administration (2).

On ne peut guère accepter cependant les différentes tentatives qui ont été faites pour modifier la théorie de Montesquieu.

(1) Benj. Constant, *Principes de politique*, 1875, chap. II.
(2) Hegel, *Grundlinien der Philosophie des Rechts*, § 273 und ff.

On ne peut pas accepter tout d'abord la nécessité de réunir en un seul pouvoir les deux pouvoirs législatif et judiciaire.

Le développement historique de la vie sociale nous fournit la preuve que le pouvoir judiciaire ne peut pas être considéré comme une branche particulière du pouvoir exécutif. Le pouvoir judiciaire se sépare du pouvoir exécutif avant le, pouvoir législatif lui-même et l'on pourrait plutôt considérer, en se plaçant au point de vue de l'histoire, les pouvoirs législatifs et exécutifs comme deux branches de l'unique pouvoir du gouvernement ; la délimitation entre les fonctions législatives et les fonctions exécutives est beaucoup moins rigoureuse que celle qui existe entre le pouvoir judiciaire et les pouvoirs législatif et exécutif. Le pouvoir législatif laisse assez souvent le soin au pouvoir exécutif d'accomplir à sa place certains actes législatifs; presque jamais un tel soin n'est confié au pouvoir judiciaire.

Le caractère même des fonctions offre plus de ressemblances entre le pouvoir législatif et le pouvoir exécutif qu'entre ce pouvoir et le pouvoir judiciaire La loi, de même que l'exécution de la loi envisage l'avenir ; l'une et l'autre vont créer quelque chose de nouveau et présentent un caractère créateur. Le pouvoir judiciaire au contraire joue un rôle dans le passé ; il ne crée rien de nouveau, il protège seulement un droit déjà existant. Aussi le caractère de l'activité judiciaire est-il essentiellement conservateur. La justice, dans son activité, se guide exclusivement sur les principes du droit, la législation et le pouvoir exécutif au contraire se guident principalement sur les principes d'opportunité ; le droit ne leur sert que de limite extérieure et non pas de principe pour fixer le rôle intérieur de leur activité.

Cette distinction entre les fonctions exerce aussi une

certaine influence sur l'organisation des institutions chargées de les appliquer.

L'organisation des institutions législatives et des institutions exécutives présente entre elles beaucoup plus de ressemblances que n'en offrent les institutions exécutives et judiciaires comparées ensemble. Les institutions judiciaires reposent entièrement sur le principe de leur indépendance tant vis-à-vis de la société que du gouvernement; c'est en effet à cette condition seulement que la justice peut être librement rendue et qu'elle peut appliquer les principes du droit. L'organisation des institutions législatives et exécutives repose sur des principes différents ; la représentation nationale et l'autonomie locale les subordonnent à l'action constante de la société.

La responsabilité ministérielle subordonne le pouvoir exécutif au pouvoir législatif; enfin toutes l'organisation des institutions administratives repose sur le principe du contrôle hiérarchique des différents organes administratifs. Le pouvoir inférieur agit toujours d'après les indications du pouvoir supérieur. Les institutions judiciaires, au contraire, même en première instance rendent toujours la justice d'une façon absolument indépendante et sans recevoir l'ordre de personne.

Le pouvoir judiciaire offre des caractères tellement distincts, qu'on a été conduit à créer une science spéciale dont l'objet est l'étude de la procédure et de l'organisation judiciaire.

L'étude, au contraire, de l'organisation des pouvoirs législatif et exécutif présente deux matières qui ont toujours été étudiées ensemble et qui constituent la matière d'une même science, celle du droit constitutionnel.

Compléter la théorie de Montesquieu en y ajoutant un pouvoir particulier, pouvoir modérateur, cela équivaut à peu près à une négation absolue de la théorie de

Montesquieu qui propose de modérer le pouvoir de l'État par la distribution des différentes fonctions entre les différentes institutions. Montesquieu affirme que c'est précisément la séparation des pouvoirs qui sauvegarde la liberté sans troubler l'harmonie dans les rapports sociaux ; il n'y a donc pas besoin, d'après lui, d'une fonction particulière qui tempère et unit les autres. L'harmonie dans le pouvoir, d'après Montesquieu, est le résultat d'une distribution convenable entre les différents pouvoirs et se demander si l'existence d'une fonction modératrice du pouvoir est utile, cela équivaut à se demander si la théorie de Montesquieu est bonne ou mauvaise.

Depuis Montesquieu on a pris en effet l'habitude de professer et d'enseigner que la séparation des pouvoirs, la distribution des fonctions que comporte l'exercice de la puissance publique entre plusieurs titulaires constitue réellement la garantie la plus sûre pour la liberté des particuliers.

Déjà Montesquieu donna à sa théorie une formule catégorique en affirmant que seule la séparation des trois pouvoirs et d'après les principes exposés pour lui peuvent garantir la liberté. Ses successeurs sont allés plus loin. Faisant reposer cette séparation sur une base philosophique, contrairement à Montesquieu qui lui donnait une expression concrète, ils la déclarent absolue, nécessaire. Ces diverses tentatives de scinder le pouvoir sont fausses ; les éléments de la puissance publique ne peuvent pas être ramenés à un principe absolu et immuable. Les éléments qui constituent le pouvoir se forment et se développent peu à peu en même temps que la vie sociale elle-même. Ils ne sont pas le démembrement d'une notion abstraite du pouvoir, mais ils constituent la différenciation de ce pouvoir envisagé comme un phénomène concret. Les trois pouvoirs que distingue Montesquieu ne sont pas un attribut indispensable de tout Etat.

Du temps où toute la vie juridique était réglée par la coutume le pouvoir le législatif n'existait pas, l'Etat ne remplissait pas cette fonction. Le pouvoir législatif apparaît seulement plus tard, avec le développement de l'Etat. Mais le développement de l'Etat ne s'arrête point à la division des pouvoirs en trois fonctions. Plus grande devient l'activité de l'Etat, plus compliqué devient son rôle, plus variées aussi sont les formes de son pouvoir, ses éléments et ses fonctions. Autrefois le pouvoir de l'Etat ne s'exprimait point par des règles générales ; aujourd'hui ce même pouvoir ne se contente plus d'une seule forme de généralisation, plusieurs lui sont nécessaires et il emploie à cet effet des constitutions, des lois et des décrets.

Si avec le développement de l'Etat, se développent aussi les fonctions même du pouvoir de l'Etat on ne peut pas assurément faire dépendre la garantie de la liberté d'une certaine division des fonctions du pouvoir. La liberté est garantie non plus par telle ou telle distribution entre ces fonctions, mais par la distribution entre différentes institutions des fonctions du pouvoir. Ces distributions peuvent varier d'un moment à l'autre.

Ce ne sont point des rectifications de détail, mais au contraire cette observation générale que réclame la théorie de Montesquieu, pour devenir une théorie capable d'expliquer vraiment toutes les formes de la distribution des fonctions du pouvoir entre les différentes organes.

Montesquieu présente sa théorie d'une façon telle que la limitation réciproque des organes du pouvoir ne semble possible que si l'on distribue entre eux les différentes fonctions des pouvoirs, et il ne peut s'agir

Khorkounov   27

d'autres fonctions que des fonctions législative, exécutive et judiciaire.

On ne peut pas, tout d'abord, admettre que cette
modération réciproque des organes du pouvoir destinée
à garantir la liberté de tous soit vraiment la conséquence d'une sage distribution de différentes fonctions
entre les organes du pouvoir. Pourquoi en effet la modération réciproque des organes du pouvoir garantit-elle
la liberté? Parce que, dit Montesquieu, tous ceux qui
détiennent le pouvoir, sont tentés d'en abuser; pour
qu'on ne puisse pas abuser du pouvoir, il faut qu'un
pouvoir arrête l'autre. Mais l'abus de pouvoir consiste
en ce que l'organe de ce pouvoir accomplit sa fonction
non point dans un intérêt général, dans celui de l'Etat,
mais dans son intérêt personnel. Avec une semblable
réalisation des fonctions du pouvoir la dépendance vis-
à-vis de l'Etat se transforme en une dépendance personnelle vis-à-vis des organes du pouvoir et la liberté des
citoyens n'est plus alors respectée, puisqu'ils dépendent
non plus des conditions objectives de la vie sociale,
mais de la volonté subjective des différents organes du
pouvoir qui se servent, dans leur intérêt personnel, de
la toute puissance de l'Etat.

Il est impossible de faire disparaître, d'une façon
absolue, de pareils abus. Les actes du pouvoir ne peuvent s'accomplir autrement qu'au moyen d'organes,
composés d'hommes qui ne sont jamais au-dessus de
leurs passions, de leurs aspirations ou de leurs intérêts.
Aussi le choc entre les intérêts personnels et les intérêts
généraux de l'Etat est-il toujours inévitable et il est toujours à craindre que les intérêts personnels étant les
plus vifs, étant ceux qui ont une influence immédiate
sur les hommes, il est à craindre, dis-je, que ces intérêts
l'emportent sur ceux de l'Etat, plus lointains et plus
abstraits.

Il est impossible de modifier la nature humaine et d'arracher de l'âme humaine les passions et les intérêts. Il faut donc chercher la garantie des intérêts généraux de l'Etat dans une organisation telle que les différentes aspirations des hommes arrivent elles-mêmes à se neutraliser.

On atteindra ce but si les différentes fonctions du pouvoir sont confiées non à un seul individu, mais à plusieurs; de telle sorte qu'aucun acte important du pouvoir ne dépende exclusivement de la volonté d'un seul.

Chez plusieurs individus, les intérêts personnels sont d'ordinaire différents et c'est pourquoi ces individus, recherchant chacun de leur côté la réalisation de leurs intérêts en arrivent promptement à se heurter et affaiblissent ainsi l'influence de ces intérêts qui peu à peu s'anéantissent par leur contradiction réciproque.

Les intérêts généraux de l'Etat seront égaux chez tous et confiés à plusieurs ils ne sont point paralysés, ils s'affranchissent au contraire de l'influence des intérêts particuliers.

Un tel résultat n'est pas atteint seulement en confiant les différentes fonctions du pouvoir à différents organes, mais en confiant la même fonction à différents organes à la fois. Ce ne sont pas seulement les organes législatif, judiciaire et gouvernemental qui se modèrent les uns les autres, mais aussi deux consuls romains, jouissant également des mêmes pouvoirs, se limitent réciproquement dans l'usage de leurs droits. Chacun d'eux, précisément parce qu'il possède un pouvoir égal à celui de son collègue, peut arrêter les ordres et les actes de l'autre, et quoique tous les deux accomplissent la même fonction, il existe entre eux une séparation des pouvoirs qui engendre une limitation réciproque.

C'est au fond le même principe qu'on retrouve dans les organisations modernes où il existe deux Chambres, avec cette différence toutefois que la décision prise par une Chambre n'est en aucun cas suffisante et qu'il faut un consentement, une entente entre les deux Chambres.

Dans tous les exemples que nous avons cités, la même fonction est accomplie par plusieurs organes à la fois et tous ces organes possèdent une égale autorité ; il n'existe pas entre eux de lien de subordination. Il peut arriver cependant que les différents organes qui accomplissent une même fonction soient subordonnés l'un à l'autre : c'est ce qui se présente dans les cas d'*instances*; les instances supérieures peuvent arrêter les actes des instances inférieures, la réciproque n'est pas vraie et il est à remarquer que l'action de ces instances n'est pas simultanée mais successive. Naturellement les différentes instances, douées elles aussi d'un pouvoir plus ou moins grand, mais possédant une égale compétence, modèrent ainsi réciproquement leur activité.

Ainsi donc la modération réciproque entre les différents organes du pouvoir, dans un État, est atteinte non seulement en confiant ces fonctions à plusieurs organes, mais aussi en confiant une seule de ces fonctions à plusieurs organes. Il existe cependant encore d'autres moyens pour modérer les volontés qui dirigent l'action du pouvoir de l'État.

Les organes du pouvoir sont, d'ordinaire, représentés par des institutions composées de plusieurs personnes ; même dans l'organisation unipersonnelle des institutions ce n'est ordinairement que le pouvoir de décision proprement dit qui appartient à un seul indidivu ; il est aidé par plusieurs autres personnes chargées de coopérer à ces fonctions.

L'organe de décision est ainsi entouré d'organes consultatifs, référendaires, executifs qui sont toujours composés de plusieurs personnes.

L'influence qu'exerce chaque personne en particulier sur l'institution elle-même dépend autant de son organisation (collégiale ou unipersonnelle) que de la procédure adoptée pour l'expédition des affaires.

Cette influence dépend aussi de la façon dont les questions sont votées : à l'unanimité, ou à la majorité, à la majorité absolue ou relative, simple ou qualifiée, au scrutin public ou au scrutin secret. Les mêmes affaires peuvent être résolues différemment au sein d'un même Conseil, suivant qu'on applique tel ou tel procédé dans l'expédition de ces affaires. De même les différentes façons dont participent tous ces organes, organes de coopération, organes consultatifs ou référendaires ont également une certaine influence sur le caractère de la résolution que prend l'organe chargé de la décision. En Russie par exemple quoique toutes les affaires de l'administration suprême doivent être résolues par le monarque, en réalité, cependant, il importe beaucoup pour la solution qui sera donnée à l'affaire de savoir comment elle aura été instruite si c'est le conseil d'Etat, ou le conseil des ministres ou tel ministre.

Donc des procédures différentes appliquées par les mêmes organes peuvent exercer une influence sur la solution donnée à une question déterminée. La mise en mouvement d'une procédure déterminée favorise la manifestation de la volonté de tel ou tel autre agent. Eh bien ! c'est justement dans cette influence de la procédure sur l'orientation de l'activité de l'organe administratif qu'il faut chercher des garanties d'impartialité ; la procédure administrative et gouvernementale mettant en mouvement des personnes différentes, les obligeant à se conformer à des règles précises, rend leur volonté impersonnelle, impartiale. Il y a aussi une certaine séparation des pouvoirs, et cette séparation n'existe plus entre différentes institutions, mais dans le même organe entre les différents aspects de son activité. Une pareille séparation des pouvoirs dans le même organe et ayant pour but de limiter l'action du pouvoir existe par exemple dans le cas où c'est le même organe, mais en suivant une procédure diverse, qui est chargé de faire des lois constitutionnelles et des lois ordinaires. On ne peut pas dire que dans la circonstance l'omnipotence parlementaire ait subi une atteinte : la révision constitutionnelle n'est pas confiée à un organe distinct. Toutefois les modifications aux lois constitutionnelles sont rendues plus difficiles par cela même qu'il existe une certaine limite de l'activité législative du parlement.

Le même caractère existe aussi sous le régime d'une monarchie absolue quand on adopte pour la promulgation des lois une procédure particulière distincte de celle qui est suivie pour la promulgation des décrets de l'empereur. Le monarque absolu est omnipotent, tout comme le parlement investi d'un pouvoir constituant. Mais si seuls les décrets de l'empereur revêtus de certaine forme ont force de loi, le pouvoir du monarque n'en est pas moins limité dans une certaine mesure ; le conseil consultatif par exemple qui l'assiste doit être entendu avant la promulgation de la loi.

Le pouvoir de l'Etat peut donc être limité de trois façons différentes et non pas seulement par la séparation des pouvoirs. Il peut être limité d'abord par la distribution des différentes fonctions entre différents organes, puis par l'exécution d'une seule fonction par plusieurs organes, enfin par celle de plusieurs fonctions par un même organe, mais statuant dans des conditions de procédure différentes.

Toutes ces formes, pour limiter le pouvoir peuvent se ramener à une seule conception, celle de la combinaison et de la collaboration des pouvoirs. La modération réciproque apportée dans les actes du pouvoir aboutit toujours à la combinaison du pouvoir dans une quelconque des trois formes que nous venons d'indiquer.

Ces différentes formes n'apportent pas la même modération à toutes les forces qui constituent le pouvoir de l'Etat. Cette modération apparaît surtout dans l'exécution d'une même fonction par plusieurs organes. Dans ce cas chaque organe a un pouvoir absolument égal à l'organe voisin et chaque acte qu'il crée peut être entravé par un acte de l'autre organe. Quand les différentes fonctions sont exécutées par différents organes, alors leur modération réciproque présente un caractère moins direct. Chaque organe, dans l'exécution de sa fonction, est absolument libre et indépendant et leur modération réciproque n'est qu'indirecte et est causée par ce fait qu'ils dépendent les uns des autres pour les fonctions dont ils sont chargés. Ainsi, par exemple, quand le pouvoir législatif est séparé du pouvoir exécutif, le pouvoir exécutif ne reçoit de limites que dans la mesure où il dépend du pouvoir législatif. Dans l'accomplissement de ses pouvoirs discrétionnaires, le pouvoir exécutif ne reçoit aucune limitation.

Cette modération réciproque est encore beaucoup moins grande lorsque c'est le même organe qui est chargé de différentes fonctions qui s'exercent chacune suivant une procédure particulière ; dans ce cas, cette modération n'agit pas sous la forme d'une opposition entre deux volontés absolument indépendantes, mais sous celle d'une influence mutuelle et ces deux peuvent ne pas être égales et être subordonnées l'une à l'autre, l'une étant chargée de la décision, l'autre de la coopération.

Les trois formes que nous avons indiquées de la combinaison du pouvoir peuvent aussi être unies l'une à l'autre et former de nouvelles combinaisons qui créeront une plus grande variété dans les fonctions des différents organes.

Les fonctions du pouvoir peuvent être réparties de plusieurs façons entre les différents organes, et de même aussi dans un même organe peuvent être accomplies plusieurs fonctions. Ce que nous disons là est en contradiction avec la spécialisation de l'activité des divers organes, mais cela n'affaiblit pas la limitation réciproque qu'ils subissent respectivement. Nous avons déjà montré que la combinaison des pouvoirs est un principe tout à fait opposé à celui de la division du travail. C'est pourquoi ce mode d'activité ne suppose pas nécessairement la spécialisation des organes du pouvoir et chaque organe peut ne pas accomplir des fonctions toujours identiques les unes aux autres. La combinaison complexe des pouvoirs ne suppose que la division des divers actes du pouvoir en ses éléments intégrants et l'accomplissement des différents éléments du même acte par différents organes se modérant les uns les autres. Il est possible que le même organe accomplisse en différents cas différentes fonctions. Si, par exemple, un organe législatif a le droit de sanction vis-à-vis du budget et celui d'engager la responsabilité du ministre, ses fonctions deviennent tout naturellement très diverses et la spécialisation devient moindre, mais les cas où ces différents organes du pouvoir se modèrent les uns les autres deviennent de plus en plus nombreux, parce que l'accord entre les deux pouvoirs, législatif et exécutif, devient plus nécessaire et plus permanent. Nous en dirons autant en ce qui concerne la part que prend le chef du pouvoir exécutif à la confection des lois, lorsqu'il possède le droit de veto. Ses fonctions deviennent alors plus variées, mais le pouvoir de modération réciproque entre les organes législatif et exécutif va s'élargissant davantage.

Ainsi quand on élève le principe de la séparation des pouvoirs jusqu'au principe plus général de la combinaison des pouvoirs, les actes de la vie politique, incompatibles avec le principe de la séparation des pouvoirs, s'expliquent tout naturellement par le principe plus général de la combinaison et de la collaboration des pouvoirs.

Il n'existe aucun État dans lequel les trois pouvoirs, exécutif, législatif et judiciaire, soient rigoureusement séparés les uns des autres. Même dans les États dont les Constitutions proclament une séparation absolue de ces pouvoirs, en réalité cette séparation n'a pas pu être réalisée. Le pouvoir exécutif ne se contente pas d'appliquer la loi, mais il crée lui-même des règles générales, des normes juridiques. Les organes législatifs ne promulguent pas seulement des lois dans le sens ordinaire du mot, mais elles édictent aussi des ordres administratifs, sous forme d'actes législatifs, et par là elles empiètent un peu sur le terrain administratif. Tous ces faits contredisent absolument le principe de la séparation des trois pouvoirs ; le principe général de la combinaison des pouvoirs les explique au contraire très naturellement, comme des cas spéciaux des différentes manifestations de la collaboration des pouvoirs.

LIVRE IV

Le Droit positif

CHAPITRE PREMIER

LES SOURCES DU DROIT POSITIF

§ 49

L'Idée du droit positif

L'union permanente qui existe entre les hommes nous conduit à rendre objective notre conception du droit. Les normes juridiques, primitivement élaborées par la conscience subjective, prennent sous l'influence des conditions de la vie sociale une expression objective dans les coutumes, résultat de la pratique juridique et dans la loi, organe du pouvoir gouvernemental. Toutes ces formes extérieures du droit ne dépendent pas de son existence de la conscience subjective. Les coutumes, la pratique judiciaire, la législation se présentent à notre conscience comme quelque chose d'objectif, d'indépendant de nous et de notre conscience. Les changements eux-mêmes qui surviennent dans les coutumes, dans la loi, et qui constituent les différents phénomènes de la vie sociale, ces changements ne s'accom-

plissent pas selon les lois des phénomènes de l'esprit,
mais selon des lois particulières à la vie sociale. Toutefois la conception subjective du droit n'est pas détruite
par les coutumes, par la pratique judiciaire ou par la
loi. Cette conception continue à se développer, comme
une manifestation nécessaire de la vie individuelle psychique et, comme elle est plus mobile et plus soumise à
ses propres lois, elle ne peut guère ne pas présenter de
différences avec le droit qu'expriment les formes objectives.

D'où la division du droit en deux parties : les normes
juridiques d'une part exprimées sous formes de coutumes, de lois, constituant le droit positif et le droit
considéré d'autre part sous sa forme subjective et qui
se développe librement.

Cette division existe non seulement dans le droit,
mais dans l'activité humaine toute entière, sous l'influence des conditions de la vie sociale. Sans doute,
malgré les conditions subjectives de l'activité humaine,
malgré les qualités individuelles, le savoir et l'expérience, la vie intellectuelle et sociale va se développant
toujours davantage. Elle s'accroît sans cesse du travail
des générations antérieures et qu'on peut considérer
comme le capital de l'activité humaine. Mais toute cette
culture, ainsi accrue, ne peut annihiler l'influence de
l'individu et c'est en même temps une garantie pour le
développement de l'espèce. Une activité féconde n'est
possible que si elle est conforme à cette culture sociale
qui s'est élaborée lentement, mais le facteur créateur
reste toujours l'individu. Cette culture sociale, c'est
comme un capital, fruit du travail, impuissant à produire
des valeurs nouvelles si le travail ne lui vient pas en
aide. Aussi le développement de la vie humaine
dépend-il des conditions subjectives.

Le droit positif n'est qu'un élément de cette culture

sociale et comme chaque état social n'est qu'un héritage des générations passées, il en résulte qu'il ne peut ni détruire ni remplacer la conception subjective du droit, née des besoins immédiats de la vie présente et de laquelle dépend le développement du droit positif lui-même. Imaginer une vie juridique qui serait déterminée par le droit positif seul sans aucune participation de la conception subjective, c'est quelque chose d'aussi impossible que d'imaginer une religion sans qu'il existe de sentiment religieux, une morale sans la conscience du devoir moral ou une nation sans une activité productrice individuelle.

Le droit positif dépend nécessairement de la conception subjective du droit, mais en même temps, comme il consiste en un héritage du passé, il ne peut jamais être en corrélation parfaite avec la conception subjective du droit de la génération présente. Dans le droit positif, il y a toujours un élément déjà vieilli, qui ne répond plus aux besoins modernes, aux conceptions modernes de la justice. Et c'est la raison pour laquelle le droit positif a été considéré parfois comme une maladie héréditaire de la société humaine (1). En tous les cas, la soumission des rapports humains aux normes du droit positif est quelque chose de vexatoire et entrave un peu le libre développement de la vie sociale.

De telles considérations, sur le droit positif, sont cependant mélangées à d'autres, beaucoup plus favorables.

Tout d'abord le droit positif offre les mêmes avantages que ceux possédés par la société. En employant le droit positif pour régler nos rapports mutuels, nous nous servons de quelque chose qui a été modifié et élaboré

(1)   Es erben sich Gesetz und Rechte.
           Wie eine ewige Krankheit fort.

                                        (Gœthe).

par une suite entière de générations. La conception subjective individuelle du droit ne peut embrasser l'infinie
variété des multiples rapports du droit. Je peux élaborer moi-même volontairement certains normes pour
un très petit nombre de cas où mes intérêts se heurteront à ceux de mes semblables et ces cas, relativement
peu nombreux, peuvent facilement ne pas résoudre des
circonstances auxquelles je n'avais pas songé. Le droit
positif, étant un produit d'une expérience de plusieurs
siècles, est toujours beaucoup plus complet que n'importe quelle conception subjective du droit.

L'idée de se passer du droit positif construit par
plusieurs générations a pu exister quand on croyait à
l'existence d'un droit naturel, à un système de normes
juridiques, créé par la nature elle-même. Ce droit
éternel et absolu pouvait assurément paraître, comme
plus complet que le droit positif qui se développe peu
à peu. Mais si nous n'admettons plus l'existence d'un
droit naturel, nous ne pouvons plus opposer à l'idée du
droit positif qu'une conception subjective d'un droit, qui
se développe lui aussi peu à peu, sous l'influence de
multiples conditions et qui nécessairement ne peut remplacer le droit positif.

Si le droit positif est plus complet, il est aussi plus
général. Les normes juridiques règlent nos intérêts,
tous les intérêts des hommes et c'est pourquoi elles
doivent être connues de tous. Assurément, puisque la
conception subjective du droit naît aussi sous l'influence
des conditions sociales, elle présente egalement une
certaine généralité ; mais cette généralité est toute conventionnelle et limitée par de nombreuses particularités
individuelles et par une très grande diversité des consciences humaines. Aussi la généralité de la conception
subjective du droit se limite-t-elle à un très petit cercle
d'individus. La société s'agrandissant sans cesse au con-

traire, on est forcé de faire rentrer dans le cercle des rapports juridiques un nombre d'hommes toujours de plus en plus nombreux et c'est pourquoi il est nécessaire que les normes juridiques soient connues de tous les hommes et soient reconnus obligatoires par tout le monde : seul le droit positif satisfait à une pareille condition.

Le droit positif, assurément, est, lui aussi, très divers et varie beaucoup, il dépend lui aussi des conditions de lieu et de temps, mais cette dépendance s'exprime par des signes extérieurs et c'est pourquoi le droit positif se distingue par une grande précision.

Les changements qui surviennent dans la conception subjective du droit s'accomplissent d'une manière insaisissable qui très souvent ne se traduit au dehors par aucun signe.

Les changements au contraire apportés aux coutumes, à la pratique judiciaire ou à la législation se manifestent par des faits extérieurs, objectifs et facilement reconnaissables. C'est donc seulement au droit positif qu'on peut appliquer le principe qu'il est supposé connu de tous dans la sphère de son action. C'est sur ce principe que repose la règle d'après laquelle personne ne peut prétendre ignorer la loi, et que l'ignorance dans laquelle quelqu'un se trouve ne peut dégager sa responsabilité : *error juris semper nocet.*

§ 50

La base de l'action du droit positif

La base de l'action du droit reste en général celle des conditions vitales de la vie sociale. On peut dire en ce sens que le droit agit dans l'humanité comme un moyen nécessaire et unique pour créer l'harmonie entre les intérêts individuels qui se heurtent sans cesse, sans renverser l'état social et sans sacrifier aux intérêts sociaux l'indépendance des individus et leur liberté. Si nous envisageons le droit sous une autre forme nous pourrons en donner une définition différente. C'est ainsi que Stahl dit que « *Gottes Ordnung ist der Grund des Ansehens des Rechts* ». Pour Kant le droit a une base qui est obligatoire et qui est la raison ; pour Bentham cette base est la plus grande utilité pour le plus grand nombre d'hommes possible. Cette question toutefois ne saurait nous intéresser en ce moment.

En parlant de la base de l'action des normes juridiques je veux essayer de montrer pourquoi, dans un État ou dans une société déterminée, c'est le droit positif avec toutes ses particularités, avec toutes ses différences qui agit toujours sur tous.

Le besoin d'un ordre juridique est une loi générale nécessaire à toute société humaine dès qu'elle atteint un certain degré de développement. Mais en réalité, cette loi immuable se manifeste sous les formes les plus diverses parce que dans chaque société il n'y a pas que le droit en général qui agit, il existe aussi tout un système de normes juridiques propres précisément à cette société. Le droit, étant l'ordre de la vie sociale subit à l'état permanent l'influence du milieu et du temps.

Et c'est pour cela afin de répondre toujours au but qu'il s'est proposé, afin de ne pas rester lettre morte que le droit est obligé de prendre toujours une forme adéquate au milieu et à l'époque. Cette réserve faite, les normes agissent d'une façon indépendante, qu'elles satisfassent ou non aux préceptes divins et aux données de la raison ; c'est également dans une même indépendance qu'agissent les normes du droit positif. Il nous reste donc à rechercher quelle est la base de l'action de chaque système du droit positif.

Le droit n'est pas comme les forces physiques ou naturelles quelque chose qui existe indépendamment de l'action de l'homme et qu'on pourrait lui opposer objectivement. C'est au contraire un ordre établi par les hommes et pour eux-mêmes ; peu importe que l'homme, en cette circonstance, agisse d'après le principe de causalité ou au contraire qu'il agisse librement et volontairement. Quoi qu'il en soit, le droit d'après le principe de causalité ou d'après celui de liberté est toujours l'œuvre de l'homme. C'est aussi une norme des rapports mutuels des hommes entre eux, c'est un ordre social, et c'est pourquoi le besoin d'un droit et la possibilité même de sa création ne peuvent être créés que par la société. Hors de l'association humaine, il ne peut y avoir de conception du droit ; le droit n'existe qu'autant qu'il existe une union entre les hommes.

Ainsi le droit n'est pas quelque chose d'imposé aux hommes par un élément étranger, c'est un produit de la conscience humaine et pour qu'il existe il faut une association entre les hommes.

Le droit qui naît en même temps que la société, est créé par cette société elle-même comme une norme des rapports mutuels des associés. Dans chaque société le droit agit comme s'il avait été créé pour l'union de tous ses membres.

Ainsi la base de l'action du droit positif consiste en ce qu'il est créé par la société elle-même et dans chaque société ce droit n'a de valeur qu'autant qu'il est l'œuvre de cette société elle-même.

Il semble toutefois qu'il y ait quelques exceptions à cette règle.

Il arrive parfois que dans une société, il se trouve un

Khorkounov   28

droit qui soit composé en dehors de cette société, dans une société voisine et dans ce cas il importe de distinguer entre le droit du pays lui-même et celui qui vient de la contrée voisine.

Nous avons en vue en ce moment non pas la distinction matérielle, mais seulement une distinction selon la forme, selon la base de l'action du droit. Par conséquent si le législateur prend la matière en partie dans le droit étranger et dans les coutumes locales, et confond tout en une loi commune, il n'existe pas de distinction entre le droit national et le droit étranger. Mais il peut arriver qu'un droit étranger, dans sa totalité ait une action dans un pays. Ce cas doit-il être considéré comme une exception au principe que le droit positif est toujours le produit de la société où il reçoit son application. Dans l'empire allemand, au XIIIᵉ et au XIVᵉ siècle, le droit romain, sans se fondre avec le droit allemand, avait sa valeur propre et un pouvoir indépendant du droit local.

Il peut sembler à première vue qu'un tel fait détruise complètement notre thèse d'après laquelle le droit agit seulement dans la société pour laquelle il est fait. Pour résoudre cependant la question en ce sens, il ne suffit pas d'établir que le droit romain était en vigueur en Allemagne aux XIIIᵉ et XIVᵉ siècles, il faut aussi examiner par quel chemin le droit romain y pénétra.

Le *Corpus juris civilis* est un recueil législatif ; trois recueils, tous les trois œuvres du pouvoir législatif, lui ont communiqué toute sa force.

Mais, transporté en Allemagne, ce droit devint un droit coutumier. Par conséquent ce droit, par rapport à la base de son action, se renouvelle absolument. En Allemagne le *Corpus juris civilis* agit déjà non comme la volonté de l'empereur romain, mais comme la coutume allemande. Par conséquent, en fait, bien qu'étant de source étrangère, ce droit absolument comme le droit positif allemand se manifeste comme une œuvre de la nation allemande. C'est pourquoi en Allemagne, le droit romain est reconnu agissant dans les limites seulement où il a été approprié aux usages, absolument comme le droit coutumier allemand. Son appropriation fut l'œuvre des glossateurs; mais ceux-ci n'interprétèrent pas toutes les parties du *Corpus juris civilis*, et les parties qui furent laissées de côté ne reçurent aucune application en Allemagne : *quiquid non agnoscit glossá, non agnoscit curia.*

Cette appropriation du droit romain offre pour la Russie aussi un intérêt pratique, puisque c'est grâce à cette appropriation que le droit romain agit encore, comme un droit auxiliaire, dans les provinces de la Baltique qui furent autrefois sous la domination de la Livonie, un fief du saint-empire romain, autrement dit une province de l'ancien empire allemand. Le droit romain a marqué de son empreinte à peu près tous les Etats de l'Europe. En France il n'a jamais cessé d'agir dans la partie méridionale de ce pays et plus tard les légistes l'importèrent aussi dans les provinces du nord. Même en Angleterre et en Russie, qui sont parmi les Etats qui se distinguent le plus par leur développement juridique particulier, le droit romain a exercé une grande influence, tout au moins dans la pratique des tribunaux spéciaux. Ainsi en Angleterre, en dehors l'Eglise qui, selon l'expression d'un juriste *vivit lege romana*, le droit romain a trouvé son application dans la justice de l'amirauté. Cette justice est en effet formée des coutumes internationales, connues sous le nom de Rôles d'Oléron et qui est rempli par les dispositions du droit romain.

En Russie le droit romain et le droit byzantin furent fréquemment mis à contribution par les tribunaux ecclésiastiques ; il est vrai de dire que la juridiction des tribunaux ecclésiastiques d'autrefois était très étendue. Le droit romain a reçu chez nous la forme du droit canonique et il a exercé une très grande influence sur tout le développement du droit et surtout sur celui du droit de famille.

Les modifications gréco-romaines qu'a subies le *jus civile* ont pénétré même dans le Caucase et dans la Géorgie. La seconde partie du Code géorgien, celui de Bachtang V qui vécut à la fin du xvii⁰ siècle contient certaines lois de Léon le Sage, de Constantin et d'autres empereurs byzantins réglant l'administration de la justice. Le droit géorgien se distingue par des emprunts extrêmements larges ; outre les emprunts que nous avons indiqués dans le code de Bachtang V, il existe aussi de nombreux emprunts faits au Pentateuque de Moïse et aux législations arméniennes. Depuis la soumission de la Géorgie à la Russie, c'est le Code du Concile de 1649 et le Code militaire de Pierre le Grand qui sont en vigueur.

Le droit étranger peut aussi recevoir force de loi par un texte législatif. Ainsi par exemple, le Code civil français était en vigueur en Pologne, en Belgique, en Italie, etc. Nous voyons aussi dans l'histoire du Moyen Age, des villes et des provinces de la Baltique où le même phénomène se passait. C'est ainsi que la ville de Riga possédait de son fondateur l'évêque Albert 1ᵉʳ le droit qui était en vigueur à Visbi, ville qui se distinguait par la diversité de sa population.

La ville de Rével offre également, dans son histoire, certains points intéressants. Le roi du Danemark, Erik V, lui conféra en 1228 le droit d'user de la législation en vigueur à Lübeck. Le magistrat de Lübeck était alors l'autorité la plus haute pour résoudre les litiges pendants à Rével ; et la législation en vigueur dans cette dernière ville était complétée et modifiée en même temps qu'elle l'était à Lübeck ; les mêmes rapports existaient aussi entre la ville de Narva et celle de Rével qu'entre cette dernière et Lübeck.

La Russie du sud-ouest usa également de la législation en vigueur à Magdebourg, législation dont l'avait dotée les rois de Pologne et qui fut accordée également, après l'annexion, par les tsars de Moscou.

Dans tous les exemples que nous venons de citer, le droit étranger est ouvertement mis à contribution dans quelque société, et cet emprunt a été fait par la volonté du pouvoir local. Par conséquent même le droit qui a été emprunté peut être considéré comme l'œuvre de la société elle-même dans laquelle il agit.

§ 51

Les sources du droit

« Puchta ». Gewohnheitsrecht, I, s. 143-148. « Vorlesungen ». I, Savigny, System, I., s. 6 57. « Müller ». Die Elemente der Rechtsbildung, s. 127-143. « Austin ». Lectures. II, pp. 526 ss. « Adickes ». Zur Lehre von Rechtsquellen, 1872. « Regelsberger ». Pandekten, I, §§ 82 ff.

Nous avons déjà dit que la corrélation n'est pas complète entre le droit positif et le droit subjectif, et nous avons ajouté que c'était là quelque chose de regrettable, mais il faut bien reconnaître cependant que le droit positif rachète cet inconvénient par sa grande précision et par la facilité qu'il a de se faire connaître de tous.

Quand nous nous sommes occupés de l'origine du droit, nous avons montré qu'il avait été tout d'abord établi, comme un ordre déterminé des rapports mutuels qu'ont les hommes entre eux. Chaque individu espère que son voisin observera une conduite identique dans un cas identique, et s'il arrive que cette espérance ne soit pas réalisée, alors il demandera à l'auteur responsable de l'acte dommageable une compensation pour les maux qu'il a soufferts. Dans ces conditions, chacun d'entre nous se pose donc la même question, à savoir comment on peut distinguer les normes générales du droit, celles dont l'observation est obligatoire pour tous les membres de la société de celles qui n'ont qu'une valeur subjective.

Il est très important pour chacun de déterminer d'avance, avec toute la précision possible quelles sont les règles qui nous gouvernent et quelles sont les droits qu'elles nous confèrent et les obligations qu'elles mettent à notre charge. Une réponse précise n'est possible que pour les normes qui sont devenues objectives et c'est pourquoi la théorie des formes qui constituent le caractère objectif d'une norme, a pour le juriste une si grande importance.

Ces formes objectives des normes juridiques qui servent de signes permettant d'admettre le caractère obligatoire pour tous de ces normes s'appellent les « sources du droit. »

Afin de bien comprendre la doctrine des sources du droit, il est très important de ne pas confondre la conception technique des sources avec les autres conceptions qu'on donne ordinairement à cette expression.

Il faut distinguer en effet le sens que nous attribuons ici à l'expression « sources du droit » de celui de sources considérées comme moyens de connaissance, *fontes ex quibus notitia juris hauritur.* Sources signifie aussi monument historique, on l'emploie en ce sens par exemple quand on parle des sciences historiques.

Ces notions peuvent être en partie exactes, même

pour le point qui nous occupe, mais ce n'est jamais là qu'une coïncidence d'analogie toute superficielle et due au hasard. Si par exemple nous possédons le texte authentique d'une loi, nous pouvons dire que nous avons la source du droit, au sens technique du mot, et que nous avons en même temps la source du droit dans le sens de la source où nous avons puisé la connaissance du droit. Mais si ce texte n'est pas entre nos mains, si nous l'avons seulement de façon indirecte, comme cela est arrivé par exemple pour les lois des douze tables, pour la loi Voconia et d'autres encore, ces lois sont tout de même des sources du droit tout en n'étant plus les sources de notre connaissance du droit. De même encore, si nous apprenons l'existence de quelque coutume rurale dans les recueils de Ephimenko ou de Pachmann, ces recueils sont la source de notre connaissance, mais la coutume elle-même est la source du droit.

Ces différentes notions ont été souvent confondues, surtout dans l'antiquité. Ainsi chez les Romains c'est grâce à la confusion qui a été faite entre ces deux conceptions des sources que s'est établie une classification distincte entre le droit écrit et le droit non écrit (*jus scriptum et jus non scriptum*). Cette distinction était rigoureusement appliquée et le droit écrit comprenait outre la loi, les édits du préteur et les *responsa prudentium*. On exigeait toutefois qu'à son origine le droit fût revêtu d'une forme écrite (*inscriptum quod ab initio litteris mandatum est*). Il en résultait qu'une coutume inscrite après coup restait tout de même un droit non écrit et les juristes ont alors établi une nouvelle distinction entre le droit écrit et celui qui était seulement inscrit. Malgré le peu d'importance que présentait cette distinction elle était soigneusement conservée et fut même développée par des juristes postérieurs. Thibaut

met cette distinction en tête de la classification qu'il
établit des sources du droit et Glück la développe très
longuement; il accepte, comme beaucoup d'autres, la
distinction entre le *jus scriptum sensu grammatico* et le
jus scriptum sensu juridico, qui ne comprend absolument que les lois.

L'autre confusion qu'on a faite et qui est d'origine
plus récente et celle qui a été établie par plusieurs entre
la source du droit considérée comme un signe de ce qui
est obligatoire pour tous et la source du droit considérée comme la matière elle-même d'où est puisé le contenu des normes juridiques.

Une telle confusion est née surtout de ce qu'avant
l'école historique on croyait que le droit était une création toute pure du législateur.

La volonté du législateur était alors reconnue comme
l'unique cause des normes juridiques. L'ordre dicté par
le pouvoir souverain d'observer une norme déterminée
était, selon l'opinion de cette époque, l'unique signe
permettant d'affirmer qu'une norme était obligatoire.
Pour nous, nous ne pouvons reconnaître la loi comme
une force créatrice du droit, ce n'est qu'une des formes sous laquelle le droit, œuvre de la conscience,
s'exprime.

Le législateur ne crée pas le droit arbitrairement ; il
n'a pas le pouvoir de créer des normes qui ne sont pas
préparées par la marche de la vie sociale. Les lois qui
sont faites de cette façon restent lettre morte et sont
privées de toute application. La question des sources du
droit ainsi posée est totalement différente de celle que
nous voulons examiner maintenant. Il ne s'agirait plus
alors de savoir quels sont les signes qui permettent de
reconnaître que le droit est obligatoire pour tous, mais
seulement de savoir quels sont les facteurs qui participent à la formation du droit.

Si nous entendons la question de cette dernière façon nous pouvons admettre, avec Adikès, que la source générale du droit est la raison subjective, ou comme on dit de préférence, la conscience subjective. Tous les autres facteurs n'influent sur la formation du droit que par le moyen de notre conscience. Les ordres divins, la nature des choses, la raison, la conformité au but, le devoir moral, tout cela peut provoquer la formation de normes juridiques, mais à une condition c'est que tous ces motifs soient admis de la conscience humaine ; la conscience générale n'est que la somme des consciences individuelles et c'est pour cela qu'on peut dire que la conscience subjective est vraiment comme un foyer où se concentre l'action de tous les facteurs créateurs du droit. Mais on ne peut admettre cette conscience subjective comme la source du droit, au sens technique, parce que la conscience subjective d'une norme quelconque n'est pas l'indice que cette norme est obligatoire pour tous, elle n'est pas la forme de son objectivité.

On ne doit donc reconnaître comme sources du droit dans le sens technique du terme que la coutume, la pratique judiciaire et la loi. On ne peut pas admettre comme sources du droit la nature des choses pour cette raison que la nature est très différemment comprise par les hommes. La conception reconnue par la loi (la coutume, la pratique judiciaire) est la seule obligatoire pour tout le monde ; il faut en dire autant de la conception de la justice qui est comprise par tous d'une façon très différente et qui ne reçoit de précision objective qu'à la condition d'être exprimée par les sources du droit positif que nous avons indiquées. Enfin, et pour les mêmes raisons, on doit rattacher à toute cette catégorie de fausses sources, la science du droit.

Les nombreuses controverses auxquelles a donné naissance la question de savoir ce qu'il faut entendre

par sources du droit viennent surtout des notions erronées qu'on a sur la portée des sources du droit.

Avant l'apparition de l'école historique, quand on considérait encore le droit positif comme une institution
humaine volontaire, on croyait que la loi, expression de
la volonté créatrice du droit, était une force unique,
créatrice du droit positif. C'est pourquoi on reconnaissait alors la législation comme une source unique du
droit positif en même temps qu'une force créatrice du
droit.

Les représentants de l'école historique ont enseigné
une théorie diamétralement opposée. La force qui crée
le droit, c'est pour eux l'esprit du peuple, qui contient
le droit positif tout entier, bien avant qu'il s'exprime au
dehors dans les sources du droit, qui n'étaient alors
considérées que comme les sources de notre connaissance du droit, vivant dans l'esprit du peuple. Aussi
ces auteurs ont-ils considérablement élargi la notion
des sources du droit en y comprenant la science du droit
qui assurément sert de source à la connaissance du droit,
mais qui ne peut être le signe que les normes juridiques
sont obligatoires. La définition que nous avons acceptée des sources du droit, à savoir qu'elles sont comme
des formes juridiques nécessaires pour constater le
droit objectif et servant en même temps de signe pour
qu'on reconnaisse leur caractère obligatoire, cette définition tient le milieu entre les deux autres définitions
extrêmes que nous venons de signaler.

Ainsi la source du droit n'a de valeur que comme un
indice que la norme est obligatoire pour tous. La loi ou
la coutume ne sont pas des forces qui créent le droit,
mais seulement des formes indiquant que ce droit est
obligatoire. Toute norme peut aussi agir, mais une norme
qui n'est exprimée ni dans une loi, ni dans une coutume, ni par la pratique judiciaire, une telle norme

n'a que fort peu d'action et suppose nécessairement la
formation de la coutume et de la pratique judiciaire.
Cette action est peu précise, puisqu'elle est privée
d'indice extérieur de son caractère obligatoire ; il est
impossible de préciser d'avance, d'une manière générale, les limites de l'action, d'une telle norme, on ne
peut pas indiquer non plus à quels cas particuliers elle
peut s'appliquer. Il faut, pour chaque cas, prouver que
son application est possible. Au contraire une norme,
exprimée dans les sources générales du droit peut toujours à l'avance être précisée ; c'est là toutefois, il est
important de le remarquer, une distinction du plus au
moins, ce n'est pas une distinction essentielle. L'action
de la loi seule peut être complètement délimitée ; ce
n'est que pour elle, qu'on peut d'une façon générale dire
à l'avance dans quels cas elle sera applicable, aussi
bien dans l'espace que dans le temps. La même précision ne peut exister en ce qui concerne les coutumes et
la pratique judiciaire ; on ne peut pas indiquer le
moment où commencera l'action d'une des normes
qu'elles expriment. La coutume se fait peu à peu et il
n'est guère possible d'établir une limite précise entre la
coutume déjà faite et celle qui est en train de se former ; la pratique judiciaire présente une forme un peu
plus déterminée, notamment pour ce qui concerne les
sentences judiciaires qui ont une date très précise. Mais
l'existence d'une norme dans un arrêt ou un jugement
suppose déjà que cette norme a été reconnue obligatoire,
car la sentence repose toujours sur des faits antérieurs.

A cette particularité qu'ont les normes juridiques
d'avoir une action absolument précise, on doit en rattacher une autre. Les normes sont toujours supposées
connues de tous. Personne ne peut prétendre qu'il
ignore la loi, et l'on suppose toujours que chaque individu a pu facilement prendre connaissance des normes

contenues dans l'une ou l'autre source. Si quelqu'un ne
connaît pas la loi, il est responsable de son ignorance.
Il ne faut pas d'autre part prouver au tribunal l'existence des normes du droit positif, le tribunal les connaît : *jura novit curia*. On ne prouve que les faits ; on
ne prouve pas les normes.

Cette supposition que le tribunal connaît toutes les
normes en vigueur ne se justifie pas cependant, en réalité, pour tous les genres de normes. Le juge peut facilement ignorer le droit coutumier de la législation
locale ; le droit coutumier est précisément un droit à la
formation duquel les juristes n'ont pris aucune part. Il
s'est établi sans eux, indépendamment d'eux et de leur
activité. Ce ne sont pas les juristes qui connaissent bien
le droit coutumier, mais ceux qui créent et observent
ces normes du droit coutumier. Ce droit présente une
particularité remarquable : il change avec chaque localité, avec chaque classe d'individus. Aussi les parties
peuvent-elles beaucoup plus facilement que le juge,
placé hors du milieu où agissent ces coutumes, réunir
les preuves de l'existence réelle de ce droit. De même
encore le juge ne peut pas savoir le droit de tous les
Etats étrangers. L'étude consciencieuse du droit d'un
seul pays prend à elle seule beaucoup de temps ; ajoutons à cette considération que les cas d'application des
normes des pays étrangers sont fort rares. Aussi pour
le droit coutumier et pour le droit étranger, le principe
posé « *jura novit curia* » n'est-il pas rigoureusement
observé.

Quant au droit coutumier, son application était
d'après certains jurisconsultes une question de fait ; il
devait toujours, pour être appliqué, être prouvé par la
partie, sans cela le juge ne pouvait pas l'appliquer,
même si ce droit lui était connu. Dans les procès, en
effet, le juge connaît seulement les circonstances qui se

sont produites pendant le cours du procès : *non refert quod notum sit judici, si notum non sit in forma judicii.* C'était là l'opinion de Hofacker et de Wenning-Ingenheim. Elle était la conclusion logique de la conception alors en cours sur l'origine du droit naturel, telle que l'expliquait la théorie mécanique. Si l'action d'une norme du droit coutumier dépend uniquement d'une simple observation réelle d'une coutume déterminée, assurément la question de l'existence du droit coutumier n'est qu'une question de fait, ainsi que cela est admis aujourd'hui en ce qui concerne les usages. Les usages se distinguent des coutumes juridiques en ce qu'elles ne contiennent pas en elles « *opinio necessitatis* » ; elles sont le résultat d'une simple observation d'une certaine façon d'agir, ce ne sont que des questions de fait, non de droit.

La norme coutumière ainsi conçue n'étant plus qu'un fait, dépendant des circonstances, se conciliant mal avec certaines règles de la procédure, plusieurs auteurs, Thibaut (1722-1840) et Hönner (1746-1827), les célèbres adversaires de Savigny sur la question de codification ont-ils admis quelque adoucissement à cette conception et ils demandent que la coutume, pour le cas où elle serait une très grande notoriété soit considérée comme le droit. Si, au contraire, elle n'est acceptée que par un petit nombre, ils ne s'opposent pas eux non plus à ce qu'elle soit considérée comme une question de fait. Une telle distinction néanmoins est absolument abstraite. Comment peut-on effet expliquer cette transformation de la question de fait en une question de droit selon le plus ou le moins de notoriété des coutumes ?

Puchta et Savigny ont produit une conception plus juste. Ils ont reconnu que l'existence des normes du droit coutumier est toujours et absolument une question de droit, que le droit coutumier est comme tous les

autres, toujours supposé connu du tribunal *ex officio*,
et que ce n'est qu'en cas d'impossibilité réelle pour le
juge de connaître la coutume, qu'il est permis d'attendre
qu'une des parties se réclame de cette coutume et
qu'elle établisse la preuve de son existence. Mais si les
deux parties se réclament d'une coutume connue du
juge, il est évident qu'il n'a pas besoin d'exiger de
preuves quant à l'existence de cette coutume.

Les mêmes règles sont aussi appliquées au droit
étranger. La question de l'application de ce droit est
absolument une question de droit. Et, puisqu'il est
impossible pour le juge de connaître le droit de l'univers tout entier, lorsqu'il s'agira d'appliquer un droit
étranger, les renseignements et les preuves devront
être apportés par les parties qui s'en réclament.

§ 52

Le droit coutumier

« Glück ». Ausführliche Erläuterung det Pandekten nach Hellefeld
ein Commentar, 2 Ausg., B. 1, 1797, s. 412 n. ff. « Klötzer », Ver-
such eines Beitrags zur Revision der Theorie vom Gewohnheitsrecht, 1813. « Puchta ». Das Gewohnheitsrecht, 2 B. 828, 1837.
« Böhlau », Mecklenburgisches Landrecht, B. I. 1871, S. 315.
« Adickes ». Zur lehre von den Rechtsquellen, 1872. « Sergeievitch ». Un essai sur l'étude du droit coutumier dans « L'Observa-
teur », 1882, n°s 1 et 2. Schuppe, Gewohnheitsrecht, 1890.

Le droit coutumier est la forme primitive du droit
positif, et ce n'est que dans la première moitié de ce
siècle que la coutume a été reconnue comme une source
indépendante du droit. Il y eut peu d'auteurs qui allèrent
jusqu'à nier complètement la force obligatoire des coutumes. Les plus célèbres de ceux-là dans le siècle passé

furent Thomasuis et Grolman. Ils n'admettaient la
coutume que comme une raison de supposer l'existence
d'un contrat ou d'une loi compatibles avec elle. La plupart reconnaissaient l'existence d'une législation coutumière, sans lui attribuer une valeur indépendante.
Dans les Etats démocratiques où le pouvoir législatif
appartient au peuple, le droit coutumier était seulement
considéré comme une forme particulière de la législation.
On pensait que la force obligatoire de la loi et de la
coutume était la même : c'était dans les deux cas la
volonté du peuple qui dans un cas s'exprime d'une
façon directe tandis que dans l'autre elle s'exprime par
des faits qui permettent *à posteriori* de conclure à son
existence (*facta concludentia*). Cette conception avait
donné naissance à l'idée de la loi tacitement instituée,
lex tacita, et c'était là une idée qui, sous les régimes
républicains, remplaçait la notion du droit coutumier.
Une telle explication ne pouvait être admise pour les Etats
monarchiques, pour les Etats autocratiques surtout,
comme l'étaient la plupart des Etats européens au siècle
dernier. Dans ces Etats, en effet, le pouvoir législatif
n'appartient pas au peuple. Aussi, pour expliquer la
force obligatoire du droit coutumier on avait recours à
cette idée que c'était le législateur lui-même qui attribuait à la coutume une force obligatoire. On affirmait
que la coutume devenait obligatoire par suite du consentement du pouvoir législatif (*consensus imperantis*). On
se demandait seulement si l'effet de ce consentement se
produisait par rapport à toutes les coutumes en général
(*consensus generalis*) ou à toutes celles seulement qui
sont spéciales à des cas particuliers (*consensus specialis*).
Les uns, exigeaient un consentement spécial pour toutes
les coutumes sans distinction ; d'autres, comme Thibaut, Glück, voulaient ce même consentement seulement pour les coutumes dérogatoires à la loi ; d'autres

encore admettaient comme suffisant dans tous les cas un consentement général.

Le consentement spécial était supposé donné tacitement par le fait même que la coutume pouvait être appliquée. On considérait, au contraire, le consentement général comme donné directement par le *Corpus juris civilis*.

La faiblesse de toutes ces théories est évidente. Toutes, elles sont fondées sur des fictions absolument arbitraires, et tournent toutes dans un cercle vicieux. La doctrine de l'identité de la volonté du peuple qui s'exprime dans la coutume des États démocratiques et dans les lois promulguées par l'Assemblée nationale est purement fictive.

Dans les cas les plus favorables, l'Assemblée nationale ne comprend qu'une génération, la coutume au contraire s'élabore lentement, et est l'œuvre de plusieurs générations humaines.

Il n'y a que la volonté, exprimée en des formes déterminées, qui peut créer la loi, le droit coutumier lui est créé en dehors de toutes formes.

La fameuse sanction de la coutume donnée par le législateur est aussi une fiction, parce que ce ne sont pas les lois qui précèdent les coutumes, dans l'histoire des temps, mais c'est bien au contraire la coutume qui apparaît avant la loi, et, par conséquent, il est impossible de soutenir que la loi sert de base à la coutume ; c'est le contraire qui est exact. Le pouvoir du souverain à l'origine ne repose lui-même que sur la coutume. Quant au consentement général que certains auteurs placent dans le *Corpus juris civilis*, il suffit de rappeler que le *Corpus* lui-même ne peut pas être considéré à notre époque comme ayant une force législative. Accepté dans la pratique, mais ne possédant pas de force exécutoire de par un texte législatif, il doit lui-même être considéré comme un droit coutumier.

L'École historique et parmi les auteurs de cette école, Puchta surtout, portèrent un coup décisif à toutes ces théories ; c'est dans son « Droit coutumier » demeuré jusqu'ici la meilleure étude en cette matière, que Puchta a établi la nouvelle théorie.

Non seulement il reconnaît au droit coutumier une portée absolument indépendante de la volonté du législateur, mais encore il reconnaît à la coutume un droit de priorité sur la loi. La base du droit coutumier, dit-il, c'est la généralité naturelle de la conviction d'un peuple tout entier. Cette conviction populaire est exprimée dans les mœurs (Sitten), et sa réalisation engendre tout naturellement le droit coutumier.

Les mœurs, les coutumes ce sont là les formes primitives du droit, de même que le système est la forme primitive du droit des juristes et que la parole est celle du droit législatif. Si le droit coutumier est si étroitement et nécessairement lié avec la conception naturelle du peuple et s'il est, par rapport au droit, un résultat de son activité immédiate, l'on ne saurait se demander alors si le droit coutumier a une force et pour quelle raison il l'a. Le droit coutumier, en ce cas, n'agirait qu'en vertu de la même raison qui fait agir le droit en général, qui fait qu'existe cette conviction du peuple et qu'existent en général les peuples eux-mêmes. Si l'on reconnaît en effet l'existence du peuple, on attribue par là-même une activité à l'esprit de ce peuple et par conséquent une conception de la liberté morale et juridique et, puisque le droit coutumier n'est autre chose que cette conviction, dans sa forme immédiate et naturelle, l'existence du droit coutumier est inséparablement lié avec l'existence du peuple.

Il y a encore moins de doutes et il n'est nullement

nécessaire de prouver la force du droit coutumier par rapport aux autres sources du droit.

En effet le droit de formation indirecte et médiate, par la loi et par les jurisconsultes, on suppose nécessairement l'apparition immédiate puisque, s'il n'y avait ni peuple ni conscience, il n'y aurait pas non plus d'État ni de juristes ni par conséquent ni lois ni juristes. L'existence même de ces formes prouve la force du droit coutumier et il n'y a aucun doute sur ce point.

Ainsi Puchta attribuait au droit coutumier une portée absolument indépendante, mais seulement en ce qui concernait les coutumes d'un peuple entier. Les coutumes de ce genre sont toutefois relativement rares. Les coutumes locales par contre sont très nombreuses. Cette observation avait déjà été faite par Unterholzer dans sa critique de la théorie de Puchta et par Muhlenbruch. Aussi Savigny pensa-t-il corriger la doctrine de Puchta en reconnaissant l'unité du peuple comme un fond commun nécessaire à la formation de la coutume et comme une raison de sa force. Mais, de même que le pouvoir peut promulger des lois à la fois pour tout l'État et pour chaque localité distincte, de même la conscience immédiate du droit du peuple peut accepter la forme des coutumes des localités distinctes aussi bien que celle qui concerne les différentes classes et qu'elle considère comme des parties organiques du peuple. Savigny en formulant cette théorie partait de cette idée, reconnue par l'école historique, que l'unité du peuple n'est pas le résultat d'une évolution historique, mais quelque chose d'inné, quelque chose qui existait dès l'origine. Ce n'est pas cependant ce que nous enseigne l'histoire. Ainsi que l'a démontré Sergeievitch, ce ne sont pas les coutumes générales que l'on retrouve à l'origine des peuples, mais bien des

coutumes particulières et ce n'est que peu à peu que
ces coutumes devinrent générales. De quelque façon
qu'on l'admette d'ailleurs, la théorie de Savigny ne nous
explique pas la formation de coutumes, comme les coutumes ecclésiastiques ou certaines coutumes internationales, car on ne peut en aucune façon admettre que
ces coutumes soient nées spontanément de l'unité générale du peuple.

Pour toutes ces raisons, la doctrine de l'école historique doit être reconnue insuffisante. Dans ces derniers
temps, il faut signaler la naissance d'une nouvelle conception, celle qui considère que les coutumes sont obligatoires simplement par le fait qu'elles existent depuis
longtemps. C'est notamment l'opinion d'Adickes. D'après
lui la très longue existence d'une coutume nous oblige
à lui reconnaître un caractère obligatoire. Ceci s'explique tout d'abord par ce fait que, pour l'ordre juridique,
l'existence de quelques règles déterminées est en général le point le plus important, peu importe ensuite que
la règle soit telle ou telle. Outre cela, il faut considérer
que dans la plupart des cas, les coutumes sont conformes au but puisqu'elles sont l'œuvre des individus intéressés. Enfin le temps possède en général la qualité de
donner à toute chose, aux yeux des hommes, une stabilité particulière.

Cette opinion, toutefois ne peut pas être acceptée.
En cherchant à éviter le caractère par trop exclusif
de la doctrine historique, Adickès tombe dans l'extrême
contraire.

L'Ecole historique croyait possible la création des
coutumes obligatoires seulement par suite de l'unité
d'un peuple. Adickès ne prend nullement garde que la
coutume, tout comme la source du droit et à l'inverse
de l'habitude, n'est pas seulement une manière de se
conduire qu'on observe depuis longtemps, mais c'est

seulement cette manière particulière qui est observée dans une société humaine déterminée.

L'existence chez les hommes avec lesquels nous sommes en relations d'habitudes toujours identiques, présente cet avantage, c'est que leur ancienneté nous force à les accepter telles qu'elles sont, même si cela nous gêne un peu. Mais une habitude individuelle n'est pas une coutume et ne peut être considéré comme l'indice du caractère obligatoire pour tous que présente une norme. La coutume est une des formes de la conscience, nous l'avons déjà démontré, d'un droit qui est devenu droit objectif. L'homme, en exprimant ses idées par le langage, se sert des formes de la grammaire et du style, élaborées par la vie commune du peuple et par là même son langage devient l'expression non seulement de ses idées mais aussi devient une partie de la langue du peuple et par conséquent l'expression de l'idée de ce peuple. Il en est de même de l'homme qui, exprimant les idées qu'il a sur le droit, se sert des formes élaborées par la vie en commun dans une société, ces formes deviennent l'expression de la conscience collective du droit, c'est-à-dire qu'elles se transforment en coutumes. Quand j'agis conformément à la coutume, ma conscience du droit s'exprime d'une façon conforme à la conscience du droit des autres qui observent eux aussi la même coutume; s'il en était autrement, la coutume n'existerait pas et c'est pourquoi la coutume exprime une norme juridique qui est acceptée non pas par moi seul, mais par tous ceux qui font partie de la même société que moi.

En d'autres termes, ce n'est pas parce que la coutume est ancienne qu'elle est obligatoire, c'est parce qu'elle est commune à tous.

Des discussions analogues se produisirent aussi en ce qui concerne l'origine des coutumes.

Le droit coutumier se forme peu à peu, par la vie même de la société, en dehors de formes déterminées et c'est pour cette raison, que les controverses sur cette question sont si nombreuses. Nous ne pouvons pas observer d'une manière directe comment se forme le droit coutumier ; nous ne pouvons résoudre cette question qu'au moyen de considérations plus ou moins complexes.

Jusqu'à Puchta, c'est la théorie mécanique de la formation des coutumes qui dominait. Cette théorie explique l'origine des coutumes juridiques tout simplement par l'observation en fait d'une même règle dans plusieurs cas identiques ; d'ailleurs une autre explication étant difficile à admettre si l'on considère que le caractère obligatoire de la coutume a son origine dans la reconnaissance que fait le législateur de cette coutume. Le caractère juridique de la coutume est considéré, dans cette théorie, comme venant du dehors, de par la volonté du législateur, mais le législateur peut attribuer une force obligatoire à une suite de règles uniformes, dues au hasard, et qui cependant ne sont pas des coutumes.

Cette explication tomba d'elle-même quand on reconnut la portée indépendante de la coutume ; il fallait trouver dans la coutume elle-même et dans les conditions de sa formation la base de son caractère obligatoire. A la place d'une théorie mécanique, Puchta exposa une théorie spiritualiste de l'origine du droit coutumier, absolument opposée à l'ancienne conception. Il affirme que l'observation d'une règle ne crée pas pour cela une norme du droit coutumier ; l'observation d'une règle n'est que l'expression matérielle qui nous permet de nous convaincre de l'existence de la norme. Cette norme du droit coutumier existe avant d'être observée, et déjà elle est regardée comme une norme obligatoire.

La coutume juridique se distingue de la simple habitude en ce qu'elle est une expression extérieure et consciente de la norme qui existait ultérieurement dans la conscience du droit du peuple. Les simples habitudes sont celles qui sont créées par l'uniformité fortuite, inconsciente de la conduite des individus dans des cas identiques. Déjà Savigny avait démontré que la théorie de Putcha ne saurait être admise sans quelques réserves. Il y a, dit-il, des coutumes dont la formation ne peut pas être expliquée par l'application consciente d'une notion juridique déjà formée.

Tels sont par exemple les termes employés dans la rédaction d'un contrat et le nombre des témoins reconnu nécessaire. La notion juridique ne peut qu'indiquer qu'il est utile que ces termes et le nombre des témoins soient fixés d'une manière précise, mais elle ne peut pas elle-même déterminer exactement les termes dans un cas quelconque.

Il est évident que nul principe juridique ne saurait résoudre la question de savoir combien de témoins doivent être nécessaires dans tel acte déterminé. C'est pour cela que Savigny pensait qu'il y avait, à côté des coutumes, nées de l'application consciente dans les cas privés d'une norme existant déjà dans la conscience du peuple, d'autres coutumes juridiques formées, malgré leur caractère obligatoire, par l'observation inconsciente et fortuite d'une façon d'agir quelconque, absolument comme des simples habitudes.

Il est facile de comprendre que l'opinion de Savigny sur ce point ne corrige guère la théorie de Puchta et qu'elle démontre clairement l'impossibilité pour cette théorie d'expliquer l'origine des coutumes juridiques.

Cette théorie en réalité n'explique rien. Elle considère la coutume juridique comme l'expression extérieure d'une norme déjà existante, mais elle ne fournit aucune

explication de la formation de cette conscience du droit
du peuple.

Si l'on admet l'explication de l'origine du droit, telle
que nous l'avons exposée plus haut, l'origine du droit
coutumier s'explique aussi très simplement. En exposant
notre conception sur l'origine du droit, il ne nous a pas
été possible de laisser de côté le droit coutumier qui
est la forme primitive du droit. Nous sommes obligés
de reconnaître que le continu de la coutume se détermine inconsciemment, et qu'elle devient « juridique »
seulement quand à l'observation qu'on en fait vient
s'ajouter la conscience de son caractère obligatoire.
Mais la conscience du caractère obligatoire apparaît
comme une conséquence de la tendance que nous avons
à croire que des conditions identiques créent toujours
des actes identiques; aussi les individus croient-ils à
l'avance à l'observation de l'ordre déjà établi et chaque
fois que cet ordre est violé, leur violation provoque
une réaction. Si nous acceptons cette opinion, il nous
sera facile d'expliquer l'origine de toutes les coutumes
juridiques. L'histoire des théories sur les signes de la
coutume juridique est également intéresssante.

Les glossateurs exigent deux conditions seulement :
un temps suffisamment long et un caractère raisonnable.
Puis le nombre des conditions exigées devint plus
grand. Barthol en compte déjà trois : *longum tempus,
tacitus consensus populi, frequentia actuum.* Les successeurs indiquent encore *quod consuetudo sit intro-
ducta non erronea, sed cum ratione* et *quod sit jus non
scriptum.* Le nombre des conditions exigées va toujours
croissant et au commencement de ce siècle, on en
compte huit (*rationabilitas consuetudinis, diuturnitas
temporis, consuetudo contradicto judicio firmata, pluri-
tas actuum, uniformitas actuum, continuitas actuum,*

actus publici, actus consuetudinis introductivi, opinio necessitatis).

Mais les jurisconsultes modernes, comme Böhlau par exemple, n'exigent, tout comme autrefois Placentin, que deux conditions :

1° La coutume doit exprimer une conviction juridique ;

2° Elle doit être suffisamment ancienne.

La question controversée est de savoir quel est le rapport entre la coutume et la loi. La coutume peut-elle ou non abroger la loi ? Possède-t-elle cette force, qu'on appelle force dérogatoire ?

Aucune loi, aucune norme ne pouvant prétendre à une existence éternelle, il faut reconnaître la possibilité d'y apporter des dérogations par des normes futures, lois ou coutumes. Mais il existe parfois dans les législations une défense d'appliquer le droit coutumier, soit d'une manière générale, soit hors des cas qu'indique la loi. Une pareille défense peut-elle priver la coutume de toute force dérogatoire ? De pareilles défenses rendent, certes, très difficile le développement des coutumes dérogatoires à la loi. Les tribunaux, de même que les personnes intéressées peuvent, en s'appuyant sur la défense de la loi, empêcher très facilement l'application des coutumes. Mais si la coutume s'était développée tout de même, malgré la défense qui en est faite, on ne pourrait lui refuser la force obligatoire.

Il va sans dire que la formation d'une pareille coutume est admissible pour le cas seulement où la loi violée est, de l'avis général, déraisonnable, injuste et à la condition que ce soit là une opinion absolument partagée par tout le monde, par les tribunaux comme par les personnes intéressées et dans ces conditions, assurément, on ne peut douter de la force obligatoire d'une coutume qui abroge une loi injuste et reconnue telle par tout le monde.

§ 53

De la pratique judiciaire

« Ihering ». Gesammelte Aufsätze, I, 1881, s. 1-46. « Mouromtzeff ». Le tribunal et la loi dans le droit civil (*Revue juridique* 1880, p. 337 à 393). « Main ». Le droit ancien, p. 25 à 34. « Unger ». System der österreichischen allgemeinen Privatrechts 3. aufl, 1868, s. 41. « Stahl ». Die philosophie des Rechts 3. aufl., 1878, B. II. 151-257. « Bülow ». Gesetz und Richteramt, 1895. « Franken ». Vom Juristenrecht, 1889.

La pratique judiciaire offre avec la coutume beaucoup de ressemblances. De même que dans la coutume, dans la pratique judiciaire les normes juridiques ne s'expriment pas sous une forme générale, mais seulement sous une forme applicable aux cas particuliers et distincts. Elle suppose aussi nécessairement que la norme, avant d'être exprimée dans la sentence judiciaire, est obligatoire.

Elle, non plus ne fixe pas la durée de l'action de la norme et il n'est pas étonnant que, pour toutes ces raisons, plusieurs auteurs, la plupart même des auteurs aujourd'hui, aient considéré la pratique judiciaire comme une forme particulière du droit coutumier (1).

On peut cependant faire à cette opinion de sérieuses objections.

La pratique judiciaire occupe la place intermédiaire

(1) Wächter, Pandektin, I, 1880, s. 112. Stobbe. Handbuch des deutschen Rechts. I. 1871, s. 146. Malicheff. Cours de droit civil général russe. I. 1878, p. 85. Lüders. Das Gewohnheitsrecht, 1868, s. 70 und ff. Förster, Privatrecht, 3. aufl. I. 1873, s. 73. Böhlau. Meklemb. Landrecht, I, 1871, s. 320.

entre la coutume et la loi. Elle offre avec l'une et avec
l'autre beaucoup de points communs. De même que la
loi, la pratique judiciaire se forme tout à fait consciemment Tandis que primitivement la coutume apparaît
comme une simple habitude, absolument inconsciente,
hors de toute réglémentation juridique, la pratique
judiciaire, semblable à la loi, est l'œuvre d'une aspira-
tion consciente vers la réalisation de la norme juridique. La coutume elle aussi ne devient une coutume
juridique, que quand, à l'observation des règles qu'elle
dicte, vient s'ajouter la conscience qu'on a de son utilité. Mais la matière de la coutume est toujours fournie
par l'habitude ; elle se forme insconsciemment. La conscience juridique qui transforme une simple habitude en
une coutume juridique, trouve une matière toute faite.
Au contraire les sentences judiciaires qui forment la
pratique judiciaire sont des actes absolument conscients. La matière de chaque sentence judiciaire est élaborée tout à fait consciemment et précisément pour
régler les rapports des individus d'une façon juridique.

L'autre différence entre la pratique judiciaire et la
coutume consiste en ce que, de même que la loi, la pratique judiciaire n'est pas créée par la société ou par
quelque classe sociale distincte, mais bien par une institution. C'est pourquoi, différente en cela de la coutume,
la pratique judiciaire a, de même que la loi, une forme
juridique, authentique : ce sont les arrêts et jugements
authentiques. Remarquons aussi que semblable à la loi,
la pratique judiciaire naît ordinairement sous une forme
écrite, tandis que la coutume, au moins à l'origine, ne
connaît que la forme orale.

Il existe donc entre la coutume et la pratique judiciaire des différences telles qu'il est impossible de les
confondre et de considérer la pratique judiciaire comme
une forme particulière de la coutume.

Mais en refusant d'identifier la pratique judiciaire avec la coutume, ne sommes-nous pas conduits par là-même à nier l'existence de la pratique judiciaire comme d'une source indépendante du droit? Est-ce que la mission du tribunal n'est pas seulement d'appliquer le droit existant? Chargé de résoudre des cas particuliers, ne doit-il pas se borner à appliquer la législation qui existait au moment où le litige a été porté devant lui? Comment alors admettre qu'il crée lui aussi des normes nouvelles? Reconnaître que la pratique judiciaire est une source indépendante du droit, ce n'est pas du tout la même chose que de reconnaître le droit pour ce tribunal de juger non d'après la loi ou la coutume, mais d'après sa propre volonté et d'établir ainsi le libre arbitre des juges comme une règle générale obligatoire.

S'il n'est pas douteux que le tribunal doive juger non d'après sa volonté, mais d'après la loi ou la coutume, nous ne supprimons pas pour cela toute la valeur créatrice de la pratique judiciaire. Le gouvernement, dans les États constitutionnels est lui aussi limité par les lois promulguées avec la participation des Chambres et cependant ses actes (Verodnungen, ordonnances, décrets) sont une source indépendante du droit.

Ainsi les Chambres, dans plusieurs États, ont leurs pouvoirs limités par des constitutions qu'elles n'ont pas le droit de modifier, et cependant les lois ordinaires sont elles aussi reconnues comme une source du droit. Nous voyons se réaliser les mêmes phénomènes par rapport à la pratique judiciaire : de même que les lois ordinaires ou les décrets gouvernementaux ont nécessairement une portée créatrice, les tribunaux eux-mêmes ne sont pas étrangers à cet esprit créateur. Le tribunal qui juge des cas pratiques, des problèmes qui exigent le plus souvent des notions juridiques très

variées, applique nécessairement la législation en
vigueur : s'il en était autrement il ne saurait retrouver
le fil directeur dans ce labyrinthe de questions casuistiques. Mais en réalité la législation ne forme pas un
bloc.

Elle s'est formée graduellement et ses parties ont été
créées sous l'influence d'idées variées souvent même
opposées. On peut même, jusqu'à un certain point, en
dire autant des différentes parties qui constituent un
acte législatif, puisque toutes les lois sont les résultats
d'un compromis entre les tendances les plus différentes
qui partagent le gouvernement ou le Parlement. Un acte
législatif est rarement l'expression complète d'une seule
idée. Si l'on ne peut arriver à trouver l'unité logique
dans la législation, c'est le rôle du tribunal de la
rechercher lui-même et c'est là assurément une activité
créatrice. Les différentes institutions législatives présentent aussi une portée, un sens ou des propositions
très variées et ce qui, d'après une conception, peut être
une règle générale, peut très bien, d'après une autre
conception, n'être regardée que comme une exception
rigoureusement limitée. Indépendamment de cela, on
rencontre, dans toute législation, certaines contradictions. On peut les écarter de plusieurs façons et le choix
entre ces différentes façons que fait la pratique judiciaire présente aussi un caractère créateur.

Pour ramener les institutions législatives à un tout
logique, pour écarter les contradictions qu'elles présentent et pour compléter leurs lacunes, le tribunal emploie
les principes généraux du droit et s'appuie sur un raisonnement scientifique. Et c'est pour cela que plusieurs
auteurs, chez les anciens surtout, ont considéré la
science du droit comme une source indépendante du
droit. Mais comme, dans cette branche du droit, les contradictions étaient nombreuses, on établit plusieurs

règles et c'est ainsi que comme règle générale on posa que le juge doit toujours pencher pour l'opinion qui réunit les suffrages de l'opinion la plus générale (*communis opinio doctorum*).

Mais comment découvrir cette opinion ? quelle est l'opinion commune à tous les savants ? Il y avait dans ce but plusieurs règles d'un caractère essentiellement mécanique. La *communis opinio doctorum* était celle qui était commune à sept savants ou bien encore celle que Bartol et la glose, c'est-à-dire la *glossa ordinaria* admettaient. Si ce moyen ne donnait aucun résultat, alors on devait adopter l'opinion qui était admise par les plus anciens savants : un juriste alors avait une autorité d'autant plus grande qu'il était plus ancien. Ces règles adoptées au Moyen-Age n'ont pu rester en vigueur. La plupart des auteurs, comprenant combien il était impossible de les remplacer par d'autres règles procurant un moyen infaillible de faire un choix entre les opinions scientifiques contradictoires, en ont très logiquement conclu que la science n'était pas une source indépendante du droit positif.

Mais l'Ecole historique trouva cette opinion extrême. Les règles naïves du Moyen-Age, basées sur le nombre plus ou moins grand des suffrages des juristes, doivent être assurément écartées. Il ne faudrait pas en conclure toutefois que la science ne peut pas en général être considérée comme une source du droit.

Les représentants de l'Ecole historique n'ont trouvé aucune règle permettant de faire un choix entre les différentes opinions émises. Si la possibilité d'un choix précis n'est pas admissible, les normes qui ne sont établies que par la science du droit sont privées de toute action directe, et par suite on ne peut pas reconnaître aussi la science comme une source du droit au sens technique du mot, c'est-à-dire comme l'indice du carac-

tère obligatoire de la loi. Il n'y a que la pratique judiciaire qui puisse servir de signe qu'une norme est obligatoire ; en d'autres termes, ce n'est pas la théorie, mais
seulement la pratique qui s'approprie une théorie déterminée qui est une source indépendante du droit.

En reconnaissant la pratique judiciaire comme une
source indépendante du droit, nous devons remarquer
qu'il ne faut pas en conclure qu'une fois rendu, le jugement lie ce même tribunal pour l'avenir. Si chaque loi
peut être remplacée par une nouvelle, assurément la
pratique judiciaire de son côté ne peut être condamnée
à une immobilité pepétuelle. Mais, d'autre part, l'existence de la pratique judiciaire et la précision des rapports juridiques qu'elle crée ont certainement une
grande valeur.

Une des premières conditions de la justice, c'est que
les lois soient appliquées d'une façon égale à tous, mais
pareille chose serait impossible sans une pratique judiciaire uniforme et durable. C'est pourquoi le tribunal
est toujours disposé à appliquer un principe qu'il a
déjà accepté antérieurement. Il faut des raisons très
sérieuses pour déterminer une variation dans la jurisprudence d'un tribunal, et on doit admettre, en principe, que la règle une fois posée dans un jugement,
sera de nouveau admise par le même tribunal dans les
jugements postérieurs.

§ 54

La législation

« Savigny », System I, §§ 16 à 20. « Zacharia ». Vierzig Bücher
vom Staate. B. IV., s. 1. Böhlau Mecklenburgisches Landrecht,
B. V , s. 283. « Jellinek », Gesetz und Verordnung, 1887 « Selig-
mann », Der Begriff des Gesetzes, 1886, « Hænel », Gesetz im for-

mellen und materiellen Sinne, 1888. « Khorkounov », Les décrets et
la loi, 1894, p. 227 et 228.

L'expression des normes juridiques présente toujours
dans la coutume et dans la pratique judiciaire un caractère casuistique et indéterminé. La coutume juridique
aussi bien que la pratique judiciaire se forment peu à
peu, à mesure qu'il y a lieu d'appliquer les normes juridiques à des cas spéciaux et déterminés. Aussi les
normes juridiques ne peuvent-elles pas trouver dans ces
formes une expression générale et précise à la fois. Ce
sont là des défauts qui se font de plus en plus sentir
avec le développement de la vie sociale, avec les rapports devenus de plus en plus complexes et plus variés.
Le pouvoir gouvernemental destiné à soutenir et à protéger le droit ne peut accepter de pareilles formes pour
les normes juridiques ; à mesure qu'il devient assez
puissant, assez fortement constitué, il s'efforce de remplacer les principes indéterminés du droit coutumier et
de la pratique judiciaire par des règles plus précises,
plus fixes, par des lois.

A l'origine, cette transformation s'accomplit seulement pour les règles qui intéressent plus particulièrement le pouvoir et que ses organes sont chargés d'appliquer. Les rapports des particuliers entre eux, ceux
qui traitent des biens, de la famille par exemple, sont
ceux que le droit coutumier règle le plus longtemps.
Mais peu à peu, la législation va toujours grandissant et en arrive à soumettre toutes les branches du
droit, elle devient ainsi la forme générale que revêt le
droit positif, et la coutume et la pratique judiciaire ne
sont plus que des principes du droit subordonné, principes secondaires et quasi-exceptionnels.

La loi, au sens large du mot, est toute norme juridique établie par les organes du pouvoir gouvernemen-

tal. On définit souvent la loi une expression de la
volonté des organes du pouvoir gouvernemental ou de
l'Etat. Une semblable définition est trop large. Les
organes du pouvoir de l'Etat peuvent exprimer leur
volonté sans avoir l'intention de donner à la règle ainsi
émise la valeur d'une norme obligatoire pour tous les
citoyens. Telles sont par exemple les paroles qui termi-
minent le manifeste annonçant l'affranchissement du
paysan : « Fais le signe de la croix, peuple orthodoxe,
et appelle avec nous les bénédictions de Dieu sur ton
travail libre, la prospérité de ta maison et ton bonheur
parmi tes semblables ».

D'autre part, la définition de la loi considérée comme
une expression directe de la volonté ne peut être acceptée, car cette définition est trop étroite. Si la loi ne contient qu'une règle générale, on ne peut pas dire que
toutes les conséquences particulières sont également
contenues et exprimées par loi. De même si la loi interdit telle ou telle action dans des cas exactement déterminées, les mêmes actions sont autorisées dans tous les
autres cas. La loi agit donc non-seulement dans les
limites de ce qu'elle prescrit directement, mais aussi
dans les limites de ce qui est la conséquence naturelle
des ordres qu'elle édicte.

Plusieurs auteurs ont cru utile de faire rentrer dans la
définition de la loi, l'idée qu'elle n'est promulguée que
d'après la procédure qui a été créée précisément dans
ce but. C'est là quelque chose d'absolument superflu,
puisque si la procédure appropriée n'est pas observé,
il n'existera aucun acte du pouvoir gouvermental ; il y
aura seulement un acte personnel du représentant du
pouvoir. Si ce représentant n'observe pas les formes
établies, il ne peut pas être reconnu comme agissant au
nom de l'Etat. Aussi la définition que nous avons donnée
de la loi, comme étant une norme établie par les organes

gouvernementaux, suppose déjà l'observation des formes établies par les actes au nom de l'Etat.

Dans cette même définition, nous n'avons pas parlé non plus de la publication qui, cependant, a été reconnue par plusieurs auteurs comme un attribut essentiel de la loi. C'est qu'en effet l'histoire nous offre plusieurs exemples de lois qui n'ont pas été publiés. Chez nous, maintenant, les lois fondamentales prévoient une catégorie de lois qui demeurent secrètes.

Quant à la question de savoir quelle est la base du caractère obligatoire des lois, il n'y a aucune théorie solidement assise et reconnue par tout le monde. Les représentants de l'école du droit naturel ont reconnu pour base de la loi, la convention qui existe entre les hommes. Chaque citoyen, disent-ils, doit obéir à la loi parce qu'il participe à cette convention. Certains, comme Grotius et Hobbes ajoutaient aussi que la convention pouvait avoir pour effet de confier à une personne déterminée ou à une institution la fonction de faire des lois.

Cette opinion, dans la seconde moitié du xviiiᵉ siècle fut remplacée par une autre, d'après laquelle chaque loi distincte était considérée comme l'expression de la volonté générale. Rousseau, Kant et ses successeurs partageaient cet avis. Cette théorie suppose que toute convention est obligatoire par elle-même et qu'il n'est nul besoin de prouver ce caractère obligatoire puisqu'il est *a priori* évident.

En réalité nous voyons souvent des faits absolument différents. Ce ne sont pas tous les contrats qui sont reconnus obligatoires, mais seulement ceux qui satisfont aux demandes de la loi et, par suite, c'est précisément la loi qui est la base de leur caractère obligatoire. En tous les cas, attribuer au caractère obligatoire de la loi un tel fondement, la convention, c'est une pure fiction et bien souvent nous voyons des lois qui n'ont pas du tout l'approbation de la société.

L'École historique considérait comme base du caractère obligatoire de la loi la conscience juridique du peuple. Mais c'est là aussi une fiction, absolument comme celle qui fait reposer la force obligatoire de la loi sur la convention. Nous ne contestons pas l'existence d'une notion de droit commune à la nation, mais il est impossible d'affirmer que toutes les lois n'expriment que cette notion qu'ont les peuples sur le droit. Les lois peuvent ne pas être d'accord avec cette notion ; ils peuvent même la contredire.

Dans les États dont la population comprend des races différentes, qui ne sont pas encore unies par la vie politique, une telle contradiction entre la loi et la notion que possèdent certaines populations qui vivent dans l'État est même nécessaire, car toute loi, indépendamment de sa matière, a une force obligatoire.

Ainsi il nous reste donc à rechercher quelle est la base du caractère obligatoire de la loi. Les lois sont faites par les organes du pouvoir qui peuvent, d'une part, contraindre les individus par la force à s'y soumettre et qui ont d'autre part, une autorité aux yeux du public, autorité qui bien souvent suffit pour que ces lois soient observées.

Les lois en général sont faites par les organes du pouvoir gouvernemental qui ont sous leurs ordres les organes chargés, dans la pratique, de les faire appliquer. Le même État contient d'ordinaire plusieurs organes et nous pouvons ainsi distinguer les lois en plusieurs groupes, selon les organes qui les font.

Les normes juridiques les plus importantes sont confiées à une institution législative particulière qui ne s'occupe que de la législation et de la surveillance de l'administration ; les normes les moins importantes sont l'œuvre du pouvoir exécutif proprement dit ; nous diviserons donc en deux groupes les normes instituées par les pouvoirs gouvernementaux, les lois (Gesetz, law) et les décrets (Verordnungs, order).

Puisque les ordres du pouvoir exécutif doivent être accomplis conformément aux lois et que leur exécution est soumise à l'institution législative, les décrets sont soumis aux lois ; le décret n'est obligatoire que s'il ne contredit pas la loi.

Cette distinction formelle entre les lois et les décrets d'après la distinction entre les pouvoirs qui les établissent, se retrouve au fond dans la matière dont elles sont formées. Les normes juridiques les plus importantes, celles qui touchent aux intérêts essentiels des citoyens doivent être créées avec leur consentement, ou tout au moins avec le consentement de leurs représentants. Les détails peuvent être réglés par le gouvernement, plus compétent pour toutes ces questions techniques; mais cette distinction entre les lois et les décrets ne peut pas être formulée d'une manière précise puisqu'il est impossible de trouver une mesure objective, un signe extérieur quelconque qui permette de distinguer ce qui est important et ce qui l'est moins. Aussi partout dans les États constitutionnels, le principe dans la pratique a-t-il été admis qu'un décret ne peut ni abroger, ni modifier une loi ; par conséquent toutes les matières déjà traitées par les lois restent de la compétence exclusive du pouvoir législatif, à moins que ce pouvoir n'autorise le gouvernement à les réglementer au moyen de décrets.

Pour toutes les questions, au contraire, qui n'ont pas été réglées par la loi, c'est au gouvernement qu'incombe le soin de les régler par des décrets. Cette règle générale, établissant les rapports entre la loi et les décrets, souffre cependant une exception, dans les cas d'extrême nécessité, quand il y va de la sûreté de l'Etat et au cas où il est impossible d'user de la voie législative. Dans de pareilles circonstances, le gouvernement peut faire un décret qui contredit la loi, mais les ministres en sont responsables devant les Chambres.

Les lois et les décrets peuvent également être à leur tour divisés d'après les différents organes qui les créent. Dans plusieurs Etats, les lois proprement dites, de même que les normes faites par des organes autres que ceux du pouvoir exécutif, se subdivisent en lois ordinaires et en lois fondamentales qui sont faites ou bien par des organes particuliers ou bien en vertu d'une procédure particulière.

Les décrets eux aussi se distinguent suivant qu'ils sont faits par le chef du pouvoir exécutif ou par des organes inférieurs de l'administration, organes départementaux ou municipaux.

Puisque cette distinction entre les lois et les décrets est une distinction reposant exclusivement sur la forme, en opposant la loi au décret, nous mettons en avant une conception, reposant uniquement sur la forme. Les lois, au sens formel, ne sont que des actes de l'institution législative, et cette définition peut, d'une certaine manière, être opposée à celle que nous avons déjà donnée de la loi considérée comme une norme juridique établie par l'organe du pouvoir, que ce soit sous une forme législative ou bien sous celle d'un décret ; la conception que nous donnons maintenant de la loi repose toute entière sur la forme que revêt la loi. Les décrets eux aussi, autant qu'ils contiennent des normes juridiques, peuvent être considérés comme des lois, au sens matériel du mot.

La confection des lois se divise en plusieurs parties nettement distinctes dans les Etats constitutionnels par exemple, dans tous les Etats où la loi est l'œuvre du

gouvernement et de la représentation nationale à la fois.
On distingue : 1° l'initiative de la loi; 2° la discussion
ou projet de loi ; 3° la sanction ; 4° la promulgation ;
5° la publication.

L'initiative, c'est la faculté de proposer une loi qui
doit être discutée par le pouvoir législatif.

L'initiative peut être organisée de quatre façons différentes.

C'est un droit que peut avoir : 1° le gouvernement
seul, comme en France, par exemple, sous le second
Empire ; 2° le parlement, seul, comme de nos jours aux
Etats-Unis ; 3° le gouvernement et le parlement ensemble comme dans la plupart des Etats constitutionnels et
4° enfin le peuple comme dans la Suisse actuelle.

Le droit de discuter la loi est la fonction principale
de la représentation nationale. Partout où la représentation nationale joue un rôle législatif elle accomplit
cette fonction. Mais ce droit peut avoir deux formes
essentiellement différentes. Il peut en effet être simplement un droit d'acceptation ou de refus du projet de loi
tel qu'il est présenté, sans avoir le droit d'y apporter
aucune modification, de proposer des amendements. Un
pareil droit suppose nécessairement que le droit d'initiative n'appartient qu'au gouvernement.

Dans les Etats modernes, un droit plus large s'est
établi, un droit qui consiste non seulement à accepter
ou à refuser le projet de loi, mais aussi à y proposer des
amendements à ce projet. Si le Parlement est composé
de deux Chambres, ainsi que cela arrive dans la plupart
des Etats modernes, chacune de ces deux Chambres
possède également le droit de discuter les projets de
loi qui lui sont soumis et ces projets de loi ne peuvent
être sanctionnés par le chef de l'Etat que s'ils ont été
acceptés par l'une et l'autre Chambre.

La sanction ou la confirmation des projets de loi

appartient toujours au chef de l'Etat. Le droit de sanction suppose le droit de non acceptation, c'est-à-dire le
droit de veto qui comprend le veto absolu et le veto
suspensif. Le veto absolu consiste en un droit illimité
du monarque et c'est seulement dans les Etats monarchiques qu'il existe un pareil droit d'arrêter les projets
de loi qui déjà ont été acceptés par les Chambres. Le
veto suspensif empêche seulement pour l'instant le projet de loi de devenir loi, mais devant l'insistance des
Chambres le projet de loi peut, sous certaines conditions, recevoir force de loi, malgré la volonté du chef
du gouvernement. Cette forme du veto est appliquée
dans les Républiques et aussi dans certains Etats monarchiques comme par exemple en Norwège.

La loi, acceptée par les Chambres et sanctionnée par
le chef du gouvernement, est susceptible ensuite d'exécution par la promulgation ; elle est publiée afin que
tout le monde en prenne connaissance.

Dans la plupart des Etats constitutionnels, ainsi que
nous l'avons déjà dit, les lois, au sens étroit du mot, se
subdivisent en lois ordinaires et en lois constitutionnelles. Ces dernières sont celles qui établissent les principes fondamentaux de l'organisation gouvernementale et
par suite elles sont plus complètes que les autres. Dans
certains Etats, le droit de faire les lois constitionnel-
les appartient aux mêmes institutions que celles qui
créent les lois ordinaires ; leur discussion toutefois offre
des formes plus compliquées qui garantissent davantage
la maturité de la discussion. C'est là ce qui se passe
par exemple en Prusse et en France. Dans d'autres Etats
le pouvoir de faire des lois fondamentales qu'on peut
appeler le pouvoir constituant se distingue du pouvoir
législatif et on le considère comme le privilège spécial
du peuple tout entier et non pas celui de l'assemblée des
représentants. En Suisse, par exemple, c'est ce moyen

qui est en vigueur pour faire une loi constitutionnelle.

La loi se distingue essentiellement des autres sources du droit en ce qu'elle est non pas un acte de l'application d'une norme comme la coutume ou la pratique judiciaire, mais un acte qui établit une norme.

Aussi l'action de la loi est-elle exactement déterminée non-seulement par rapport au lieu mais aussi par rapport au temps. La loi agit seulement à partir du moment où elle est promulguée et tous les projets de lois antérieurs ne sont pas des lois ; elle peut aussi être faite pour être appliquée pendant un temps déterminé. Dans le premier cas, l'action de la loi cesse quand on l'abroge ou qu'on remplace cette loi par une autre loi nouvelle ou par la coutume.

Le moment où la loi à force de loi est ordinairement celui-ci où elle est publiée. La publication de la loi est faite au moyen de son insertion dans un journal destiné spécialement à cet office. Mais la loi ne peut être connue du peuple le jour même où le texte en est publié dans le journal ; il faut un certain temps pour que ce journal parvienne dans toutes les villes ou villages de l'État et pour qu'on en prenne connaissance. Aussi est-il équitable d'estimer, comme on le fait en Allemagne, que la loi entre en vigueur quelques jours après l'apparition du journal. Si le terme est suffisamment éloigné, il peut être le même pour toutes les villes de l'État et cela offre cet avantage que la loi entre en vigueur à la même date dans l'État tout entier.

En Allemagne le terme fixé est celui de quatorze jours pour la mère-patrie et de quatre mois pour les colonies.

L'action de la loi cesse ou par l'expiration du terme si la loi était faite pour un terme déterminé ou parce qu'on a fait une loi nouvelle qui abroge la précédente. La promulgation d'une nouvelle institution abroge

l'ancienne pour les parties seulement qu'elle est destinée à remplacer réellement. Les autres règles édictées
par la loi ancienne et qui ne sont pas remplacées par la
loi nouvelle conservent toute leur action ; elles ne peuvent plus cependant être considérées comme lois constitutionnelles. C'est ainsi du moins que cela se passe en
France.

La législation se compose d'une suite de dispositions
faites les unes après les autres, au fur et à mesure des
besoins. Une semblable diversité présente de très
graves inconvénients qui rendent de plus en plus difficile l'étude de la législation. Mais ces inconvénients
s'aggravent encore de ce fait que les dispositions particulières, nées à des époques très différentes, sont souvent l'expression de principes totalement opposés, suivant l'époque à laquelle elles ont été créées, et suivant
le gouvernement. Il en résulte, dans les différentes parties qui forment la législation de graves contradictions.

Une refonte systématique de la législation, un rema-
niement complet des différentes lois pour en former un
tout systématique est quelque chose d'essentiellement
pratique et nécessaire.

Une telle unification peut être obtenue de deux façons
différentes ou par l'*incorporation* ou bien par la *codification* (1).

L'incorporation est un moyen qui permet de codifier
les lois mais seulement les lois en vigueur, on ne peut
en changer que la forme ; quant au fond il ne peut pas
être modifié ; c'est l'unification de la législation en
vigueur ; aussi ne produit-elle qu'une unification apparente, elle n'empêche pas les nombreuses contradictions
que contiennent les lois d'exister après comme avant.

(1) Ginouliak. De la codification et de son influence sur la législation et sur la science du droit ; Dans le « Messager juridique »,
1876.

La codification ne se borne pas à un changement dans les formes de la loi ; elle permet d'obtenir une unification systématique du fond même de la loi et c'est pourquoi celui qui codifie ne se borne pas à opérer sur la législation actuellement existante. Il peut puiser aussi dans le droit coutumier, dans la pratique judiciaire, dans le droit étranger ou dans la science du droit. Le Code n'est pas seulement l'ancienne législation sous une forme nouvelle, c'est une loi nouvelle au sens le plus complet du mot.

CHAPITRE II

LES SOURCES DU DROIT RUSSE

§ 55

Des rapports entre les différentes sources.

Gradovsky. Les principes du droit constitutionnel russe 'I, p. 11, Zitovitch. Cours de droit civil, 1. Tagantzeff. Cours de droit criminel russe, 1re livraison, p. 141.

Les sources du droit russe sont les mêmes que celles de tout droit positif ; ce sont la loi, la coutume et la pratique judiciaire. L'article 47 des Lois Fondamentales dit aussi, il est vrai que « l'empire russe est gouverné par les lois positives, les institutions et les règlements faits par le pouvoir autocrate », comme si ce texte voulait exclure toutes autres normes que celles créées par la loi. L'article 65 de ces mêmes « Lois fondamentales » veut à son tour que la loi soit appliquée d'après son sens exact et littéral, sans qu'on puisse admettre « l'inconstance fallacieuse d'une interprétation volontaire. » Il semble donc que les normes juridiques ne peuvent être créées chez nous ni par les coutumes, ni par la pratique judiciaire. En réalité cependant, la pratique judiciaire et surtout la coutume jouent en Russie un rôle très important.

Cette absence de corrélation entre les lois fondamentales et la réalité s'explique tout d'abord par ce fait que les rédacteurs du Code étaient sous l'influence de conceptions anciennes et qu'ils considéraient la loi comme l'unique source du droit ; la coutume, la pratique n'avaient à leurs yeux aucune valeur. Indépendamment de cette première raison, à l'époque où le Code fut établi, le peuple presque tout entier vivait d'après la coutume ; le servage existait alors et la législation n'a presque pas touché aux rapports mutuels établis à cette époque. Quant au pouvoir judiciaire, il n'était pas alors séparé du pouvoir législatif et le tribunal judiciaire le plus élevé (le Conseil d'Etat) était en même temps une institution législative ; pour cette raison la pratique judiciaire n'a donc pas été reconnue comme une source indépendante du droit. Si le tribunal remarquait dans la législation quelques parties peu claires ou incomplètes, il devait demander des explications au tribunal d'un degré plus élevé que le sien et c'est ainsi que l'affaire arrivant hiérarchiquement, devant le Conseil d'Etat était alors tranchée, après avis de ce Conseil, sur l'ordre du Souverain, c'est-à-dire d'une façon législative. Ces avis du Conseil d'Etat sur les litiges particuliers ont joué un rôle très important dans le développement de notre législation ; un grand nombre d'arrêts encore en vigueur aujourd'hui n'ont pas d'autre origine. Il n'y avait, dans un pareil état de choses, aucune raison pour que les rédacteurs du Code considérassent la pratique judiciaire comme une source indépendante du droit. Les sentences judiciaires se transformaient alors constamment en arrêtés d'ordre législatif ; entre les uns et les autres il n'existait pas de délimitation rigoureuse. Il n'en est plus de même aujourd'hui et notre Code lui-même apporte des atténuations au principe formulé par l'art. 47 des « Lois fondamentales. »

Notre législation moderne admet une assez large application des coutumes juridiques par les tribunaux. La loi
permet d'abord aux juges de paix de se guider sur les
coutumes locales, connues de tous, mais seulement pour
les cas précis où cette application est autorisée ou encore
pour des cas que la loi n'a pas prévus (C. pr. civ.,
art. 130). Certains tribunaux particuliers ont également le droit de se référer à la coutume, ce sont les tribunaux de baillage (Volostni), les tribunaux de commerce, et certains tribunaux indigènes.

L'application des coutumes par les tribunaux de baillage présente une importance toute particulière puisque
ce sont eux qui règlent presque toutes les affaires civiles des paysans, c'est-à-dire de la plus grande partie de
la population russe.

La réforme judiciaire en 1864 sépara le pouvoir
judiciaire du pouvoir législatif et du même coup fut
supprimée la défense d'interpréter la loi. Aujourd'hui
les tribunaux doivent trancher les litiges qui leur sont
soumis d'après la législation existante sans pouvoir
alléguer que la loi est peu claire, incomplète ou défectueuse ou contradictoire. Les tribunaux se trouvent
donc investis du droit d'interpréter les lois. Les affaires judiciaires ne peuvent plus être évoquées devant le
Conseil d'État pour être résolues par la voie législative ;
le pouvoir judiciaire doit lui-même résoudre toutes les
questions qui lui sont soumises. En fait, notre pratique
judiciaire, surtout celle de la Cour de cassation, par
suite des imperfections nombreuses que présentent
nos textes de loi, offre très souvent un caractère créateur.

La législation cependant, en Russie comme dans
tous les autres États, est à l'heure actuelle la source
principale du droit. Toutes les normes juridiques établies par les organes du pouvoir le sont par le pouvoir
souverain. Les organes de l'administration ont aussi à

un degré important le droit de créer par leurs actes
des normes juridiques, à la condition, bien entendu,
de ne pas contredire la loi. C'est ainsi qu'un pareil
droit est accordé aux gouverneurs, aux conseils municipaux et aux assemblées provinciales des départe-
ments, de même qu'aux différents ministres, en vertu
d'une délégation spéciale. L'article 47 des Lois Fondamentales doit donc être interprétée d'une façon restrictive. Les lois créées par le pouvoir suprême ne sont pas
en Russie les seules normes juridiques possédant une
force obligatoire. La législation elle-même admet, dans
une certaine mesure, que le droit coutumier, la pratique judiciaire et les organes inférieurs du pouvoir
sont eux aussi créateurs de normes ayant une force obligatoire pour les citoyens. Aussi l'article 47 doit-il être
interprété dans ce sens que les lois faites par le pouvoir
suprême sont la forme supérieure des normes du droit
positif en vigueur en Russie ; ces lois fixent les conditions et les limites de la force obligatoire des normes
juridiques ; les coutumes, la pratique judiciaire, les
décrets des organes inférieurs, toutes ces normes sont
soumises dans leur action aux lois qui sont créées par le
pouvoir suprême.

§ 56

La législation russe.

Gradovsky. Les principes du droit constitutionnel russe I. Khorkounov.
Le droit constitutionnel russe, II, p. 28 à 88. Le décret et la loi,
p. 289 à 357.

L'empereur russe, comme tout monarque autocrate,
possède un pouvoir illimité, et la fonction législative

qu'il accomplit n'est limitée en aucune façon par quelqu'autre organe. De son unique volonté dépend la solution de toutes les questions législatives.

Plusieurs auteurs en ont conclu que tout ordre émanant de l'Empereur est une loi. De ce que le pouvoir de
l'Empereur est illimité on en a conclu à la même force
obligatoire de tous ses ordres ; toutes les manifestations
de la volonté suprême possèdent, dit-on, une force égale,
et on ne peut distinguer entre les lois et les décrets rendus par l'empereur, s'ils ne sont pas en contradiction
avec quelque loi. C'est là l'opinion de Spéransky et
depuis lui cette opinion fut celle qui domina dans la
littérature russe.

Les lois fondamentales cependant ne nous montrent
pas une confusion aussi complète entre les lois et les
autres actes édictés par le pouvoir suprême. La confection et l'abrogation des lois, ainsi que leurs formes,
sont déterminées par des règles spéciales qui ne sont
pas applicables aux décrets. En ce qui concerne la confection des lois, par exemple, l'article 50 établit que
tous les projets de loi devront être examinés par le Conseil d'Etat ; quant aux formes dont elles doivent être revêtues, l'article 53 en fixe le nombre et les articles 54 et 55
distinguent entre les lois nouvelles et celles qui sont
seulement des compléments aux lois déjà promulguées ;
les lois nouvelles doivent être revêtues de la signature
de l'empereur ; pour les autres au contraire, il suffit de
la volonté suprême exprimée verbalement ; enfin l'article 73 prescrit la règle que les lois doivent être abrogées
avec les mêmes formalités.

Après avoir distingué ainsi entre les lois et les autres
actes de l'autorité souveraine, les lois fondamentales
prévoient dans l'article 77 la possibilité des contradictions entre la loi et le décret et c'est le Sénat d'abord, le

pouvoir suprême ensuite qui est juge de ces contradictions.

Toutes ces règles des lois fondamentales n'expriment-elles peut-être qu'une tendance, qui dans la pratique, ne peut recevoir une exécution, sous un régime de monarchie absolue ? On ne peut pas admettre une telle opinion. Celui qui a un pouvoir illimité peut lui-même, avec dessein, donner à ses différents ordres une force différente, et de semblables différences entre les principes généraux et les règles fixant des points particuliers sont nécessaires dans un État. Un monarque qui possède un pouvoir illimité, qui règle à la fois les principes généraux de l'activité de l'État et les questions concrètes, particulières à tel ou tel individu, même un tel souverain ne peut échapper à cette nécessité et il doit fixer des différences entre les actes qui ont une influence dirigeante et ceux qui n'en ont qu'une très faible.

Il est nécessaire d'appliquer à tous ces actes, législatifs et administratifs, des formes rigoureusement déterminées et faciles à distinguer. Aucun homme ne pourrait, en face d'une multitude de cas particuliers, en face des questions les plus spéciales et les plus variées, appliquer toujours et dans tous les cas les mêmes principes généraux si ces principes n'étaient pas établis sous une forme particulière, sous forme d'une loi. Si la distinction entre les actes législatifs et les actes administratifs proprement dits n'était pas faite, il serait à craindre que les uns et les autres ne soient fréquemment inobservés. Il n'est pas facile toujours d'appliquer à tous les hommes indifféremment les mêmes principes, une fois acceptés, en face des intérêts de tout ordre qui se heurtent et des nombreuses difficultés qui surgissent à tout instant. Dans un État, par suite de l'extrême complexité des faits et de la variété de l'activité humaine, cette difficulté d'appliquer toujours les mêmes principes est encore bien plus grande. L'absence d'un système préalablement organisé est donc encore bien plus dangereuse dans une administration, comme dans celle d'un État par exemple, que dans l'activité particulière.

Dans une monarchie illimitée, aussi bien que dans tout autre gouvernement, le besoin de distinguer certains actes, ayant une forme particulière et possédant une force absolue, comme actes législatifs est donc nécessaire. Cette distinction est possible même avec le pouvoir monarchique illimité, parce qu'un monarque possédant un tel pouvoir peut manifester sa volonté dans des formes différentes ; il a moins de raisons pour s'écarter de l'observation rigoureuse de ces formes qu'un monarque constitutionnel. Si le pouvoir du monarque, dans les affaires législatives est limité par le pouvoir de la représentation nationale, il est très tentant pour ce monarque d'élargir de plus en plus la sphère d'application des ordres pour lesquels aucun consentement du parlement n'est nécessaire. Le monarque constitutionnel n'est pas assuré du consentement du parlement pour les projets qu'il lui soumet ; il y a telles mesures qu'il croit absolument nécessaires de prendre et qui peuvent soulever au sein du Parlement une vive opposition. Il en est autrement des conditions de l'activité d'un monarque absolu. Dans la législation, de même que dans l'administration, son pouvoir est également illimité, également tout puissant. Aussi n'y a-t-il pour lui aucun intérêt à ne pas observer les formes des actes législatifs qu'il a lui-même instituées. En observant ces formes, il reste toujours libre. Ce n'est que chez les conseillers du monarque qui cherchent à soumettre celui-ci complètement à leur influence exclusive que peut naître l'intérêt d'écarter les formes plus complexes de la discussion des actes législatifs et qui exigent le concours d'un plus grand nombre de conseillers. Quant au monarque lui-même une observation rigoureuse des formes de la législation qui ont été établies ne peut nullement lui sembler gênante. Son pouvoir se manifestera d'autant plus librement que la discussion préliminaire des projets aura été plus complète et plus raisonnée. Après avoir entendu les observations de plusieurs conseillers, il lui sera plus facile de s'élever au-dessus des querelles mesquines ou des intérêts de tel ou tel de ces conseillers. Les intérêts personnels de ceux qui entourent le monarque, qui peuvent avoir sur lui quelque influence exigent assurément une certaine confusion entre les formes de la législation et celles de l'administration, mais le pouvoir illimité du monarque ne suppose nullement une telle confusion.

Nous devons donc reconnaître que tous les actes du souverain ne sont pas des lois, mais qu'il n'y a parmi eux de lois que ceux qui ont été rendus conformément à l'article 50 des lois fondamentales, c'est-à-dire après discussion devant le Conseil d'État. Le Conseil d'État, toutefois, n'accomplit qu'une fonction purement consultative ; il ne résout par lui-même aucune question ; il donne seulement son avis sur les affaires soumises au pouvoir souverain. Les avis peuvent être rendus à l'unanimité ou seulement à la majorité des voix, mais quels qu'ils soient, ils ne sont pas obligatoires pour l'empereur. L'empereur après avoir entendu, ou comme dit le manifeste d'Alexandre 1, « après avoir pris en considération l'opinion du Conseil d'État » prend librement une résolution conforme à celle de la majorité ou à la minorité du Conseil, ou simplement conforme à ses idées personnelles.

Malgré la grande autorité de Gradovsky, nous ne pouvons comparer la distinction qu'il fait entre les actes verbaux et écrits et les lois et les décrets. D'une part, en effet, les lois, mêmes faites avec le concours du Con-

seil d'Etat, ne sont pas toujours revêtues de la signature
de l'empereur. Très fréquemment la sanction est bien
écrite de la main même de l'empereur, mais sa signature n'y figure pas ; il n'y a que les mots : Qu'il en soit
ainsi ; quelquefois aussi il n'y a qu'un consentement
exprimé verbalement.

L'article 54 des lois fondamentales qui prescrit que
toute loi nouvelle doit être revêtue de la signature de
l'Empereur a son corollaire dans l'article suivant,
article 55 qui admet que toutes les lois complémentaires
peuvent n'être pas revêtues de cette signature. Avec le
développement moderne de la législation, la plupart des
lois nouvelles peuvent être considérées comme des lois
complémentaires de celles qui existent déjà.

La signature de l'empereur peut être apposée, d'après
l'article 66 à des actes du pouvoir suprême qui ne présentent aucun caractère législatif, par exemple aux actes
conférant des titres nobiliaires, aux nominations à des
emplois supérieurs. La signature de l'empereur prouve,
en de pareils cas, non pas que l'acte a été discuté d'une
manière plus approfondie, mais seulement qu'il a un
caractère plus grand d'authenticité ; cette signature
revêt donc des actes fort différents, qu'ils aient ou non
un caractère législatif.

L'opinion de Gradovsky se fondait principalement sur
une faute d'impression dans le texte de l'article 77,
faute qui a été faite dans l'édition de 1857. Le véritable
texte de cet article, celui des éditions de 1832 et de 1842
parlait du droit de relever les contradictions contenues
dans les ordres du pouvoir souverain, en quelque forme
que ces ordres aient été donnés ; par suite de l'erreur
du texte de 1857, il n'était plus question que des contradictions existantes dans les lois revêtues de la signature
de l'Empereur.

En ce qui concerne l'élaboration de la loi, en Russie,

par suite de l'absence de toute représentation nationale, le droit de l'initiative appartient seulement au gouvernement, d'abord à l'empereur, puis aussi au Sénat et au Synode qui peuvent porter devant le Conseil d'État la discussion des questions législatives. Mais les ministres ne jouissent pas du privilège de l'initiative législative ; ils doivent obtenir de l'empereur l'autorisation de porter devant le Conseil d'État tel ou tel projet de loi. Le Conseil d'État lui-même ne possède pas le droit de l'initiative, il ne peut que discuter les projets de loi qu'on lui apporte.

La discussion des projets de loi a lieu d'abord dans une des sections du Conseil, sorte de commission de préparation, puis en réunion générale qui comprend aussi, outre les personnes désignées par l'empereur, tous les ministres. Les avis du Conseil sont soumis à l'empereur sous forme de rapports très courts que l'on appelle le *Journal de la session* ou les *Mémoires*. La volonté de l'empereur s'exprime alors, selon l'importance de la question, soit sous forme écrite, soit seulement sous forme verbale, avec des formes qui varient suivant que c'est l'opinion de la majorité ou de la minorité du Conseil que le souverain s'approprie. Si l'empereur confirme l'opinion de la majorité, il se contente de l'indiquer par les mots « qu'il en soit ainsi » ou par la mention de la décision prise par l'empereur et signée du président du Conseil. Dans le cas contraire, la volonté suprême s'exprime ou bien par un acte signé de l'empereur ou bien par un ordre verbal de l'empereur, déclaré au Conseil par le président de ce Conseil.

Les formes extérieures des lois sont très diverses ; on peut distinguer entre les formes complètes et les formes abrégées des actes législatifs.

La forme complète comprend trois parties : 1° le texte même de la loi ; 2° l'opinion du Conseil d'État ; 3° l'ordre de la publication et de sa mise en vigueur. Le texte de la loi porte différents noms : règlement, décret, édit, ordonnance. Ces différents noms ne correspondent pas en pratique à des réalités bien distinctes. L'ordre que donne l'empereur de publier la loi et de la mettre en vigueur est contenu dans un décret signé de lui et qu'il envoie au Sénat. Dans les cas de publication de lois particulièrement importantes, l'empereur, en outre des formalités que nous venons de décrire, s'adresse directement à ses sujets en un manifeste dans lequel il explique les motifs qui l'ont poussé à agir ainsi.

Cette forme complète est rarement appliquée ; les manifestes que le pouvoir souverain adresse directement au peuple sont peu nombreux. Très souvent même on supprime le décret envoyé au Sénat. Dans ce cas, l'acte législatif comprend seulement deux parties : 1° l'avis du Conseil d'État ; 2° le texte même de la loi. Si la loi est peu importante, son texte est inclus dans l'avis même du Conseil d'État ; il arrive même que des lois ne consistent que dans les décrets signés de l'empereur et adressés au Sénat ; le décret contient alors le texte même de la loi et l'ordre donné au Sénat de la publier et de la mettre en vigueur.

La publication des lois s'accomplit chez nous au moyen du Sénat qui adresse les lois nouvelles avec des circulaires à toutes les institutions appelées à les appliquer ; il les fait en outre paraître dans le *Recueil des Lois et Ordonnances du Gouvernement* afin que tous puissent en prendre connaissance. Les institutions gouvernementales, les fonctionnaires, l'ensemble du public tout entier peuvent donc connaître ainsi les nouvelles lois. Les règles qui traitent de la mise en vigueur des lois sont encore chez nous très vagues et incommodes. Ces règles qui datent du xviiie siècle établissent la connaissance des lois nouvelles seulement pour les institutions gouvernementales et non pas pour l'ensemble de la population. Les articles 57 et 58 des Lois fondamentales semblent édicter la règle d'après laquelle les lois doivent être publiées deux fois ; l'article 57 veut que ce soin soit confié au Sénat et l'article 58 attribue à l'administration provinciale le soin de faire publier la loi pour chaque département. Mais, puisque tout l'Empire est divisé en gouvernements, on se demande alors quel sera le rôle laissé au Sénat dans la publication de ces lois. L'article 59 dit que les différentes administrations pourront appliquer la loi avant qu'elle soit devenue obligatoire pour les particuliers ; chaque tribunal par conséquent, y compris le Sénat et l'administration départementale doivent appliquer les lois nouvellement promulguées dès l'instant où ils les ont reçues ; ils ne peuvent les publier qu'après les avoir reçues et par suite le jour de la réception de la loi ne peut être le même que celui de la publication. Pourtant la loi est revêtue d'une force obligatoire en même temps et pour les particuliers et pour les tribunaux, chargés de discuter leurs droits et leurs obligations.

Les conséquences absurdes auxquelles aboutit l'interprétation littérale du texte des lois fondamentales s'expliquent uniquement par ce que ces textes n'entendent parler de l'application des lois qu'en tant que cette application sera faite par les différentes administrations. Mais comment doit être promulguée la loi pour qu'elle parvienne à la connaissance de tous ?

C'est d'une manière très générale que l'article 59 nous dit que la loi ne reçoit pas de force exécutoire, tant qu'elle n'est pas publiée. Mais elle ne dit pas ce qu'il faut entendre par l'expression « de jour de la publication ». Le règlement général du Sénat, il est vrai, dans son article 19, dit que ce jour est déterminé par le décret du Sénat. La publication de la loi dans le *Recueil des lois* vaut comme publication officielle, et il peut à bon droit

sembler que cette publication fixe le moment à partir
duquel la loi devient obligatoire pour les particuliers.
Cette interprétation nous conduit cependant à des conséquences qu'il est impossible d'admettre. Si nous l'ac-
ceptions, il faudrait aussi reconnaître que la loi devient
obligatoire pour les particuliers avant de l'être pour les
tribunaux, puisque c'est par le *Recueil des lois* que les
tribunaux prennent connaissance des lois nouvelles. Il
faut donc admettre, comme on le fait généralement en
pratique et dans la littérature juridique, que la loi
devient obligatoire en même temps et pour les particuliers et pour les tribunaux, et qu'en fait, elle est ainsi
obligatoire avant d'être portée à la connaissance générale de tous. Ajoutons à cela cet inconvénient que pour
chaque tribunal, l'époque à partir de laquelle la loi
devient obligatoire est différente ; avec les grandes dis-
tances qui séparent certaines villes de la capitale, c'est
là un point très important et la différence entre les dates
d'application de la loi peut être très grande.

Nous ne pouvons donc pas, bien que connaissant le
moment de la publication de la loi dans le *Recueil*,
déterminer l'époque à laquelle la loi devient obligatoire.
Il est nécessaire pour cela de savoir à quelle époque
chacun des tribunaux locaux reçoit la loi.

§ 57

Le Code général des lois.

Revue des renseignements historiques sur le code des lois 1837.

Outre le *Recueil de lois et ordonnances du gouvernement*, publié tous les ans depuis 1863, nous possédons encore deux autres recueils de lois : le *Recueil
chronologique* et complet de tous les actes législatifs

depuis le Code du tsar Alexis et le *Recueil systématique*
de la législation présente ou tout simplement le Code
des lois.

Ce sont tous des recueils de lois déjà promulguées,
de lois nouvelles, mais ces différents recueils présentent entre eux des différences très importantes. D'abord
ce ne sont pas des recueils terminés, comme par exemple les Codes de Justinien, ce sont au contraire des
recueils d'une législation actuellement en vigueur, toujours susceptible de remaniements et de changements.
Le *Recueil complet*, de même que le Code ne présentent
point un tableau de notre législation à un moment déterminé de son évolution historique; ils sont au contraire
destinés à nous montrer tous les changements successifs
de la législation. Puis ces recueils ne sont pas édités par
le pouvoir législatif, mais par une institution n'ayant
aucun pouvoir de ce genre. A l'origine, cette institution
était la seconde section de la Chancellerie de l'empereur;
elle fut transformée en 1882 en une section chargée de
la codification des lois et depuis 1893 elle est devenue
une section particulière de la Chancellerie d'État, section
du Code des lois. Composés par cette institution, les
nouveaux volumes du *Recueil complet*, de même que
les nouvelles éditions ou les compléments de l'ancien
Code ne sont point soumises à l'approbation du Conseil
d'État, ainsi que cela est exigé quand il s'agit de la promulgation des lois.

C'est sous le règne de Nicolas I que furent composés
pour la première fois le *Recueil complet* et le Code des
lois ; ce qui paraît aujourd'hui n'est que la suite de ces
différentes publications. Aussi la dernière édition du
Code, en 1893, porte-t-elle encore le même titre : « Code
des lois de l'empire russe, composé par ordre de l'empereur Nicolas I. »

Plusieurs fois on essaya de publier d'autres Codes que

celui du tsar Alexis en 1649, sous Pierre I par exemple,
au xvii⁰ siècle et aussi au commencement du xix⁰. Toutes
ces tentatives ont échoué et Nicolas I se décida à composer, au lieu d'un Code nouveau, un recueil formé des
lois alors en rigueur ; il confia ce travail à Spéransky.

Une pareille entreprise offrait de nombreuses difficultés. Les lois étaient jusqu'alors publiées sur des feuilles séparées et il n'y avait aucun recueil un peu complet, pas plus de recueil officiel que de recueil particulier.
Aussi pour déterminer et classer les lois alors en vigueur,
il fallut auparavant les rassembler toutes, depuis 1649
et les classer simplement dans l'ordre chronologique.

C'est ce qui fut fait, en 1830, lorsqu'on composa le premier recueil complet des lois, recueil en 45 volumes, qui
comprend tous les actes législatifs promulgués depuis
1649 jusqu'au 12 décembre 1825, c'est-à-dire jusqu'au
jour du premier manifeste de Nicolas I, au total 30.220
actes.

Tous ces actes furent insérés dans le recueil tels qu'ils
avaient été promulgués, sans aucun changement ; l'ordre
suivi est l'ordre chronologique. Le jour de la publication de la loi a été parfois indiqué, mais pas toujours.
Ce *Recueil*, afin de faciliter les recherches, comprend
en outre deux index, chronologique et alphabétique et
une table systématique des matières.

En même temps que paraissait ce premier *Recueil
complet* on commençait la publication d'un second
Recueil qui devait comprendre tous les actes législatifs
nouvellement promulgués à partir du premier manifeste
de Nicolas I. Ce second *Recueil* est composé sur le même
plan que le premier, mais il a une numérotation différente.

Lors de l'avènement au trône d'Alexandre II on agita
la question de savoir s'il ne fallait pas terminer là ce
second recueil et en commencer un troisième qui com-

mencerait avec le premier manifeste de cet empereur ;
mais Alexandre II refusa d'entreprendre la publication
d'un nouveau recueil. Ce ne fut qu'au vingt-cinquième
anniversaire de son règne qu'un troisième recueil fut
commencé le 19 février 1880. Après l'avènement au
trône d'Alexandre III, le 19 octobre 1883, le second
recueil fut continué jusqu'à cette date afin qu'il embras-
sât tous les actes du règne précédent et c'est à partir
de cette date seulement que commença un troisième
recueil avec le premier manifeste d'Alexandre III. Le
second *Recueil*, aujourd'hui terminé, comprend donc tous
les actes législatifs des deux règnes, celui de Nicolas I et
celui d'Alexandre II, au total 55 volumes.

La publication du *Recueil complet* a été provoquée par
la dispersion de nos lois qui étaient toutes publiées sur
des feuilles séparées. Depuis 1863, la publication des lois
nouvelles a lieu au moyen du *Recueil* d'actes législatifs
qui est lui aussi un recueil complet pourvu d'index chronologique et alphabétique. On s'est alors demandé s'il
était nécessaire de continuer la publication du *Recueil
complet*, alors qu'il y avait un autre recueil chronologique qui paraissait toujours très longtemps avant le
Recueil complet. Cette question a été plusieurs fois soulevée, en 1882 notamment par le Conseil d'Etat ; la
publication du *Recueil complet* a néanmoins été conservée.

Les raisons qu'on a fournies pour conserver la publication de ces deux *Recueils* sont, à plusieurs points de
vue, intéressantes. On a expliqué tout d'abord que c'est
seulement dans le *Recueil complet* que les lois sont placées dans un ordre chronologique déterminé ; dans le
Recueil au contraire l'ordre est absolument celui du
hasard. Les actes, en effet, dans ce *Recueil* sont insérés
non pas d'après la date à laquelle ils ont été sanctionnés,
mais d'après la date à laquelle le Sénat les a discutés.

Mais il faut dire que l'ordre chronologique, d'après l'époque de leur publication, qui a été choisi par le *Recueil complet*, est beaucoup moins important. Pour un juriste, ce qui est important, c'est de savoir à quelle époque la loi est devenue obligatoire et non pas à quelle époque elle a été sanctionnée ; cette dernière date ne peut offrir d'intérêt que pour un historien. Puis on a fait remarquer les nombreuses fautes que contient le *Recueil*, fautes inévitables dans une publication aussi hâtive. Assurément il existe des fautes dans le *Recueil complet*, car il en existe dans toute œuvre humaine, mais elles sont en très petit nombre ; ces fautes doivent être corrigées le plus promptement possible et par la même institution que celle qui a fait la loi. Il faut encore ajouter à ces considérations que le *Recueil complet* et le *Recueil* ne coïncident pas dans toutes leurs parties. Le *Recueil complet* contient un bien plus grand nombre d'actes! C'est ainsi par exemple que le tome XLI du *Recueil complet* contient 1212 décrets, tandis que le volume correspondant de l'autre recueil n'en comprend que 893. Cela s'explique parce que la seconde section de la Chancellerie chargée de la publication du second recueil suivit les mêmes règles pour cette publication que celles qui avaient servi au premier. Elle ne se contenta pas de faire réimprimer les décrets publiés par le Sénat, mais elle rechercha elle-même et publia des décrets dont le Sénat avait refusé la publication, parce qu'ils n'avaient pas été rendus selon les formes exigées par la loi. La section de codification reconnut combien était mal fondée une publication de ce genre et depuis, sur l'ordre de l'empereur, le *Recueil complet* ne comprend que les actes publiés dans le *Recueil*. Il est donc permis maintenant de mettre en doute l'utilité de la publication de ces deux recueils qui sont identiques.

L'existence de ces deux recueils également officiels

peut même soulever dans la pratique de sérieux inconvénients. Deux recueils, indépendants l'un de l'autre et
composés par des institutions différentes, ne peuvent
jamais être complètement identiques. Il y aura entre eux
des différences dans les fautes, en outre le directeur du
Recueil complet se reconnaît le droit de corriger les
fautes du texte du *Recueil*. Il peut donc ainsi arriver
qu'une même loi présentera un texte différent dans l'un
et l'autre recueil ; quel est celui de ces deux textes qui
aura force obligatoire ? Puisque l'insertion de la loi dans
le *Recueil* est un élément essentiel de la publication de
la loi, il faut admettre que c'est la loi, telle qu'elle a été
insérée dans le *Recueil* qui a force obligatoire et qu'en
cas de différence avec le texte du *Recueil complet* c'est
le texte du *Recueil* qui doit l'emporter.

§ 58

Les premières éditions du Code.

La publication du *Recueil complet* fut considérée
comme la préparation nécessaire à la publication du
Recueil des lois actuellement en vigueur, qui est le Code
des lois.

Ce Code se distingue du *Recueil* tout d'abord par son
contenu ; il ne contient pas toutes les lois, mais seulement celles qui ont encore une force obligatoire. Puis
les lois en vigueur ne sont pas insérées dans leur entier
dans le Code, et sous la forme dans laquelle elles ont
été promulguées à l'origine ; le Code ne comprend que
des extraits, sous forme d'articles distincts, avec des renvois aux décrets qui ont servi pour leur rédaction. Enfin
l'ordre des décrets législatifs contenus dans le Code

n'est pas l'ordre chronologique, mais l'ordre systématique.

Le Code a été composé en sept ans ; commencé en janvier 1826, il contenait, à la fin de 1832, les lois en vigueur jusqu'au 1ᵉʳ janvier 1832 et le 19 janvier 1833 il était présenté au Conseil d'Etat en une séance mémorable que présidait Nicolas Iᵉʳ. Le manifeste est signé du 31 janvier 1833, mais cette première édition s'appelle, d'après l'année de sa publication, l'édition de 1832. La date de la mise en vigueur fut celle du 1ᵉʳ janvier 1835 afin de permettre aux tribunaux de le bien connaître.

Lors de la publication du Code, il fallut d'abord exclure toutes les lois abrogées par des lois ultérieures ; toutes les répétitions furent en outre écartées et au lieu de plusieurs lois sur la même question, le Code n'en comprend jamais qu'un seul. Enfin on s'efforça de conserver, autant que cela fut possible, le texte même des anciennes lois, « parce que dans la loi ce n'est pas l'élégance du style qu'il faut considérer, mais sa force et sa force est d'autant plus grande que la loi est plus ancienne. » Enfin les lois diffuses, trop étendues furent abrégées et dans ce but, on résolut de se borner à rappeler dans quel but la loi avait été établie, sans exposer trop longuement les cas particuliers.

Composées de cette façon, les lois forment les différents articles du Code et pour chacun d'entre eux on a rappelé les dispositions qui leur ont servi de base. On n'a pas agi ainsi seulement dans le but de donner à ces articles une plus grande certitude mais aussi afin de rendre la lecture du Code plus compréhensible. Ce sont là des indications qui sont nécessaires pour déterminer exactement la portée de la loi, pour comprendre son vrai sens, en cas de doute ; elles sont les meilleurs moyens pour parvenir à une bonne interprétation ; elles forment un système, fondé non pas sur les opinions et les conclusions arbitraires, mais sur la comparaison entre les deux formes que revêt une même loi.

Outre les renvois aux décrets qui leur ont servi de base, certains des articles du Code comprennent encore des notes et des suppléments. La première édition contenait sous forme de notes, des explications qui, ne contenant ni ordre, ni défense, ne constituent point de lois ; les suppléments contiennent les différentes formes et tableaux qui auraient obscurci le sens des articles principaux et auraient rompu le lien qui les unit, s'ils avaient été placés dans le texte même. Dans les éditions postérieures, la même règle ne fut malheureusement pas observée et sous forme de notes et de suppléments on inséra plusieurs fois de véritables lois, modifiant absolument les articles auxquels on les ajoutait. On remarque, d'ailleurs, dans ces derniers temps, une tendance pour donner aux notes et aux suppléments, la même portée qu'ils avaient autrefois.

Les articles du Code sont rangés dans un ordre systématique (1). Ce système s'appuie sur les principes suivants : Toutes les lois sont divisées en lois constitutionnelles et en lois civiles. Les lois constitutionnelles sont celles qui déterminent les droits et les devoirs de l'individu envers l'Etat. Elles sont de deux sortes : les unes fixent l'essence même de l'union de l'Etat, les autres protègent seulement les droits qui en découlent. Les lois du premier groupe se subdivisent à leur tour : 1° en lois fondamentales qui règlent le pouvoir souverain, son organisation, son action sur la législation et l'administration, 2° en lois organiques qui règlent les organes du pouvoir, 3° en lois gouvernementales qui détermine les moyens

(1) L'édition de 1832 en comprenait 36.000 ; avec les suppléments, 42.198.

à l'aide desquels le pouvoir agit et qui composent les forces dont dispose le pouvoir (prestations personnelles, service militaire et impôt) et enfin 4° en lois des classes qui fixent les droits et les devoirs des sujets, d'après le degré de leur participation au pouvoir de l'Etat.

Les lois de l'Etat du second groupe se subdivisent en lois préservatrices et en lois criminelles.

Les lois civiles fixent les droits et les devoirs qui découlent de la famille et de la possession des biens. Speransky cependant les a divisées en deux catégories d'après un autre signe. Il a réuni ensemble les lois de famille et les lois patrimoniales sous le nom de lois civiles générales, et il distingue en outre les lois civiles particulières, c'est-à-dire celles qui fixent les droits sur les biens dans leur rapport avec l'Etat, avec le commerce sur l'industrie, etc. Ces lois civiles particulières s'appellent, d'après leur but principal, les lois économiques de l'Etat. Tout le Code est ainsi divisé en huit sections principales, contenues en 15 volumes.

I. — *Les lois fondamentales de l'Etat* (Tome I, partie I).

II. — *Les institutions :* a) *centrales* (tome I, p. 2), b) *locales* (tome II), c) *les règles sur les fonctionnaires* (tome III).

III. — *Les lois organisant les forces de l'Etat :* a) *Règlements des prestations* (tome IV).

b) *Règlements des impôts et des droits de l'Etat* (tome V).

c) *Règlements des douanes* (tome VI).

d) *Règlements des monnaies, des mines et du sel* (tome VII).

e) *Règlements des forêts, des redevances domaniales* (tome VIII).

IV. — *Lois sur les classes* (tome IX).

V. — *Lois civiles et de bornage* (tome X).

VI. — *Lois du bon ordre dans l'État : a) crédit, commerce, Industrie* (tome XI).

> *b) Voies de communications, constructions, incendies, économie rurale, police des villages de l'empire et des colonies, police des étrangers dans l'empire* (tome XII).

VII. — *Lois de police : a) assistance publique, lois médicales* (tomes XIII).

> *b) Passe-ports, arrestations des criminels* (tome XIV).

VIII. — *Lois criminelles* (tome XV).

Chacun des quinze volumes du Code constituait un tout séparé, un Code distinct consacré à une institution spéciale, ayant une numérotation et une pagination particulières.

Ce système comprend tout le droit en vigueur, à l'exception : 1° des lois locales ; 2° des actes législatifs sur l'instruction publique et le contrôle de l'État ; 3° des actes législatifs sur l'administration des cultes ; 4° des lois concernant l'administration de la Cour et certaines institutions de bienfaisance placées sous les auspices particuliers de l'empereur ou de membres de la famille impériale ; 5° des lois sur l'armée et la marine.

Il forme un Code des lois, au sens matériel du mot, et non pas au sens formel. Il comprend toutes les normes juridiques créées par le pouvoir souverain et aussi celles qui émanent des organes des administrations inférieures, surtout des ministres et du Sénat. En faisant rentrer dans le Code les décrets du Sénat ou des ministres, on n'a point voulu cependant leur donner pour l'avenir la force de la loi. Dans la *Revue des renseignements sur le Code*, p. 176, il y est dit au contraire que tous les décrets ont été soigneusement distingués par un renvoi à l'ordre lui-même, afin de ne pas les confondre avec la loi.

D'après l'avis du Conseil d'Etat du 15 décembre 1834,
avis confirmé par l'empereur, il avait été entendu que le
Code comprendrait : 1° les circulaires des ministres
ayant trait à l'accomplissement de la loi si ces circulaires
ont été confirmées par un décret du Sénat ; 2° les explications fournies par l'administration, ratifiées et publiées
par le Sénat, à condition qu'elles soient conformes aux
lois en vigueur et qu'elles suppriment les doutes que
pouvait soulever la lecture du texte, sans toutefois apporter à ce texte aucune modification.

§ 59

Les éditions postérieures du Code et ses suppléments.

Puisque le Code est un recueil des lois actuellement
en vigueur et qu'il doit refléter tous les changements
apportés à la législation, il était nécessaire de prendre
des mesures pour que le Code fut toujours conforme à
l'état actuel de la législation.

On employa pour arriver à ce but deux moyens différents : 1° on publia de temps à autre de nouvelles édi-
du Code et 2° on fit paraître à intervalles fixes un supplément.

Après la première édition de 1832, il y eut encore deux
autres éditions complètes en 1842 et en 1857, puis un
grand nombre d'éditions de tomes ou même de parties
distinctes du Code en 1876, 1883, 1885, 1886, 1887,
1889, 1890, 1892 et 1893 (1). Toutes ces éditions toutefois n'ont pas remplacé celle de 1857 et certaines parties
de cette édition restent toujours en vigueur.

(1) Et nous ne parlons pas des réimpressions des éditions de 1833
et 1835 ; les titres de ces réimpressions portent cependant le mot
d'éditions.

On espérait à l'origine que l'on pourrait composer les nouvelles éditions du Code en conservant rigoureusement le plan de la première édition, jusque dans les moindres détails ; dans ce but le Conseil d'Etat émettait, le 15 décembre 1831, l'avis que la rédaction de tout nouveau statut devait être toujours conforme, dans la mesure du possible, aux dispositions principales de l'article du Code correspondant. On pensait alors que, quelque fussent les changements apportés postérieurement à la législation, ils pourraient toujours trouver place dans le Code.

Déjà cependant, lorsque cette question fut discutée au Conseil d'Etat, le comte Kankrine exprima des doutes sur la possibilité de placer toujours sous les rubriques du Code les lois nouvelles qui apporteraient de notables changements et qui par suite ne correspondraient nullement aux chapitres déjà existants. C'est en effet ce qui se passa lors de la rédaction de la seconde édition du Code, en 1842.

Après la première édition du Code, de nombreuses et très importantes institutions furent créées ; il y eut à ce sujet des instructions fort utiles, telles que celles adressées aux gouverneurs : il y eut des lois sur la régence du gouvernement, sur la police des districts, etc... Comme il n'était pas possible de les placer au milieu des articles déjà existants, on les mit à la suite du Code, comme supplément aux articles qu'ils abrogeaient ; une telle place n'était point en rapport avec l'importance de ces lois nouvelles. Le plan primitif laissait seulement aux suppléments les quelques articles portant sur des modifications de détail, au lieu de cela ce sont des décrets fixant l'organisation de toute l'administration locale qui y trouvent place.

Dans la seconde édition du Code, en 1842, on songea à écarter une disposition aussi fâcheuse et l'on n'y put

parvenir sans modifier d'une façon assez essentielle
l'économie des différents tomes. C'est ainsi que par
exemple, le tome II, ainsi que l'expliquait le comte Bloudow, dans son rapport à l'empereur du 10 décembre 1842,
a été refait et composé entièrement à nouveau dans cette
seconde édition. On peut presque dire que toutes les
parties ont reçu, dans ce tome, des modifications par
suite des lois nouvelles. La même chose se passa aussi
dans les autres volumes, dans des proportions moins
grandes cependant.

Outre cela une innovation importante eut lieu dans
tous les volumes, innovation qui paraît tout d'abord
n'avoir que des conséquences purement extérieures, mais
qui cependant change absolument le caractère général
du Code. Dans la première édition, chaque tome avait
une numérotation générale ; le Code était alors un recueil
systématique d'articles formant 15 tomes. Pour indiquer
un article deux numéros étaient suffisants : celui du
tome et celui de l'article. La place d'un article était
uniquement déterminée par sa place dans le Code et
non pas d'après le chapitre dans lequel cet article
avait paru tout d'abord ; on obtenait ainsi, par ce système général, une unité complète entre les différentes
parties du Code. Dans l'édition de 1842 au contraire,
les différentes institutions et les différents articles ont
tous reçu une numérotation différente. Le comte Bloudow en donna la raison en s'appuyant sur des considérations extérieures et d'ordre pratique : il fallait,
disait-il, rendre possible la vente des différentes parties
de chaque volume. En réalité ce changement eut des
conséquences autrement importantes ; en rendant plus
facile la rédaction de la nouvelle édition du Code, il
permit aussi aux nouvelles lois d'y trouver une place,
tout en conservant au Code son système primitif ; comme
cela arriva par exemple pour les articles réglant le

Conseil d'État ou pour les instructions adressées aux gouverneurs. La seconde édition est plus grosse que la première, le nombre des articles est supérieur de plus du double à celui de l'édition de 1832 ; il est de 59.396 articles. C'est le 1er novembre 1851 que l'empereur ordonna de composer la troisième édition. Le comte Bloudow, toujours chargé des projets de codifications, espérait (voir son rapport du 1er nov. 1851) introduire des changements très importants dans cette nouvelle édition ; il voulait y mettre toutes lois qui n'avaient pas figuré jusqu'alors dans les deux premières éditions, en exceptant toutefois les codes militaires et de la marine, les lois sur les domaines de l'empereur, sur le gouvernement de la Baltique et la religion orthodoxe ; le nombre des volumes serait ainsi porté de 15 à 20. Dans son rapport du 16 décembre 1851, il se résolut à conserver le même nombre de volumes, et pour cela il divisa les tomes II, VIII, XI, XII, XV en deux parties et le tome X en trois, et c'est ainsi que la troisième édition eut 15 tomes en 22 volumes. Tout le Code est donc divisé en huit parties principales ; certains tomes se divisent aussi en parties ; le mot parties doit donc être pris dans deux sens différents. L'idée du comte Bloudow de mettre dans cette nouvelle édition toutes les lois alors en vigueur ne se réalisa pas complètement. On y introduisit seulement les statuts de finances (tome VIII, partie 2), ceux relatifs aux cultes étrangers (tome XII, partie 1), ceux des postes et télégraphes (tome II, partie 2). La troisième édition comprit environ 90.000 articles.

L'édition de 1857 fut la dernière du Code tout entier. Jusqu'en 1876, il n'y eut aucune nouvelle édition ; à cette époque fut composée une nouvelle édition des premières parties des tomes II, III et VIII, de la seconde

partie des tomes X, XI et XV et depuis lors il y eut
différentes éditions des tomes séparés.

Toutes ces nouvelles éditions compromirent forcément l'unité primitive ; à côté des tomes de l'édition de
1857 encore en vigueur aujourd'hui, il faut placer les
éditions de 1892 et de 1893, qui furent composées après
l'apparition des plus importantes réformes qui ont marqué le siècle passé. Notre code n'a jamais eu une unité
intérieure ; il a maintenant perdu son unité extérieure,
il a cessé d'être l'œuvre d'une seule main et même celle
d'une époque ; il ne présente même plus aujourd'hui le
tableau de la législation dans une période déterminée
de l'histoire.

Les différents statuts deviennent de jour en jour plus
séparés, plus indépendants les uns des autres. Déjà
nous avons vu que dans l'édition de 1842, les différents
codes contenus dans le même tome avaient reçu une
numérotation distincte. Dans les éditions plus récentes,
chaque tome forme un recueil distinct de codes, réglements, institutions, sans qu'ils aient aucun lien avec un
plan général préconçu, sans qu'ils se rattachent à quelque
système déterminé. Chaque acte législatif nouveau,
quelque peu important, forme une nouvelle partie intégrante du tome dans le contenu se rapproche le plus de
la matière qu'il traite. Les nombreux changements qui
se sont produits dans notre législation, dans ces soixante
dernières années, ont totalement modifié l'ancien système du Code.

Le nombre des volumes lui aussi n'est plus le même.
Le Code n'accordait pas une place distincte à l'ordre
judiciaire et à l'administration de la justice. Les tribunaux faisaient l'objet d'un chapitre parmi tous ceux qui
traitaient des autres établissements de l'État ; ils se sub-
divisaient en tribunaux centraux (tome I) et tribunaux
locaux (tome II). Les lois de l'administration de la justice

criminelle et civile ont été ajoutées au droit criminel et au droit civil. Dans les règlements de la justice d'Alexandre II l'ordre judiciaire et l'administration de la justice ont au contraire été complètement modifiés et forment un tout séparé. Et c'est pour cela qu'après la tentative du prince Ouroussoff pour placer les règlements de la justice en parties distinctes dans les différents tomes du Code de l'édition de 1876, on se décida en 1892 à former avec ces anciennes lois un nouveau tome, le tome XVI ; le nombre de parties que comprenait certains tomes fut également modifié ; le tome X n'eut plus 3 parties, mais 2 seulement : les lois civiles et les lois de bornage ; le tome XV n'en compta plus qu'une, le tome II également.

Quant à ce que devait comprendre le Code, on se résolut en 1885 à y mettre seulement les actes législatifs et les ordonnances de l'empereur pour les sujets seulement se rapportant aux textes du Code et pour lesquels il n'existe pas déjà de textes législatifs ; de même aussi on y plaça les décrets explicatifs qui ont été sanctionnés par l'empereur.

Les décrets du Sénat ne peuvent y trouver place que s'ils présentent une importance particulière pour expliquer la loi et à la condition que chaque décret sera autorisé par l'empereur à être inséré dans le Code. Les circulaires des ministres ne seront pas insérés, sauf ceux du ministre des finances relatifs aux douanes.

Le Code se compose donc aujourd'hui de XVI tomes ; les tomes I, VIII, X, XI, XII et XVI ont chacun deux parties, le tome IX comprend un supplément distinct contenant le règlement des paysans.

Ces tomes comprennent les matières suivantes :

Tome I, partie 1. Les lois fondamentales de l'État, partie 2. Les statuts du Conseil d'État, du Conseil des ministres, du Conseil des chemins de fer de Sibérie, du

Sénat, des ministres, les décrets relatifs aux pétitions adressées à l'empereur, aux récompenses décernées par l'empereur, aux différents ordres nobiliaires (éditions de 1892, de 1893 et de 1895).

Tome II. L'organisation générale des provinces ; les lois sur les institutions provinciales et sur les districts, sur les villes, sur la Pologne, sur le Caucase, sur les territoires trans-Caspiens, sur la province du Turkestan, sur les provinces d'Akmolinsk, de Semipalatinsk, de Semiretchinsk, d'Ouralsk, de Tourgaïsk, sur la Sibérie, les lois concernant les étrangers (éditions de 1892, 1893 et 1895).

Tome III. Les lois relatives aux nominations des fonctionnaires, aux subventions et pensions (éditions de 1876, 1890, 1891, 1893), les règlements sur le service civil dans les localités éloignées, dans les gouvernements d'Occident et dans la Pologne (éditions de 1890, 1891, 1893), celles sur les fonds du département civil (éditions de 1886, 1890, 1891, 1894).

Tome IV. Les lois sur le service militaire (édit. 1886, 1890, 1891, 1893), celles relatives aux redevances foncières (édit. 1857, 1890, 1891 et 1893), aux institutions provinciales (édit. 1890, 1891, 1893).

Tome V. Les lois sur les contributions directes, sur les droits de l'État, les recettes, les taxes sur les logements (édit. 1893, 1895).

Tome VI. Les lois sur les douanes, le tarif général des douanes du commerce européen (édit. 1892, 1893, 1895).

Tome VII. Les lois sur les monnaies, sur les mines (édit. 1893, 1895).

Tome VIII. Lois sur les forêts, sur les redevances dues à l'État, sur l'administration des domaines de l'État dans les gouvernements occidentaux et dans la

Baltique (édit. 1893, partie 2), les lois sur la comptabilité (édit. 1857, 1890, 1891, 1893 et 1895).

Tome IX. Les lois sur les classes, supplément particulier au tome IX (édit. 1876, 1890, 1891, 1893).

Tome X, partie 1. Code des lois civiles, règlements sur les marchés et fournitures passés pour le compte de l'État (éditions de 1887, 1890, 1891, 1893, 1895), partie 2, les lois de bornage (édit. 1893, 1895).

Tome XI, partie 1. Lois sur les cultes étrangers (édit. 1857, 1890, 1891, 1893), lois sur les établissements d'instruction du ressort du ministère de l'instruction publique (édit. 1893, 1895). 1 partie 2 lois sur le crédit, les lettres de change. le commerce, les consuls, l'industrie (èdit. 1893, 1895).

Tome XII, partie 1. Lois de grande et petite voirie (édit. 1857, 1893), lois sur les chemins de fer russes (édit. 1886, 1893), sur les postes et télégraphes (1876, 1893), sur les constructions (édit. 1887, 1893), règlements sur les assurances contre l'incendie (édit. 1886, 1893), partie 2, lois d'économie rurale, sur les travaux des champs, sur les aubergistes et hôteliers (édit. 1893, 1895), sur la police dans les villages (édit. 1857, 1890, 1891), sur les villages des Cosaques et sur les colonies d'Étrangers dans l'empire (édit. 1857, 1863, 1864, 1868.

Tome XIII. Lois sur l'alimentation publique, sur l'assistance publique (édit. 1892, 1893, 1895).

Tome XIV. Lois réglant les passeports, la censure, la presse, lois répressives régissant les détenus et les déportés (édit. 1890, 1891, 1893 et 1895).

Tome XV. Lois criminelles et correctionnelles, lois dictées par les juges de paix (édit. 1885, 1890, 1891, 1893, 1895).

Tome XVI, part 1. Statuts judiciaires, partie 2. Organisation des tribunaux locaux, lois relatives à l'administration de la justice et aux peines civiles (édit. 1892, 1893, 1895).

Comme les éditions successives du Code sont séparées entre elles par des intervalles assez longs, on a édicté chaque année, autant qu'il a été possible, des suppléments qui sans citer tout le contenu du Code, contiennent seulement les changements qui y ont été apportés (1)!

Ces suites sont de deux ordres différentes, les unes comprennent seulement les lois qui ont paru depuis l'édition de la suite précédente, les autres comprennent toutes les lois parues depuis la dernière édition du Code. Les suppléments actuellement en vigueur sont ceux de 1890, 1891, 1893, 1895 et ce n'est que pour les lois relatives aux Cosaques et aux colonies des étrangers (tome XII, partie 2) que les éditions de 1863, 1864, 1868 conservent toute leur vigueur.

Les lois insérées dans le Code ou dans les Suppléments doivent être citées par des notes indiquant les renvois aux parties correspondantes du Code. C'est de cette façon qu'est déterminé le règlement du Sénat. Ces renvois doivent comprendre : 1º la date de l'édition du Code ou de son supplément ; 2º l'indication du tome ou de la partie du Code si le tome est divisé en plusieurs parties ; 3º le titre de la loi et les abréviations sous lesquelles la loi est d'ordinaire désignée ; 4º les numéros de l'article, par exemple on dira ainsi : Code de 1892, tome II, statut des villes, article 1er.

Ainsi que nous l'avons déjà indiqué, certaines bran-

---

(1) Le Code de 1832 comprenait six suppléments de ce genre, ceux de 1834, 1835, 1836, 1837, 1838 et de 1839. Le premier comprenait 823 corrections.

Le Code de 1842 eut 19 suppléments : 1843, 1844 (3), 1845, 1846 (2), 1847 (2), 1848 (2), 1849 (2), 1850, 1851, 1852, 1853, 1854 et 1855.

Le Code de 1857 en eut 19 : 1858, 1859, 1860, 1861, 1863, 1864, 1868, 1869, 1871, 1872, 1876, 1879, 1881, 1886, 1887, 1889, 1890, 1891 et 1893.

ches de notre législation ne sont pas comprises dans le Code ; dans les éditions postérieures, dans les suppléments seulement on les y rencontre ; il en est ainsi pour les règles relatives aux établissements scientifiques, aux cultes étrangers.

Certains textes n'ont jamais pénétré dans notre Code et forment des codes distincts, ainsi ceux relatifs aux lois de la Baltique, les codes militaires et de la marine.

Le Code militaire a paru en 1838 ; il est divisé en cinq parties et forme 15 tomes en 12 volumes. La première partie (volume 1 à 4) contenait l'organisation des institutions militaires, la seconde (volumes 5 et 6) les lois sur le service, la troisième (vol. 7), les lois relatives à l'instruction des troupes, la quatrième (vol. 8 à 11), les lois sur l'économie, et la cinquième (volume 12) les textes relatifs aux crimes militaires.

C'est d'après le même plan que parut en 1859 la seconde édition de ce Code qui eut six suppléments jusqu'au 1er janvier 1869. Mais les réformes militaires accomplies pendant le dernier règne ont été tellement importantes, que ce plan devint peu pratique. Aussi en 1869, on commença, sur un nouveau plan, une troisième édition. Cette nouvelle édition est divisée en six parties : 1° les administrations militaires ; 2° les troupes régulières ; 3° les troupes irrégulières ; 4° les établissements militaires (intendance, artillerie, génie, médecine militaire, prisons) ; 5° l'économie militaire et 6° les lois relatives à la discipline, à la justice militaire. La nouvelle édition toutefois n'est pas encore terminée ; seules les parties une, quatre et six ont complètement parues. La seconde et la cinquième parties ont paru en partie seulement, la troisième n'a pas paru du tout ; ajoutons enfin que les parties parues ont trois suppléments chacun édités en 1874, 1879 et 1881.

Le Code des lois de la marine de 1886 comprend 18 livres.

1° L'administration du ministère de la marine ; 2° équipage et détachements ; 3° établissements d'instruction ; 4° établissements médicaux ; 5° établissements techniques ; 6° établissements d'hydrographie ; 7° les prisons ; 8° les affaires de service ; 9° les récompenses, secours en argent ; 10° les lois maritimes ; 11° police des ports ; 12° instructions sur l'économie ; 13° paiements des fonctionnaires ; 14° équipages des navires ; 15° statuts sur les finances ; 16° punitions sur les navires de guerre ; 17° de la discipline en général ; 18° de la justice.

Il existe des lois particulières pour le gouvernement de la Baltique : 1° de l'organisation des institutions locales ; 2° des droits des classes ; 3° des lois civiles.

Le Code des lois du gouvernement de la Baltique ne contient que ces trois parties. Les deux premières ont paru en 1845 et en 1853 parut le premier supplément ; le code des lois civiles fut édité seulement en 1864.

Dans le gouvernement de l'ex-royaume de Pologne c'est jusqu'à présent le Code civil français, introduit en 1808, qui est encore en vigueur. Il y eut cependant des changements importants, en ce qui concerne notamment la législation du mariage. La traduction officielle russe parut en 1870 sous le titre de : *Recueil des lois civiles des gouvernements du royaume de Pologne.*

Enfin dans le grand-duché de Finlande c'est encore une législation particulière qui est en vigueur, législation qui s'est développée grâce à l'activité d'un organe législatif spécial, grâce à la diète finlandaise. La base de cette législation est le Code suédois de 1734, édité en russe avec des changements et des suppléments en 1824 sous le titre de : *Code suédois* accepté par la diète de 1734 et sanctionné par l'empereur pour le grand duché de Finlande. Les lois nouvelles furent imprimées dans le *Recueil des décrets du grand duché de Finlande*, recueil qui paraissait depuis 1808 en suédois (*Storfurtendomet Finlands Forfattnings Samling*) et qui fut imprimé en russe depuis 1860.

§ 60

La valeur juridique du Code.

Lors de l'apparition du Code, on eut l'intention de condenser en un seul recueil systématique tout l'ensemble des lois alors en vigueur, mais l'on ne se proposa nullement de remplacer la législation antérieure par une nouvelle.

On se demanda alors quelle portée juridique il convenait de donner au Code. Fallait-il le considérer comme une nouvelle loi, abrogeant toutes les lois antérieures ou seulement comme une forme nouvelle donnée à ces lois anciennes et destinée à en rendre l'application et l'étude plus faciles. Si l'on reconnaissait le Code comme une loi nouvelle, la législation qui était en vigueur avant le Code conservera sa force autant qu'elle aura une place marquée dans le Code, et s'il y a quelque contradiction entre les articles du Code et les décrets antérieurs, ce sont les articles du Code qui devront l'emporter, puisque le Code, en qualité de loi nouvelle abroge toutes les lois antérieures, incompatibles avec lui. Si l'on considère seulement le Code comme une nouvelle forme donnée aux lois qui gardent toute leur force, il faudra admettre que les articles du Code ne sont obligatoires qu'autant qu'ils reproduisent vraiment les décrets sur lesquels ils sont fondés.

Reconnaître le Code comme une loi nouvelle abrogeant toutes les lois antérieures, c'était, en pratique,

la solution plus commode. La question des rapports entre
le Code et la législation antérieure était ainsi résolue
d'une façon fort simple ; le Code seul avait force de loi.
Mais d'autre part résoudre ainsi la question, c'était se
mettre en contradiction avec le but même de la rédaction du Code qui était de réunir toute la législation en
vigueur sans y apporter aucun changement. Comme
toute œuvre humaine, le Code a certainement changé
quelque chose dans ce qui existait précédemment, aussi
lui reconnaître la portée d'une loi nouvelle abrogeant
toutes les anciennes, c'était, après avoir renoncé aux
changements conscients à toute la législation antérieure,
admettre des changements causés uniquement par les
fautes inconscientes des rédacteurs du Code.

La détermination de la portée juridique du Code est
donc une question très difficile. Comment donc a-t-elle
été résolue dans notre législation ?

Elle a été résolue par le manifeste du 31 janvier 1833
par lequel fut annoncée la première édition du Code,
dans ses deuxième et quatrième articles. Le deuxième
article indique que « la force légale du code consistera
dans l'application et la citation de ses articles dans les
affaires gouvernementales et judiciaires ; dans tous les
cas où les lois sont appliquées et citées, partout où on
en cite quelques extraits, on devra ajouter, citer et
indiquer les renvois aux articles du Code ayant trait à
l'affaire. » Le quatrième article dit « que puisque le
Code ne change rien aux lois existantes, mais les réunit
seulement dans un même ordre et sous une même forme,
lorsque la loi reproduite par le Code ne sera pas assez
claire, elle sera expliquée telle qu'elle l'avait été jusqu'à présent ».

Ces précisions sont peu explicites. D'une part, il est
recommandé de se référer toujours et seulement aux
articles du Code, sans s'occuper des lois elle-mêmes,

et l'on suppose par conséquent que le Code abroge tous les décrets antérieurs, et d'autre part on prétend que le Code ne change rien aux lois antérieures, mais les ramène seulement à l'uniformité. Quelle conclusion faut-il tirer de cela sur la portée du Code ?

Zitovitch (1) et après lui Tagantzew affirment que le Code a la portée d'une loi nouvelle et qu'il abroge toutes les lois antérieures. Il ajoute même que « le paragraphe 4 du manifeste n'est pas tout à fait exact » et il s'appuie, pour le démontrer sur le rapport du comte Karf et sur l'avis du Conseil d'Etat relatif à la définition qu'on doit donner à la valeur du Code. La démonstration l'amène à des conclusions absolument différentes de ce qui se passe en réalité dans la pratique judiciaire. D'après lui, chaque article du Code est une loi nouvelle qui a reçu force exécutoire depuis le 1er janvier 1835 et qui a cette force, même si l'article du Code n'est tiré d'aucun décret antérieur ou « s'il est indiqué par faute ou malentendu comme extrait d'un décret ». Mais on a résolu d'appliquer les articles du Code de 1832 non seulement pour les affaires nées depuis le 1er janvier 1835, mais aussi pour toutes les affaires nées alors qu'il n'existait que les décrets qui ont servi de base aux articles du Code. De même maintenant les articles des nouvelles éditions des suppléments sont appliquées pour les affaire nées avant leur publication, pourvu qu'elles soient nées après l'entrée en vigueur des lois ayant servi de base aux nouveaux articles du Code. Cette pratique s'appuie directement sur le paragraphe 4 du manifeste du 31 janvier 1833. De même aussi notre pratique judiciaire ne reconnaît jamais la force législative aux fautes évidentes du Code. La loi qui n'est pas exactement

_____

(1) Cours de droit civil russe, Tome 1. *Des sources du droit*, Odessa, 1878, pages 8 à 111.

rapportée dans le Code ou dans les suppléments n'est pas considérée comme changée, la loi omise n'est pas reconnue comme abrogée.

Il est vrai que le manifeste du 31 janvier 1833 ne contient pas l'indication expresse qu'il ne faut pas conclure d'une citation inexacte ou d'une omission d'une loi au Code pour affirmer qu'elle est changée ou abrogée, mais l'avis du Conseil d'Etat l'a reconnu et cet avis a été confirmé par l'empereur le 30 janvier 1836. Cet avis déclare que toutes les fois que le ministre de la justice apprendra que pendant l'instruction d'une affaire, quelque difficulté a été soulevée parce que la loi n'a pas prévu le cas ou parce qu'elle l'a incomplètement prévu, ce ministre peut prendre en mains l'affaire, et charger la section II d'en fournir explication destinée à être placée à la suite du Code. En cas de désaccord entre l'opinion du ministre et celle de la section, le Conseil d'Etat statue. Ce décret ne fut pas publié car on trouva qu'il déterminait exclusivement les rapports du ministre et de la section II.

Ainsi, on ne peut donc pas considérer le Code comme une loi nouvelle, ce n'est qu'une nouvelle forme donnée aux lois jusqu'alors en vigueur, forme qui permet de fournir un sens exact au texte primitif et qui a été sanctionnée par le pouvoir législatif.

Assurément la possibilité de citer inexactement les lois qui ont servi de source aux articles du Code et la nécessité par suite de toujours comparer les articles du Code avec le texte primitif des lois présentent de graves inconvénients pour la pratique. Mais on peut les éviter en insérant dans le Code les lois d'une façon littérale ou même en se bornant à les faire réimprimer. C'est ce moyen qu'on a employé, nous l'avons vu, dans ces dernières années.

CHAPITRE III

L'APPLICATION DU DROIT POSITIF.

§ 61

La critique.

Unger, System I. § 12 s. 73. Savigny, System I. § 38, 39. Puchta,
Pandekten Vorlesungen, Aufl. 1863, I. § 12, 13 (coutumes), 15 (lois).
Regelsberger, Pandekten. I, ss. 134-140.

L'étude et l'application des normes du droit positif
supposent tout d'abord une *critique* des sources (1), c'est-
à-dire la détermination, au préalable, de ce qu'on doit
entendre par une vraie norme du droit positif. On ne peut
ni discerner, ni comprendre une norme sans savoir en
quoi elle consiste. Le mot « critique » nous est fourni
par la science historique, mais il présente, appliqué à
la jurisprudence, quelques particularités. La critique,
entendue comme la détermination de l'authenticité de
la norme ou de son existence trouve son application pour
toutes les sources sans distinction. On reconnaît l'existence des normes du droit coutumier par l'observation
immédiate des coutumes, par les adages juridiques, par
le témoignage des savants, par celui des recueils des

---

(1) On parle ordinairement de la critique des lois, mais il n'y a
aucune raison pour qu'on établisse ici une telle restriction.

coutumes, enfin par les jugements rendus d'après le droit coutumier (1). Les deux premiers moyens (observation immédiate et les adages) donnent une connaissance immédiate du droit coutumier. Là toute l'affaire se ramène à la distinction entre la coutume juridique et une simple habitude. Les trois derniers moyens (témoignage des savants, des recueils, jugements) ne fournissent au contraire qu'une connaissance de seconde main. C'est pourquoi quand on se sert de ces moyens de connaissance, indépendamment de la distinction entre les habitudes et les coutumes on doit se demander jusqu'à quel point les témoignages qu'on nous donne sont bien dignes de foi, et savoir exactement ce que le savant, le rédacteur du recueil ou le juge a pu ou a voulu exactement formuler dans cette norme du droit coutumier. Les sentences judiciaires sont la source la plus certaine de la connaissance du droit coutumier parce qu'elles sont ordinairement le produit d'une vérification minutieuse de la coutume par le juge-juriste, par une personne, par conséquent, bien préparée à cela. Il faut en dire autant des tribunaux dans lesquels les juges ne sont pas juristes, mais des représentants de la sagesse du peuple. Un tel tribunal populaire est assurément moins apte à formuler de façon exacte et claire pour tous les normes juridiques qu'un tribunal composé de juristes, mais, vu les personnes qui le constituent, le tribunal populaire a une connaissance immédiate des coutumes.

Il faut avoir moins de confiance dans les avis des tribunaux dont le personnel consiste en hommes également étrangers à la conception du droit du peuple et à l'instruction juridique. Tels sont par exemple les scribes de bailliage qui écrivent et lisent à peine et qui ont cepen-

(1) Puchta, Gewohnsheitsrecht ss. 12 à 150. Salza, Gewohnsheitsrecht, Weiseks, Rechtslexikon.

dant une grande influence sur la pratique judiciaire de nos tribunaux communaux.

C'est la popularité d'un recueil de coutumes qui sert de meilleure preuve à l'authenticité de ces coutumes. Si le recueil jouit d'une autorité reconnue par tout le monde, on peut avec confiance s'en rapporter à ses indications.

Les témoignage des personnes compétentes peuvent être faits sous trois formes différentes. Ils peuvent consister, d'abord, en témoignages d'individus choisis par le tribunal ou par les parties ; ce peuvent être aussi les témoignages de la population, après interrogatoire général ; c'est là une forme, pour s'assurer de l'existence du droit coutumier, qui était en vigueur en France jusqu'en 1667, époque où ces enquêtes furent abrogées. Enfin les témoignages peuvent aussi être ceux de quelque établissement, par exemple des députations commerciales ou des comités de la Bourse (1).

En France autrefois le certificat du notaire, surtout pour les coutumes en matière de commerce, jouissait d'un grande faveur.

Conformément à l'édit de 1700, l'avis des négociants, confirmé par la chambre de commerce, avait la valeur des actes dits de notoriété (2). De même que la coutume, la loi et la pratique judiciaire peuvent nous être connues de deux façons, en premières ou bien en secondes mains. La valeur immédiate est tirée du texte authentique de la loi ou de la sentence judiciaire ; sont considérés comme textes authentiques, d'abord l'original même de la loi ou de la sentence judiciaire, c'est-à-dire l'exemplaire qui porte la signature du chef de l'État ou celle des juges, puis les éditions officielles des lois et des

(1) Zitovitch. *Le droit commercial*, p. 91.
(2) Merlin, *Répertoire.* V. *Commerce.*

Khorkounov   33

recueils des arrêts judiciaires. Assurément l'original a une autorité plus grande que l'édition officielle parce qu'il a pu se glisser quelque faute dans l'impression, mais ces fautes sont également possibles dans l'original ; ce peuvent être des fautes dûes au copiste ou même à l'impression car aujourd'hui l'original est ordinairement imprimé. Les fautes du copiste ou de l'imprimeur remarquées dans l'original peuvent être corrigées dans l'édition. Ainsi la différence entre l'original et l'édition officielle est insignifiante.

L'opinion qu'il ne peut y avoir de critique pour les éditions officielles (2) est assez répandue, mais cette opinion, comme l'indiquait déjà Puchta est absolument erronée. Si l'on n'applique aucune critique aux éditions officielles, il pourra en résulter que chaque feuille de papier imprimé, si elle est sortie de l'imprimerie du gouvernement, pourra passer pour une loi. Un examen critique est donc nécessaire même vis-à-vis du texte des éditions originales. Il peut arriver aussi que le décret gouvernemental dépasse les limites du pouvoir du gouvernement et ait trait à quelque question qui ne doit être réglée que par la loi, c'est-à-dire, dans les états constitutionnels, par le parlement. Dans ce cas le décret est illégal, il n'a pas pour le tribunal la valeur d'une loi. Il peut arriver aussi que la loi contredise les institutions de la Constitution ; en ce cas, comme elle est inconstitutionnelle, elle n'a aucune valeur.

Mais la critique peut aussi s'exercer sur les éditions officielles non seulement dans les pays où les pouvoirs constitutifs et législatifs sont séparés, mais dans tous les pays, parce que, quelle que soit l'organisation du pays, il

(1) Voir par exemple Unger, System I, s. 73. Böhlau, Meklemburges-Landrecht, I, 1871, s. 320. Malichefl. *Cours de droit civil*, I, p. 291.

y a partout des formes déterminées pour la publication des lois : c'est pour vérifier si ces formes ont bien été observées qu'est établie la critique. De même on ne peut pas se passer de la critique en ce qui concerne les éditions officielles des sentences judiciaires. Un jugement qui a déjà force exécutoire et qui peut dès lors être inséré dans une édition officielle peut être supprimée, si, après examen, le but intéressé et personnel des juges dans l'affaire a été démontré. Il est évident qu'un tel jugement ne peut pas être considéré comme l'expression de principes acceptés par la pratique judiciaire.

Quand il n'existe pas d'édition officielle, la critique des sources emploie les mêmes procédés généraux que la critique historique et le juriste emploie absolument les mêmes principes.

Au cas où le juriste a affaire à des manuscrits, outre cette critique générale il convient d'en employer une autre sorte de critique inférieure qu'on a appelée aussi critique diplomatique. Elle a pour but de s'attacher au texte, d'en corriger les fautes qui ont pu être commises par le copiste ou par l'imprimeur, de le compléter, d'y ajouter les signes de ponctuation, etc. Toutes ces opérations, quand il s'agit d'anciens manuscrits exigent beaucoup de travail et d'habileté. Un manuscrit se présente généralement comme une suite ininterrompue de lettres entre lesquelles il n'existe aucune séparation. Grouper ces lettres en mots et les séparer par quelques signes de ponctuation en des propositions, voilà la première tâche de la critique. On corrige ensuite les textes qui présentent entre eux de nombreuses différences. On distingue selon les procédés employés pour réaliser cette tâche et l'on subdivise cette critique en critique comparative s'appuyant sur la comparaison entre les textes des différentes rédactions et en critique conjecturale, d'après les suppositions indépendantes du texte (*emendationes ex ingenio*).

§ 62

La corrélation entre les lois, entre de différents pays et de différentes localités.

Savigny, System B. VIII. Bar, Lehrbuch des internat. Privat und Strafrecht, 1892. Schmid, Die Herrschaft der Gesetze nach ihren räumlichen und zeitlichen grenzen, 1863. Gradowsky, De l'action de la loi dans le temps (*Journal de droit criminel et de droit civil.* 1873, n. 4). Khorkounov. Essai sur la construction du droit criminel international (*ibidem*, 1889, n. 1).

Si partout et toujours c'étaient les mêmes normes du droit positif qui agissaient, la critique à elle seule suffirait pour leur application pratique. Mais en réalité le droit positif est variable dans le temps et différent selon les états, et c'est pourquoi il est nécessaire d'avoir pour son application des règles déterminées, afin d'éviter les conflits possibles entre les différentes lois. De tels conflits ne sont possibles qu'entre des lois d'époque différente, d'endroits ou d'états différents.

La loi peut naturellement être appliquée seulement aux faits qui nécessitent son action. On ne peut pas parler de l'application d'une loi étrangère vis-à-vis d'un fait accompli en Russie par exemple et qui relève des tribunaux russes, ou encore de l'application des lois pénales en vigueur avant l'édition du règlement de 1845 à un fait accompli et jugé sous le régime du nouveau Code pénal. Il n'y a aucun motif pour cela. Il faut distinguer si un fait a été accompli ou non dans la sphère d'application de telle loi.

Il peut arriver que le même fait tombe sous l'action de

deux lois différentes, l'une relative au lieu et au temps de son accomplissement, l'autre relative au lieu et au temps de son jugement. C'est ce qui arrive par exemple si un criminel, ayant accompli son crime à l'étranger, est jugé en Russie.

Deux principes sont possibles pour résoudre de telles difficultés.

On peut attribuer la suprématie ou bien à la loi dans la sphère d'application de laquelle on juge le fait, ou bien à la loi dans la sphère d'application de laquelle le fait s'est produit, et nous obtiendrons ainsi deux résultats absolument opposés l'un à l'autre.

Des arguments en faveur de chacune de ces deux opinions peuvent être fournis. Pour l'application de la loi, dans la sphère d'application de laquelle se produit la discussion du fait donné, on peut tout d'abord fournir cette considération générale, à savoir que les tribunaux doivent se guider seulement sur les lois qui sont en vigueur dans un lieu donné et dans un temps déterminé. Organe du pouvoir local et accomplissant ses fonctions par suite de ce pouvoir, le tribunal ne peut s'appuyer sur des lois étrangères, car la législation étrangère peut parfois présenter une négation complète des principes sur lesquels repose la législation locale. En remplaçant les anciennes lois par des nouvelles, le pouvoir gouvernemental reconnaît par là que les anciennes lois sont injustes et inutiles ; autrement il ne les aurait pas changées. Aussi, le tribunal, organe de ce pouvoir, ne peut pas continuer à appliquer les anciennes lois dont l'injustice est ouvertement reconnue. A cet argument fondamental s'ajoutent encore des considérations de commodité pratique. Si l'on applique toujours la loi dans la sphère de l'empire de laquelle se produit le jugement du fait donné, le tribunal n'aura affaire qu'à une seule loi, qu'il connaîtra bien ; il ignorera aussi bien

les lois étrangères que les lois autrefois en vigueur et
abrogées maintenant. Ce n'est qu'à cette condition que
les lois anciennes perdront toute leur valeur ; et il en
résulte pour la pratique judiciaire une clarté et une simplicité incontestables.

Malgré la force de ces arguments, la science aussi
bien que la pratique ont accepté la théorie opposée :
celle d'après laquelle la loi doit être appliquée dans
la sphère de la domination de laquelle le fait donné est
accompli.

On s'appuie surtout, dans cette opinion, sur ce fait que
c'est seulement par là qu'est garantie l'autorité de la loi
et que le droit acquis devient solide. On ne peut pas
obéir en effet aux lois, si l'on peut croire que lors du
jugement de certains faits devant un tribunal, c'est une
autre loi qui sera appliquée. Les droits ne peuvent être
solides que si à chaque débat nouveau devant un tribunal on applique toujours les mêmes lois ; s'il en était
autrement, un même droit pourrait tantôt être acquis
par moi, tantôt ne pas l'être. Il faut indiquer aussi que
le temps et le lieu du jugement du fait devant un tribunal dépendent ou d'un concours fortuit de circonstances ou de la volonté des personnes intéressées, mais
l'un et l'autre peuvent n'avoir aucun rapport avec le fait
en lui-même. Le fait à juger reste le même que ce soit un
tribunal russe ou un tribunal français qui le discute, que
ce soit cette année ou l'année suivante. Au contraire le lieu
et le temps de l'accomplissement de ce fait ont sur lui une
grande influence. Le caractère de chaque fait dépend
beaucoup du milieu dans lequel il a été accompli, mais
le milieu se détermine par le temps et par le lieu. On
peut dire que la loi dans la sphère de laquelle un fait
déterminé a été accompli est comme une partie de l'at-
mosphère sociale qui environne ce fait et en détermine
l'accomplissement. Un fait étant une action de l'homme,

il serait très injuste de le juger d'après une loi que cet homme n'a pu avoir en vue en l'accomplissant.

Le principe d'après lequel la loi nouvelle ne doit pas être appliquée avant qu'elle ne soit éditée, ou en d'autres termes le principe d'après lequel une loi ne doit pas avoir d'effets rétroactifs, ce principe s'appuie encore sur d'autres considérations. Le pouvoir de l'État qui renoncerait à appliquer aux faits des lois qu'il a prescrites au moment même où s'accomplissaient ces faits, un tel pouvoir minerait l'autorité de l'État, et enlèverait à ses propres lois tout caractère obligatoire. La confection des lois, en leur donnant un effet rétroactif ne donnerait pas à ces lois un caractère général, objectif, impartial. Quand on fait des lois applicables, seulement pour l'avenir, on ignore absolument à quels faits on aura à les appliquer, contre qui et pour qui ces lois serviront, et ainsi les considérations subjectives, personnelles reculent devant d'autres, d'un caractère plus général, plus objectif. Si l'on faisait la loi, au contraire, pour l'appliquer à des faits déjà accomplis, connus de tout le monde, les considérations subjectives passeraient au premier plan et la loi pourrait ainsi devenir facilement une arme personnelle à tel ou tel individu.

Quant aux lois des différents états, il convient de remarquer que l'application unique de la loi de l'État dans lequel est jugé le fait, serait en contradiction absolue avec les intérêts de la communauté internationale. Un étranger, dans un pays autre que le sien, serait en réalité privé de tous ses droits, puisque les droits qu'il possède dans sa patrie, ne répondent assurément pas aux exigences de la législation étrangère.

Tels sont les arguments qui nous obligent à accepter pour la détermination de la corrélation entre les lois des différentes époques et des différents états, le principe que tout fait doit être jugé d'après la loi sous l'empire de laquelle il a été accompli.

Ce principe, en lui-même, est très simple. Mais pour en comprendre toute la portée, pour en comprendre toute l'application qu'on doit en faire aux cas particuliers, il est nécessaire de se livrer à une étude plus approfondie.

Les notions de la loi et de la sphère de son action nous sont déjà connues. La loi, d'ailleurs, désigne ici chaque norme juridique en général, même si cette norme est créée par un acte non législatif, par la coutume, par la pratique judiciaire par exemple. Nous ne nous arrêterons qu'à l'analyse des notions d'un fait juridique et de son accomplissement.

L'univers qui nous environne présente une suite ininterrompue de différents changements que nous considérons en les groupant de quelque manière, comme des faits distincts ayant chacun une portée scientifique, historique, morale, économique ou juridique. Ce groupement n'est pas déterminé de façon objective et cette notion d'un fait distinct n'est pas absolue, mais relative. Nous considérons la même succession de phénomènes tantôt comme une réunion de plusieurs faits, tantôt comme un fait distinct. Tout dépend du but qui nous guide.

Qu'est-ce qu'un fait juridique distinct ? C'est la réunion de changements tels que pris ensemble ils ont une portée juridique. Mais puisque la portée juridique d'un fait dépend exclusivement de l'application de la norme juridique qu'il provoque, on peut dire d'une façon plus précise qu'un fait juridique distinct c'est la réunion de changements qui, pris ensemble, occasionnent l'application de la loi.

Le fait juridique peut être assez complexe, il peut consister en plusieurs actes ou circonstances. Ainsi un crime, en tant que fait juridique se compose de différents éléments dont la présence commune est nécessaire pour qu'il y ait crime. Pris séparément, ces éléments ne constitueront pas un fait juridique parce qu'ils ne provoqueront pas l'application d'une loi criminelle. L'intention, prise séparément n'est pas encore un fait juridique, et elle peut s'appliquer à tout autre fait.

Les faits juridiques sont très différents les uns des autres et peuvent se grouper différemment. Il sera pour nous plus commode de les grouper conformément aux questions qui forment le sujet de la sentence judiciaire ; nous atteindrons ainsi plus facilement notre but qui est de savoir sur quelles lois, indigènes ou étrangères, anciennes ou nouvelles, doit se guider le tribunal.

Les questions qu'un tribunal est chargé de résoudre peuvent toutes se ramener à quatre catégories différentes : 1° le droit indiqué est-il établi ? 2° quelles sont les conditions d'application de ce droit ? 3° n'est-il pas éteint ? 4° quelles sont les formes créées par la loi pour l'appréciation de l'affaire déterminée et ces formes sont-elles observées ?

Le Tribunal criminel est donc chargé tout d'abord de résoudre la question suivante : le droit de punir existe-t-il ? Puis il détermine les conditions d'application du droit pénal, fixe la peine. S'il y a doute sur la question de savoir si ce droit n'est éteint par la prescription, ou par quelque décret antérieur, il faut résoudre à nouveau la question.

La question de savoir si les formes instituées par la loi ont bien été observées est de peu d'importance devant une juridiction criminelle, mais devant un tribunal civil elle est très souvent la question principale, puisqu'à chaque contrat est lié une forme obligatoire dont la non observation entraîne la nullité du contrat.

Chacune de ces quatre questions doit être résolue conformément au groupe correspondant des circonstances réelles qui forment à ce point de vue un fait juridique distinct. Nous considérons comme des faits juridiques distincts les circonstances que présentent l'institution, l'application ou la cessation du droit et aussi l'observation dans des actions juridiques des formes instituées par la loi ; chacun de ces faits doit être mis en discussion d'après la loi sous l'empire de laquelle il est accompli.

Très souvent tous ces faits distincts, au cours d'une même affaire, doivent être discutés d'après des lois différentes, parce que l'établissement, la réalisation, la cessation du même droit peuvent très facilement avoir été faites sous la domination des lois différentes.

La notion du fait juridique que nous avons dégagée est très importante pour expliquer la question que nous examinons en ce moment. Après l'avoir expliquée, il sera facile de comprendre que la réalisation du droit est l'œuvre non pas du temps et du lieu de l'acquisition du droit, mais celle du temps et du lieu de sa réalisation parce que l'acquisition et la réalisation sont des faits distincts et que chacun d'eux doit être jugé d'après la loi de son accomplissement. Ainsi tous les propriétaires dans un temps et dans un lieu déterminé peuvent réaliser leur droit de propriété indépendamment du lieu et du moment où ils l'ont acquis. Il en résulte que le caractère criminel de l'action est déterminé, *jugé* d'après la loi du temps et du lieu où l'action a eu lieu, mais la fixation d'une peine par le tribunal, en tant que fait juridique distinct est la réalisation par l'État du droit acquis par lui sur cette personne, par suite de l'action qu'elle a accomplie ; elle doit être discutée d'après le temps et l'endroit où se trouve le Tribunal.

Puisque la forme des actions juridiques possède elle

aussi une portée juridique, son observation ou sa non observation doit être considérée comme un fait juridique distinct et doit par suite être appréciée d'après la loi du lieu et du temps où l'acte s'accomplit. C'est pourquoi la forme des actions judiciaires, autrement dit l'administration de la justice est fixée par la loi du lieu et du temps du tribunal et non pas par celle du lieu et du temps où l'acte a été accompli. Cela est d'autant plus évident que dans une même affaire judiciaire, on est très souvent obligé de discuter des faits très différents, se rapportant à des temps et à des endroits également très différents et qu'il est cependant impossible d'appliquer dans le même procès des formes différentes de l'administration de la justice.

Puisque les faits juridiques sont très complexes, on peut se demander à quel moment précis un fait doit être considéré comme accompli. Considérant que le fait ne reçoit de portée juridique qu'après l'accomplissement du dernier élément qui le constitue, on doit considérer le temps et le lieu de l'accomplissement du dernier élément comme le temps et le lieu du fait juridique lui-même.

Il peut arriver encore que le sujet qui accomplit l'acte se trouve dans un Etat tandis que l'effet de son acte se manifeste dans un autre Etat. Où doit-on, en pareil cas, considérer que l'acte a été accompli ? Les criminalistes disposés à donner à la partie subjective la portée prédominante résolvent cette question en disant que c'est l'endroit dans lequel se trouve le sujet qui doit être considéré comme celui où l'acte s'est accompli. Mais les civilistes penchent pour l'opinion opposée. La réalisation par une personne qui se trouve dans un Etat, de son droit de propriété sur un immeuble, situé dans un autre Etat, doit être discutée d'après la loi de l'endroit dans lequel se trouve la propriété ; les droits d'obligations sont discutés d'après les lois de l'endroit où habite le débiteur et non pas le créancier. Il serait peut-être plus équitable de s'en tenir à la même opinion en matière criminelle, puisque le crime n'est achevé que lorsqu'il a produit des résultats se manifestant en dehors de l'Etat dans lequel se trouve le criminel. Quand un homme se trouvant d'un côté de la frontière tire sur un autre homme placé de l'autre côté, la réalisation de l'intention criminelle — la privation de la vie — a lieu là où se trouve l'homme tué.

La détermination des rapports mutuels qui existent entre les lois des différentes époques et des différents endroits peut être ramenée, nous l'avons vu, à un seul principe commun. Mais ces rapports sont cependant très complexes ; ils dépendent de deux circonstances de fait.

Dans la soumission à l'action des lois des différentes époques, le rapport juridique subit l'action des lois dans un seul ordre déterminé, d'abord celle de la loi ancienne puis celle de la loi nouvelle. L'ordre inverse est impossible ; au cas de conflit entre les lois de différents Etats la difficulté est plus grande. Le même rapport peut tour à tour passer d'un pays dans un autre et *vice versa*. Cela permet aux personnes intéressées d'émigrer d'un pays dans un autre afin de se soustraire aux exigences des lois de l'un et de l'autre pays.

Une autre complication, plus importante, résulte du fait suivant. Quand on remplace les lois anciennes par des lois nouvelles, celles-ci étendent leur action nécessairement à la fois sur tous les éléments du rapport juridique. Il peut pourtant arriver que le sujet du rapport tombe sous l'action de la loi nouvelle, tandis que l'objet reste sous la domination de l'ancienne. Très souvent il arrive, par exemple, que le sujet du rapport est dans un Etat, tandis que l'objet est dans un autre. Conformément à la règle indiquée ci-dessous chaque réalisation du droit, en ce cas, est considérée comme ayant lieu là où se trouve l'objet.

Nous devons remarquer pour conclure que dans la pratique, grâce aux différentes considérations politiques, on admet quelques infractions à l'application du principe général qui détermine la corrélation des lois entre les différentes époques et les différents endroits.

§ 63

L'interprétation des lois.

Savigny, System, Band, I, s. 206, Gradovsky, De l'interprétation judiciaire des lois (*Journal du droit civil et du droit criminel*, 1874, § 1). Tagantzew, Cours de droit criminel russe, livr. I, p. 346.

La critique fixe l'authenticité de la source du droit, tant dans son tout que dans chacune de ses parties. Les principes qui déterminent la corrélation mutuelle des lois des différents temps et lieux indiquent quelles sont les normes qui précisément doivent être appliquées dans tel ou tel cas particulier. Mais c'est encore insuffisant que de savoir quelles sont les normes qui doivent être appliquées. Il faut en outre appliquer ces normes ; il convient tout d'abord d'expliquer le sens et la portée de la norme juridique et c'est là la tâche de l'interprétation.

Puisque le droit positif, c'est seulement ce qui a trouvé son expression dans les sources du droit, la volonté du législateur n'est une loi qu'autant qu'elle est exprimée dans un acte législatif. Si, par inadvertance ou par ignorance, le législateur a exprimé sa volonté dans une loi d'une façon plus restrictive que cette loi ne paraîtrait l'indiquer, la loi néanmoins existe dans les limites de ce

qui a été exprimé. D'autre part, la loi sert de source au
droit dans les limites seulement où elle exprime la
volonté du législateur. Si par hasard les expressions
dont s'est servi le législateur sont plus larges que ne le
désirait ce législateur, il ne faut considérer comme loi
que ce qui était la volonté réelle du législateur. Une
faute ou une irrégularité de la langue ne peut servir
de source au droit. La tâche de l'interprétateur des lois
est donc l'explication de la volonté du législateur dans
les limites où cette volonté est exprimée dans l'acte législatif.

L'interprétation, de même que la critique, n'est pas
un attribut exclusif des sciences juridiques ; on la trouve
dans toutes les sciences qui ont recours aux sources
écrites, par exemple dans l'histoire, dans la théologie.
On peut indiquer des règles s'appliquant également à
l'interprtaétion et à la critique des sciences juridiques,
des manuscrits historiques ou des livres religieux. Mais
la critique et l'interprétation des normes juridiques
présentent aussi certaines particularités comme par
exemple le point de savoir si la loi est constitutionnelle
ou non. On peut donc indiquer deux éléments : l'un général et l'autre spécial aux doctrines juridiques.

L'élément général consiste dans les procédés généraux de l'interprétation ; procédés grammatical et logique. Chaque source écrite contient une idée humaine
exprimée par des mots ; mais l'idée et la parole sont
soumises à certaines règles logiques et grammaticales.
Pour comprendre ce qui est écrit ou ce qui a été dit, il
est nécessaire de connaître ces règles. L'interprétateur
doit, d'après la remarque qu'en fait Savigny, reproduire
tous les moyens, toute la marche suivant laquelle la loi
a été composée, et il doit pour cela prendre la forme
logique et grammaticale correspondante. Les règles
grammaticales varient avec les époques, l'interprétateur

doit appliquer à chaque loi donnée les règles de l'époque où cette loi a été composée. En outre chaque écrivain a ses particularités de langage, chaque législateur les possède aussi, et c'est là encore une des tâches de l'interprète que d'étudier les différentes particularités du style des légistes.

Les règles logiques sont immuables, mais les conceptions qui les expriment, peuvent être comprises d'une façon différente ; aussi, en interprétant les normes il faut prendre garde aux changements qu'ont subi les conceptions qu'elles contiennent.

Le législateur, dit-on, observait les règles de la logique et de la grammaire lorsqu'il exprimait sa volonté, mais ce n'est là qu'une supposition. C'est pourquoi si nous nous assurons que dans un cas déterminé le législateur a fait quelque faute logique ou grammaticale, ce qui arrive très fréquemment, cette disposition perd toute sa valeur et nous ne pouvons pas accepter ensuite une telle interprétation donnée aux lois. Il en est de même lorsque l'interprétation conduit à des conclusions évidemment absurdes.

Pour expliquer comment il faut en réalité comprendre la loi, conformément à l'esprit du législateur et peut être malgré les règles logiques et grammaticales, il est nécessaire de connaître l'histoire de cette loi. Il faut pour cela se reporter au premier projet de loi, puis aux différents changements que ce projet a subis, aux débats devant l'assemblée législative. Ce sont là autant de matériaux qui peuvent expliquer comment est née telle ou telle définition de la loi, ils peuvent par suite être fort utiles en cas de doute.

La comparaison entre les articles de notre Code et les sources dont ils sont nées est également fort importante. En composant le Code, le législateur a voulu exprimer dans ses articles les mêmes normes que celles qui sont

contenues dans les lois antérieures et non pas en créer
de nouvelles. Aussi les dispositions législatives d'après
lesquelles le Code a été formé ont-elles toutes la valeur de
matériaux législatifs. Chez nous, il est vrai, c'est une
habitude de considérer les rapprochements entre les
articles du Code et les dispositions antérieures qui leur
ont donné naissance comme une interprétation historique. Mais cette opinion, comme nous le verrons plus
loin, est absolument erronée.

L'élément spécial à l'interprétation juridique offre un
intérêt plus grand encore que le précédent ; il s'appuie
sur une corrélation particulière entre les normes qui se
succèdent et celles qui existent simultanément. C'est là
une corrélation qui n'est pas du tout identique à celle qui
existe par exemple dans les mémoires historiques ou
littéraires. La réunion des mémoires historiques se rapportant à une époque déterminée ne constitue pas un
tout ; chacun d'entre eux peut être interprété séparément
et l'apparition de quelques mémoires nouveaux ne
change rien au sens de ceux qui existaient auparavant.
Assurément ces mémoires nouveaux peuvent aider à
comprendre mieux les anciens, mais leur sens ne change
pas pour cela. La réunion des normes juridiques existantes à une même date représente au contraire tout
l'ordre juridique de la société déterminée et la manière
dont chaque norme doit être appliquée : à un même
sujet ne peuvent s'appliquer en même temps plusieurs
normes. Aussi la réunion des normes juridiques forme-
t-elle un tout, un système ; la naissance de normes
nouvelles en change presque toujours un peu le sens
soit en le limitant, soit au contraire en l'élargissant. Les
normes juridiques ressemblent à cet égard aux dogmes
religieux qui constituent eux aussi un tout systématique.

Quant à la corrélation qui existe entre les normes qui

se succèdent, on remarque ici un caractère essentiellement particulier : une norme nouvelle abroge toujours
pour la question qu'elle détermine l'action des normes
qui existaient auparavant.

Cette corrélation entre les normes qui se succèdent
présente encore une particularité originale ; on ne
peut pas dire qu'un mémoire historique postérieur n'a
pas la force d'un mémoire plus ancien et s'il se rapporte à un même événement c'est le mémoire le plus
ancien qui est préféré au plus nouveau. Quant aux dogmes religieux ils ne présentent pas des rapports aussi
exclusifs. Dieu, dans sa sagesse, ne peut se contredire ;
le nouveau testament n'abroge point l'ancien. La corrélation que nous avons indiquée entre les normes juridiques donne à l'interprétation un caractère original et en
fait, on doit pour cela distinguer, entre l'interprétation
systématique et l'interprétation *historique*.

L'interprétation historique, c'est l'explication du
sens de la norme en la comparant avec la norme qui
agissait en la même matière, au moment où la norme
nouvelle a été promulguée. Il résulte évidemment de
l'interprétation historique ainsi définie que l'explication des articles de notre Code au moyen de comparaison avec des décrets cités sous ces articles n'est pas
une interprétation historique. L'article ne remplace pas
les décrets qui sont cités par lui parce qu'il n'est que
l'expression d'une même norme contenue dans les
décrets. Aussi manque-t-on ici de la première condition
indispensable à toute interprétation historique : la comparaison entre deux normes qui se succèdent. La comparaison entre les dispositions législatives antérieurs et les
articles auxquels ils servent de source, présente absolument le même caractère que celle de l'original de la loi
avec son édition officielle. Dans les deux cas on compare
deux formes officielles de l'expression d'une même norme.

La nécessité de l'interprétation historique est souvent motivée par ce fait qu'assez souvent la conception de la nouvelle loi est complètement déterminée par la loi qu'elle abroge. De même que parfois il est impossible de comprendre la réponse sans qu'on sache la question qui précède, de même parfois aussi une loi qui en abroge une autre ne peut pas être comprise si le contenu de la loi abrogée n'est pas connu.

S'il s'agit de vastes lois embrassant toute une branche du droit, il n'y a qu'une comparaison attentive entre l'ancienne loi et la nouvelle qui puisse déterminer si la loi nouvelle abroge complètement l'ancienne et cela d'autant plus qu'il peut facilement arriver que le fondement de ces deux lois est essentiellement différent.

La nouvelle loi peut avoir par rapport à l'ancienne plusieurs conséquences. Elle peut l'abroger complètement et la remplacer par une nouvelle institution (*abrogatio*) ou bien la modifier en partie seulement (*derogatio*) ou bien la compléter (1) (*subrogatio*).

Par interprétation systématique on entend l'explication d'une norme faite en comparant cette norme avec l'ensemble du système du droit. Aussi l'explication de la norme en la comparant avec le titre de la section de la loi qui la renferme n'est-elle qu'une forme particulière de l'interprétation logique. Le système de l'acte législatif, la disposition des différents articles sont le produit du développement logique de l'acte déterminé. Mais il ne faut pas confondre le système du législateur soumis comme tous les hommes aux lois de la logique et le système des normes agissant dans une société déterminée et qui a sa base dans la loi de solidarité entre les phénomènes coexistants. Ce dernier système peut servir de base à l'interprétation systématique. Si l'on n'établit

1. Glück, *Commentar*, I. 514.

pas une telle distinction, on en arrivera à expliquer la loi d'après le système de l'exposition de tout l'article considéré séparément et ce sera l'interprétation logique, mais l'explication d'après le système de la disposition des articles considérés successivement sera une interprétation systématique.

Tant que l'article ne formule pas un principe distinct à lui seul, il est loisible au rédacteur d'en réunir plusieurs en un seul ou au contraire d'en faire plusieurs d'un seul. C'est pourquoi il faut considérer l'ordre de l'exposition d'un article distinct et l'ordre de la disposition entre plusieurs articles comme la base de l'interprétation logique et non d'une interprétation systématique.

Ce n'est pas ici une question de mots. Comme chez nous l'interprétation d'après les titres des chapitres est ordinairement une interprétation systématique, on néglige d'en rechercher une autre. Outre la distinction de l'interprétation selon les différents procédés, on distinguait aussi autrefois, d'après le sujet, entre l'interprétation *doctrinale* et l'interprétation *légale*.

La première est celle qui est faite par des personnes chargées d'appliquer la loi et qui puisent leur force dans leur science du droit. La seconde est une interprétation fondée sur l'habitude ou même sur la loi elle-même, elle a pour elle l'autorité de la coutume ou celle du pouvoir législatif. Mais, ainsi que l'a indiqué Savigny, l'interprétation doctrinale peut seule se concevoir. Cette prétendue interprétation appuyée sur l'habitude n'est pas autre chose que la coutume ; l'interprétation authentique c'est celle de la loi. La valeur de cette expression étrange : interprétation législative de la loi signifie que parfois, sous le couvert d'une interprétation législative on fait dire au législateur le contraire de sa pensée primitive. Il ne faut pas confondre avec l'interprétation, l'application par analogie qu'on fait parfois de la norme. L'interprétation est l'explication de la norme, l'analogie c'est l'application qu'on fait de cette norme à des cas qui ne sont pas prévus par la loi, mais qui présentent juridiquement une analogie avec les cas pour lesquels la loi a été créée. Selon que nous appliquerons une règle tirée d'une loi distincte ou d'un système complet de la législation, nous distinguerons entre l'analogie de la loi et celle du droit.

§ 64

L'étude scientifique du droit.

Ihering, Geist des römischen Rechts, II, 2 abth. 3 Auf. 1875, ss. 309 à 389. Khorkounov, De l'étude scientifique du droit (*Journal du droit civil et du droit criminel*, 1882, n. 4, p. 1 à 29, et n. 5 p. 159 à 194.

L'interprétation explique le sens des différentes normes juridiques. Si ce sens n'est pas compris, la norme ne peut recevoir d'application. Aussi l'interprétation est-elle une condition absolument indispensable de l'application des normes juridiques. Mais l'interprétation à elle seule ne suffit pas ; elle ne peut suffire à donner le sens complet du droit. Et d'abord l'interprétation, étant l'explication du sens seul de la norme indiquée, est liée d'une façon trop immédiate avec le droit d'un pays déterminé et dans un temps déterminé. Quand nous devons appliquer une loi étrangère, ou bien une loi de notre propre pays, mais nouvellement promulguée, l'interprétion déjà faite sur les lois anciennes est inutile ; si l'étude du droit se bornait à la seule interprétation, le juriste de chaque état, chaque nouvelle génération serait obligé de commencer, dès l'origine l'étude complète du droit puisque les lois changent plus d'une fois au cours d'une seule génération. Malgré la variété et les nombreux changements du droit, cependant il existe des éléments permanents ou tout au moins suffisamment stables qui ne changent pas en même temps que toute définition législative nouvelle. Les normes juridiques des rapports changent bien plus vite que les rapports eux-mêmes et leurs éléments fondamentaux. C'est pourquoi, si l'on accepte comme base des études juridiques non pas les normes juridiques, comme il arrive dans l'interprétation, mais les rapports juridiques, on obtiendra des conclusions plus stables et plus solides.

Une autre considération nous fait également préférer l'étude des rapports eux-mêmes à l'interprétation des normes. Nous avons vu qu'on ne peut pas examiner les normes juridiques isolément même pour le travail de l'interprétation pure. Agissant ensemble dans la société, les normes constituent nécessairement un tout. C'est là dessus qu'est fondée l'interprétation systématique.

Ce système n'est pas l'œuvre de la forme extérieure des recueils législatifs, mais l'enchaînement organique des rapports auxquels s'appliquent les normes juridiques. C'est pourquoi pour la construction d'un pareil système, l'étude des rapports juridiques est nécessaire.

Cet étude conduit à quelque chose d'uni, de systématique dans le droit, c'est là quelque chose d'exclusivement scientifique et c'est en ce sens que Ihering a pu appeler l'interprétation la jurisprudence inférieure et lui opposer comme supérieure l'analyse, la construction des rapports systématiques.

En quoi consistent les procédés de l'étude scientifique du droit ? La science généralise notre savoir, elle remplace le savoir immédiat, mais superficiel et concret par une connaissance plus abstraite et plus générale ; elle étudie les particularités seulement comme des moyens nécessaires à la généralisation, elle s'efforce de parvenir à des conclusions, applicables à des groupes entiers de phénomènes semblables et c'est ainsi qu'elle remplace la connaissance de tous les phénomènes particuliers par l'étude générale des groupes. Mais la généralisation ne peut s'opérer sur les faits eux-mêmes, ceux au moins fournis par l'observation immédiate.

En comparant les données immédiates de l'observation, avant de les avoir décomposé en leurs éléments intégrants, nous ne pouvons y remarquer qu'une ressemblance très faible qui peut nous induire en erreur en nous amenant à rapprocher des phénomènes qui n'ont entre eux presque rien de commun, bien au contraire.

Pour rendre plus sures les généralisations, il est nécessaire au préalable de considérer les matériaux, les faits qui se présentent à notre observation. Nous analysons pour cela les notions, nous les décomposons afin de trouver les éléments généraux, les différentes combinaisons qui les créent. Puis nous combinerons ensemble ces éléments généraux et les notions que nous avons trouvées dans l'analyse, ainsi que l'exige toute recherche vraiment scientifique et nous construirons ainsi des conceptions juridiques, constructions idéales, constructions originales vers lesquelles tend toute science. Enfin, ces conceptions scientifiques une fois recueillies, nous les classerons, nous les grouperons en nous guidant sur leurs ressemblances et sur leurs différences communes.

Tous ces procédés, analyse, construction, classement sont des procédés généraux de toute recherche scientifique et ne sont nullement ceux exclusivement de la science du droit. Cela cependant, n'a pas toujours été compris des juristes, tout au moins en ce qui concerne l'analyse et la construction. C'est ainsi que Ihering, dans ses théories de l'analyse et de la construction juridiques se

réfère, dans ses explications, non pas aux principes
généraux des méthodes scientifiques, mais à l'alphabet
pour expliquer l'analyse et aux corps organiques pour
expliquer la construction. Mouromtzew rapporte directement tous les procédés de la construction juridique
« aux particularités de la conception juridique » (1) qui
dit-il, « n'a qu'une portée pratique conventionnelle et
qui ne peut servir de moyen à l'explication scientifique ».

Nous essaierons de prouver que ni dans la construction, ni dans l'analyse on ne peut voir absolument que
des particularités de la conception juridique, et que bien
au contraire, nous sommes ici en présence d'une application particulière des principes généraux scientifiques
de la généralisation.

Etudions d'abord l'analyse juridique.

Le juriste contrairement aux idées courantes ne considère pas chaque cas juridique distinct comme un seul
tout. Il décompose au contraire toute question en plusieurs éléments, cherche à les distinguer les uns des
autres et apporte une solution à chacun des éléments
distincts dont la question est composée. Là où tout
autre savant voit une question indivisible, n'admettant
qu'une réponse, affirmative ou négative, le juriste trouve
au contraire une série de questions dont chacune exige
une solution distincte. Une telle décomposition, une
semblable analyse appliquée à des questions pratiques
isolées peut assurément paraître souvent comme une
complication inutile de la question. Mais si, ne nous
bornant pas à l'étude d'un seul cas, nous prenons en
considération une succession de cas, nous comprendrions
alors que l'analyse juridique n'embrouille rien et ne
complique rien. Cette analyse en effet ramène à un petit
nombre des mêmes éléments fondamentaux toute la

(1) *La définition et la division fondamentale du droit*, p. 93.

variété infinie des cas juridiques. Nous remplaçons ainsi
par l'étude de quelques éléments essentiels toute l'étude
des cas possibles et nous obtenons ainsi, n'est-il pas
vrai, une grande économie de temps et de travail.

Peut-on reconnaitre ce procédé de l'analyse juridique
comme une particularité originale de la jurisprudence ?
Pour se convaincre du contraire, un peu de logique
nous sffiura. Les procédés de l'analyse que nous faisons
des conceptions juridiques peuvent être considérés
comme les procédés généraux de la formation de ces
conceptions. Sigwart considère une telle analyse
comme la question fondamentale de toute la théorie
des méthodes (1). Dans les vieux traités de logique, il
est vrai, le procédé de la formation de nos conceptions
était expliqué d'une façon plus exclusive. On l'expliquait
comme si nous formions toutes nos conceptions générales toujours de la même manière ; par l'omission successive des signes et on reconnaissait comme la forme générale de la corrélation entre les conceptions, la corrélation
du genre et de l'espèce. C'est évidemment ce qui a poussé
Ihering à chercher l'explication de l'analyse juridique
non pas dans les procédés généraux de l'analyse logique,
mais dans l'analogie qu'elle présente avec l'alphabet.
Dans les anciens traités de logique en effet on trouverait
difficilement peut-être une formule convenable pour
expliquer la distinction qui existe entre les éléments concrets et abstraits, entre les éléments dépendants et les
indépendants. Ihering explique cette distinction en la
comparant à celle qui sépare les voyelles des consonnes.
La voyelle de l'alphabet juridique, c'est ce qui peut
exister dans la vie de façon indépendante, c'est la vente,
l'achat, un testament, etc. La consonne c'est ce qui n'est
compréhensible que comme un attribut de quelque autre

(1) Sigwart. Logik, B. II. Methodenlehre, 1878, s. 5.

chose, telle est par exemple la notion du retard. Eh
bien pour cette distinction, je le répète, il serait vraiment
difficile de trouver dans les anciens traités de logique,
une explication convenable. Mais les logiciens allemands
modernes, Sigwart, Lotze, Wundt ne reconnaissent pas
l'omission des signes comme un procédé général de la
distinction du genre et de l'espèce, comme une forme
générale de leur corrélation. D'après Wundt, la corrélation du genre et de l'espèce n'est qu'une des formes possibles de la corrélation des notions et la généralité est
l'attribut essentiel des notions dans le sens seulement où
chacune de ces notions comprend des éléments entrant
également dans la formation d'autres conceptions et de
la combinaison desquelles dépend uniquement la distinction des différentes notions (1). Aussi ne peut-on pas
dire que du caractère plus ou moins abstrait de la
notion dépend toujours une généralité plus ou moins
grande. Ainsi par exemple, la notion de l'obligation est
moins abstraite que celle du retard, mais on ne peut pas
dire qu'elle est en même temps moins générale. Ce n'est
donc pas l'omission des signes particuliers qui est le
procédé général de la généralisation, mais l'analyse
de ces notions en les éléments dont elles sont formées,
et il n'y a plus besoin de chercher l'explication des procédés de l'analyse juridique en dehors des règles logiques. On a essayé, en Allemagne, de profiter des résultats obtenus en logique par Sigwart et Lotze pour
expliquer la formation des conceptions juridiques (2).

Ce que Ihering appelle une concentration logique
des notions est également un procédé dû à la logique
générale ; il s'agit ici de déterminer la corrélation qui
existe entre ces notions. On doit remarquer que Ihering

(1) Wundt. Logique, I. 1880, 8 p, 96.
(2) Rümelin, Juristische Begrifsbildung, 1878.

ne prend pas garde à la variété des formes de cette corrélation. La corrélation des notions peut être non seulement un rapport de subordination, mais elle peut prendre aussi différentes formes, par exemple, l'opposition
réciproque (cas fortuit et intention), la corrélation (droit
et devoir) contiguité (dies incertus, certus quando, con-
ditio), l'alternative (droits des choses et des biens), etc.

Mais cette concentration logique de Ihering ne donne
l'unification que dans une mesure bien restreinte ; pour
que cette unification embrasse aussi les éléments généraux, obtenus par l'analyse, il est nécessaire d'en faire
la synthèse au moyen de la construction juridique. De
même que l'analyse, la construction juridique n'est pas
une particularité exclusive de la science juridique. C'est
un procédé général de l'unification scientifique et il ne
faudrait pas croire que les unifications scientifiques sont
simplement des copies de la réalité ; de telles copies
sont nécessairement obscures et indéterminées. Elles
sont comme cette impression confuse que nous ressen-
tons si nous contemplons plusieurs tableaux diaphanes
posés les uns sur les autres et que nous regardons à la
lumière ; les couleurs, les contours se brouilleront, se
confondront et n'auront plus aucune précision (1). Assurément les généralisations semblables à ces impressions
confuses ne sont pas nécessaires à la science ; peut-être
peuvent-elles satisfaire aux nécessités de la vie ordinaire, et souvent en effet c'est à l'aide de notions confuses et obscures que nous nous guidons dans la vie.
Mais la science exige, avant tout autre chose, l'exactitude, l'évidence et la précision. En réalité les généralisations scientifiques sont des constructions idéales présentant des combinaisons originales entre les éléments

(1) Lewis. Questions sur la vie et sur l'âme, tome 1, p. 272-300.

généraux des conceptions obtenues par l'analyse. Ces combinaisons ne sont point une copie servile de la réalité ; elles sont composées librement, conformément à la généralisation scientifique et c'est pourquoi elles s'échappent un peu à toute réalité. Tel est le caractère des généralisations dans toutes les sciences sans exception ; toutes les sciences ne sont pas une copie de la réalité, elles constituent au contraire une construction idéale. Ainsi par exemple lorsqu'on dit que la lune se meut dans un cercle déterminé autour de la terre, on ne comprend pas ainsi une simple description de la révolution de la lune autour de la terre, c'est seulement une construction idéale destinée à nous faire comprendre le mouvement de la lune. En réalité la lune ne décrit nullement une ellipse autour de la terre et si, par hypothèse, elle laissait derrière elle une trace visible, cette trace serait celle, non pas d'une ellipse ou de toute autre ligne courbe fermée, mais celle d'une ligne sinueuse et non fermée. C'est de la même façon qu'on s'exprime dans l'étude des cristaux. Pour étudier et expliquer les phénomènes si complexes qu'on observe dans les cristaux, les savants imaginent qu'en dedans de chaque cristal il existe un certain axe ou une certaine ligne par laquelle on détermine la nature du cristal. Dans certaines classes de cristaux on compte quatre axes semblables ; trois seulement dans quelques autres. Ils peuvent être tous d'une longueur égale, ou bien encore tous perpendiculaires. Suivant le nombre de ces axes, leur longueur, leur inclinaison, on divise ces cristaux en sept catégories différentes qui ont ainsi pour base leurs formes géométriques ou leurs propriétés physiques. Ces axes sont purement imaginaires ; toute la science cristallographique s'appuie donc sur une construction purement idéale.

Les constructions juridiques ont exactement la même

valeur non seulement au point de vue pratrique, mais aussi au point de vue scientifique. Entre elle et les constructions astronomiques ou cristallographiques, il n'y a aucune différence essentielle. Assurément les procédés de la construction juridique sont différents, mais c'est tout ce qui les sépare les uns des autres.

Le procédé fondamental de la construction juridique consiste en ce que les rapports juridiques qui existent entre les hommes sont objectifs, c'est-à-dire sont considérées commes des conceptions indépendantes, naissant, subissant des variations durant leur existence et disparaissant absolument comme des êtres animés. On distingue en outre, dans leur organisation, dans leur structure, les sujets, c'est-à-dire les individus entre lesquels ces rapports existent et les objets, c'est-à-dire les forces qui servent à la formation des rapports. Dans tout rapport juridique on distingue enfin le droit et l'obligation correspondante.

De même que par la détermination du nombre des axes, de leur longueur et de leur position, on arrive à déterminer les propriétés des différents cristaux, de même la détermination des propriétés des différents rapports juridiques permet de déterminer leur sujet et leur objet, les différentes conditions de leur établissement. La construction des rapports juridiques ressemble à celle des systèmes cristallographiques. C'est une construction idéale appropriée aux buts de la recherche juridique et c'est pourquoi la critique de la construction juridique n'a pas épuisé son rôle quand elle a répondu à la question de savoir si cette construction juridique correspond bien dans toutes ses parties à la réalité. Les axes du cristal, le cercle que décrit la lune existent seulement dans notre cerveau ; nous ne faisons que les imaginer et cela n'empêche pas à ces constructions d'avoir une très grande valeur au point de vue scientifique.

L'appréciation de toute construction juridique doit dépendre exclusivement de l'idée suivante : est-elle ou n'est-elle pas une forme utile pour la reproduction des phénomènes juridiques et pour la détermination de leur corrélation mutuelle. L'utilité du procédé institué pour la construction juridique, comme une construction des rapports est prouvée lorsqu'on peut mettre ce procédé en pratique. Construit par les civilistes proprement dits ce procédé devient de jour en jour plus appliqué. Il est absolument utile à la reproduction des phénomènes juridiques quelque différents qu'ils soient.

Pour que cette construction juridique satisfasse le but qu'on s'est proposé, il faut qu'elle remplisse certaines conditons générales que Ihering appelle les lois de la construction juridique. La première de ces conditions est qu'elle soit complète ; elle doit comprendre tous les cas possibles ; tous ils doivent trouver place dans ses différents cadres. La deuxième condition est qu'elle doit être logique ; toute construction doit être logique avec elle-même. Elle ne doit pas être une exception aux institutions juridiques d'ordre plus général, elle doit leur être conforme. Elle doit en outre être telle que la solution de toutes les questions, ayant trait au rapport indiqué, doit en découler comme une conséquence logique nécessaire. Enfin, troisièmement, la construction doit être simple et naturelle ; toute autre construction ne faciliterait pas, bien loin de là, la conception du droit.

Quand la construction des différentes institutions du droit est faite, il reste à les classer. Conformément à la distinction dans la corrélation logique des notions qui se subordonnent ou qui se juxtaposent, deux formes de classification sont possibles : classification par système et classification par rang ; la première est l'œuvre d'une comparaison entre les différentes notions qui sont subordonnées les unes aux autres, elle s'efforce non seulement de diviser en plusieurs groupes les phénomènes classés, mais aussi de constituer chacun de ces groupes en un tout, de les lier de telle sorte qu'ils présentent tous une branche de la notion fondamentale, comme le ferait une classification systématique qu'on pourrait représenter sous forme d'un tronc ayant des branches et des ramifications toutes coordonnées entre elles.

Les juristes appliquent presque exclusivement la classification par système ; ce n'est cependant qu'un genre spécial de la classification. Si nous comparons ces notions du droit d'après le degré de leur proximité mutuelle (abc, bcd, cde, etc.) nous aurons un système fondé sur le rang et une telle comparaison ne peut créer de ramifications. Nous aurons alors une suite de plusieurs notions se présentant, pourrait-on dire, comme les anneaux d'une chaîne indéfinie ; une telle classification peut s'appliquer à la comparaison des phénomènes de la vie juridique se succédant à travers les âges.

FIN

TABLE DES MATIÈRES

LIVRE IV

Le Droit positif.

Chapitre Premier

Chapitre II

Chapitre III

LAVAL. — IMPRIMERIE PARISIENNE, L. BARNÉOUD & Cⁱᵉ.

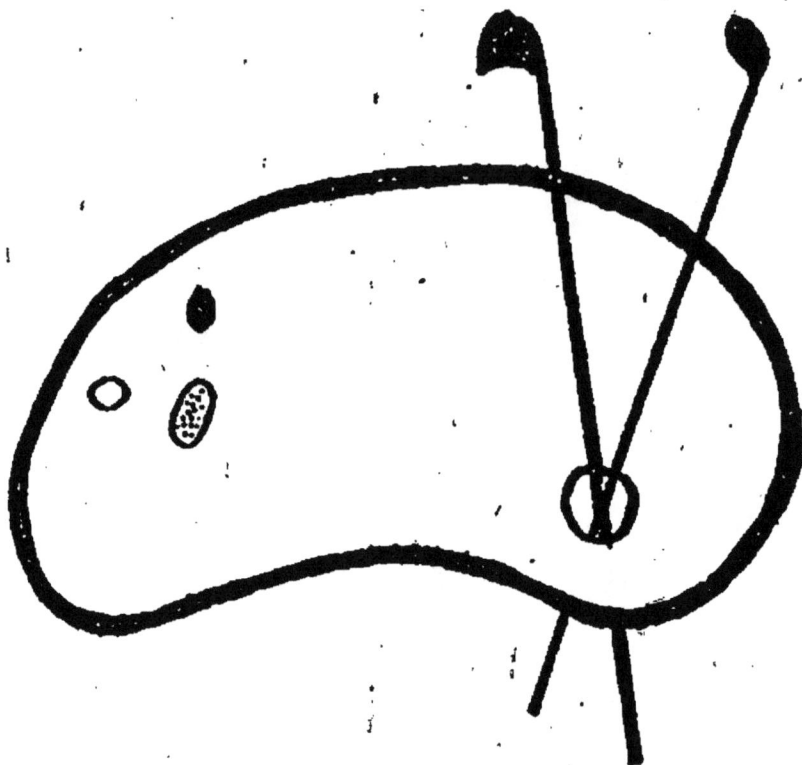

ORIGINAL EN COULEUR
Nº Z 43-120-8

www.ingramcontent.com/pod-product-compliance
Lightning Source LLC
Chambersburg PA
CBHW031344210326
41599CB00019B/2641